Europa im Schatten des Ersten Weltkriegs

KULTUR - HERRSCHAFT - DIFFERENZ

Herausgegeben von
Milka Car, Moritz Csáky, Endre Hárs, Wolfgang Müller-Funk,
Clemens Ruthner, Klaus R. Scherpe und Andrea Seidler

Band 28 · 2021

Kultur – Herrschaft – Differenz ist eine peer-reviewed Reihe
(double-blind).

Kultur – Herrschaft – Differenz is a double-blind
peer-reviewed series.

Marijan Bobinac / Wolfgang Müller-Funk / Andrea Seidler / Jelena Spreicer / Aleš Urválek (Hrsg.)

Europa im Schatten des Ersten Weltkriegs

Kollabierende Imperien, Staatenbildung und politische Gewalt

narr\f
rancke
e\atte
mpto

Umschlagabbildung: Krsto Hegedušić: Rekvizicija (Requisition), 1929. Courtesy of the Museum of Modern and Contemporary Art, Rijeka

Bibliografische Information der Deutschen Nationalbibliothek
Die Deutsche Nationalbibliothek verzeichnet diese Publikation in der Deutschen Nationalbibliografie; detaillierte bibliografische Daten sind im Internet über http://dnb.dnb.de abrufbar.

Internet: www.narr.de
eMail: info@narr.de

CPI books GmbH, Leck

ISSN 1862-2518
ISBN 978-3-7720-8740-0 (Print)
ISBN 978-3-7720-5740-3 (ePDF)
ISBN 978-3-7720-0129-1 (ePub)

Inhalt

Vorwort

Die Kapitulation der Achsenmächte im November 1918 brachte Europa bekanntlich keinen Frieden – bereits 1917 begann eine Reihe von Revolutionen, Konterrevolutionen, Bürgerkriegen, ethnischen Säuberungen und verschiedenen anderen gewaltsamen Konflikten, die sich über viele europäische Länder ausbreitete und bis 1923 andauerte. Diese Welle der politisch und ideologisch bedingten Gewalt, die sich nach einer Stabilisierungsphase mit dem Ausbruch der Weltwirtschaftskrise 1929 wieder entfesseln und ihren Höhepunkt mit dem Zweiten Weltkrieg erreichen würde, hing mit mehreren, miteinander eng verbundenen Ursachen zusammen: mit dem Kollaps großer dynastischer Imperien, mit der Gründung neuer, in vielerlei Hinsicht problematischer Nationalstaaten und mit der Entstehung zahlreicher radikaler Bewegungen, die ihre erklärten Ziele – ob nationalistisch-revisionistische oder sozial-revolutionäre – mit unterschiedlichen Formen der paramilitärischen Gewalt zu erreichen suchten. Dass die Gewalt der Nachkriegszeit auch im Kontext mehrerer bewaffneter Konflikte wie Balkankriege 1912–1913, die dem Ersten Weltkrieg vorausgegangen waren, betrachtet werden sollte, versteht sich von selbst.

In der Erforschung des Ersten Weltkriegs ging man lange von zwei Voraussetzungen aus: 1) der Krieg begann Anfang August 1914 mit dem österreichisch-ungarischen Angriff auf Serbien und endete am 11. November 1918 mit der Unterzeichnung des Waffenstillstandes an der Westfront; 2) der Erste Weltkrieg war ein Krieg zwischen Nationalstaaten. In der neueren Zeit – z.B in den Forschungen von Historikern wie Robert Gerwarth, John Horne, Erez Manela oder John Paul Newman – wird der ‚Große Krieg' jedoch als Epizentrum einer großen Reihe bewaffneter Konflikte betrachtet, die einige Jahre vor 1914 begonnen und sich bis 1923 hingezogen haben. Als Anfang dieser Abfolge gewaltsamer Auseinandersetzungen werden der italienische Angriff auf die osmanische Provinz Libyen und der Ausbruch der Balkankriege 1912 angesehen, Kriege, die zu weiteren territorialen Verlusten des schon stark angeschlagenen Osmanischen Reiches führten. Nach der Beendigung des Ersten Weltkriegs waren insbesondere die Nachfolgestaaten zusammengebrochener Imperien von der Gewaltanwendung heimgesucht, ein Prozess, der 1923 mit dem griechisch-türkischen Friedensvertrag von Lausanne ein (vorläufiges) Ende fand; im gleichen Jahr wurde auch der irische Bürgerkrieg beendet, die Weimarer Republik begann sich rasch vom Chaos der Nachkriegsjahre zu erholen und ein Jahr danach wurde mit der NEP auch die Konsolidierung Sowjet-Russlands eingeleitet.

Auch die zweite genannte Voraussetzung, wonach der Erste Weltkrieg als ein Krieg der Nationalstaaten angesehen werden sollte, wird in der neueren Zeit infrage gestellt. Sieht man hingegen den ‚Großen Krieg' primär als einen Krieg multiethnischer Reiche an, so kann auch die massive Gewaltanwendung vor 1914 und nach 1918 als Prozess einer Neuordnung von globalen Machtverhältnissen leichter nachvollziehbar sein. In diesem Prozess wird nämlich die politisch-räumliche Organisation Zentral-, Ost- und Südosteuropas – bis dahin von kontinentalen dynastischen Imperien dominiert – von einer neuen, nationalstaatlich bestimmten Ordnung ersetzt: Aus dem Zusammenbruch der alten Reiche der Habsburgs, Romanovs, Hohenzollern und Osmanen sind – zumeist instabile – Nationalstaaten hervorgegangen, die wegen ihrer multiethnischen Bevölkerungsstruktur oft an soeben zugrunde gegangene Imperien erinnerten und daher auch mit ähnlichen Problemen konfrontiert waren.

Die größte Gefahr für die Begründung und Konsolidierung demokratischer politischer Ordnungen kam dabei von verschiedenartigen revolutionären und gegenrevolutionären Bewegungen, die nach dem Kriegsende insbesondere in den Nachfolgestaaten zusammengebrochener dynastischer Reiche entstanden sind und in ihrem Kampf gegen die liberaldemokratische Staatsordnung, oft aber auch gegeneinander, sich paramilitärischer Verbände bedienten. Den ‚Gewaltkulturen', die in verschiedenen europäischen Ländern sehr unterschiedliche Ausmaße und Organisationsformen angenommen haben, gehört daher ein zentraler Stellenwert bei der Beschäftigung mit dem Untergang der Imperien, der Entstehung neuer staatlicher Entitäten wie auch den damit zusammenhängenden ethnischen Konflikten, Revolutionen und Gegenrevolutionen.

* * *

Unterschiedliche Diskursivierungen der genannten Themenkomplexe, die dem historischen Rahmen der 1910er und 1920er Jahre entsprungen sind und in der darauffolgenden Zeit weiterentwickelt wurden, werden im vorliegenden Sammelband von Forschern und Forscherinnen aus verschiedenen Ländern, unterschiedlichen wissenschaftlichen Disziplinen und differenten methodologischen Perspektiven aufgegriffen und diskutiert. Die hier versammelten Beiträge gehen auf Vorträge der Konferenz „Europa im Schatten des Ersten Weltkriegs: kollabierende Imperien, Staatenbildung und politische Gewalt" – „Europe in the Wake of World War I: Collapsing Empires, Emerging States and Post-War Violence" zurück, die an der Universität Zagreb im Rahmen des von der Croatian Science Foundation finanzierten Forschungsprojektes „Postimperiale

Narrative in den zentraleuropäischen Literaturen der Moderne" im März 2019 stattgefunden hat.

Der interdisziplinäre Ansatz, ein erklärtes Anliegen des an der Zagreber Germanistik situierten und an das Wiener Projekt *kakanien revisited* anschließenden Forschungsprojektes, ist auch im vorliegenden Sammelband von zentraler Bedeutung und reicht von den literatur- und kulturwissenschaftlichen bis zu den historiographischen und sozialwissenschaftlichen Fragestellungen. Als primäre Untersuchungsbasis – ein weiteres Anliegen der Konferenz und der beiden Projekte – dient hier Literatur, jenes Medium, das über die besondere Fähigkeit verfügt, die Bestände des kulturellen Gedächtnisses und damit auch die Prozesse individueller wie auch kollektiver Identitätsbildung komplex darzustellen. Über die Literatur hinaus werden die genannten Problembereiche auch in diversen nichtfiktionalen Diskursen und Formaten (Periodika, Vereine, politische und soziale Zeitphänomene mit Langzeitwirkung) erörtert, deren Entstehung nicht unbedingt in den fokussierten Zeitraum fällt, mit ihm jedoch in einer engen Verbindung steht. Aus einer solchen Ausrichtung der Beiträge geht auch die Gliederung des Sammelbandes in drei Sektionen hervor, deren jede schwerpunktmäßig einem der genannten Aspekte der Diskursivierung – theoretisch/historisch, publizistisch, fiktional – entspricht.

Die erste Sektion, die sich auf theoretische und historische Diskurse konzentriert, wird mit den Reflexionen Wolfgang Müller-Funks eröffnet, die den kulturanalytisch und narratologisch inspirierten Rahmen des anvisierten Forschungsgegenstands mit der Lektüre einiger paradigmatischer Literaturtexte der Nachkriegszeit verbindet. Wie sich die geschichtsträchtigen Ereignisse der Umbruchzeit in der Historiographie und den Rechtswissenschaften ausgewirkt haben, zeigen die Arbeit von Filip Šimetin Šegvić, der sich mit der recht widersprüchlichen Narrativierung des Untergangs Österreich-Ungarns in der neueren Geschichtsforschung befasst, sowie die Arbeit von Christine Magerski und Johanna Chovanec, die der Entstehung der „Reinen Rechtslehre" Hans Kelsens, eines fundamentalen Beitrags zur modernen Rechtstheorie, aus dem Zusammenbruch imperialer Ordnungen nachgehen. Der theoretische Teil des Sammelbandes wird mit dem Aufsatz von Fatima Festić abgeschlossen, der ein *close reading* von Freuds Essay *Jenseits des Lustprinzips* (1919–1920) und den gleichzeitig entstanden Gedichten Anna Achmatovas bietet.

Im zweiten, den publizistischen Diskursen gewidmeten Abschnitt des Sammelbandes wird eine Bandbreite unterschiedlicher ideologischer, politischer und/oder kultureller Leitbilder und Verhaltensmuster der 1910er und 1920er Jahre aufgezeigt, wobei nicht nur ihre zeitgenössischen Kontexte, sondern zugleich auch ihre – oft verhängnisvollen – Folgen für spätere Zeiten sichtbar gemacht werden. So wird von Svjetlan Lacko Vidulić ein Zagreber literarisches Periodikum der frühen Nachkriegszeit präsentiert, dessen Programmatik auf dem jugoslawischen Integralismus beruhte, jener politischen Option, die die Unzulänglichkeiten des südslawischen Königreichs schon in seinen Anfängen freilegte. Einen genauso ambivalenten Blick auf die Auflösung imperialer Ordnungen und die schwierige Konsolidierung neubegründeter Staaten bietet Johann Georg Lughofer in seinem Beitrag über die Zeitungsberichte des jungen Joseph Roth über den polnisch-sowjetischen Krieg im Jahre 1920, die den späteren Monarchisten als Bewunderer der Roten Armee erscheinen lassen. Wie sich eine lokale Ritualmordlegende zu einer antisemitischen Affäre mit langwierigen, heute noch spürbaren Folgen entwickeln konnte, zeigt Endre Hárs am Fall „Tisza-Eszlár" und an dessen zahlreichen Literarisierungen. Ungarische Zustände hat auch der Beitrag Andrea Seidlers zum Thema, in dem sehr unterschiedliche, von der politischen Positionierung abhängige Reaktionen der Wiener Presse auf die Räterepublik Béla Kuns zur Darstellung kommen. Viel mehr stereotypisiert als politisch bedingt erweisen sich – wie Toni Bandov in seinem Aufsatz festhält – die Berichte niederländischer Publizisten über ihre Reisen durch das Königreich Jugoslawien. Dass die frühe Nachkriegszeit nicht nur von nationalstaatlichen Absonderungsbestrebungen dominiert war, sondern auch erste moderne, wenngleich nicht unumstrittene europäische Vereinigungskonzepte mit sich brachte, wird von Aleš Urválek am Beispiel von Karl Anton Rohans „Kulturbund" und dessen Organ „Europäische Revue" sichtbar gemacht.

Die dritte Sektion des Sammelbandes bringt ein breites Spektrum fiktionaler Darstellungen, die diversen nationalen Traditionen entspringen, sich auf spezifischen individuellen Poetiken begründen und demzufolge auch die Turbulenzen des Kriegsgeschehens und der darauffolgenden Jahre in unterschiedlicher, oft gegensätzlicher Weise in Szene setzen. Als eine Art „loss of innocence" werden von Jelena Šesnić die Narrativierungen des ‚Großen Krieges' in der amerikanischen Literatur bezeichnet, die – wie an Fallbeispielen von Hemingway und Dos Passos gezeigt – Rituale von Gewalt und Männlichkeit auf der Folie einer massiven Traumatisierung zum Vorschein bringen. Im Beitrag von Davor Dukić werden repräsentative Texte des jungen Ivo Andrić vorgestellt, die nicht nur ästhetische, sondern – wenngleich indirekt – auch weltanschaulich-politische Präferenzen des späteren Nobelpreisträgers vorwegnehmen. Zwei diametral entgegengesetzte Inszenierungen von D'Annunzios ‚Fiume-Unternehmen' – als ein dionysisches Fest beim Italiener Giovanni Comisso und als eine hysterische Tragikomödie beim Kroaten Viktor Car Emin – kommen im Aufsatz von Marijan Bobinac zur Darstellung. Der Roman des kroatischen

Schriftstellers August Cesarec *Des Kaisers Königreich* (1926), der die Umtriebe der revolutionären kroatischen Jugend in der Vorkriegszeit zum Thema hat, wird von Milka Car im Spannungsfeld postimperialer und nationaler Diskurse analysiert. Das verunsicherte Zeitgefühl der Jahre nach dem Ersten Weltkrieg wird von Hans Richard Brittnacher am Beispiel von Leo Perutz' Roman *Wohin rollst Du, Äpfelchen?* (1928) ins Blickfeld gerückt, vordergründig einem konventionellen Heimkehrer- und Racheroman, dessen politische und ästhetische Relevanz sich insbesondere am Schicksal seiner deplatzierten und traumatisierten Protagonisten festmachen lässt. Ein völlig anderes Anliegen verfolgt Bruno Brehm mit seiner erfolgreichen Romantrilogie *Die Throne stürzen* (1931–1933) über den Verfall des Habsburgerreiches: Entgegen dem Versuch des Autors, seinen Longseller nach dem Zweiten Weltkrieg als eine Art retrospektive Utopie darzustellen, weist die ursprüngliche Fassung der Trilogie – wie Jörg Jungmayr in seinem Aufsatz zeigt – deutlich auf Brehms Ablehnung der multinationalen Monarchie und dessen Befürwortung eines großdeutschen Führerstaats. Den Sammelband schließt der Beitrag von Jelena Spreicer über Miroslav Krležas Roman *Ohne mich* (1938), in dem die Inszenierung des postimperialen Kroatien auf der Folie der gewalttätigen Geburt einer neuen, von Anfang an korrupten Elite, die den anonymen Romanhelden „an den Rand des Verstandes" treibt, geboten wird.

* * *

Für die finanzielle und logistische Unterstützung bei der Realisierung des Forschungsprojektes, der Konferenz und des vorliegenden Bandes möchten wir den Geldgebern, der Croatian Science Foundation, der Universität Zagreb und der Universität Brno, wie auch anderen fördernden Institutionen, insbesondere dem ÖAD, dem Österreichischen Kulturforum Zagreb und der Universität Wien herzlich danken. Unser Dank gilt auch allen Konferenzteilnehmern und Konferenzteilnehmerinnen für rege Diskussionen und gemeinsame Erkundungen auf dem Gebiet der postimperialen Narrative im zentraleuropäischen Raum. *Last, but not least* danken wir auch dem Narr Francke Attempto Verlag und der Reihe „Kultur – Herrschaft – Differenz" für die freundliche Aufnahme in ihr Verlagsprogramm. Dank gilt auch jenen Kollegen, die sich am Peer Review-Verfahren beteiligt haben.

Marijan Bobinac, Wolfgang Müller-Funk, Jelena Spreicer, Andrea Seidler,
Aleš Urválek
Brno, Wien und Zagreb im März 2021

Historische und theoretische Diskurse

Die Schatten des Krieges

Bruch, Fremdheit, Marginalisierung, Wiederholungszwang

Wolfgang Müller-Funk (Wien)

1. Der Rahmen

Dass die kriegerischen Ereignisse von 1914 bis 1918 als Weltkrieg bezeichnet werden, ist ein Fall für eine narrative Kulturanalyse, die davon ausgeht, dass eine Erzählung immer auch schon eine retrospektive Deutung des Erzählten beinhaltet. Er ist für Ödön von Horváth ein Weltkrieg, weil viele Menschen eine Welt verloren haben, eben jene Welt der Habsburger Monarchie. Damit sind drei Schatten-Phänomene benannt: die Fremdheit der neuen Welt, in der viele Menschen verloren sind, der Bruch mit der bisherigen selbstverständlichen Zugehörigkeit (‚Heimat', ‚Identität') und daraus resultierend eine Marginalisierung: die Bedeutungslosigkeit der neuen Welt geht Hand in Hand mit einer sozialen Deplacierung. Dies ist bei genauerer Betrachtung ein Kernstück in den Werken von Joseph Roth und Ödön von Horváth.

Mit Blick auf die Psychoanalyse, die schon sehr früh dem Begriff „Trauma" als einer spezifischen Form der Neurose eine konzise Bedeutung gegeben hat, lässt sich sagen, dass dieser Krieg traumatisierte Menschen *en masse* hervorgebracht hat, was Freud, der gerade an seinem neuen, die eigene Lehre dramatisch verändernden Werk *Jenseits des Lustprinzips* arbeitet, in einer ironischen Replik in einem Brief an Sándor Ferenczi festhält: „Unsere Analyse hat eigentlich auch Pech gehabt. Kaum daß sie von den Kriegsneurosen aus die Welt zu interessieren begann, nimmt der Krieg ein Ende, und wenn wir einmal eine Quelle finden, die uns Geldmittel spendet, muß sie sofort versiegen."[1]

Mit Freud lässt sich gegen diesen sarkastischen Kommentar geltend machen, dass die durch das Geschehen des Ersten Weltkriegs und die ihm nachfol-

---

1 Freud, Sigmund/Ferenczi, Sándor: Briefwechsel. Hgg. Ernst Falzeder, Eva Brabant. Bd. II/2: 1917–1919. Wien: Böhlau 1996, S. 187.

genden Ereignisse bewirkte Traumatisierung mit dem Kriegsende nicht aufhört, sondern erst recht eigentlich beginnt. Traumatisierung und Marginalisierung werden zu kollektiven Phänomenen, deren systematische Analyse die nachfolgende Katastrophe von Faschismus und Nationalsozialismus, von Shoah und Wiederholungskrieg schlimmsten Ausmaßes tendenziell zu erhellen vermag.

Bruch, Fremdheit und Marginalität erzeugen ein Gemisch von Melancholie und Aggression, Themen, deren sich die Psychoanalyse Freuds nach 1918 intensiv angenommen hat. Die Menschen, so lautet der Befund bei vielen ‚altösterreichischen' Autoren, agieren noch immer im Schatten der Gewalt. Zugleich sind sie ein Schatten ihrer selbst. Viele österreichische und deutsche Soldaten sind in ihren Uniformen nach 1918 stecken geblieben, der Übergang in das Zivilleben ist ihnen nicht wirklich gelungen. Der Krieg ist nicht zu Ende, er geht weiter. Dieser Schatten mündet psychoanalytisch betrachtet im Sinn des Wiederholungszwangs in einen zweiten Weltkrieg. Das erlaubt die Konstituierung eines Narrativs, in dem der Erste Weltkrieg, die Zwischenkriegszeit und der Zweite Weltkrieg als einen modernen Dreißigjährigen Krieg zu deuten, eine Konstruktion, die es gestattet, externe und interne gewaltsame Auseinandersetzungen, Kriege und Bürgerkriege, in einem zeitlich-kausalen roten Faden miteinander zu verbinden. Dieser Dreißigjährige Krieg führt zu einer vollständigen geographischen und symbolischen Neuordnung Europas, die man als post-imperial bezeichnen kann.

2. Marginalität und Heimatlosigkeit

Der gegenwärtige Diskurs über Fremdheit ist, nicht zuletzt vor dem Hintergrund massenhafter Migration, von ethnisch-kulturellen Parametern bestimmt. Wie ein kurzer Blick auf soziologische und anthropologische Perspektivierungen zeigt, lässt sich das Fremde weiter und das heißt auch in einer soziologischen Beschreibung als randständig, deplaciert und marginalisiert innerhalb einer Gesellschaft, einer Kultur, eines Systems und eines partikularen Feldes beschreiben. Beinahe alle kulturell bestimmten Fremdheiten (Religion, Sprache, Gewohnheiten und informelle Regeln) gehen Hand in Hand mit jener Marginalität, wie sie der Chicagoer Soziologe Robert E. Park beschrieben hat. Aber nicht jedwede Form von Deplaciertheit und Außenseitertum ist an diese Parameter geknüpft. In einer bestimmten Situation und in einem anderen Kontext kann jeder sich in einer randseitigen Lage befinden, eine Frau in einer Männerrunde, ein Autor in einem Gespräch mit Bankern usw. Fremdheit ist bekanntlich keine Eigenschaft, sondern ein relationales Phänomen. Im Extremfall bedeutet Marginalität das absolute Fehlen von Bindungen und Beziehungen in einem gegebenen kulturellen Kontext, zum Beispiel die Nicht-Zugehörigkeit zu beiden Kulturen, der alten und der neuen.

Randständigkeit kann sich auch durch politische Zäsuren, wie sie das Ende des Ersten Weltkriegs darstellt, einstellen. Die Marginalität des migrantischen Menschen ergibt sich aus der Tatsache, dass er sein Land und damit seine vertraute soziale Situation mitsamt den vertrauten Codes hinter sich lässt. Die Marginalisierung von Menschen im Zentrum Europas nach 1918 ergibt sich nicht aus einer äußeren Migration, sondern durch das plötzliche Verschwinden vertrauter sozialer und kultureller Welten, und dies in einem doppelten Sinn, durch die militärische Ordnung der Dinge, die im Krieg bestimmend wird und die zivile Welt in den Hintergrund drängt, aber auch durch das Ergebnis dieses Krieges, als dessen Folge nicht nur ganze Staaten, sondern auch die symbolische Vorkriegswelt verschwindet. Ohne sich vom Fleck zu bewegen, ist man, Mann, in eine Situation geraten, die der Marginalität des Migranten (oder der Migrantin) sehr ähnlich ist. Der gemeinsame Nenner zwischen Migranten und Heimkehrer (oder eigentlich Nicht-Heimkehrer) lautet dabei: mangelnde Integration.

Parks ‚marginal man' findet sich in der Position des Randständigen wieder, der auf Grund seiner schwachen sozialen Integration durch eine so produktive wie prekäre Grenzlage charakterisiert ist. Im Gegensatz zu „innerer Distanz" ist schwache soziale und kulturelle Einbindung aber eher ein defizitärer Befund, eine Herausforderung für Sozial- und Gesellschaftspolitik.[2] Park hat den marginalen Fremden in seiner Schrift aus dem Jahre 1928 als einen kulturell gemischten Menschen, in der heutigen Terminologie, als einen ‚Hybriden', beschrieben:

> [...] ein Mensch, der im kulturellen Leben und in den Traditionen zweier Kulturen lebt und sie auf intime Weise teilt; der, auch wenn es ihm niemand untersagen könnte, nie bereit wäre, mit seiner Vergangenheit und mit seinen Traditionen zu brechen, und der, aus einem rassischen Vorurteil heraus, in der Gesellschaft, in der er jetzt seinen Platz sucht, nie vollständig akzeptiert wurde. Er ist ein Mensch auf der Grenze zweier Kulturen und zweier Gesellschaften, die sich nie vollständig fusionieren und miteinander funktionieren.[3]

---

2 Vgl. Müller-Funk, Wolfgang: Theorien des Fremden. Tübingen: UTB/Francke 2016, S. 161–165.

3 Park, Robert Ezra: „Human Migration and the Marginal Man", in: Ders.: Race and Culture. New York: The Free Press 1964, S. 11.

3. Roth und Horváth als Sonderbeobachter

In das Werk der beiden Autoren, von denen im Folgenden die Rede sein soll, Ödön von Horváth und Joseph Roth, ist die von Park umrissene Marginalität eingeschrieben. Dass dies bei den beiden heimatlosen altösterreichischen Schriftstellern der Fall ist, dazu bedarf es eigentlich nicht des Rückgriffs auf deren Lebensdaten. Aber in diesem Falle sind sie doch erhellend. Beide Autoren entstammen dem österreichischen Kontext der Habsburger Monarchie, beide befinden sich in einem gewissen Sinne in einer marginalen Situation, eben weil sie, der eine mit einem ungarisch-mitteleuropäischen Hintergrund, der andere auf Grund seiner galizisch-jüdischen Ausgangssituation, nicht eindeutig einem bestimmten, womöglich zentralen Code zuzuordnen sind. Überhaupt lassen polykulturelle Gebilde wie die Habsburger Monarchie des ausgehenden 19. Jahrhunderts ein Nebeneinander und eine Überlappung verschiedener Codes zu, die, ungeachtet eines forcierten Nationalismus, lange Zeit kohabitationsfähig sind.

Beide Autoren finden sich nach dem Ende des Weltkriegs in der Situation des ‚marginal man' wieder. Ihre vertraute Welt, Österreich-Ungarn, existiert nur mehr als Erinnerungsraum, während das gleichfalls marginalisierte, politisch höchst instabile Österreich, auf den Status eines pauperisierten kleinen Landes herabgedrückt, ihnen gleichfalls fremd geworden ist. Man kann in bestimmten historischen Situationen ohne eigenes Zutun fremd werden, ohne dass man sich zunächst innerlich verändert hat. Zu Ende von Roths Roman, der den bezeichnenden Titel *Die Flucht ohne Ende* trägt, heißt es:

> [...] da stand mein Freund Tunda, 32 Jahre alt, gesund und frisch, ein junger, starker Mann von allerhand Talenten, auf dem Platz vor der Madeleine, inmitten der Hauptstadt der Welt und wußte nicht, was er machen sollte. Er hatte keinen Beruf, keine Liebe, keine Lust, keine Hoffnung, keinen Ehrgeiz und nicht einmal Egoismus. So überflüssig wie er war niemand in der Welt.[4]

Diese Befindlichkeit charakterisiert viele Figuren in den literarischen Welten von Horváth und Roth. Die neue Umgebung, das geschlagene und von Krisen geschüttelte Deutschland, ist, ungeachtet der sprachlichen Nähe, wiederum ein fremdes symbolisches Territorium, das sich markant von dem alten, aber auch von dem fragilen neuen Österreich nach 1918 unterscheidet. In gewisser Weise ließe sich also sagen, dass Autoren wir Roth und Horváth eine dreifache

---

4 Roth, Joseph: Werke. Hg. Hermann Kesten. Bd. 1. Köln: Kiepenheuer & Witsch 1956, S. 421.

Erfahrung von Marginalität in sich tragen: durch ihre ‚hybride' Herkunft, durch den Verlust ihrer Heimat und durch ihre Migration nach Deutschland und später nach Frankreich, in ein Land, in dem das Leben der beiden übrigens miteinander befreundeten Autoren endet.

Mit Blick auf das Rahmenthema des Bandes sind sie, auch wenn die Unterscheidung von deutsch und (alt-)österreichisch noch nicht exklusiv ist, sondern vielfach komplementär bleibt, systemtheoretisch gesprochen, literarische Sonderbeobachter eines bekannten und zugleich doch fremden, anderen Land, der Weimarer Republik, die auch durch einen Bruch gekennzeichnet ist: den verlorenen Krieg, Einbuße an Macht und ein neues instabiles, aber kulturell ungeheuer produktives liberales Regime. Roth und Horváth sind auch insofern prädestiniert für diese literarische ‚Aufgabe', insofern ihnen ja selbst die Erfahrung von Randständigkeit nicht fremd ist.

Wofür sich Roth und Horváth als sensible Sonderbeobachter der Welt nach 1918 interessieren, das ist eine ganz bestimmte Form von Marginalisierung, eben jene der vielen heimkehrenden männlichen Soldaten, von Menschen, die beinahe alles verloren haben: ihre angesehene soziale Stellung, ihre physische oder auch psychische Gesundheit, ihren Status als Mann, ihr Selbstwertgefühl, ihre sozialen Beziehungen, ihre Werte und Überzeugungen. Ähnlich wie es Alfred Schütz in seinem berühmten Aufsatz über den Fremden nahelegt, ist der Code ihrer alten Heimat, das Dasein als Soldat in einem mächtigen imperialen Gebilde, völlig wertlos geworden.[5] Aus diesem brisanten Gemisch entstehen, um einen heutigen Terminus zu verwenden, Parallelwelten, die die Demokratie in Deutschland und parallel dazu in Österreich am Ende zu Fall bringen werden. Übrigens ist Hitler, der in Joseph Roth epischem Erstling *Das Spinnennetz* namentlich vorkommt, der österreichische Gefreite in fremden Diensten, zunächst durchaus ein ‚marginal man' im Sinne von Park. Die Bewegung, die er in Gang setzt, bezieht ihre Energie nicht zuletzt daraus, dass sie den Marginalisierten einen Weg aus ihrer prekären Situation weisen will. Der Kampf gegen das verhasste System von Weimar ist der Zerrspiegel der eigenen prekären bzw. prekär empfundenen Lage.

Marginalisierte Menschen aller Art bevölkern die beiden Œuvres der beiden Autoren altösterreichischer Provenienz. Im Falle Horváths denke ich, um nur die bekanntesten Werke zu erwähnen, an *Kasimir und Karoline* oder an *Der ewige Spießer*, in der die Marginalisierung des Mannes mit Arbeitslosigkeit mit Weltfremdheit und männlicher Marginalisierung einhergeht, zu denken ist auch an die gescheiterten, zumeist männlichen Existenzen in *Geschichten aus dem*

5 Müller-Funk: Theorien des Fremden, S. 153–161.

Wiener Wald, vor allem aber an die beiden Versionen seines *Sladeks*, die im kommenden Abschnitt behandelt werden. Bei Joseph Roth, dem Erfinder des Kurzromans, wären *Die Flucht ohne Ende*, der Heimkehrer-Roman *Hotel Savoy* oder *Die Rebellion*, der Geschichte eines äußerlich wie innerlich amputierten Mannes, zu erwähnen – übrigens ist auch die Geschichte der ostjüdischen Familie Singer (*Hiob*) durch Marginalisierung und Migration bestimmt. Der Text, der indes den Zusammenhang zwischen Marginalisierung und Rechtsradikalismus literarisch demonstriert, ist der Roman *Das Spinnennetz* – es ist der zweite Text, der einer exemplarischen Analyse unterworfen wird.

4. Close Reading I: Horváths *Sladek oder Die schwarze Armee*

Sladek oder Die schwarze Armee sowie *Sladek, der schwarze Reichswehrmann*, ein stark verkürztes Kondensat, das nicht an die Erstfassung heranreicht, sind, wenn man die Vorarbeiten und Recherchen mit einbezieht, in den Jahren zwischen 1927 und 1929 entstanden, zu einer Zeit also, in der es schien, als ob die Weimarer Republik den schlimmsten Ansturm ihrer Gegner überstanden habe, weshalb sich ja einige der Proponenten des rechten Milieus, nachdem der Aufmarsch gegen die Republik misslungen ist, am Ende des Stücks ins Ausland absetzen.

Horváths Stück setzt mit einer „rechtsradikalen Versammlung" ein, was auch durch die Bezeichnung „Hakenkreuzler"[6] und später durch die Erwähnung der „Sturmabteilung Hitler"[7] expliziert wird. Diese jagen einen linken Redakteur namens Franz, der sich in die Versammlung eingeschlichen hat. Die Funktion der Szene besteht darin, das symbolische Mobiliar der marginalisierten Aufständischen vorzuführen, ihre Symbole, Diskurse und Narrative. Eines davon ist die Erzählung vom verratenen Sieg („Wir hätten den Krieg verloren? Solche Subjekte haben uns Sieger erdolcht [...]"), ein anderes ist eine rassistische („Am Rhein schänden syphilitische Neger deutsche Frauen").[8] Auch darf der Aufruf der beschädigten Ehre nicht fehlen. All diese rechtsradikalen Versatzstücke lassen sich unter dem Schirm eines nationalistischen Opfer-Narrativs stellen. Dessen Besonderheit besteht nicht zuletzt darin, dass hier das Schicksal des Landes, Deutschlands, mit der eigenen Deplacierung eng geführt wird. Erst dadurch entsteht jener affektive Überschuss an Wut und Hass, der sich gegen das „System" und seine vermeintlichen oder auch wirklichen Vertreter wie Franz richtet, der davon ausgeht, dass die Demokratie in Deutschland noch nicht

6 Horváth, Ödön von: Kommentierte Werkausgabe in Einzelbänden. Hg. Traugott Krischke. Bd. 2: Sladek. Frankfurt/Main: Suhrkamp 1983, S. 11.

7 Ebenda, S. 13.

8 Ebenda, S. 11.

vollständig etabliert ist und in der Verurteilung der Versailler Verträge mit den Rechtsradikalen übereinstimmt.[9]

Vorgeführt werden im Stück mordlustige Sprache und Hass-Gesänge („Schlagt zum Krüppel den Doktor Wirth", „Knattern die Gewehre, tack, tack, tack, / Aufs schwarze und das rote Pack"). Erschreckend prophetisch ist auch die triumphale Aussage des „zweiten Hakenkreuzlers": „Wenn's losgeht, dann kommt ein Gesetz, daß sich jeder Jud einen Rucksack kaufen muß. Was er hineinbringt, das darf er mitnehmen nach Jerusalem. Was er nicht hineinbringt, gehört uns."[10]

Für dieses symbolische Mobiliar, seine Codes und seine Erzählungen, muss selbstredend ein Aktionsraum geschaffen werden. Dieser wird bereits im Titel aufgerufen: Es ist jener der illegalen Reichswehrverbände. Bekanntlich wurden durch die Verträge von Versailles und (im Falle von Österreich) Saint Germain die Truppenbestände der geschlagenen Mittelmächte radikal reduziert, was in beiden Fällen zur Bildung von paramilitärischen Verbänden führte, denen sich – Zustand eines latenten Bürgerkrieges – wiederum linke bewaffnete Einheiten entgegenstellten. Das Verhältnis zwischen den rechten Parteien (Völkische, Deutschnationale) und diesen illegalen, schwarzen Reichswehrverbänden, war – das klingt bei Horváth an – ungeachtet weitgehender ideologischer Übereinstimmung von Rivalität und unterschiedlichen Interessen bestimmt, die, wie die Entmachtung der SA im Gefolge der Röhm-Krise anno 1934 zeigt, im Falle des Nationalsozialismus auch nach der Machtergreifung Hitlers fortwirken sollte.

Die politisch, sozial, sexuell und politisch Marginalisierten, die sich in der neuen Welt der liberalen Demokratie nicht zurechtfinden können und wollen, schaffen sich eine Parallelwelt, in der die Codes der alten vor dem Ersten Weltkrieg fortwirken und doch von neuen überlagert sind, die sich auf den Bruch von 1918, die Ursache der Marginalisierung, richten. Die reguläre neue Welt ist ihnen fremd, so wie sie fremd und deplaciert in ihr sind. Einer dieser Hakenkreuzler namens Knorke spitzt diesen Sachverhalt zu, wenn er dem Fräulein an dem Schank im „Weinhaus Zur alten Liebe" sagt, dass sie noch in der alten Uniform stecken – ich zitiere hier den gesamten Dialog:

> DAS FRÄULEIN: Die Herren sind Soldaten.
> SALM: Wir sehen nur so aus.
> DAS FRÄULEIN: Ich liebe die Uniform. Ich bin eine Deutsche aus Metz. Wir hatten viel mit den Herren Soldaten zu tun. Wenns wieder Krieg gäb, das wär fein.
> HORST: Sie werdens noch erleben, Mädchen.

9 Ebenda, S. 12.
10 Ebenda, S. 14.

DAS FRÄULEIN: Ich wär auch glücklich mit einem Manöver. Die Herren sind doch Soldaten!
RÜBEZAHL: Wir sind keine Soldaten, dumme Kuh.
KNORKE: Wir haben uns noch nicht umgezogen seit dem Krieg.
DAS FRÄULEIN *lacht*: Oh pfui, wie pikant[11]

Das Lachen des Fräuleins ist ein geschickter Trick des Textes, verweist es doch auf die hygienische Unanständigkeit, sein Gewand nicht wechseln zu wollen. Die Aussage Knorkes bringt indes den Sachverhalt der Fremdheit der Weltkriegssoldaten genau auf den Punkt: Sie stecken real wie metaphorisch in der alten Uniform. Der Krieg hat sie, so ein anderer Hakenreuzler, zu dem ‚Mann' gemacht, der er nun ist. Sie leben im Code einer alten Welt und sie befinden sich noch immer in einem soldatischen Zustand der Mobilmachung, der nun nicht mehr allein dem äußeren, sondern vornehmlich dem inneren Gegner, der modernen liberalen Welt, gilt.

Zu diesem symbolischen Gewand gehört eine sich protzig gebende Präsentation programmatischer Grausamkeit, die beim Mordplan gegen eine Frau, von der die Bande fürchtet, sie werde die Geheimnisse der schwarzen Reichswehr an den Feind verraten, offen zutage tritt. Der Hakenkreuzler Horst demonstriert seine unbeirrbare Bereitschaft zur Gewalt, die er an dem „Schandweib" Anna („gehört totgeprügelt") exekutieren will, am Beispiel seines Umgangs mit seinem Hund:

SALM: Könntest du sie totprügeln?
HORST: Im Interesse des Vaterlandes, jederzeit. Wir hatten zu Hause einen reinrassigen Dobermann. Dem habe ich einmal die Beine zusammengebunden und losgeprügelt bis ich nicht mehr konnte. Das Vieh gab keinen Ton von sich. Es gibt so stolze Köter. Es hat mich nur angeschaut.[12]

Innerhalb dieser Gruppe gibt es einen Außenseiter. Der vierte Hakenkreuzler ist psychologisch nämlich anders als seine Kameraden gestrickt. Pointiert und gruppendynamisch gesprochen ist seine Randständigkeit eine doppelte, er möchte, ehemaliger Spartakist, Teil der revoltierenden marginalisierten Männer werden und ist doch innerhalb dieser Gruppe abermals marginalisiert, etwa durch seine Beziehung mit Anna, dem „Schandweib". Sein slawischer Name, Sladek (zu Deutsch etwa ‚der Süße'), signalisiert, dass er auch ethnisch ein Fremder ist, der sich und den anderen beweisen will, dass er dazugehört. Horváth hat ihn in einer Selbstinterpretation des Stücks zutreffend als „eine

11 Ebenda, S. 26.
12 Ebenda, S. 27.

Gestalt [...] zwischen Wozzek und Schwejk"[13] bezeichnet. Er sei, fährt der Autor fort, ein „pessimistischer Sucher", der die „Gerechtigkeit" liebt, ein Mensch, der den Boden unter den Füßen verloren hat, ein Mensch, der zum Mitläufer und Mörder wird, obschon er den Mord an Anna nicht selbst begeht. Er ist welt- und selbstfremd und kommt damit einem Zustand von Marginalität nahe, in der sich das einsame Individuum in seine eigene Welt einigelt und die Fähigkeit zu Beziehung und Kommunikation radikal einbüßt.

Zum kompositorischen Geschick des Stücks gehört, dass es uns von Anfang an zwei *lonesome travellers*, zwei einsame Wanderer in der Welt präsentiert, den Utopisten Franz, eine melancholische Fokalisator-Figur, der von einer sozialistischen Demokratie träumt, und eben jenen selbstverlorenen Sladek, dessen Befindlichkeit und Unbewusstes das Stück fast im Sinne Freuds auslotet. Es ist kein Zufall, dass er, im Unterschied zu allen anderen Hakenkreuzlern, auf den politischen Gegner, den linken Journalisten Franz, nicht hasserfüllt und aggressiv reagiert, sondern empathisch, worauf Franz wiederum hilflos-ablehnend reagiert, weil er keine Gemeinsamkeit mit einem Nationalsozialisten eingehen möchte:

> VIERTER HAKENKREUZLER: Ich heiße Sladek. – Man muß nur selbständig denken. Ich denk viel. Ich denk den ganzen Tag. Gestern hab ich gedacht, wenn ich studiert hätt, dann könnt ich was werden. Ich hab nämlich Talent zur Politik. Ich bin ein sogenannter zurückgezogener Mensch. Ich red nur mit Leuten, die selbständig denken können. Ich freu mich, daß ich mit dir reden kann, – du bist auch allein, das hab ich bei der Diskussion gemerkt. Wir sind verwandt. Ich hab mir das alles genau überlegt, das mit dem Staat, Krieg, Friede, diese ganze Ungerechtigkeit.[14]

Sein Stehsatz, mit dem er sein vermeintlich selbständiges Denken über Staat, Krieg und Welt untermauert, lautet: „In der Natur wird gemordet, das ändert sich nicht."[15] Dass er selbständig denkt, ist selbstredend eine Halbwahrheit. Anders als die Ethik der Grausamkeit seiner Kumpane und Waffenbrüder ist die seine mit melancholischen apodiktischen Sätzen, einem kruden Gemisch von biologischen und anthropologischen Sentenzen, verbunden, die Liebe, Frieden, Humanismus, Versöhnung und Frieden als großen Betrug erscheinen lassen, die eine Überwindung der angeblichen Ehr- und Wehrlosigkeit verkünden und den Krieg als biopolitische Maßnahme zur Bevölkerungsbeschränkung interpretieren.[16] Ganz typisch für diese Variante einer grausamen Ethik ist

13 Ebenda, S. 148.
14 Ebenda, S. 15.
15 Ebenda, S. 16.
16 Ebenda, S. 17.

die (Selbst-)Behauptung seiner intellektuellen Tapferkeit, sich im Gegensatz zu allen anderen zu der pessimistischen Ansicht von Welt und Mensch zu bekennen: „Ich hab keine Angst vor der Wahrheit, ich bin nämlich nicht feig."[17] Seiner grausamen Ethik, die dazu führt, dass er der Liquidation seiner Lebensgefährtin Anna im Namen des Vaterlandes zustimmt, kommt freilich immer wieder seine Sensibilität ins Quere, weshalb er auch im letzten Moment vergeblich versucht, Annas Leben zu retten, weil sie unschuldig sei, was für die programmatischen Totprügler natürlich nur ein lächerliches Argument ist.

Sladek ist die Hauptfigur im Stück, weil seine psychische Befindlichkeit am genauesten ausgelotet wird. Dieser quasi-psychoanalytische Blick bringt die merkwürdige und verquere Sexualität dieser Männer ins Spiel. Sie korrespondiert mit einer weiblichen Sehnsucht nach männlicher Stärke. Diese zeigt sich in einem unhinterfragten Begehren nach gewaltsamen und strammen Männern, in prekären Formen asymmetrischer und hierarchischer Ausformungen von mehr oder minder heimlich ausgeübter Homosexualität und Homoerotik (wie im Fall des autoritären, patriarchalen Verhältnisses von Salm und Horst) bis zu jener üblichen Herabsetzung der Frau, die mit der Härte des Mannes nicht mithalten kann und der rundum das sexuelle Begehren („Die muß mal sehr geil gewesen sein", meint Knorke über Anna) zugeschrieben wird, das Angst, blinde Triebhandlung und Verachtung auslöst und dem eine Selbstverachtung zugrunde liegt: dass nämlich auch der härteste und gewaltsamste Mann der Sexualität, als deren Projektion die Frau ist, bedarf. Der bisexuelle Salm bringt diese Sicht auf den Punkt, wenn er prahlend und abwertend meint:

> Was ich dort bei den Rumäninnen Kraft ließ – ja, das Weib haßt den Mann, auch in der Tierwelt gibt es dafür Beispiele. Ich habe erst in der Gefangenschaft mein besseres Ich entdeckt, ich danke es dem Krieg, er wies mich den rechten Weg. Horst. Du folgtest meinem Rufe.[18]

Salm entwirft ein für heute völlig prekäres und unakzeptables Bild hetero- wie homosexuellen Begehrens. Es entspringt einer Interpretation, die dieses als eine Befreiung aus und von der Übermacht weiblicher Sexualität, als eine Emanzipation von sexueller Ausbeutung interpretiert. Die Gleichgeschlechtlichkeit wird in dieser Männerphantasie, um die bahnbrechende Studie von Klaus Theweleit zu erwähnen, das Bild einer männlichen Parallelwelt eingefügt, in der Frauen ausgeschlossen sind.[19]

17 Ebenda, S. 16.
18 Ebenda, S. 27.
19 Theweleit, Klaus: Männerphantasien. Bd. 1: Frauen, Körper, Geschichte. Frankfurt/Main, Basel: Roter Stern 1977.

Hinter dieser polemischen Ansicht der Sexualität als einer männlichen Überforderung tritt eine tiefe Verunsicherung zutage, eine Krise von Männlichkeit, die durch das Selbstbild einer distanzierten, kalten Panzerung kompensiert werden soll und die doch zugleich die eigene Schüchternheit überspielt. Aus dieser Welt ist die Frau auf doppelte Weise ein- und ausgeschlossen, als Hausfrau wie als Prostituierte. Ersterer verdankt man eine Alltagssicherheit am Rande der soldatisch konstruierten Männerwelt, letzterer den Genuss einer so unvermeidlichen wie innerlich abgelehnten Sexualität, ohne der Frau affektiv und empathisch näher kommen zu müssen.

Der ‚Komplex' Sladek funktioniert auch hier etwas anders. Im Stück wird Sladek dreimal mit Frauen konfrontiert, mit der älteren Anna, einer selbständigen Frau und Soldatenwitwe, mit dem Fräulein an der Bar im Restaurant und mit Lotte in der elften und letzten Szene des Stückes.

Im Falle von Anna tritt Sladeks Unselbständigkeit auf mehreren Ebenen zutage. Der sozial und ökonomisch pauperisierte, arbeitslose, gestrandete Mann bedarf der Frau als Einkommensquelle, dadurch verstärkt sich indes seine Marginalisierung, ist er nun doch von der tief verachteten Frau abhängig. Daraus erklärt sich auch die tiefe Ambivalenz Sladeks gegenüber Anna, der er dankbar sein muss und die er dafür hasst, eben weil er sie braucht.

> Ich kam zu dir zerlumpt. Bei mir in der Familie haben sie sich um ein Stück Brot gehaßt. Du warst für mich ein höheres Wesen, du hattest eine Zweizimmerwohnung und hast Kriegsanleihen gezeichnet. Du hast für Kaufmannsfrauen geschneidert, ich hab mich waschen können. Du hast mir einen Wintermantel gekauft. Danke.[20]

Und in der dritten Szene, wenn sich Sladek kurz vor der Ermordung von Anna, dem Fräulein im Restaurant erotisch annähern will, schildert er der fremden anderen Frau sein Verhältnis mit Anna:

> Sie hat es gewußt, daß sie nur winseln muß und ich verlier die Kraft. Weil ich ein anständiger Mensch bin, zu guter Letzt. [...] Ich hab noch nie richtig gearbeitet. Sie hat es nicht gern gesehen, daß ich was verdien. Sie hatte Angst, ich könnte ohne sie leben. Sie hat mich lieber ausgehalten, das ist das berühmte mütterliche Gefühl.[21]

Die harten Männer, die Soldaten der Armeen, die den Krieg verloren haben, stehen nach ihrer Rückkehr auf wackligen Beinen. Ihre berufliche Grundlage, ihre Ausbildung, ihre Lebenspläne haben sich in Luft aufgelöst. Der Krieg zeitigt völlig unbeabsichtigte und unabsehbare Folgen. Die Frauen, die zu

---

20 Horváth: Sladek, S. 24. Eine Parallelgeschichte erzählt Joseph Roth in seinem Roman *Die Rebellion.*

21 Ebenda, S. 32.

Hause geblieben sind, haben sich eine ökonomische Basis geschaffen und sind, vielleicht zum ersten Mal, unabhängig vom andern Geschlecht. Während sie sich recht oder schlecht – es sind Krisenzeiten – in der Welt bewähren, stehen die Männer abseits und den Frauen, deren Schwäche sie doch so verachten, unterlegen, geschlechtlich marginalisiert. Diese Situation schildert Horváth in *Geschichten aus dem Wiener Wald* und Roth in *Die Rebellion*. Auch dort sind es geschäftstüchtige Frauen, die Männer, Kriegsheimkehrer und durch den Krieg bodenlos gewordene Existenzen unterhalten und ihr Superioritätsgefühl bis zu einem gewissen Grade auch auskosten. Dem melancholisch erfahrenen marginalisierten Zustand der Heimkehr-Männer steht eine weibliche Tüchtigkeit gegenüber, die sich mit der drohenden Marginalisierung nicht abfinden will.

Anna ist Sladek zudem an Lebenserfahrung, und dazu gehört wohl auch die Sexualität, überlegen, sie ist seine zweite Mama, lacanianisch gesprochen die phallische Frau, was sie auch in poetische Formeln gießt: „[…] Du kleiner Riese. Du bleibst, du bleibst. Du Jung, du – es ist kalt, die Erde ist kalt, aber die Sonne war schon warm. Das ist der zunehmende Mond.“[22] Im Bild des kleinen, hilflosen Mannes nach 1918 ist dessen Situation auf den Punkt gebracht. Aufschlussreich ist die anschließende Kuss-Szene. Die Frau ist empört, weil der Mann ihr den Kuss einigermaßen gewaltsam verweigert, um sodann zu sagen: „Ich küß nicht gern so, so sinnlich.“[23] Die emotionale Askese verträgt sich nicht mit einer Sinnlichkeit, in der sich der männliche Mann verlieren könnte, vor allem dann, wenn er beständig gegen die eigene Weichheit ankämpfen muss.

Das gilt auch für die Begegnung mit der stramm nationalistisch eingestellten Kellnerin im Restaurant. Diese Annäherung scheitert und damit auch der Versuch einer geglückten sexuellen Beziehung. Die Frau, die in diesen Kontexten auch als Betrügerin firmiert, bietet dem hilflosen und selbstverlorenen Sladek an, sich für einen stattlichen Betrag – es ist die Zeit der Inflation – auszuziehen:

> SLADEK: Du hast so eine schöne Haut.
> DAS FRÄULEIN: Ich bin auch ein Sonntagskind.
> SLADEK: Ich nicht. – Du bist so weich.
> DAS FRÄULEIN: Das hat jede Frau.
> SLADEK: Nein, nicht jede.
> DAS FRÄULEIN: Was der kleine Mann für große Augen hat. Schau mich an. Wohin schaust du denn?
> SLADEK: Ich schau dich an.
> DAS FRÄULEIN: Nein.

---

22 Ebenda, S. 25.
23 Ebenda, S. 26.

SLADEK: Doch.

DAS FRÄULEIN: Du schaust mich an und doch nicht an. Hinter mir ist nichts. Ich glaube, du findest den richtigen Kontakt zum Weibe nicht.[24]

Nachdem sie ihn geküsst und sich ausgezogen hat, meint die Frau selbstbewusst: „Du bist ein einsamer Mensch. Du mußt öfters kommen, sonst wirst du noch melancholisch. Das Weib ist die Krone der Schöpfung."[25] Anfänglich amüsiert sich die junge Frau ganz offenkundig lustig über den empfindsamen romantischen Mann ihr gegenüber, der enttäuschenderweise gar nichts Männlich-Zupackendes an sich hat, sondern sich in der Weichheit ihrer schönen Haut verliert. Am Ende macht sie indes eine überraschende und wohl auch zutreffende Entdeckung: Dieser Mensch, dieser Mann ist unfähig, eine konkrete Beziehung zu einer Frau einzugehen. Er schaut nicht sie an, sondern sieht etwas in ihr, das dahinter ist. Insofern geht diese sexuelle Annäherung ganz schief, Sladek kommt ihr nicht näher, sondern möchte sie vor allem aus der Ferne vollständig nackt betrachten können.

Soweit kommt es in der letzten Szene gar nicht, wenn Sladek, der nach dem gescheiterten Aufmarsch gegen die Republik nach „Nikaragua" auswandern möchte (weil ihm, wie auch beim „Kap der guten Hoffnung", der Name ausnehmend gut gefällt), nähert sich überaus schüchtern und ungeschickt einer jungen Frau, Lotte, und fragt sie, ob sie mit ihm Karussell fahren möchte und das Fremde mit seiner Einsamkeit begründet:

SLADEK: [...] ich kenn nämlich keinen Menschen.

LOTTE: Sie sind hier fremd?

SLADEK: Sehr fremd.

LOTTE: Sind sie nicht Engländer?

SLADEK: Stimmt.[26]

Das ist einer dieser fetzenhaften und verwehten Dialoge in der Horváth-Welt, die die Weltverlorenheit der Menschen in den Pausen, das ein Schweigen der Worte ist, versinnbildlicht. Horváths Menschen bleiben dem Publikum rätselhaft fremd, so wie sich seine Figuren auf der Handlungsebene im Stück selbst und einander fremd bleiben. Es ist nicht ohne Ironie, dass Sladek die Frage der fremden jungen Frau, ob er ein Engländer sei, bejaht. Es ist pure Ironisierung des Umstandes seiner einsamen Existenz, die ihn in das politische Abenteuer und nun zum Auswandern veranlasst

24 Ebenda, S. 33.
25 Ebenda, S. 34.
26 Ebenda, S. 89.

5. Close Reading 2: Joseph Roths *Das Spinnennetz*

Den gleichen Zeitraum behandelt auch Joseph Roths erster Roman *Das Spinnennetz*, der zunächst, der Germanistik lange unbekannt, in der Wiener „Arbeiterzeitung", dem Zentralorgan der österreichischen Sozialdemokratie erschien, dessen Handlung indes in Berlin angesiedelt ist, auch wenn mit der Familie Ephrussi/Efrussi eine Spur nach Wien gelegt wird. Wie im *Sladek* spielt hier das Thema männlicher Marginalität im Gefolge von Krieg und Inflation, sowie der Bekämpfung durch Rechtsradikalismus und die schwarze Reichswehr eine maßgebliche Rolle.

Roths Figur des Theodor Lohse ist freilich aus gänzlich anderem Holz geschnitzt als jene des Sladek, der sich in die völkische Welt ebenso verirrt wie in die der Frauen. Seine Ausgangssituation ist erbärmlich und unerfreulich. Sein männlicher Wert als Soldat, ja sogar als Leutnant des wilhelminischen Heeres, ist – wie die Geldwerte in der Inflation – auf ein Nichts zusammengeschrumpft. In der von Frauen, der Mutter und Schwestern, dominierten Nachkriegs-Familie, ist er ein geduldeter, nicht wohlgelittener Gast,[27] was der Erzähler sarkastisch kommentiert:

> Die Mutter kränkelte, die Schwestern gilbten, sie wurden alt und konnten es Theodor nicht verzeihen, daß er nicht seine Pflicht, als Leutnant und zweimal im Heeresbericht genannter Held zu fallen, erfüllt hatte. Ein toter Sohn wäre immer der Stolz der Familie geblieben. Ein abgerüsteter Leutnant und ein Opfer der Revolution war den Frauen lästig. Es lebte Theodor mit den Seinigen wie ein alter Großvater, den man geehrt hätte, wenn er tot gewesen wäre, den man geringschätzt, weil er am Leben bleibt.[28]

Dass er nach 1918 nichts mehr wert ist und dass er gleichsam vor der Zeit ein Pensionistendasein in der bürgerlichen Gesellschaft führt – sozialer Tod statt heroischen Untergangs – führt eben jene Entwertung des Mannes herbei, gegen die sich Lohse, der sich als Hauslehrer bei der reichen Familie Efrussi verdingt, aufbäumt. Marginalität und Identitätsverlust treiben ihn in die Arme rechter Kreise, die wissen, wen sie für die „neuen Situationen" verantwortlich machen können, den Sozialismus, den neuen demokratischen Staat, die Vaterlandslosigkeit, den Pazifismus und die „Liebe für den Feind", das angebliche Streben der Juden nach Weltherrschaft. Ganz besonders aber die Juden. Diese Weisheiten beziehen die damals neuen Rechten aus den *Protokollen der Weisen von Zion*, die, wie es im Roman heißt, „alle Mitglieder des Reserveoffiziersverbandes zu den

27 Vgl. Roth, Joseph: Das Spinnennetz. Frankfurt/Main: Fischer 1970, S. 27.
28 Ebenda, S. 47.

Hülsenfrüchten am Freitag" bekamen. Diese symbolische Ernährung macht sie bereit für den Aufstand gegen jene Welt, in der sie keinen Platz finden und in der sie sich – Parallele zu Horváths Stück – als deren Opfer sehen.

Lohses Antisemitismus speist sich auch aus dem Neid des Verlierers, der sich von allen Reichtümern und von jedweder Anerkennung ausgeschlossen sieht. Auf Grund seines Statusverlustes hat er in seiner Interpretation auch sein sexuelles Kapital eingebüßt, das es ihm in besseren Zeiten ermöglich hätte, etwa der Liebhaber der schönen Frau Efrussi zu werden. Lohse träumt einem Liebesabenteuer mit einer Berliner Dame nach, die – Ausdruck bürgerlicher Distinguiertheit – ein „lila Unterhöschen"[29] trug. Zur Marginalisierung gesellt sich das Kastrationsphantasma, das sich auch nicht durch kurzlebige sexuelle Affären mit sogenannten leichten Mädchen aus der Unterschicht oder Halbweltdamen kompensieren lässt.

Was Sladek in Grübelei und Melancholie treibt, das löst bei Lohse Willen zum Handeln aus: „Bald wird er aus seinem ruhmlosen Winkel treten, ein Sieger, nicht mehr gefangen in der Zeit, nicht mehr unter das Joch seiner Tage gedrückt."[30] Roth entwirft das Soziopsychogramm eines Typus, der den eigenen Stolz wiederaufrichten möchte und der sich dem Traum von Superiorität und Anerkennung hingibt. Lohse ist keineswegs ein Ideologe, das symbolische Mobiliar seines postsoldatischen völkischen Milieus ist für ihn nur ein Mittel zum Zweck, sich Geltung zu verschaffen.

Durch die Vermittlung von Doktor Trebitsch gerät Theodor alsbald in rechtsradikale Kreise. Dieser Name besitzt eine historische Referenz, war doch ein Arthur Trebitsch (der Vorname ist im Roman einem Onkel vorbehalten, der nach dem Ersten Weltkrieg in die USA emigriert ist) nach und neben Otto Weiniger der prominenteste jüdische Antisemit. Ihm, dem reichen Seidenhändler und autodidaktischen Philosophen, der 1925 unter dem Einfluss des Verdikts gegen die „Sklavenmoral" eine „Arische Wirtschaftsordnung" vorlegte, hat Theodor Lessing in seinem Buch *Der jüdische Selbsthass* ein ganzes Kapitel gewidmet.[31] Dieses Paradox, Jude *und* Antisemit zu sein, wird im Roman Roths nicht angesprochen oder gar geklärt. Überhaupt bleibt es rätselhaft, warum sich in *Das Spinnennetz* so viele Menschen jüdischer Herkunft im Milieu von Spionage, verbotener Reichswehrkontingente oder völkischer Parteien tummeln.

Durch Trebitschs Vermittlung lernt Lohse das ganz rechte Milieu Berlins und danach auch Münchens kennen, er gerät in die Nähe des dubiosen Prinzen

29 Ebenda, S. 50.

30 Ebenda, S. 52.

31 Lessing, Theodor: Der jüdische Selbsthaß. Mit einem Essay von Boris Groys. München: Matthes & Seitz 1984, S. 101–131.

Heinrich, der ihn für seine homosexuellen Neigungen instrumentalisiert, er lernt die Hintermänner der verbotenen Aufrüstung, aber auch die Führer der neuen völkischen Gruppierungen kennen. Er verrichtet die niederen Arbeiten, die Erledigung kommunistischer Gruppen, die Niederschlagungen eines Aufstandes von Landarbeitern oder die Beseitigung von Gesinnungsgenossen, die seinem Aufstieg im Wege stehen. Er ist auch aktiv an der Beteiligung eines Putsches beteiligt, der im Roman mit dem Datum des 2. Novembers (statt wie historisch korrekt mit dem des 9. Novembers) versehen wird – zusammen mit der Feier für Ludendorff –, eine ganz normale völkische Karriere. Seine Mordgeschäfte bringen ihm Geld ein, die sein ökonomisches Vorankommen gewährleisten. Aber was ihm fehlt, ist der Bekanntheitsgrad eines Hitlers, denn Lohse arbeitet mit seinen geheimen Missionen, schwarze Reichswehrkontingente aufzustellen, zumeist im Verborgenen. Er agiert dabei so mechanisch und professionell so wie zu den Zeiten, als er als Schüler komplette ‚fremde' Sätze auswendig gelernt hatte:

> Er wollte Führer sein, Abgeordneter, Minister, Diktator: Noch kannte man ihn nicht außerhalb seiner Kreise. Noch brannte der Name Theodor Lohse nicht in den Zeitungen. [...] Es schmerzte ihn der Zwang zur Namenlosigkeit, unter dem er alle Taten verrichten mußte.[32]

Dann trifft er auf einen zweiten jüdischen Geheim- und Doppelagenten, Benjamin Lenz, einen Nihilisten durch und durch, dessen ideologische Verankerung sehr locker ist:

> Seine Idee hieß: Benjamin Lenz. Er haßte Europa, Christentum, Juden, Monarchen, Republiken, Philosophie, Parteien, Ideale, Nationen. Er diente den Gewalten, um ihre Schwäche, ihre Bosheit, ihre Tücke, ihre Verwundbarkeit zu studieren. Er betrog sie mehr, als er ihnen nützte. Er haßte die europäische Dummheit. Seine Klugheit haßte. Er war klüger als Politiker, Journalisten und alles, was Gewalt hatte und Mittel zur Macht. Er probte seine Kraft an ihnen [...], er freute sich an dem gläubigen Gesicht des Betrogenen, der aus den falschen Tatsachen Kraft zu neuer Grausamkeit schöpfte [...].[33]

Lenz ist ein früher Vertreter von Falschmeldungen und ein Propagandist sinnloser Grausamkeit, ein geschickter Segler in der Intransparenz eines Netzes von Geheimdiensten, Verschwörergruppen, sinisteren Parteien und Terroristen. Er durchschaut Lohse, der für ihn weder ein Gesinnungstäter noch ein „geborener Mörder" ist:

---

32 Roth: Das Spinnennetz, S. 75.

33 Ebenda, S. 92.

> Sie sind auch kein Politiker. Sie wurden von ihrem Beruf überfallen. Sie haben ihn sich nicht gewählt. Sie waren unzufrieden mit ihrem Leben, Ihren Einnahmen, ihrer sozialen Stellung. Sie hätten versuchen sollen, im Rahmen Ihrer Persönlichkeit mehr zu erlangen, niemals aber ein Leben, das Ihrer Begabung, Ihrer Konstitution zuwiderläuft.[34]

Ob das nun ehrlich gemeint ist oder ob es sich um einen Trick handelt, den Ehrgeiz Theodors anzustacheln, bleibt an dieser Stelle offen. Für ihn ist der umtriebige, leicht zu lenkende Weltkriegsleutnant Instrument und Mittel zugleich, um Geld und Einfluss zu maximieren. Er fädelt eine Hochzeit von Theodor mit einer preußischen Aristokratin ein und verschafft ihm einen einflussreichen Job knapp unterhalb der Minister-Ebene. Während Lohse einem unaufhaltsamen sozialen und politischen Aufstieg entgegenstrebt, kommen seine beiden jüdischen Förderer, zunächst Trebitsch, der sich mit seinem Onkel nach Amerika absetzt, und Lenz, der sich spontan entscheidet, mit seinem Bruder Lazar in den Zug nach Paris einzusteigen, der Bewegung abhanden. Sang- und klanglos verschwinden sie aus dem narrativen Raum des Romans. Für beide war es ein Spiel, das sich vor allem für Lenz, der sich rührend um seine ostjüdische Familie kümmert, finanziell ausgezahlt hat und das wie jedes Spiel einmal an ein Ende kommt.

So verschieden die Figuren bei Horváth und Roth sich unterscheiden mögen, hier der erfolgreiche Politiker, dort der einsame Melancholiker in der braunen Masse, beide sind sie getragen von jenem politischen Dispositiv, das man einmal als braune Revolution bezeichnet hat. Von ihr versprechen sie sich einen dynamischen Effekt, der ihre mehrfache Marginalisierung kompensieren soll. Oder anders gesagt: Die erfahrene und erlittene soziale, geschlechtliche und ökonomische Deplacierung und die daraus erwachsene Selbstkränkung und Identitätskrise des Mannes und Soldaten nach 1918 bilden die entscheidende Bedingung der Möglichkeit für den so überraschenden wie rapiden Aufstieg der Voraussetzungen für den rechtsradikalen Aufstand gegen die liberale Demokratie. Hier gibt es, über die unleugbare ökonomische Krisensituation, Inflation und Massenarbeitslosigkeit, einen symbolischen Überschuss. Männer, die auch in den eigenen Augen ein überflüssiges Nichts sind, laden sich durch ein Programm auf, das ihnen verspricht, wieder etwas zu werden. Den hohen Preis sind sie bereit zu zahlen, eben weil sie wahre Männer sein wollen, die sich vor Gewalt und Grausamkeit nicht fürchten, sondern diese als Medizin für ihre prekär gewordene Männlichkeit sehen. Sie bringen die Gewissensbisse im Hinblick auf die gemeinen Taten zum Verstummen:

---

34 Ebenda, S. 95.

> Er stand auf dem Podium, und der Schall seiner Stimme hob ihn empor. Seine Frau saß in der ersten Reihe. Gesichert waren die Eingänge, die Türen, die Fenster, hier vergaß er jede Gefahr und sogar den Feind, den lauernden, den unbekannten. „Ich muß zu dir aufschaun!" sagte Elsa, und sie saß in der ersten Reihe und sah zu ihrem Mann empor, dem Erwachsenen und Wachsenden, Chef der Sicherheit – dachte sie –, Präsident des Reiches, Platzhalter für den kommenden Kaiser.[35]

Ein solcher Befund anno 1923 ist erstaunlich und prophetisch, nimmt er doch den Habitus all jener vorweg, die es im Gefolge der Machtergreifung von 1933 nach Oben spülen sollte. Man muss mit historischen Vergleichen vorsichtig sein, aber einige der psychischen Dynamiken, die Roth und Horváth in ihren literarischen Werken herausarbeiten, sind auch im gegenwärtigen Kontext hundert Jahre danach durchaus wirksam.

35 Ebenda, S. 125.

1918, Untergang der Habsburgermonarchie und ihre Historiker

Eine unendliche Geschichte vom Fall und Ende

Filip Šimetin Šegvić (Zagreb)

Das große Erinnerungs- und Gedenkjahr 1918 wurde auf globaler Ebene als hundertstes Jubiläumsjahr mehrerer wichtiger Ereignisse ‚konsumiert', unter anderem hat man den Untergang der Habsburgermonarchie sowie Gründung sämtlicher neuen Staaten, so auch des SHS-Staats, der Republik Österreich oder der Tschechoslowakei mit verschiedenen Veranstaltungen bedacht. Auf Tagungen und in wissenschaftlichen Publikationen wurde das Jahr 1918 als Umbruchsjahr oder als „Stunde null" dargestellt. Das Themenspektrum eines Sammelbands versuchte zum Beispiel 1918 nicht als eine strikte Demarkierung vorzustellen, sondern auf übergreifende politische, soziale und kulturelle Strukturen hinzuweisen und somit klassische Spaltungen zu vermeiden.[1] Ernsthafte wissenschaftliche, aber auch politische bzw. öffentliche Debatten wurden darüber in ganz Mittel- und Südosteuropa geführt. Dabei kam heraus, dass die meisten Debatten unabhängig voneinander, also ohne jegliche komparativgeschichtliche Perspektive, nicht im Dialog, sondern als monologische Einzelbestandteile geführt wurden. Man konnte auch feststellen, dass bei den Historikern in Mittel- und Südosteuropa nicht nur Kontroversen und größere Fragenkomplexe offen geblieben sind, sondern dass man sich auch auf anderen Ebenen nicht ergänzen konnte, beispielsweise bei einer Suche nach den kroatisch-serbischen oder habsburgisch-patriotischen sowie jugoslawischen Erinnerungsorten, den *lieux de memoire*.[2]

Der Begriff ‚konsumiert' wurde absichtlich verwendet, weil Historiker, die noch 2014 auf einen neuen bzw. methodologisch differenzierten Erfahrungs-

---

1 Miller, Paul B./Morelon, Claire (Hgg.): Embers of Empire: Continuity and Rupture in the Habsburg Successor States After 1918. Oxford, New York: Berghahn Books 2018.

2 Nora, Pierre (Hg.): Erinnerungsorte Frankreichs. München: C. H. Beck 2005.

raum vorbereitet waren, sich bis 2018 wahrscheinlich ernüchtert haben. Auch Christopher Clarks literarisch gelungene „Master-Darstellung", die auf der Suche nach den Ursachen des Ersten Weltkriegs neue Debatten hervorrief, mangelte an wirklich neuen Interpretationen und Ideen; dennoch bleiben *Die Schlafwandler* ein multiperspektives Meisterwerk der neuesten Geschichtsschreibung.[3] Eine propulsive Bereicherung und Erneuerung der Habsburgerstudien, mit allen zugehörigen modernen methodologischen und theoretischen Ansätzen in der Geschichtsschreibung, lässt allerdings immer noch auf sich warten, trotz einer Überproduktion von re-traditionalisierten und klassisch politisch-historischen Beiträgen. Es wurden zahlreiche Konferenzen und Tagungen abgehalten, die einen neuen Blickwinkel oder aber einen Blick aus der Vogelperspektive auf die letzten Jahre der Habsburgermonarchie und anderer europäischer Imperien geboten haben, ohne dabei traditionelle Fragestellungen zu erweitern, manche wurden sogar aufgegeben. Viel häufiger rückten aber alte Argumente und sogar alte Einstellungen in den Vordergrund.

Das Jahr 1918 als das große Bruchjahr bezeichnet in der Geschichtsschreibung unter anderem auch den endgültigen Untergang der Habsburgermonarchie. Bis heute erhält sich in zahlreichen Werken die alte Perspektive von der geschwächten „alten" Donaumonarchie, die als ein Anachronismus dargestellt wird und daher nicht überraschend ihr Ende 1918 erfährt – zu erwähnen wären in diesem Zusammenhang insbesondere zahlreiche Beiträge der kroatischen Historiographie, die sich auf 1918 und die darauffolgenden Jahre konzentrieren. Mehrere dieser Beiträge, die sich mit diesem Thema in der neueren Zeit beschäftigen, bleiben in erster Linie auf Ereignisse, also auf die von Fernand Braudel benannte „Zeit der Geschichte" und den „mechanischen Zeitlauf", auf die *histoire événementielle* („Ereignisgeschichte") konzentriert.[4] Gerade diese Ebene der historischen Prozesse wurde bereits im heute vergessenen, aber nichtdestotrotz wichtigen Werk *Raspad Austro-Ugarske i stvaranje južnoslavenske države* (Der Untergang Österreich-Ungarns und die Gründung eines jugoslawischen Staates) des kroatischen Historikers Bogdan Krizman (1913–1994) aus dem Jahr 1977

3 Clark, Christopher: Die Schlafwandler: Wie Europa in den Ersten Weltkrieg zog. München: Deutsche Verlags-Anstalt 2013.

4 Braudel, Fernand: „Geschichte und Sozialwissenschaften. Die longue durée", in: Honegger, Claudia (Hg.): Schrift und Materie der Geschichte. Vorschläge zur systematischen Aneignung historischer Prozesse. Frankfurt/Main: Suhrkamp 1977, S. 50. S. dazu: Wüstemeyer, Manfred: „Geschichte und Soziologie als soziologische Geschichte. Zum Raum-Zeit Lehre der ‚Annales'", in: Ludz, Peter Christian (Hg.): Soziologie und Sozialgeschichte. Aspekte und Probleme. Opladen: Westdeutscher Verlag 1972.

untersucht.[5] Und gerade für die kroatische Situation um 1918 ist die Perspektive der langen Dauer gut geeignet: nicht die Tschechoslowakei, Ungarn, Rumänien oder Österreich, sondern gerade Kroatien bzw. Jugoslawien.[6] Es handelt sich dabei um einen Sonderfall, der tatsächlich für die Durchführung einer transepochalen komparativen Studie geeignet wäre. Kroatien fügte sich nach jahrhundertelanger Dominanz der Dynastie Habsburg als einziges mitteleuropäisches Land in ein neues multinationales, multikulturelles und multikonfessionelles Imperium bzw. Königreich ein. Doch außer der hervorragenden Arbeit des Historikers Ivo Banac, dem Buch *The National Question in Yugoslavia: Origins, History, Politics* hat die kroatische Geschichtsschreibung bis heute kaum solche übergreifenden Studien hervorgebracht.[7]

Wichtige Ansätze dazu gibt es schon seit einiger Zeit in der österreichischen und deutschen, aber vor allen in der anglo-amerikanischen Geschichtsschreibung: die Sektion „Habsburgia" – ein Begriff des Historikers Tony Judt[8] (1948–2010) – gab es auch schon vor 1918 in der britischen Geschichtsschreibung, was auf keinen Fall eigenartig vorkommen sollte. Das Thema „Untergang der Monarchie" ermöglichte vorerst den Historikern nach 1918 Zuflucht ins sogenannte „grand narrative". Britische Historiker der Zwischenkriegszeit, zumal Emigranten aus dem mitteleuropäischen Raum wie Lewis B. Namier oder Alfred F. Přibram, knüpften an die Geschichtsschreibung von Edward Gibbon aus dem 18. Jahrhundert an. Sein Werk über den Fall des Römischen Imperiums popularisierte eine Geschichte des *decline and fall* – des „Verfalls und Untergangs".[9] Die frühe britische Geschichtsschreibung zum Thema Donaumonarchie wurde auch durch die späten Ansätze der Macauley'schen sogenannten *whig-history* beeinflusst. Schilderungen politisch aktiver Historiker und Journalisten wie Henry Wickham Steed (1871–1956) und Robert William Seton-Watson (1879–1951), insbesondere auf die Lage der Südslawen konzentriert, prägten dabei ein politisch motiviertes Bild der Donaumonarchie als „Völkerkerker".[10] Die

---

5 Krizman, Bogdan: Raspad Austro-Ugarske i stvaranje jugoslavenske države. Zagreb: Školska knjiga 1977.

6 S. dazu: Šimetin Šegvić, Filip: „Što je ostalo od Habsburške Monarhije nakon 1918. godine? Rasprava o kontinuitetima i diskontinuitetima", in: Radovi Zavoda za hrvatsku povijest 50/1 (2018), S. 59–80.

7 Banac, Ivo: The National Question in Yugoslavia: Origins, History, Politics. Ithaca: Cornell University Press 1984.

8 Judt, Tony/Snyder, Timothy: Thinking the Twentieth Century. New York: The Pengiun Press 2012.

9 Gibbon, Edward: The History of the Decline and Fall of the Roman Empire. 6 Volumes. London: Strahan & Cadell 1776–1789.

10 Vor dem Kriegsausbruch befürworteten Seton-Watson und Steed noch die Habsburgermonarchie. Seton-Watson/Robert William: Racial Problems in Hungary. London: A.

Habsburgermonarchie zu untersuchen, war in vielerlei Hinsicht eine zeitgemäße Angelegenheit: Die politische Krise und die Nationalitätenkämpfe in der Habsburgermonarchie haben den Kontext zu den jüngsten politischen Entwicklungen in Mittel- und Südosteuropa in den 1920er und 1930er Jahren sowie auch in der Zeit nach dem Zweiten Weltkrieg und im Kalten Krieg geboten. Dabei sollte man sich an die zahlreichen Werke der anglo-amerikanischen Geschichtsschreibung erinnern: vom ausschlaggebenden Essay über den Zerfall der Monarchie in 41 Punkten von Lewis B. Namier (1888–1960)[11] bis zu den synthetischen Werken von Arthur J. May, Robert A. Kann, A. J. P. Taylor, C. A. Macartney und zahlreichen anderen Historikern.

Natürlich hatten politische Umstände früher wie auch heute einen bestimmten Einfluss auf die Geschichtsschreibung. Nach 1918 war es nicht nur wichtig, den Zerfall großer europäischer Imperien zu analysieren, sondern gewiss auch neue „grand narratives" für Nachfolgestaaten zu gestalten; der Habsburger „Völkerkerker" spielte dabei eine wichtige Rolle. Anderseits wurde im Kalten Krieg wieder vieles umgedacht: der „Eiserne Vorhang" und die Sowjetisierung Ost-Mitteleuropas und Osteuropas ließ schnell den „Völkerkerker" vergessen. Heute werden wiederum in Bezug auf die Europäische Union Parallelen mit dem Habsburger Vielvölkerstaat gezogen, wobei sich diverse Kolumnisten und Journalisten fragen, ob man von Franz Joseph und der Doppelmonarchie noch etwas lernen könnte.[12] Diesbezüglich sind Historiker aber vorsichtiger geworden, als dies der Fall nach 1918 oder nach 1945 war.

Zusammen mit den Arbeiten österreichischer und deutscher Historiker bieten diese synthetischen Werke eine Fülle von Thesen und Argumenten über den Zusammenbruch der Habsburgermonarchie. Dabei fallen mindestens zwei oder drei miteinander verbundene, aber grundsätzlich unterschiedliche Denkrichtungen auf. Hinzuweisen wäre in diesem Zusammenhang vor allem auf die mehrbändige österreichische Edition *Die Habsburgermonarchie 1848–1918*, die seit 1973 erscheint und verschiedene Historiker aus Österreich und

---

Constable 1908; Steed, Henry Wickham: The Hapsburg Monarchy. London: Constable 1913. S. dazu auch: Wickham Steed, Henry: Through Thirty Years, 1892–1922. A Personal Narrative. Bd. 1. Garden City, New York: Doubleday, Page 1925. S. dazu: Schuster, Peter: Henry Wickham Steed und die Habsburgermonarchie. Wien: Böhlau 1970.

11 Namier, Lewis B.: „The Downfall of the Habsburg Monarchy", in: Ders.: Vanished Supremacies. Essay on European History, 1812–1918. New York: Macmillan 1958, S. 112–165.

12 Dazu: De Gruyter, Caroline: „Habsburgs Lessons for an Embattled EU", abrufbar unter: https://carnegieeurope.eu/2016/09/23/habsburg-lessons-for-embattled-eu-pub-64658 (Zugriff: 7.11.2019); „Lessons for the EU from the Austro-Hungarian Empire", in: The Economist, abrufbar unter: https://www.economist.com/europe/2018/08/30/lessons-for-the-eu-from-the-austro-hungarian-empire (Zugriff: 1.10.2019).

anderen Ländern verbindet; dieses Werk bietet zwar keine Synthese, stattdessen werden aber in seinen voluminösen Bänden diverse Themen vertieft.

Die erste historiographische Richtung bringt einen detaillierten Überblick der inneren politischen Situation in der Habsburgermonarchie und rückt dabei die Analyse der Reform- und Reorganisationsbestrebungen in den Vordergrund. Nach dieser Interpretation sei die Donaumonarchie von inneren Faktoren, vor allem von miteinander zerstrittenen Nationalitäten, die niemals „von oben" befriedigt wurden, geschwächt und endgültig im Krieg zertrümmert worden. Oftmals kommen dabei Magyaren oder Slawen als überwiegend destabilisierende Faktoren vor. Vereinfacht gesagt, würde das eine Geschichte der „verpassten Chancen und Gelegenheiten" zur Reform des Staatswesens der Dynastie Habsburg und somit zur Rettung der immer mehr anachronistischen Habsburgermonarchie bedeuten. Der ungarische Soziologe und Historiker Oszkár Jászi (1875–1957), selbst in der letzten Periode der Monarchie politisch aktiv und nach 1925 in den USA tätig, befürwortete diesen Zugang in seinem einflussreichen Werk *The Dissolution of the Habsburg Monarchy* (1929).[13] Ein ebenso analytisches Panorama der konstitutionellen und politischen Probleme der Donaumonarchie bietet das Buch *Das österreichische Staats- und Reichsproblem* des Juristen und Historikers Josef Redlich (1869–1936).[14] Diese Ausrichtung erreichte ihren wissenschaftlichen Höhepunkt mit den Werken des US-Historiker Robert A. Kann (1906–1981).

Einen anderen Blickwinkel bieten Synthesen, die die Dominanz der Außenpolitik zu unterstreichen versuchen: Damit wird die These aufgestellt, dass die innere Nationalitätenfrage – vor dem Ausbruch des Weltkrieges sekundär – eigentlich von Außenfaktoren beeinflusst und durch die Inkompetenz der Habsburger bzw. Kaiser Franz Josephs sowie seiner politischen Ratgeber verschärft worden sei. Solche Ansätze können bei A. J. P. Taylors (1906–1990) Werk über die Habsburgermonarchie gefunden werden: Für Taylor ist die Monarchie ein merkwürdig anachronistisches System für die Außenpolitik und im Grunde ein Werkzeug des europäischen Kräftegleichgewichts gewesen. Taylors „grand narrative" wird in den Arbeiten von Roy Bridge mit analytischer Quellenkritik der diplomatischen Dokumente ersetzt.[15] Aber dieser Blickwinkel gipfelt erst in der Synthese des britischen Historikers Alan Sked unter dem Titel *Decline and Fall of the Habsburg*

13 Jászi, Oszkár: The Dissolution of the Habsburg Monarchy. Chicago: University of Chicago Press 1929.

14 Redlich, Josef: Das österreichische Staats- und Reichsproblem. 2 Bde. Leipzig: Der Neue Geist 1920–1926.

15 Bridge, F. Roy: The Habsburg Monarchy Among the Great Powers, 1815–1918. New York: Berg 1990.

Empire (1989),[16] wobei auch wirtschaftliche Faktoren eine Rolle spielen: besonders ergiebig waren in dieser Hinsicht die Werke von Richard Rudolph, David F. Good, John Komlos, usw., in denen eine äußerst differenzierte Perspektive auf die ökonomische Lage der Habsburgermonarchie durchgesetzt wurde.[17] Zwar direkt mit der früheren britischen Schule der Habsburgerstudien (mit A. J. P. Taylor als Schlüsselfigur) eng verbunden, präsentierte diese Synthese von Alan Sked dennoch neue Perspektiven und ergänzte dabei eine Reihe von neuen Ansätzen. Die deutsche Version des Buchs unter dem Titel *Der Fall des Hauses Habsburg. Der unzeitige Tod eines Kaiserreichs* schildert vielleicht besser die Intention des Autors, der von einem „Fall ohne Niedergang" (*fall without decline*) spricht und dabei noch behauptet, dass die lokalen Formen des Nationalismus bis 1914 keine ernstere Bedrohung für die Donaumonarchie dargestellt haben.[18] Also stellte gerade Sked in seiner provokativen, aber gut argumentierten Interpretation fest, dass die Existenz der Habsburgermonarchie zwischen dem Ausgleich von 1867 und 1914 keiner größeren Gefahr ausgesetzt war.

Einen dritten und sehr spezifischen Ansatz bietet das äußerst interessante, 1968 veröffentlichte Werk *The Habsburg Empire* von C. A. Macartney (1895–1978). Es analysiert extensiv innenpolitische Wandlungsprozesse im österreichischen wie auch im ungarischen Teil der Donaumonarchie, darüber hinaus auch diplomatische und außenpolitische Faktoren im „langen 19. Jahrhundert".[19] Macartneys Antwort auf die Frage vom Zerfall der Habsburgermonarchie ist zweiseitig: zum einen stellt er strukturelle Fehler und Probleme fest, die bis 1914 immer mehr Wirbel auslösten, auf der anderen Seite sieht er auch die außenpolitische Lage vor 1914 als problematisch an. Macartney schreibt:

> The Austo-Hungarian Monarchy did not survive the conflict which it unleashed when it declared war on Serbia. The end of the war was also the end of the Monarchy. Many is the book which has been written on the question whether this consummation was forced on it, unnaturally, by foreign enemies, some of which have become so only by accident, or whether it was the natural and inevitable result of the forces of decay within its own organism.[20]

---

16 Sked, Alan: The Decline and Fall of the Habsburg Empire. London: Longman 1989.

17 S. Komlos, John: Economic Development in the Habsburg Monarchy in the Nineteenth Century: Essays. Boulder: East European Monographs 1983; Good, David F.: The Economic Rise of the Habsburg Empire, 1750–1914. Berkley/Los Angeles: University of California Press 1984.

18 Sked, Alan: Der Fall des Hauses Habsburg: der unzeitige Tod eines Kaiserreichs. Berlin: Siedler Verlag 1993, S. 299–300.

19 Macartney. C. A.: The Habsburg Empire 1790–1918. London: Weidenfeld and Nicolson 1969.

20 Ebenda, S. 810.

Hinsichtlich der analytischen Breite und des periodenübergreifenden Ansatzes ist der Arbeit Macartneys eine weitere Studie verwandt: die Synthese des britischen Historikers Robin Okey, die einen politisch- und gesellschaftshistorischen Überblick der Geschichte der Habsburgermonarchie von 1765 bis 1918 bietet.[21] Dabei verweist Okey auf langfristige Strukturen, die desintegrativ wirkten (Nationalismus) oder einen Zerfall unvermeidlich machten (Modernisierungsprozesse der Aufklärung), darüber hinaus auch auf andere strukturelle Fehler. Aber auch kurzfristige Ereignisse (Weltkrieg) zählen bei Okey zu den Schlüsselfaktoren des Umbruchs:

> In the case of the Habsburg Monarchy and the First World War the big issues concern the outbreak and conduct of the war but above all the break-up of the old state at its end. What is the balance between individual and structural factors, and between shorter- and longer-term ones, in shaping what came about?[22]

Nachfolgende Generationen von Historikern hatten durch diese Bücher ihre ersten Begegnungen mit der Geschichte der Donaumonarchie. Sie entwickelten jedoch auch eine kritisch differenzierte Perspektive. Der sogenannte *cultural turn* fand auch in den Habsburgerstudien statt: William M. Johnston, Carl Schorske, Edward Timms, Allan Janik, Steven Beller sowie österreichische Historiker wie Moritz Csáky, Wolfgang Maderthaner und viele andere beleuchteten mit ihren Werken kulturelle, intellektuelle, gesellschaftliche und geistesgeschichtliche Aspekte. Gerade kultur- und geistesgeschichtliche Beiträge von Johnston und Schorske (1915–2015) oder Péter Hanák (1921–1997)[23] erinnerten nicht nur an eine Fülle von Kreativität und Innovation in Wien (und anderen urbanen Zentren der Monarchie) um die Jahrhundertwende, sondern trugen dazu bei, die Habsburgermonarchie umzudenken, das heißt, sie nicht als Anachronismus, sondern als ein „Laboratorium der Moderne"[24] zu betrachten, darüber hinaus auch auf gesellschaftlicher und politischer Ebene.

Die Werke von David F. Good und John Komlos eröffneten neue Ansätze in Bezug auf die wirtschaftliche Entwicklung der Donaumonarchie. Seit den 1980er Jahren kamen parallel dazu auch die Beiträge von Gary B. Cohen und anderen,

21 Okey, Robin: The Habsburg Monarchy c. 1765–1918. From Enlightenment to Eclipse. New York: Palgrave Macmillan 2002.

22 Ebenda, S. 395.

23 Johnston, William M.: The Austrian Mind: An Intellectual and Social History, 1848–1938. Berkeley, Los Angeles, London: University of California Press 1972; Schorske, Carl E.: Fin-de-Siècle Vienna: Politics and Culture. New York: Vintage 1981.

24 Maderthaner, Wolfgang: „Von der Zeit um 1860 bis zum Jahr 1945", in: Csendes, Peter/ Oppl, Ferdinand (Hgg.): Wien – Geschichte einer Stadt: Von 1790 bis zur Gegenwart. Wien: Böhlau 2006, S. 249–251.

wieder zumeist US-amerikanischen Historikern, die den Weg für eine neue Generation von Forschern freigemacht hatten. Anknüpfend an Benedict Anderson und seine *Imagined Communities*,[25] suchte diese Generation neue Antworten auf alte Fragen, stieß aber dabei auch auf ganz neue Fragenkomplexe. Nicht nur eine Fülle von wichtigen kulturhistorischen und sozialhistorischen Studien haben bedeutende Durchbrüche ermöglicht. Bald kamen auch Beiträge, die bekannte Themen mit neuen methodologischen Fragenstellungen verbinden, sei es in Bezug auf verschiedene Aspekte des Habsburger Heeres, auf diverse nationale und dynastische Loyalitäten bzw. Loyalismen oder auf andere Ansatzpunkte der „new political history".[26]

Der aus der Zwischenkriegszeit datierende historiographische empirische Rahmen, der unter dem Einfluss Oswald Spenglers und Arnold Toynbees sowie ihrer Theorie der historischen Zyklen von Aufstieg oder Fortschritt und Verfall oder Rückschritt stand, wurde nun endgültig gesprengt.[27] Auch die Carlyle'sche „Geschichte großer Männer oder Helden" rückte in den Hintergrund. Der Umstand, dass die Habsburgermonarchie im 19. Jahrhundert eben keine Erfolgsgeschichte ist, dass große Männer der Monarchie nicht als Helden angesehen werden und „zum Heroischen in der Geschichte" gehören, ermöglichte andere Wege. Neue, kleinere Studien machten nun die Erforschung von Verbindungen zwischen lokalen Phänomenen und generellen Transformationen des Habsburgerreichs zum Thema. In den letzten zwei Jahrzehnten wurde die Habsburgerforschung nicht nur konzeptuell oder durch verschiedene Themen bereichert, erweitert wurde auch unser Wissen über die Peripherie und deren Entwicklung. Carlyle'sche Fragen und Kontroversen, zum Beispiel die Frage, inwiefern die private Welt des Kaisers Franz Joseph dessen politische Entscheidungen beeinflusste oder wie schwer bzw. verloren die Lage für Kaiser Karl gewesen war, werden von nun an mit neuen Fragenkomplexen ersetzt. Vorangeführt werden solche modernen Habsburgerstudien von Laurence Cole, Daniel Unowsky, Tara Zahra, Robert Nemes, Deborah Coen und vielen anderen, dazu auch von ihren europäischen Kollegen wie Heidemarie Uhl, Rok Stergar,

---

25 Anderson, Benedict: Imagined Communities: Reflections on the Origin and Spread of Nationalism. London: Verso 1983.

26 Vgl. Cole, Laurence/Unowsky, Daniel (Hgg.): The Limits of Loyalty: Imperial Symbolism, Popular Allegiances, and State Patriotism in the Late Habsburg Monarchy. Oxford-New York: Berghahn Books 2007; Cole, Laurence: Military Culture and Popular Patriotism in Late Imperial Austria. Oxford: Oxford University Press 2014.

27 Vgl. Kożuchowski, Adam: The Afterlife of Austria-Hungary: The Image of the Habsburg Monarchy in Interwar Europe. Pittsburgh: University of Pittsburgh 2013; Moos, Carlo: Habsburg Post Mortem: Betrachtungen zum Weiterleben der Habsburgermonarchie. Wien: Böhlau 2016.

Mark Cornwall, Philipp Ther, Tamara Scheer und vielen anderen. Diese neuen Generationen der Historiker der Habsburgermonarchie finden im vereinfachten Sinn unter der Kategorie „New Habsburg History“ ihren kleinsten gemeinsamen Nenner. Als spezifische *case-studies* wurden diese Ansätze der „New Habsburg History“ schon längere Zeit geprüft. Aber gerade eine Synthese fehlte lange Zeit um all diese scheinend partikularen Fortschritte zu verbinden und schlaggebend eine „Stimme“ der ganzen Generation zu werden.[28]

Die neue Synthese der Geschichte der Habsburgermonarchie von Pieter Judson, erschienen auf Deutsch 2017 unter den Titel *Habsburg: Geschichte eines Imperiums*, ist aber in diesem Zusammenhang nicht eine „New History“ (der englische Titel ist *The Habsburg Empire. A New History*), weil sie erst vor kurzer Zeit publiziert wurde. Sie ist auch auf den methodologischen Ansätzen der Sozialgeschichte und Kulturgeschichte begründet und bietet neue Interpretationen zum Staatswesen und zu dessen Entwicklung im langen 19. Jahrhundert.[29] Als jahrelanger Chefredakteur der Zeitschrift „Austrian History Yearbook“ hatte Judson einen klaren Überblick über die meisten neuen Tendenzen der Habsburgerstudien. Dazu wirkt gerade diese Zeitschrift in englischen Wissenschaftsraum als methodologische Werkstatt und Plattform für neue Ansätze nicht nur in der Geschichte der Habsburgermonarchie, sondern auch für die Geschichte(n) der Nachfolgestaaten. Wie wissenschaftliche Diskussionen über das Buch von Pieter Judson bereits gezeigt haben, zeichnet diese Geschichte des Habsburgerreichs ein revisionistisches Bild über dessen Schlussphase.[30] Auch andere bekannte historische Eckpfeiler, zum Beispiel die Regierungszeit Maria Theresias und Joseph des II. oder die Metternich-Ära, werden aufs

---

28 Dazu: Cole, Laurence: „Visions and Revisions of Empire: Reflections on a New History of the Habsburg Monarchy“, in: Austrian History Yearbook 49 (2018), S. 261–280. In der Zwischenzeit erschienen auch Synthesen von Steven Beller und John Deak die in Vergleich zu Judsons provokativen Ansätzen jedoch konservativer, bringen aber dennoch genug Innovatives hervor. Siehe: Deak, John: Forging a Multinational State: State Making in Imperial Austria from the Enlightenment to the First World War. Stanford: Stanford University Press 2015; Beller, Steven: The Habsburg Monarchy 1815–1918. New York: Cambridge University Press 2018.

29 Judson, Pieter M.: The Habsburg Empire: A New History. Cambridge, Mass.: The Belknap Press of Harvard University Press 2016; Judson, Pieter M.: Habsburg: Geschichte eines Imperiums. München: C. H. Beck 2017.

30 Vgl. Pál, Judit: „The Habsburg Empire: A New History by Judson Pieter M.“, in: The Hungarian Historical Review 6/1 (2017), S. 180–190; Thaler, Peter: „Review of the book The Habsburg Empire: A New History, by Pieter M. Judson“, in: German Studies Review 41/1 (2018), S. 156–158; Körner, Axel: „Beyond Nation States: New Perspectives on the Habsburg Empire“, in: European History Quarterly 48/3 (2018), S. 516–533; Sked, Alan: „Rethinking the History of the Habsburg Empire: Judson's New History“, in: Canadian Journal of History 54/1 (2019), 166–174.

Neue untersucht. Judsons Arbeit ist gleichzeitig provokativ, aber immer noch in „Kommunikation“ mit anderen, älteren Historikern der Geschichte des österreichischen Imperiums. Einige Aspekte werden dennoch vernachlässigt, wie beispielsweise die immer wichtigen außenpolitischen und diplomatischen Ebenen. Dazu kommt auch ein weiteres Problem hinzu, das sich teilweise auch in anderen Synthesen festhalten lässt: Verschiedene Gruppen, Einzelpersonen, Orte oder Beispiele wechseln sich zunehmend ab und werden meistens ungenügend kontextualisiert – ansonsten ein Nachteil mehrerer Synthesen, die die Gesellschaftsgeschichte auf einer Basis der *entangled history/histoire croisée* also als Verflechtungsgeschichte, darzustellen suchen. Der Historikergeneration, die die „New Habsburg History“ als ihren Forschungsansatz nimmt, bleibt Judsons Synthese zweifelsohne ein deutlicher Wegweiser.

Neue Ansätze und theoretische Perspektiven von Judson, Cornwall, Zahra und anderen drehen historiographische Paradigmen um und bringen im Wesentlichen revisionistische Bemühungen in den Habsburgerstudien ein. Dieselben Ansätze begründen sich jedoch auf der Idee, dass Makro-Perspektiven wie sämtliche Verwaltungsreformen, Funktionen der bürokratischen Organisation oder die Entwicklung der Zivilgesellschaft mit anderen Mikro-Perspektiven verknüpft oder argumentiert werden. Dabei sollte man allerdings vorsichtig verfahren; im neuen Optimismus des habsburgischen Revisionismus darf der menschliche Faktor in der Geschichte, an den auch Marc Bloch stets erinnerte,[31] nicht vergessen bleiben. Historiker dürfen nicht vergessen, dass die Geschichte auch *für* jemanden und *über* jemanden geschrieben wird – nicht fast ausschließlich *über etwas*. Das menschliche Element einiger zukünftiger Habsburgerstudien darf nicht auf Grund eines „franzisko-josephinischen normativen Optimismus“ aufgegeben werden. Außerdem sollten spezifische und partikuläre Charakteristiken der einzelnen Länder nicht geopfert werden, um weitreichende universelle Makro-Perspektiven um jeden Preis einzuwenden. Werke der kroatischen Historikerin Mirjana (Miriam) Gross (1922–2012) bieten noch heute einen zuverlässigen Wegweiser, wie spezifische Entwicklungen im Rahmen einer Makro-Perspektive der Habsburgermonarchie behandelt werden können.[32] Um eine (noch) mehr nuancierte strukturelle Analyse der Habsburgermonarchie und ihrer Ambivalenzen zu erreichen, werden weitere kultur- und gesellschaftsgeschichtliche vergleichende Studien über die Peripherie des Rei-

---

31 Bloch, Marc: Apologie der Geschichtswissenschaft oder der Beruf des Historikers. Stuttgart: Klett-Cotta 2002.

32 S. unter anderen Werken: Gross, Mirjana: Die Anfänge des modernen Kroatien. Gesellschaft, Politik und Kultur in Zivilkroatien und Slawonien in den ersten dreißig Jahren nach 1848. Wien, Köln, Weimar: Böhlau 1993.

ches, über Galizien, Bukowina, Dalmatien, Istrien, Kroatien-Slawonien und auch Ungarn im Ganzen immer notwendiger. Gerade Ungarn als schwerwiegender Fragenkomplex wird noch immer in den meisten Synthesen reduziert oder nur auf politischer Ebene ergänzt, wobei kulturelle, gesellschaftliche oder wirtschaftliche Aspekte zumeist selten vorkommen. Ein de-zentrierter, pluralisierter Blickwinkel auf die Habsburgermonarchie im langen 19. Jahrhundert sollte dabei zu neuen Synthesen individueller Erfahrungen diverser Gruppen führen, deren Existenzrahmen die Donaumonarchie darstellte. So werden weitere Studien des Verhältnisses von Zentrum und Peripherie (sowie Semiperipherie) eingebracht, die auch zu einer erweiterten Verflechtungsgeschichte führen können.

Nun besteht die Aufgabe nicht darin, nur das Umbruchjahr 1918 bzw. die Habsburgermonarchie bis 1918, sondern auch eine Epoche der langen Dauer im Wesentlichen aus anderen Blickwinkeln zu betrachten; nicht als das letzte Licht im Tunnel der Habsburgerstudien, sondern mehr als bindendes Jahr der Transition, die sich auf diversen Ebenen, sei es in der Kulturgeschichte, Literaturgeschichte, Mentalitätengeschichte oder auch in den Strukturen wie nationale Diskurse, politische Ideengeschichten usw. manifestiert. Da die „New Habsburg History" meistens auf sozialgeschichtlicher Basis operiert, könnte man auch weiterhin epochenübergreifende Aufsätze (sowie Synthesen) erwarten, die Strukturen und Prozesse vor 1918 und nach 1918 verbinden und gründlich überprüfen.[33] Multidisziplinäre und Transdisziplinäre Untersuchungen der Habsburgermonarchie und deren „Nachleben" in der Zwischenkriegszeit (auf politischen, kulturellen, gesellschaftlichen und wirtschaftlichen Ebenen) öffnen somit immer wieder neue Potentiale, die die Habsburgerstudien nicht nur durch revisionistische Bemühungen, sondern auch durch originelle Problemstellungen bereichern. Somit wird die Geschichte vom langen Fall zur Geschichte vom langen Wandel.

33 Vgl. Gerwarth, Robert: The Vanquished: Why the First World War Failed to End. New York: Farrar, Straus and Giroux 2016; Cornwall, Mark/Newman, John Paul (Hgg.): Sacrifice and Rebirth. The Legacy of the Last Habsburg War. Oxford, New York: Berghahn Books 2016; Miller, Paul B./Morelon, Claire (Hgg.): Embers of Empire: Continuity and Rupture in the Habsburg Successor States After 1918. Oxford, New York: Berghahn Books 2018.

Die Geburt des Rechtspositivismus aus dem Zerfall der politischen Ordnung

Kelsen und die Reine Rechtslehre

Christine Magerski (Zagreb) – Johanna Chovanec (Wien)

1. Einleitung

Mit dem Ersten Weltkrieg vollzog sich die intellektuelle Grundlegung der Reinen Rechtslehre, und dies „in dramatischer Verdichtung und Verquickung von Biographie, Wissenschaft und Politik".[1] Als Architekt der österreichischen Bundesverfassung wird der Jurist Hans Kelsen (1881–1973) auf den Parlamentsseiten der Republik Österreich zu den wichtigsten Persönlichkeiten gezählt, welche nach dem Zusammenbruch der imperialen Ordnung an dem Aushandlungsverfahren zwischen Politik und Recht beteiligt waren. Kelsens Prominenz wurde insbesondere im öffentlichen Diskurs rund um das 100-jährige Jubiläum der österreichischen Bundesverfassung im Jahr 2020 sichtbar. 2018 präsentierte das Wiener Volkstheater die Uraufführung „Verteidigung der Demokratie"; eine historische Rückschau auf das verfassungsrechtliche Wirken Kelsens mit kritischen Verweisen auf anti-demokratische Tendenzen im zeitgenössischen Europa. Die Ausstellung „Hans Kelsen und die Eleganz der österreichischen Bundesverfassung" im Jüdischen Museum Wien (2020–2021) würdigte nicht nur Kelsens Biographie, sondern ermöglichte auch eine detaillierte Beschäftigung mit dem Bundes-Verfassungsgesetz (B-VG) selbst. Thomas Olechowskis *Biographie eines Rechtswissenschaftlers* (2020)[2] und Pia Plankensteiners graphic

---

1 Busch, Jürgen: „Hans Kelsen im Ersten Weltkrieg. Achsenzeit einer Karriere", in: Walter, Robert/Ogris, Werner/Olechowski, Thomas (Hgg.): Leben – Werk – Wirksamkeit. Ergebnisse einer internationalen Tagung, veranstaltet von der Kommission für Rechtsgeschichte Österreichs und dem Hans Kelsen-Institut (19.–21. April 2009). Wien: Manz 2009, S. 57–80, hier S. 57.

2 Olechowski, Thomas: Hans Kelsen. Biographie eines Rechtswissenschaftlers. Tübingen: Mohr Siebeck 2020.

novel *Gezeichnet, Hans Kelsen* (2020)[3] setzten neue Standards für die respektive wissenschaftliche und popkulturelle Beschäftigung mit Kelsen.

Kelsen hatte die habsburgische Tragödie, das heißt die Zuspitzung und den Untergang der österreichisch-ungarischen Großmacht(politik), nicht nur mit eigenen Augen gesehen, sondern deren Werden im Machtzentrum regelrecht studiert und nach denkbaren Alternativen gesucht. Die bis zum Ausbruch der so genannten Urkatastrophe unvorstellbaren Ereignisse der Realgeschichte öffneten ihm gezwungenermaßen die Augen für die Kontingenz politischer Ordnungen, welche wiederum den Versuch ermutigten, eine verbindliche Grundnorm *als Fiktion* zu setzen, um auf dieser die vorrangige Geltung der Rechtsordnung zu begründen. Jürgen Busch spricht bezüglich der Wirkung des Ersten Weltkriegs für Kelsen dann auch treffend von der „Achsenzeit einer Weltkarriere" und resümiert, dass die Kriegsjahre 1914 bis 1918 für dessen Entwicklung von ganz entscheidender Bedeutung waren.[4]

Die Frage nach der Bedeutung des Ersten Weltkriegs und des Zusammenbruchs der Österreichisch-Ungarischen Monarchie für die Entwicklung Kelsens Reinen Rechtslehre steht im Fokus dieses Beitrags. Die Fragestellung selbst wird einerseits als Beitrag zur Ideengeschichte des 20. Jahrhunderts und andererseits als eine mögliche Form der Kritik an der oftmals als unangreifbar und kristallklar betrachteten Reinen Rechtslehre verstanden. Bezugnehmend auf Christoph Menke begreifen wir Kritik dabei als das Verstehen eines Textes in seinem Werden. Wie Menke betont, muss die Kritik den Geburtsakt oder die innere Genesis ihres Gegenstandes nachvollziehen.[5] Die Reine Rechtslehre und ihr politisches Potenzial, so gilt es zu zeigen, wurden vor der Folie des Ersten Weltkriegs geboren. Ihre Genese bleibt, auch wenn der Abstraktionsgrad der Theorie dies vergessen lässt, an die zuvor unvorstellbaren Ereignisse der Realgeschichte des frühen 20. Jahrhunderts, den Zusammenbruch eines politischen Systems und die damit verbundene Einsicht in die Kontingenz von Ordnung gebunden. Ein solcher, formgenealogisch ausgerichteter Zugang bezieht die Entstehungshintergründe und den Kontext der von Kelsen gezielt als reine Form entworfenen Rechtstheorie notwendig mit ein.

Um die formgenealogische Kritik an der Rechtstheorie Kelsen zu entfalten, wird im Folgenden zunächst Kelsens Biographie enggeführt auf die beispiellose „wissenschaftliche Weltkarriere", die der Rechtstheoretiker im 20. Jahrhun-

3 Plankensteiner, Pia: Gezeichnet, Hans Kelsen. Wien: Manz 2020.

4 Ebenda, S. 57.

5 Menke, Christoph: „Die Kritik des Rechts und das Recht der Kritik", in: Deutsche Zeitschrift für Philosophie 66/2 (2018), S. 143–161, hier S. 149f.

dert durchlief.[6] Der zweite Schritt konzentriert sich auf Kelsens Hauptwerk, die Reine Rechtslehre, als eine der wichtigsten rechtstheoretischen Schriften der Moderne. Ein besonderes Augenmerk wird in diesem Zusammenhang auf die Grundnorm als Höhepunkt Kelsens konsequent gedachten Rechtspositivismus gelegt. Der dritte und abschließende Schritt kontextualisiert den ideengeschichtlich radikalen Akt der Setzung der Grundnorm, indem er ein Schlaglicht auf Kelsens Aktivitäten während des Ersten Weltkriegs wirft und sein Rechtsdenken als Antwort oder auch mögliche Lösung einer politisch konkreten Problemlage, nämlich der österreichisch-ungarischen Armeefrage, aufweist.

2. Kelsens Aufstieg in die österreichische Wissenschafts- und Staatselite

Hans Kelsen war ein Kind der Donaumonarchie, das heißt eines historisch betrachtet lange währenden multinationalen und multikonfessionellen europäischen Großreichs. In ihm wiederum war er ein Teil der „Austrian State Elite" und mithin einer Gruppe, für die Fredrik Lindström folgende Charakteristiken nennt: Ihre Teilnehmer durchliefen ein Studium der Rechte an österreichischen Universitäten, hatten gleichzeitig mehrere Betätigungsfelder, innerhalb derer sie zumeist insofern reformerisch tätig waren, als sie institutionelle Veränderungen als Staatsbeamte begleiteten oder als Experten für konstitutionelle Fragen wirkten, jedoch mehrheitlich keine politischen Karrieren anstrebten.[7] In die so beschriebene österreichische Staatselite wurde Kelsen nicht hineingeboren, sondern musste sich in sie hineinarbeiten. Dem jüdischen Bürgertum zugehörig, wurde Kelsen im Jahr 1881 in Prag als Sohn eines Mannes geboren, der wiederum in Brody (Galizien) aufgewachsen war und in Wien starb. Seine Mutter, geborene Löwy, stammte aus Böhmen und starb 1950 in Bled, damals Jugoslawien.

Suchte man nach einer (post)imperialen Geschichte der Donaumonarchie *in nuce*, hier hätte man sie. Das dem habsburgischen Großreich inhärente Zentrum-Peripherie-Problem für sich lösend, zieht die Familie Kelsen 1884 nach Wien, wo der Sohn im Jahr 1900 die Matura am Akademischen Gymnasium

6 Busch: Hans Kelsen im Ersten Weltkrieg, S. 57.

7 Lindström, Fredrik: „Imperial Heimat. Biographies of the ‚Austrian State Elite' in the Late Habsburg Empire", in: Buchen, Tim/Rolf, Malte (Hgg.): Eliten im Vielvölkerreich. Imperiale Biographien in Russland und Österreich-Ungarn (1850–1918) (= Elitenwandel in der Moderne/Elites and Modernity, Bd. 17). Berlin, München, Boston: De Gruyter 2015, S. 368–392, hier S. 371.

Wien ablegt, um ein Jahr darauf ein Studium der Rechts- und Staatswissenschaften an der Universität Wien aufzunehmen.[8] Der Beginn des Studiums im Zentrum des Reiches markiert den Anfang jener Weltkarriere, der ihre Achsenzeit noch bevorsteht. Gleichzeitig markiert die Zeit um 1900 einen staatsgeschichtlichen Einschnitt: „around the year 1900, this state was close to abdicating its role of leading and governing the society it was framing".[9] Genau diese Frage nach der möglichen ‚Rahmung' der Gesellschaft wird für Kelsen zur prägenden intellektuellen Herausforderung.

Um sie anzunehmen, musste sich Kelsen noch tiefer in das Zentrum hineinarbeiten. 1905 tritt er zum Katholizismus über. 1906 erfolgt die Promotion zum Dr. jur. an der Universität Wien, gefolgt von Studienaufenthalten in Heidelberg und Berlin. Im Frühjahr 1911 habilitiert sich der dreißigjährige Kelsen an der Universität Wien und beginnt dort noch im selben Jahr seine Lehrtätigkeit als Privatdozent für Staatsrecht und Rechtsphilosophie. Daneben lehrt er als Dozent für Verfassungs- und Verwaltungslehre an der Wiener Exportakademie des k. k. österreichischen Handelsmuseums. Als festen Baustein umfasst Kelsens Lehre eine Vorlesung, die sich ihrerseits als Seismograph des Wandels am Schnittpunkt von Politik-, Rechts- und Wissenschaftsgeschichte lesen lässt: Ab 1911 hält Kelsen in jedem Wintersemester die einstündige Vorlesung „Der österreichisch-ungarische Ausgleich". Ab 1919/1920, also nach dem verlorenen Krieg und dem Untergang der Donaumonarchie, entwickelt Kelsen aus ihr sukzessive die Vorlesungen „Deutschösterreichisches Staatsrecht", „Die Verfassung des Deutschen Reiches" sowie, schließlich, „Allgemeine Staatsrechtlehre und österreichisches Staatsrecht".[10]

Spätestens mit der Habilitation (1911) hatte sich Kelsen dabei nicht nur als Rechtsspezialist ausgewiesen, sondern innerhalb der sozialen Hierarchie des Großreiches auch endgültig den Aufstieg in die obere Mittelklasse vollzogen. Die Mittelklasse selbst war geradezu an das Rechtsstudium gebunden: „The Austrian middle class in the last decades of the empire was to a high degree a law educated class."[11] Als solche war sie von einer Kultur geprägt, welche wiederum, zumindest im Falle Kelsens, bis auf jene staatsbezogene, formalisti-

---

8 Zum Zentrum-Peripherie-Problem und seiner Relevanz für das habsburgische Großreich siehe ausführlich Magerski, Christine: Imperiale Welten. Literatur und Politische Theorie am Beispiel Habsburg. Weilerswist: Velbrück 2018, S. 69–97.

9 Lindström: Imperial Heimat, S. 370.

10 Busch: Hans Kelsen im Ersten Weltkrieg, S. 74f.

11 Lindström: Imperial Heimat, S. 377. Bezüglich der Soziallage Kelsens sei noch erwähnt, dass er 1912 erneut die Konfession wechselte, nun zum evangelischen Glauben übertrat und die gebürtige Wienerin Margarete Bondi heiratete. Aus der Ehe gingen in den Jahren 1914 und 1915 zwei Töchter hervor; beide starben in den USA.

sche Rechtswissenschaft durchschlug, der Kelsen seine Mittelklasse-Existenz verdankte: „the basic abstract, a-national, and strongly state-centred culture".[12] Darauf wird zurückzukommen sein. Hinsichtlich der Biographie Kelsens bleibt zu ergänzen, dass das Leben der Familie Kelsen während des Krieges weitgehend ungestört verlief. Auch unterbrach der Krieg nicht die Wissenschaftskarriere Kelsens, im Gegenteil.[13] Kelsens vielfältige Tätigkeiten im Kriegsministerium während des Ersten Weltkriegs und seine Positionierung im Hinblick auf die österreichisch-ungarische Armeefrage zeigen, wie nah an den Regierungskreisen Kelsen gearbeitet hat und wie sehr sein rechtswissenschaftliches Wirken in Wechselwirkung mit den politischen Gegebenheiten stand. Zudem hielt Kelsen während des Krieges, und zwar durchgängig von Ende 1913 bis 1918, in seiner Wohnung Privatseminare ab, aus denen sich ein engerer Kreis bildete, der nach dem Krieg die Form einer Schule annahm. In einer Art Sonntags-Kreis kam es einmal im Monat zu einer intellektuellen Zusammenkunft, deren bloße Existenz bezeugt, dass sich selbst noch die Urkatastrophe beobachten und reflexiv einholen ließ.

Unmittelbar nach dem Ende des Krieges, im März 1919, wird Kelsen zum Mitglied des deutschösterreichischen Verfassungsgerichtshofes ernannt und, im Sommer desselben Jahres, zum ordentlichen Universitätsprofessor für Staats- und Verwaltungsrecht an der Universität Wien. Die Professur besetzt Kelsen bis 1930.[14] Vor dem Hintergrund des Zweiten Weltkrieges und des Antisemitismus an den Hochschulen verlassen Hans und Margarete Kelsen in Jahr 1940 Europa

12 Ebenda, S. 379.

13 Noch während des Krieges wird er zunächst zum (titularen) außerordentlichen Professor (1915) und zum etatmäßigen (ständigen) außerordentlichen Professor an der Universität Wien (1. Oktober 1918) ernannt.

14 Dazwischen liegen eine Zeit als Dekan der Rechts- und staatswissenschaftlichen Fakultät der Universität Wien (1920/1921), die Wahl zum Mitglied des Verfassungsgerichtshofes nach dem B-VG 1920 auf Lebenszeit sowie die erste Vorlesung an der Académie de droit international in Den Haag. Im Jahr 1930 wird Kelsen „Membre de la direction" des Institut international de droit public in Paris. Gleichzeitig endet seine Mitgliedschaft im Verfassungsgerichtshof in Wien und er wechselt auf einen ordentlichen Professor – nun für Völkerrecht – an die Universität zu Köln. Für das Studienjahr 1932/1933 wird Kelsen Dekan der Kölner Rechtswissenschaftlichen Fakultät. Am 13. April 1933 wird er auf der Grundlage des „Gesetzes zur Wiederherstellung des Berufsbeamtentums" vom 7. April 1933 mit sofortiger Wirkung von seinem Amt als Hochschullehrer beurlaubt. Im September desselben Jahres übernimmt Kelsen die Professur für Völkerrecht am Institut universitaire des hautes études internationales (HEI) in Genf. 1936 wird er zudem Ordinarius für Völkerrecht an der Deutschen Universität in Prag (bis 1938).

und gehen nach New York, wo Kelsen seine „wissenschaftliche Weltkarriere“ fortsetzt.[15]

3. Kelsens Reine Rechtslehre

Kelsens wissenschaftliches Hauptanliegen war es, die Rechtswissenschaft als eigenständige Wissenschaft zu etablieren und sie dabei von ideologischen Verstrickungen mit der Politik loszulösen: „Nicht um die historische, politische, ökonomische, soziale, moralische, psychische Qualität von Recht geht es, sondern um Recht *als Recht.* D.h. die spezifisch juristische, eben *eigengesetzliche* Dimension des Rechts.“[16] Als sein oftmals modifiziertes Hauptwerk gilt die Reine Rechtslehre, deren Grundzüge er bereits in seiner Habilitationsschrift *Hauptprobleme der Staatsrechtslehre* (1911)[17] entworfen und dann 1934 paradigmatisch in der *Reinen Rechtslehre* präsentiert hat. Wie Zeleny hervorhebt, hat Kelsen selbst seine Reine Rechtslehre stets als *work in progress* verstanden, als ein auf „Fortentwicklung gerichtetes Unternehmen unter Beteiligung einer Mehrzahl gleichgesinnter Gelehrter“.[18] Diese Weiterentwicklung wurde zum einen von seinen Schülerinnen und Schülern und zum anderem von ihm selbst vorangetrieben. Kelsen ist den Grundpfeilern seiner Lehre zwar grundsätzlich treu geblieben, hat sie aber immer wieder umfassend überarbeitet und als modifizierten Gesamtüberblick publiziert: in der *Allgemeinen Staatslehre* (1925),[19] der bereits erwähnten ersten Ausgabe der *Reinen Rechtslehre* (1934),[20] der *General Theory of Law and State* (verfasst auf Englisch, 1945),[21] der zweiten,

15 Busch: Hans Kelsen im Ersten Weltkrieg, S. 57. In den USA arbeitete Kelsen zunächst als Lecturer an der Harvard Law School, dann als Gastprofessor am Wellesley College, Massachusetts, sowie an der University of California, Berkeley. Hier, am Department of Political Science in Berkeley, wird Kelsen 1945 zum Full Professor für „International law, jurisprudence, and origin of legal institutions“ ernannt. Im selben Jahr wird ihm die Staatsbürgerschaft der USA verliehen. 1952 nimmt er Abschied in Berkeley und kehrt als Gastprofessor an das HEI in Genf zurück.

16 Jestaedt, Matthias: „Hans Kelsens Reine Rechtslehre. Eine Einführung“, in: Ders. (Hg.): Studienausgabe der 1. Auflage (1934). Tübingen: Mohr Siebeck 2008, S. xxv.

17 Kelsen, Hans: Hauptprobleme der Staatsrechtslehre entwickelt aus der Lehre vom Rechtssatze. Tübingen: Mohr 1911.

18 Zeleny, Klaus: „Der Kreis um Kelsen: Die Wiener rechtstheoretische Schule“, in: Walter, Robert et al.: Hans Kelsen, S. 137–148.

19 Kelsen, Hans: Allgemeine Staatslehre. Berlin: Springer 1925.

20 Kelsen, Hans: Reine Rechtslehre: Einleitung in die rechtswissenschaftliche Problematik. Wien: Deuticke 1934.

21 Kelsen, Hans: General Theory of Law and State. Cambridge, Mass.: Harvard University Press 1945.

deutlich umfassenderen Ausgabe der *Reinen Rechtlehre* (1960)[22] und der posthum veröffentlichten *Allgemeinen Theorie der Normen* (1979)[23].

Kelsens revolutionäre Ansätze haben in den Jahren nach seiner Habilitation zur Herausbildung der bereits angesprochenen so genannten Wiener rechtstheoretischen Schule geführt, eines losen Kreises gleichgesinnter Gelehrter.[24] Mit Kelsens Weggang aus Wien nach Köln und spätestens mit seiner Emigration in die USA vor dem Hintergrund der nationalsozialistischen Machtergreifung zerfällt der Wiener Kreis jedoch zunehmend.[25] Kelsens Bemühungen um eine Verwissenschaftlichung und Entideologisierung der Rechtswissenschaft haben jedoch bei weitem nicht nur Zustimmung, sondern auch breite Ablehnung erfahren. So wurde Kelsens Doktrin oft als Provokation bzw. als Angriff auf die etablierte Jurisprudenz wahrgenommen.[26] Kelsens Bestreben, eine reine und damit erst wissenschaftliche Rechtslehre zu entwickeln, wurde von vielen als Herabsetzung der bisherigen Jurisprudenz als unwissenschaftlich und unrein wahrgenommen.[27] Mehrfach kritisiert Kelsen, dass die traditionelle Rechtstheorie vor allem seit dem Ersten Weltkrieg wieder stark von der konservativen Naturrechtslehre beeinflusst ist.[28]

Wie bereits angedeutet, ist es kaum möglich, von *der* Reinen Rechtslehre als geschlossenem theoretischen Ansatz zu sprechen.[29] Grundsätzlich bezieht sich die Reine Rechtslehre, wie Jestaedt im Vorwort zur Studienausgabe der ersten Auflage der Reinen Rechtslehre hervorhebt, auf drei Punkte: Erstens, den in zwei unterschiedlichen Auflagen (1934, 1960) erschienenen Text Kelsens, dessen

---

22 Kelsen, Hans: Reine Rechtslehre. Mit einem Anhang: Das Problem der Gerechtigkeit. Wien: Deuticke 1960.

23 Kelsen, Hans: Allgemeine Theorie der Normen. Wien: Manz 1979; vgl. Jabloner, Clemens: „Introduction“, in: Jacobson, Arthur/Schlink, Bernhard (Hgg.): Weimar: A Jurisprudence of Crisis. Philosophy, Social Theory, and the Rule of Law. 8. Berkeley: University of California Press 2000, S. 67–76, hier S. 67.

24 Siehe Jabloner, Clemens: „Kelsen and His Circle: The Viennese Years“, in: European Journal of International Law 9/2 (1998), S. 368–385.

25 Zeleny: Der Kreis um Kelsen, S. 145.

26 Jestaedt: Hans Kelsens Reine Rechtslehre, S. xvi. Als einer seiner vehementesten Kritiker trat Carl Schmitt (1888–1985) auf. Kelsen und Schmitt führten eine breit rezipierte Kontroverse über die Frage, ob der „Hüter der Verfassung“ der Verfassungsgerichtshof (so Kelsens Überzeugung) oder der Reichspräsident (so Schmitts Ansatz) sei.

27 Ebenda.

28 Ebenda, S. 31 u. 36.

29 Kelsens Werk wurde in der Sekundärliteratur in verschiedene Phasen eingeteilt; eine der bekanntesten Periodisierungen hat Stanley L. Paulson vorgenommen: Er unterscheidet zwischen der Phase des Konstruktivismus (bis 1920), der neukantianischen bzw. klassischen Phase, und der Phase der Spätlehre (ab 1960) (Paulson, Stanley L.: „Der Normativismus Hans Kelsens“, in: JuristenZeitung 61/11 (2006), S. 529–536, hier S. 529).

Version von 1934 als paradigmatisches rechtstheoretisches Schlüsselwerk des 20. Jahrhunderts in die Wissenschaftsgeschichte eingegangen ist. Zweitens, als ideologiekritische, rechtspositivistische Theorie, die eng mit dem Namen Kelsen verknüpft ist. Drittens, als Gruppierung von RechtswissenschaftlerInnen, die, wie oben ausgeführt, die Wiener Schule der Rechtstheorie geformt haben und eng mit der Wiener Moderne verbunden sind.[30] Der vorliegende Beitrag fokussiert vor allem auf die Reine Rechtslehre[31] Kelsens, wie sie in theoretisch verdichteter Form erstmals 1934 veröffentlicht worden ist und bezieht sich auch auf die zweite Auflage von 1960.[32]

Wenn im Art. 18 der österreichischen Bundesverfassung paradigmatisch festgelegt wird, dass die gesamte staatliche Vollziehung, also Verwaltung und Gerichtsbarkeit, nur aufgrund der Gesetze zur erfolgen hat, so wird die Frage nach der Geltung des Rechts angesprochen. Weshalb Recht gilt, wird von VertreterInnen verschiedener rechtstheoretischer Schulen abweichend beantwortet: Kelsen ist einer der wichtigsten Vertreter des Rechtspositivismus, seine Reine Rechtslehre eine spezifische Ausformung desselben.[33] Wenngleich Kelsens Schaffen über den Lauf der Jahrzehnte viele Veränderungen erfahren hat, bleiben, wie Meiners hervorhebt, zwei Grundannahmen in Kelsens Schaffen konstant: Die Positivität und die Normativität des Rechts als Grundlagen seines Rechtsverständnisses.[34] Positives Recht bezeichnet das vom Menschen gesetzte Recht, welches, im Gegensatz zu anderen Normen wie religiösen Vorstellungen, Teil einer normativen Sollensordnung ist.[35] Rechtspositivistische

30 Jestaedt: Hans Kelsens Reine Rechtslehre, S. xviii ff.

31 Kelsen, Hans: Reine Rechtslehre. Studienausgabe der 1. Auflage 1934. Hg. Matthias Jestaedt. Tübingen: Mohr Siebeck 2008, im weiteren Text zitiert als RRL 1 mit Seitenangabe.

32 Kelsen Hans: Reine Rechtslehre. Studienausgabe der 2. Auflage 1960. Herausgegeben von Matthias Jestaedt. Tübingen: Mohr Siebeck 2017, im weiteren Text zitiert als RRL 2 mit Seitenangabe.

33 Kelsen verortet seine Lehre wie folgt: „Die Reine Rechtslehre ist eine Theorie des positiven Rechts“ (RRL 1, S. 15), bzw. „Die Reine Rechtslehre ist die Theorie des Rechtspositivismus“ (ebenda, S. 50).

34 Meiners, Johannes: Rechtsnormen und Rationalität: Zum Problem der Rechtsgeltung bei Hans Kelsen, Jürgen Habermas und Niklas Luhmann. Berlin: Duncker & Humblot 2015, S. 25 f.; vgl. auch Jabloner, Clemens: „Der Rechtsbegriff bei Hans Kelsen“, in: Griller, Stefan/Rill, Heinz (Hgg.): Rechtstheorie. Rechtsbegriff –Dynamik –Auslegung. Wien: Springer 2011, S. 21–39, hier S. 23.

35 Der Begriff der Normativität bei Kelsen ist eng mit dem Begriff der Geltung des Rechts verbunden: „Die Begriffe der Normativität des Rechts und der Pflicht, ihm zu gehorchen, sind analytisch miteinander verbunden. Daher betrachtet Kelsen das Recht als geltend, das heißt, als normativ, nur dann, wenn man ihm gehorchen soll.“ (Raz, Joseph: „Kelsen's

Ansätze vertreten die Ansicht, dass nur die von Menschen gesetzten Normen als Recht gelten und sich ausschließlich von den in der Rechtsordnung bestimmten Rechtserzeugungsregeln ableiten lassen. Transzendentale Vorstellungen von Gerechtigkeit, Vernunft oder Moral spielen keine oder nur eine geringe Rolle. Der Naturrechtslehre hingegen liegt die Vorstellung zugrunde, dass sich das vom Menschen gesetzte Recht aus einer universal gültigen, höheren Ordnung ableiten lässt. Die Geltung des Rechts wird somit beispielsweise in einer gottesgegebenen Ordnung, wie dem Gottesgnadentum, begründet.

Kelsen wendet sich dezidiert gegen naturrechtliche Vorstellungen, wenn er betont, dass das positive Recht von ideologischen Tendenzen mit machtpolitischen Absichten abhängig gemacht wird, wenn es als „Ausfluß einer natürlichen, göttlichen oder vernünftigen, das heißt aber absolut richtigen, gerechten Ordnung“[36] betrachtet wird. Die reine Rechtslehre, als Rechtswissenschaft im eigentlichen Sinne, verfolgt das Ziel, „das Recht dar(zu)stellen, so wie es ist, ohne es als gerecht zu legitimieren oder als ungerecht zu disqualifizieren“.[37] In diesem Sinne sei seine Rechtslehre anti-ideologisch, weil sie „die Darstellung des positiven Rechts von jeder Art naturrechtlicher Gerechtigkeitsideologie zu isolieren sucht“.[38] In dieser Befreiung der Rechtswissenschaft „von allen ihr fremden Elementen“ und dem Fokus auf „eine nur auf das Recht gerichtete Erkenntnis“[39] liegt die Reinheit der Rechtslehre. Kelsen löst den Begriff der Rechtsnorm von jenem der Moralnorm ab[40] und betont die Eigengesetzlichkeit des Rechts: Gerechtigkeit, auf die sich Vorstellungen von Moral beziehen, wird von Kelsen verstanden als gesellschaftliches Glück und kann nicht Untersuchungsgegenstand der reinen, auf die Untersuchung des Rechts gerichtete Rechtslehre sein.[41]

Die Reine Rechtslehre als spezifische Rechtswissenschaft muss als Normwissenschaft verstanden und von den Kausalwissenschaften abgegrenzt werden, die „auf die kausal-gesetzliche Erklärung natürlicher Vorgänge abzielen.[42] Der Begriff der Norm bezieht sich stets auf ein Sollen: darauf, dass etwas sein oder geschehen *soll*, bzw. dass sich Menschen auf bestimmte Weise verhalten

---

Theory of the Basic Norm“, in: The American Journal of Jurisprudence 19 (1974), S. 94–111, hier S. 105; vgl. auch Paulson: Der Normativismus Hans Kelsens, S. 530).

36 RRL 1, S. 28 f.

37 Ebenda, S. 29.

38 Ebenda, S. 49.

39 Ebenda, S. 15.

40 Ebenda, S. 33.

41 Ebenda, S. 26.

42 Ebenda, S. 23.

sollen.[43] Daraus ergibt sich auch die Unterscheidung zwischen Natur- und Rechtsgesetzen: Während erstere verdeutlichen „Wenn A ist, so muß B sein", so zeigen letztere „Wenn A ist, so soll B sein, ohne daß damit irgend etwas über den moralischen oder politischen Wert dieses Zusammenhangs ausgesagt ist."[44]

Dieser Dualismus von Sein und Sollen steht im Zentrum von Kelsens Geltungskonzeption. Kelsen setzt diese dichotome Unterscheidung voraus und erklärt sie nicht näher, da sie dem Bewusstsein unmittelbar gegeben sei.[45] Wenn transzendentale Vorstellungen von einer gerechten, vernünftigen, oder gottgegebenen Ordnung als Geltungsbegründungen abgelehnt werden, stellt sich die Frage, was die Einheit von Normen und letztendlich die Geltung einer gesamten Rechtsordnung begründet. Für Kelsen kann die Geltung einer Norm nur von einem Sollen und nicht von einem Sein abgeleitet werden: „[...] daraus, daß etwas *ist*, kann nicht folgen, daß etwas sein *soll*; sowie daraus, daß etwas sein *soll*, nicht folgen kann, daß etwas *ist*. Der Geltungsgrad einer Norm, kann nur die Geltung einer anderen Norm sein."[46]

Aus diesem Grundsatz ergibt sich, und das ist bis heute ein Grundbaustein der juristischen Ausbildung in Österreich, der so genannte Stufenbau der Rechtsordnung, der besagt, dass die Erzeugung und Geltung jeder Norm auf eine andere, übergeordnete Norm zurückgehen. Die Vielheit von Normen kann dann als zusammenhängende Einheit verstanden werden, wenn sie letztendlich auf eine gemeinsame Quelle rückführbar ist.[47] Dieser Regress von der Norm zur übergeordneten Norm führt bei Kelsen zur Annahme einer Grundnorm, aus der sich die Verfassung und damit alle anderen Normen ableiten lassen. Die Grundnorm ist wohl eine der umstrittensten, teils enthusiastisch befürworteten, teils strikt abgelehnten Thesen Kelsens und wurde in der Sekundärliteratur als „the most notorious of the puzzles in Kelsen's legal philosophy"[48] beschrieben. Von Kelsens vielen Doktrinen ist es die Grundnorm „that has attracted most attention and captured the imagination".[49]

Kelsen selbst beschreibt die Grundnorm in seiner Rechtslehre von 1934 als „hypothetische Grundlage", „Bedingung aller Rechtsetzung, alles posi-

43 RRL 2, S. 27.
44 Ebenda, S. 35.
45 Ebenda, S. 28.
46 Ebenda, S. 196.
47 Ebenda, S. 62.
48 Paulson, Stanley L.: „The Great Puzzle: Kelsen's Basic Norm", in: Duarte D'Almeida, Luís/Gardner, John /Green, Leslie (Hgg.): Kelsen Revisited: New Essays on the Pure Theory of Law. Oxford, Portland: Hart 2013, S. 43–61, hier S. 43.
49 Raz: Kelsen's Theory of the Basic Norm, S. 94.

tiven Rechtsverfahrens",[50] „hypothetische Grundregel" und „oberster Geltungsgrund".[51] Im Gegensatz zu den positiven Rechtsnormen wird sie nicht vom Menschen gesetzt, sondern *voraus*gesetzt.[52] Damit erhält die Grundnorm die erkenntnistheoretische Funktion der Geltungsstiftung. Kelsen selbst erläutert den Inhalt der Grundnorm anhand des Beispiels, dass ein bisher monarchischer Staat durch eine Revolution gewaltsam gestürzt und schließlich durch die republikanische Staatsform ersetzt wird. Wenn nun das Verhalten der Menschen nicht mehr der alten, sondern der neuen Ordnung entspricht, der Umsturz also gelungen ist, wird eine neue Grundnorm vorausgesetzt, nämlich „nicht mehr jene, die den Monarchen, sondern eine, die die revolutionäre Regierung als rechtsetzende Autorität delegiert".[53]

Es besteht demnach ein gewisses Abhängigkeitsverhältnis zwischen der das Verhalten der Menschen regelnden Rechtsordnung und dem tatsächlichen Verhalten der Menschen. Kelsen spricht in diesem Zusammenhang bildlich von der „Spannung zwischen dem Sollen und dem Sein".[54] Hier wird implizit die Frage nach der Wirksamkeit von Normen aufgeworfen, bzw. nach dem Verhältnis von Geltung und Wirksamkeit.[55] Jabloner betont in diesem Zusammenhang, „dass der Rekurs auf die Wirksamkeit nicht als Geltungsgrund, sondern als Geltungsbedingung anzusehen ist, als Voraussetzung dafür, die Grundnorm eben nur bestimmten Sollensordnungen voranzustellen", nämlich jenen, die von den Menschen befolgt werden[56]. Zentral ist, dass aus der Grundnorm nur die Geltung und nicht der Inhalt einer Rechtsnorm abgeleitet werden kann.

---

50 RRL 1, S. 77.

51 Ebenda, S. 85.

52 Vgl. RRL 2, S. 348.

53 Ebenda, S. 78 f.

54 Ebenda, S. 80.

55 Zum Verhältnis von Geltung und Wirksamkeit führt Kelsen Folgendes aus: Mit Geltung meint Kelsen „die spezifische Existenz einer Norm" (RRL 2, S. 35), die ein Sollen und kein Sein ist und grundsätzlich „von ihrer Wirksamkeit, das ist der Seinstatsache unterschieden werden [muss]" (ebenda, S. 37). Dennoch besteht ein gewisser Zusammenhang zwischen Geltung und Wirksamkeit: „Eine Rechtsnorm wird als objektiv gültig nur angesehen, wenn das menschliche Verhalten, das sie regelt, ihr tatsächlich, wenigstens bis zu einem gewissen Grade, entspricht." (Ebenda) Ein Minimum an Wirksamkeit ist für Kelsen Bedingung der Geltung.

56 Jabloner: Der Rechtsbegriff bei Hans Kelsen, S. 29. Kelsen befürwortet in diesem Zusammenhang auch, dass „eine im Wege von Revolution oder Staatsstreich zur Macht gelangte Regierung als legitime Regierung im Sinne des Völkerrechts anzusehen [ist], wenn sie den von ihr erlassenen Normen dauernd Gehorsam zu verschaffen im Stande ist" (RRL 1, S. 82).

4. Die Rechtslehre als Lösung politischer Problemlagen am Beispiel der ‚Armeefrage'

Die Geltungsbegründung des Rechts durch eine hypothetische Grundnorm wurde hier als ein paradigmatisches Beispiel für die umfassende Lehre Kelsens gewählt, um deren absolute Loslösung von naturrechtlichen Ansätzen und radikale Ideologiekritik zu veranschaulichen. Dass Kelsens Ansatz viel Kritik und Widerstand[57] provoziert hat, ist naheliegend. Jestaedt schreibt diesbezüglich: „Die Reine Rechtslehre ist mit ihrer alles zermalmenden juridischen Ideologiekritik für ihre Gegner eine veritable Zumutung, löst sie bei der Mehrzahl von ihnen doch traumatische Verlustängste aus."[58] Von den vielen Kritikpunkten, die Kelsens These provoziert haben, seien zwei wesentliche kurz erwähnt: Einerseits blende die Reine Rechtslehre gesellschaftliche Wirklichkeiten aus und sei somit praxisfern. Andererseits sei die Lehre politisch und ethisch problematisch, weil sie aufgrund der Betonung der ausschließlich formalen Aspekte von Recht inhaltliche Vorstellungen (von Gerechtigkeit) außer Acht ließe und somit potenziell jegliche Zwangsordnung, wie auch den Nationalsozialismus legitimiere.[59] Kritik an der Rechtslehre gab und gibt es aus allen politischen Lagern – Kelsen selbst meint dazu: „Es gibt überhaupt keine politische Richtung, deren man die Reine Rechtslehre noch nicht verdächtigt hätte. Aber das gerade beweist besser, als sie selbst es könnte: ihre Reinheit."[60]

Was beide – die Kritik an der Theorie und Kelsens Verteidigung ihrer Reinheit – verkennen, ist, dass die Reine Rechtslehre selbst das Produkt konkreter gesellschaftlicher Wirklichkeiten ist und in der Zeit ihrer Genese durchaus praxisnah war. Begreift man, wie hier unternommen, Kritik als das Verstehen einer Theorie in ihrem Werden, so müssen Geburtstakt und Genesis der Reinen Rechtlehre noch genauer betrachten werden, sind doch Kelsens Aktivitäten im Ersten Weltkrieg von seinen rechtstheoretischen Überlegungen nicht zu trennen, ja erweisen sich geradezu als Abfolge von Versuchen, konkrete Probleme zu lösen. Busch spricht in diesem Zusammenhang von einem Schema, wie es sich ergebe, wenn Kelsens Lösungsvorschläge zu konkreten Verfassungsfragen aus seiner Zeit im Präsidium des Kriegsministeriums während des Krieges mit

57 Vgl. hierzu die Dissertation von Korb, Axel-Johannes: Kelsens Kritiker: Ein Beitrag zur Geschichte der Rechts- und Staatstheorie (1911–1934). Tübingen: Mohr Siebeck 2010.

58 Jestaedt, Matthias: „Was Die Reine Rechtslehre nicht leistet – Anspruch und Horizont einer beschränkten Theorie", in: Zeitschrift für öffentliches Recht 66/2 (2011), S. 201–213, hier S. 202.

59 Kley, Andreas/Tophinke, Esther: „Hans Kelsen und die Reine Rechtslehre", in: JA – Juristische Arbeitsblätter (2001), S. 169–174, hier S. 173.

60 RRL 1, S. 6.

seinen Verfassungsarbeiten in der Staatskanzlei der neuentstandenen Republik verglichen werden: Immer handele es sich um verfassungsrechtliche Angebote, die auf dem Boden der realen politischen Gegebenheiten stehen, und es sind diese realen politischen Gegebenheiten, denen rechtlich beizukommen Kelsen von Seiten der Politik aufgetragen wurde.[61]

Wissenschaftlich flankiert wurden diese Auftragsarbeiten von Kelsens Begegnung mit Vertretern der Marbacher Schule unmittelbar vor dem Ausbruch des Krieges. Sie bewirkt eine Öffnung für die Rechts*philosophie*, welche Kelsen selbst nachträglich wie folgt beschreibt:

> Mit der Vertiefung in die auf höchste Methodenreinheit abzielende Kantische Philosophie Marburger Richtung schärfte sich mein Blick für die zahlreichen höchst bedenklichen Trübungen, die die juristische Theorie durch bewusste oder unbewusste politische Tendenzen der Autoren erfährt. [...] Nunmehr erkannte ich auch den dritten und bedeutungsvollsten Dualismus, der der herrschenden Lehre zugrunde liegt, den Gegensatz von Recht und Staat, der die beiden früher genannten Gegensätze von subjektivem und objektivem, privatem und öffentlichem Recht fundiert.[62]

Im kritischen Rekurs auf die herrschende Lehre vollzieht Kelsen eine Denkbewegung, in der die juristische Theorie von den Trübungen durch politische Tendenzen gereinigt, der Gegensatz von Recht und Staat in Zweifel gezogen und die Reine Rechtslehre selbst nicht nur zur Normwissenschaft, sondern zur normativen Grundlage staatlicher Ordnung erklärt wird. Ob es sich bei diesem Akt der Geltungsstiftung nicht selbst (wieder) um eine Trübung der Rechtstheorie durch eine politische Tendenz handelt, wäre an anderer Stelle zu diskutieren. Hier ist entscheidend, dass Kelsen, eben weil er während der Kriegsjahre „den alltäglichen politischen Missbrauch der Personifizierung und metaphysischen Überhöhung des Staates – und die eigene Verstrickung in diese – vor Augen"[63] hatte, nach einer Form suchte, die einem solchen Staatsverständnis entgegenzuwirken vermag. Die von Kelsen während des Krieges und in der Zwischenkriegszeit verfassten Schriften sind dann auch vor diesem Hintergrund zu lesen, angefangen von *Reichsgesetz und Landesgesetz nach der österreichischen Verfassung* (1914), *Eine Grundlegung der Rechtssoziologie* (1915), *Die Rechtswissenschaft als Norm- und Kulturwissenschaft* von 1916, die

61 Busch: Hans Kelsen im Ersten Weltkrieg, S. 75.

62 Kelsen, Hans (1927): „Selbstdarstellung", in: Jestaedt, Matthias (Hg.): Hans Kelsen im Selbstzeugnis. Siebeck: Mohr 2006, S. 21–29, hier S. 22, zitiert nach Busch: Hans Kelsen im Ersten Weltkrieg, S. 73.

63 Busch: Hans Kelsen im Ersten Weltkrieg, S. 73.

Denkschrift *Vom Wesen und Wert der Demokratie* (1920) bis hin zur *Reinen Rechtslehre* (1934).

Zugespitzt ließe sich von Auftragsarbeiten sprechen, die Kelsen zwangen, den festen Grund bestehenden Rechts zu verlassen und ins Rechtsphilosophische auszuschweifen. Die Aufträge selbst zielten auf die Lösung von Problemen, die sich mit Busch wie folgt konkretisieren lassen: Immer handelt es sich bei Kelsens Angeboten um einen Interessenausgleich zwischen politischen Gegenpolen, der sozialtechnisch durch eine dem Gegenstand angemessene Verrechtlichung des politischen Konfliktpotentials erreicht wird, welche sich wiederum im Kern oft als „Vergerichtlichung" entpuppe, da die Konfliktaustragung nun auf dem Rechtsweg und nicht auf dem Weg reiner Machtpolitik erfolgt, was Konzessionen auf beiden Seiten des politischen Konflikts wissentlich voraussetzt. Dieses zunächst in der „Versuchsstation des Weltuntergangs" zur Anwendung gebrachte Prinzip wird weitergetragen von den zwischen 1918 und 1920 vorgelegten Verfassungsarbeiten auf die „Weltbühne internationaler Beziehungen" bis hin zu den Vereinten Nationen und der „Peace Through Law" Bewegung.[64] Busch spricht in diesem Zusammenhang gar von einer persönlichen, Kelsen eigentümlichen Form der Vergangenheitsbewältigung seiner intensiv erlebten Weltkriegs- und Umbruchsjahre als Rechtsberater der untergehenden Monarchie wie auch der entstehenden Republik.[65]

Innerhalb der Forschung wird dieser Abschnitt der Biographie Kelsens kontrovers diskutiert. Kelsens eigener, betont unpolitisch gehaltener und von Teilen der Wissenschaft verlängerter Beschreibung stehen hier äußerst kritische Arbeiten gegenüber.[66] Fest steht, dass Kelsen auf seinen Stationen zwischen Offiziersausbildung, Studium und Kriegsdienst nicht nur prägende Erfahrungen, sondern auch bedeutsame Bekanntschaften machte, wie etwa die mit dem deutschen Staats-, Verwaltungs- und Völkerrechtler Walter Jelinek, der 1908 die verwaltungs- und prozessrechtliche Studie *Der fehlerhafte Staatsakt und seine Wirkungen* veröffentlicht hatte, sowie jene mit dem deutschen Staatsrechtslehrer Gerhard Anschütz.[67] Wenn Lindström heute Kelsen (neben Robert Musil) zu den „two high profile Austrian intellectuals" zählt, deren Karrieren geformt waren vom historischen Prozess der Bildung der österreichischen Staatselite, so weil zu ihren fundamentalen Aspekten die weitreichende Beschäftigung mit

64 Ebenda, S. 76.

65 Ebenda.

66 Ebenda, S. 58; Gerhard Oberkofler/Eduard Rabofsky: Heinrich Lammasch (1853–1920). Notizen zur akademischen Laufbahn des großen österreichischen Völker- und Strafrechtsgelehrten. Innsbruck: Universitätsverlag Wagner 1993.

67 Vgl. hierzu ebenda, S. 58ff.

Ordnungs-, Verwaltungs- und Verfassungsfragen zählt.[68] Diese Beschäftigung vermengte sich bei Kelsen bereits vor Ausbruch des Krieges mit der wissenschaftlichen Tätigkeit und kann zumindest tendenziell als Ausgriff in den Raum der politischen Bildung verstanden werden.[69]

Während des Krieges durchläuft Kelsen, dank guter Kontakte als für den Kriegsdienst untauglich erklärt, zahlreiche Stationen, bevor er schließlich Konzeptoffizier in der Justizabteilung des Kriegsministeriums wird. Folgt man Busch, so vermag Kelsen in dieser Zeit nicht nur weiter wissenschaftlich zu arbeiten, sondern auch routinemäßig Gegenstände mit völkerrechtlichem Bezug zu bearbeiten. Der von Kelsen selbst vertretenen „Version vom ruhigen Durchtauchen durch alle damit [dem Krieg, Anm. C. M. und J. Ch.] verbundenen Schrecken und Wirrnisse in einer davon unberührten Zentraldienststelle"[70] widerspricht Busch entschieden. Mehr noch: Er sieht in den von Kelsen gemachten Erfahrungen und Einblicken in die Militärjustizverwaltung die Veranlassung dafür, dass dieser sich als Berater des letzten k. u. k. Kriegsministers aktiv einzubringen vermochte. Um zu veranschaulichen, inwiefern diese Aktivitäten mit der Genese der Kelsen'schen Rechtslehre korrelieren, empfiehlt sich seine Beratung im Fall der sogenannten „Armeefrage"; eine Fragestellung, bei deren Beantwortung deutlich zutage tritt, wie sehr sich Kelsen um eine Einbeziehung der Militärverwaltung in das Rechtsstaatsgefüge und mithin in eine Setzung des Rechts als neue Grundnorm bemühte.

Worum handelt es sich bei der „Armeefrage"? Zusammenfassend lässt sich sagen, dass dahinter die Problematik steht, bei welcher Reichshälfte (Ungarn oder Österreich), nach der Teilung des Staatsgefüges die militärische Kommandogewalt bleiben soll. Die Lösung der Problemstellung erlangte Wichtigkeit in der Donaumonarchie, als ein „Ausweg aus der schwierigen und umstrittenen staatsrechtlichen Situation der Heereskompetenz nach dem Ausgleich 1867"

---

68 Lindström: Imperial Heimat, S. 382.

69 Kelsen tritt 1908 eine Stellung als „vertragsmäßiger Konzeptbeamter am k. k. österr. Handelsmuseum" (kurz HM) an und beginnt bald darauf eine Lehrtätigkeit an der dem HM angeschlossenen Exportakademie; eine Institution mit deutlich ausgeprägtem Weltbezug bzw. einer globalen Perspektive, aus der später die Hochschule für Welthandel und die Wirtschaftsuniversität Wien hervorgehen sollten. Kelsen bietet hier im Studienjahr 1909/1910 einen Spezialkurs mit dem Titel „Verfassung und Verwaltung der Balkanländer" an, gefolgt von Lehrveranstaltungen zur österreichischen Verfassung und Verwaltung. Auch ist Kelsen seit dieser Zeit aktiv in der Volksbildung engagiert und hält Kurse zur Allgemeinen Staatslehre (Busch: Hans Kelsen im Ersten Weltkrieg, S. 62). Im Juni 1914 wird Kelsen zum hauptamtlichen Dozenten der Exportakademie befördert, doch kollidiert dieser akademische Erfolg mit dem Ausbruch des Kriegs und Kelsen rückte als Reserveoffizier ein.

70 Vgl. ebenda, S. 65f.

gesucht werden musste.[71] Drängend wurde sie, als Ende August 1917 zur Durchsetzung von Wahlrechtsreformplänen für die ungarische Reichshälfte ein entsprechender Regierungsbildungsauftrag des Kaisers an den ungarischen Ministerpräsidenten Alexander Wekerle erging. Letzterer verständigte sich mit seinem König auf Konzessionen in der „Armeefrage", woraufhin der Landesverteidigungsminister in Budapest, zuständig für die königlich-ungarische Verteidigung einschließlich der kroatisch-slawonischen Landwehr, konkrete, auf eine Teilung der gemeinsamen Armee hinauslaufende Reformpläne vorlegte. Diese brachten den k. u. k. Kriegsminister Generaloberst Rudolf Freiherr von Stöger-Steiner in eine Notlage, die, wie Busch es formuliert, „nun zeitlich mit dem Erscheinen einer militärpolitischen und militärverfassungsrechtlichen Schrift Kelsens ‚Zur Reform der verfassungsrechtlichen Grundlagen der Wehrmacht Österreich-Ungarns' im August 1917 zusammen(fällt)".[72]

Das glückliche Zusammentreffen von Politik- und Wissenschaftsgeschichte ist überaus bemerkenswert und kann als Schulbeispiel der Ideengeschichte gelten. In seiner Schrift zur Reform der verfassungsrechtlichen Grundlage der Wehrmacht regte Kelsen, sich auf das preußische Militärkabinett berufend, an, die Kommandogewalt neu zu organisieren und die ministerielle Militär*verwaltung* von der obersten Kommando*gewalt* des Kaisers strikt zu trennen. Die Heereskompetenz würde sich so in einem Armeeoberkommando (AOK) bündeln, zusammengesetzt aus ausgewählten Agenden der Kommandogewalt des Monarchen, welches auch in Friedenszeiten weiterbestehen sollte. Praktisch liefe eine solche Reorganisation auf eine Machtübernahme des Landesverfassungsministeriums hinaus. Das Kriegsministerium wäre überflüssig, da die beiden Landesverfassungsministerien die gesamte Militärverwaltung übernähmen und mithin die gesamte Militärverwaltung unter die Rechtskontrolle der Verwaltungsgerichtshöfe der beiden habsburgischen Reichshälften käme.

Kelsen selbst sah in seinem verfassungsrechtlichen Vorstoß auf dem umkämpften Gebiet des Militärwesens eine „sichtliche Anerkennung der Souveränität des ungarischen und österreichischen Staates", während Busch diesbezüglich von einem „Aufsehen erregenden und militärpolitisch ‚häretischen' Gedanken" spricht, der als solcher eine Disziplinierung durch den Minister nach sich zog.[73] Dabei sei es Kelsen nicht um die „hehre Idee des Habsburgerreiches"

71 Vgl. ebenda, S. 67.
72 Ebenda.
73 Kelsen selbst kolportierte den Vorfall, nicht ohne Koketterie, nachträglich so, als habe er, um das Gegenteil wohl wissend, den Minister davon überzeugen können, „dass mir der politische Hintergrund der Affaire völlig unbekannt gewesen sei, und dass ich keinen größeren Ehrgeiz hätte als meine bescheidenen Kenntnisse auf dem Gebiete

gegangen, sondern um die „rechtliche Kittung eines durch die Verquickung von Wahlrechtsreform und Armeefrage von Kaiser Karl herbeigeführten innenpolitischen Dilemmas".[74] Kelsen bietet einen juristischen Ausweg aus dem Dilemma, indem er eine neue gemeinsame rechtsstaatliche Klammer für die beiden Reichsteile *konstruiert*. Das höchste Interesse der Heeresverwaltung müsse demnach dem Bestreben gelten, dass der durch die Reform geschaffene Zustand durch je ein gleichlautendes österreichisches und ungarisches Gesetz – gleich welchen Inhalts – klar und unzweideutig fixiert werde.

Die von Kelsen vorgelegten Reformentwürfe lassen sich als rechtstheoretische Lösung eines konkreten politischen Problems lesen, wie es die Donaumonarchie insbesondere nach dem Ausgleich massiv belastete. Weitergehend und pointierter könnte man sagen, dass Kelsen auf die Staatskrise – Lindström spricht von einem „state that had strenuously avoided identifying itself"[75] – mit der Umklammerung der politischen Ordnung durch das Recht bzw. mit der Konzeption des „Rechts-Staats"[76] antwortete. Oder, noch einmal anders und in unmittelbarem Rückbezug auf die im vorangestellten Kapitel näher ausgeführte Reine Rechtstheorie formuliert: Mit der „Armeefrage" sind wir an dem Punkt, an dem Kelsen erstmals die Theorie an der Praxis (und umgekehrt) zu erproben anhebt, indem er versucht, seine Grundnorm des Rechts zu setzen und dieser zur Geltung zu verhelfen. Die Geltungsstiftung, von der es in der Theorie heißt, sie sei die erkenntnistheoretische Funktion der Grundnorm, tritt hier aus der Theorie heraus und wird zum Akt. Wenn, wie Kelsen am Beispiel des Ersetzens der monarchischen durch eine republikanische Staatsform illustrierte, Revolutionen und politische Umstürze möglich sind, und sich die Faktizität des Wechsels politischer Ordnungsmodelle oder auch Formen als Beleg dafür nehmen lässt, dass das Setzen einer neuen Grundnorm möglich ist, dann kann (und soll) auch die eigengesetzliche Form des Rechts zu jener Grundnorm werden, auf der weitere Sollensordnungen aufbauen können.

---

des österreichisch-ungarischen Staatsrechts zu seiner und ausschließlich zu seiner und keines anderen Verfügung zu stellen" (zit. nach Busch: Hans Kelsen im Ersten Weltkrieg, S. 68).

74 Ebenda, S. 70.

75 Lindström: Imperial Heimat, S. 369.

76 So der Titel des ganz auf das Staatsverständnis Kelsens und die Aktualität desselben abstellenden Bandes Rechts-Staat: Staat, internationale Gemeinschaft und Völkerrecht bei Hans Kelsen. Hg. Hauke Brunkhorst, Rüdiger Voigt. Baden-Baden: nomos 2008.

5. Fazit und Ausblick

Der Geburtsakt und die Genese der Reinen Rechtstheorie sind an die politische Geschichte des 20. Jahrhunderts gebunden. Angesichts politischer Spaltung, Differenzierung, Sezession und Krieg generiert sie das Recht als Recht, das heißt als eine menschengemachte und nichtsdestoweniger verbindliche Form mit eigenen Gesetzen. Wird ihm Geltung zugeschrieben und entfaltet es Wirkung, kann das Recht leisten, was vormals vielfach Politik und Militär oblag: die Legitimation und Aufrechterhaltung einer Ordnung (gleich welcher). Als Antwort auf die „Armeefrage" ist sie gescheitert. Kelsen kommentierte die Niederlage nüchtern mit den Worten:

> Nach dem Durchbruch der Bulgarischen Front war es jedermann, der die Verhältnisse in der Armee kannte, klar, dass der Krieg endgültig verloren war. Da die Armee das einzige war, was die Monarchie zusammenhielt, hatte ich keinen Zweifel mehr, dass ihre Auflösung unvermeidlich war, wenn nicht irgendein Versuch gemacht würde, sie in völlig neuer Form zu erhalten.[77]

Die von Kelsen angesichts des Untergangs der Donaumonarchie aufgerufene völlig neue Form des Rechts-Staats betritt gezwungenermaßen staatstheoretisches Neuland und lässt sich als eine jener „utopische[n] Geste[n] bei der Formulierung langfristiger sozialer und politischer Zukunftsmodelle"[78] verstehen, wie sie laut Reimann aus der Erfahrungswelt des Krieges hervorgingen. So gesehen, ist die Reine Rechtlehre vor allem eins: Die Form, in der der Vertrauensverlust in die Kompetenz und Autorität der politischen und militärischen Eliten seinen Ausdruck findet.[79]

Für das realpolitische Gebilde der Donaumonarchie und die Opfer des Krieges kam die utopische Geste aus dem Raum der Rechtswissenschaft und ihrer Theoriebildung zu spät, und dies, wie Busch lakonisch kommentiert, „um mindestens einen ganzen Weltkrieg".[80] Doch liegt die Leistung der Reinen Rechtslehre nicht darin, dass sie einen Krieg verhinderte, an dem Kelsen als Verfassungsexperte beim Kriegsministerium selbst maßgeblich beteiligt war, sondern in der Vorlage eines Entwurfs, mit dem die Grundlagen des gesellschaftlichen Lebens auf der Basis des Rechts dauerhaft neu gelegt werden. Die Theorie bzw. der Text aber ist noch in seiner reinsten Form von seinem Kontext nicht zu trennen. Kelsen

---

77 Zitiert nach Busch: Hans Kelsen im Ersten Weltkrieg, S. 70.

78 Reimann, Aribert: „Der Erste Weltkrieg – Urkatastrophe oder Katalysator?", in: Aus Politik und Zeitgeschichte, Band 29/30 (2004), S. 30–38, hier S. 36.

79 Zum Vertrauensverlust in die politische Kultur siehe ausführlich in: ebenda, S. 37f.

80 Busch: Hans Kelsen im Ersten Weltkrieg, S. 72.

selbst wusste das, als er im Jahr 1934, aufgrund seiner jüdischen Herkunft der Professur in Köln verlustig gegangen und nach Genf ausgewandert, im Vorwort zu seiner Reinen Rechtslehre auf deren Relevanz verweist in einer „durch den Weltkrieg und seine Folgen wahrhaft aus allen Fugen geratenen Zeit, in der die Grundlagen des gesellschaftlichen Lebens aufs tiefste erschüttert [...] sind".[81]

Nicht allein an die Reine Rechtstheorie, sondern auch und vielleicht mehr noch an ihre Genese wäre zu erinnern, wenn es heute in einem Einführungswerk in die *Politische Theorie und Ideengeschichte* heißt:

> Wir leben in politisch bewegten Zeiten. Eine Krise folgt auf die nächste, die Weltordnung hat sich in eine Weltunordnung verwandelt. Wohl dem, der in dieser Lage in das Archiv politischen Denkens steigen und sich dort Material holen kann für das Labor, in dem am Verständnis der aktuellen Probleme gewerkelt wird. Wie lassen sich politische Ideengeschichte und politische Theorie für das Verständnis unserer Gegenwart nutzen?[82]

In dem Archiv des politischen Denkens liegen auch die Schriften von Kelsen. Sie bieten sich gegenwärtig in besonderem Maße als Material für das Labor an, in dem am Verständnis der aktuellen Probleme gewerkelt wird. Entstanden in politisch überaus bewegten Zeiten, in denen nicht nur eine Krise auf die nächste folgte, sondern sich die Weltordnung durch den Großen Krieg gänzlich in eine Weltunordnung verwandelte, weisen Kelsens Schriften den Weg in eine neue Ordnung allein durch das Recht, wie sie vielleicht erst heute ihren Wirkungsanspruch einzuklagen vermag.[83]

Zudem wäre die hier nur gestreifte kultur- und literaturtheoretische Facette der Kelsen'schen Theoriearbeit schärfer ins Auge zu fassen und zu fragen, inwiefern sich die *Reine Rechtslehre* nicht nur als Idee und Paradigma, sondern auch als *ein genuin literarischer Akt der Wertzuschreibung* lesen lässt, kraft dessen im Raum der Texte die Entscheidungsgewalt von der Politik auf das Recht überschrieben wurde. Mit seiner Rechtslehre hat Kelsen das Labor der politischen Ideen in einen Ort des Konstruktivismus verwandelt: Er hat die Grundnorm offenkundig zu einer reinen Fiktion erklärt und der Fiktion im Gewand der Rechtsphilosophie ein politisches Eigenrecht zugesprochen.

Um die kulturwissenschaftliche Brisanz der Reinen Rechtslehre in diesem Ausblick noch deutlicher herauszustellen: Entsprechend der Kelsen'schen Idee

81 RRL 1, S. 7.

82 Herfried Münkler/Straßenberger, Grit: Politische Theorie und Ideengeschichte. Eine Einführung. München: Beck 2016, S. 3.

83 Brunkhorst, Hauke/Voigt, Rüdiger (Hgg.): Rechts-Staat. Staat, internationale Gemeinschaft und Völkerrecht bei Hans Kelsen. Baden-Baden: Nomos 2008.

hat die politische Wirklichkeit einer Fiktion zu folgen. Die Menschen müssten sich – wie in der Kunst und der Literatur – kollektiv und wissentlich auf eine in ihrer Geltung gestiftete Grundnorm einlassen, um auf ihr weitere bindende Normen etablieren zu können. Das ist ein radikaler Ausgriff des politischen Denkens in die Rechtsphilosophie und die Fiktionalität, der innerhalb der Staatswissenschaften nicht unwidersprochen bleibt. So hat Robert Chr. von Ooyen jüngst in seiner Studie *Hans Kelsen und die offene Gesellschaft* auf den unzureichenden Volks- oder auch Staatsbegriff bei Kelsen verwiesen und unter dem sprechenden Titel „Demokratietheorie ohne Volk, Staatstheorie ohne Staat. Kelsens postnationale und demokratisch-pluralistische Verfassungstheorie" eine weitreichende Kritik vorgelegt.[84]

Und doch: Jede auf die Reinheit und Praxisferne der Rechtstheorie zielende Kritik ist ihrerseits zu relativieren durch eine formgenealogische Kritik. Erst die Genealogie, so heißt es bei Christoph Menke, enthülle die Kontingenz des Bestehenden.[85] Dies gilt für die politische Ordnung der Donaumonarchie einschließlich ihres Zusammenbruchs ebenso wie für die Reine Rechtslehre. Beide hätten anders ausfallen können und sind gleichwohl in ihrer jeweiligen Form aneinander gekoppelt. Die Rechtsstaatstheorie Kelsens hatte einen Staat: Die Donaumonarchie war vor ihrem Untergang bereits seit längerem auf dem Weg zu einer Rechtsgemeinschaft.[86] James Shedel betont, dass die Situation in Österreich vor dem Ersten Weltkrieg keine Krise war, sondern „the product of a developmental continuity defined by the concept of the Rechtsstaat".[87]Auch Lindström spricht von einer „public culture strongly shaped by the norms and ideals of the *Rechtsstaat*".[88] Kelsen war ein Teil der Reformbürokratie und mithin ein Akteur, der um die Dringlichkeit von Normen ebenso wusste wie um deren

84 Van Ooyen, Robert Chr.: Hans Kelsen und die offene Gesellschaft. Wiesbaden: Springer VS 2010, S. 7–74.

85 Menke, Christoph: Die Kritik des Rechts, S. 160.

86 Siehe hierzu Gary B. Cohen: „Nationalist Politics and the Dynamics of State and Civil Society in the Habsburg Monarchy, 1867–1914", in: Central European History 40 (2007), S. 241–278, hier zit. nach Lindström: Imperial Heimat, S. 370. Dort heißt es wörtlich: „The modernization of the Habsburg state over the long nineteenth century led to the development of modern laws, regulations, and public services, which the public accepted as legitimate and as theirs [...]. [T]he population in many parts of the realm became so deeply invested in the legal systems and public services that many were happy to continue significant elements of them after 1918."

87 Shedel, James: „Fin de Siècle or Jahrhundertwende. The Question of an Austrian Sonderweg", in: Steven Beller (Hg.): Rethinking Vienna 1900. Berghahn: New York 2001, S. 80–104, hier S. 90f.

88 Lindström: Imperial Heimat, S. 378.

Kontingenz. Seine intellektuelle Biographie begann in einer Zeit weitreichender politischer Entscheidungen:

> Around 1900, the situation of the Josephinist state was indeed balancing on the edge: Should it keep its basic a-national, abstract character of a *Rechtsstaat* that insisted on recognizing the population as a collection of individuals who should be treated equally and impartially, or should it compromise with developments in society and begin to politically recognize the different sub-groups that had been forming in society?[89]

Die Würfel waren noch nicht gefallen, als Kelsen sich dem Staatsrecht zuwandte. Erst der Große Krieg ließ die alte Ordnung untergehen. Ein zweiter Weltkrieg folgte. Ob heute über den Weg der Rechtstheorie eine neue, langfristig friedliche Ordnung zu werden vermag, ist offen.[90] Sicher aber scheint uns, dass Kelsens radikale Form der Rechtswissenschaft als Norm- und Kulturwissenschaft nur über ihre Genese im Kontext der Geschichte des 20. Jahrhunderts zu verstehen ist.

---

89 Ebenda, S. 386.

90 Vgl. hierzu beispielhaft Brunkhorst, Hauke: „Hans Kelsen und die Völkerrechtsrevolution des 20. Jahrhunderts", in: Brunkhorst: Legitimationskrisen. Baden-Baden: nomos 2008, S. 277–303.

Violence and Rhetorical Strategies in Sigmund Freud's Study *Beyond the Pleasure Principle* (1919-1920) and Anna Akhmatova's Selected Poems (1917-1924)

Fatima Festić (Amsterdam)

The short preface to Anna Akhmatova's[1] *Requiem*,[2] which she wrote more than twenty years after she completed this elegy, appeared to me as a cathartic enactment of the invigorating poetic witnessing to the dignity of people exposed to state violence. I will quote this preface, or as Akhmatova put it "Instead of a preface" ("Вместо предисловия"), in my own translation.[3]

> In the dreadful years of the Yezhov's[4] terror, I spent seventeen months waiting in line outside the prison in Leningrad. One day, somehow, somebody in the crowd "recognized" me. Then, a woman, standing behind me, her lips blue with cold, who had, of course, never heard me called by name before, moved out of the numbness weighing down on us all and asked me, whispering to my ear (everyone whispered there):
> "You can describe this?" (А это вы можете описать)?
> And I said (И я сказала):
> "I can." (Могу.)
> Then, something like smile passed briefly over what had once been her face.
> (Leningrad, April 1, 1957)

---

1 Anna Andreyevna Gorenko (1888–1966), a Russian poet, born in Odessa, studied in Kiev before moving to St. Petersburg.

2 Ахматова, Анна: Реквием 1935–1940; related to the arrests of her son, Lev Gumilyov.

3 Along with my own translation of Akhmatova's poems in this text, I consult the translation by Kunitz, Stanley/Hayward, Max (eds.): Poems of Akhmatova. Boston, Harvard: Mariner Books 1997. – Ахматова, Анна: Избранное. Москва: Эksmo 2005.

4 Great Purge or Terror (Большой террор): a large-scale Communist Party/government officials' campaign of political repression in the Soviet Union 1936–1938 (including police surveillance, suspicion of saboteurs/counterrevolutionaries, imprisonment, arbitrary executions). Николáй Ивáнович Ежóв, a secret police official, under J. Stalin head of the People's Commissariat for Internal Affairs (NKDV).

I read these lines for the first time after I completed my dissertation on witnessing, violence, and artistry (in 1998),[5] upon the turn-of-the-century wars in Bosnia-Herzegovina and Croatia. Already then, this Akhmatova's retrospective *Instead-of-Preface*[6] to her *Requiem* recalled to me – although in inversion – the structural dynamics of Sigmund Freud's essay *Beyond the Pleasure Principle*,[7] which in my work I interpret as a foundational text of postmodernism. That is, the difference in narrative strategies of these two authors appeared to me as making a crucial point. Then, keeping to my belief that the most an author can do is admit the very position from which she or he starts to think, and starting to read closely Akhmatova's earlier poetry[8] – and specifically the poetry of her transition from ravishing lyric subjectivity to profound social commitment to witnessing (here, I offer my own selection from the poems that Akhmatova wrote between 1917 and 1924, as pertaining to the discussion topic)[9] – I found yet another proof that this confessing authorial quality is much more inherent in a feminine account[10] than a masculine one.

In my contribution to this book collection on the post-Great War violence, I discuss the ways in which Freud and Akhmatova each deal textually and strategically with their encounter with violence and death that interrupted their linear lives, after crashing and burying many of their contemporaries in the Great War and its immediate aftermath. In their "witnessing writing", they have opened the rhetorical horizons for generations of scholars to come. In feminist criticism, Freud was reproached fiercely for annulling the woman's voice and presence in this text (of his deceased daughter Sophie) in his self-curing

---

5 See Festić, Fatima: The Body of the Postmodernist Narrator: between Violence and Artistry (1998). Newcastle upon Tyne: Cambridge SP 2009.

6 Many of her lines/poems Akhmatova had to preserve in her memory, as her life was often under the threat due to her act of writing, so she wrote them down some years or decades after she originally created them. She also used her own version of тайнопись (tainopis, secret writing), which had an open tradition in Russian since Pushkin, as speaking obliquely about injustice/oppression, a cryptographic device created against censorship.

7 Freud, Sigmund: Jenseits des Lust-Prinzips. Leipzig, Wien, Zürich: Internationaler Psychoanalytischer Verlag 1920. I use the translation: Beyond the Pleasure Principle (Standard Edition). Trans. Strachey, James. New York/London: W.W. Norton 1989.

8 Reference to Akhmatova's lyric poetry, written 1909–1916.

9 The time of the Revolution and Civil War in Russia. In her poems of that time, Akhmatova already prophesized the cruelest period to come in Russia (1937–1938), which she documented in the *Requiem*.

10 A contemporary reference could be drawn to Butler, Judith: Giving an Account of Oneself. New York: Fordham U Press 2005; Butler offered a gender-modulated (Spinozian) reading (of Adorno/Levinas) as a philosophical praxis of counter-acting/redirecting the most destructive/cruel of human passions.

narcissistic cathexis while he formulated the death drive after the repetition compulsion. Hence, I discuss Akhmatova's strong woman's voice that poetically and dialogically reflects on the violence of the dissipating worlds.

If these two authors are read simultaneously – relative to their socio-physical positions in two emerging post-imperial, yet different political structures (and with the application to their works of the analytic terms of 'cathexis'[11] and 'transference'[12]) – the course of the narrative disclosures of Akhmatova in her poems can be seen as if working through the overt self-protection of Freud's narrative revelation of repression, repetition, and drive. Henceforward, the discussion could hint toward the claims that understanding of drive[13] is also informed by gender, as it is also the understanding of the dreadful materializations of drive within the radical political imaginaries that shaped the realities of these two authors.

---

11 Cathexis (Besetzung) is an emotional charge, the process of investment of mental/emotional energy in a person, object, or idea. Freud considered the early cathexis of objects with libidinal energy a central aspect of human development. A *change in the magnitude of cathexis* within a given unit of time is what causes pleasure or un-pleasure (Freud: Beyond the Pleasure Principle, p. 77). To Freud, cathexes are at home in the unconscious and much more workable than in the conscious/outside.

12 Transference (Übertragung) is originally described by Freud as a psychoanalytic concept of unconscious redirection (that is projection) of the feelings a person has about some primary objects, on to the therapist. It has turned out into the key theoretical phenomenon in modern/postmodern cultures. The transference neuroses (essential subject of psychoanalytic study) are the result of a conflict between the ego and the libidinal cathexis of objects (ibidem, p. 63).

13 Drive (Trieb) is a key psychoanalytic term that Freud revised in *Beyond the Pleasure Principle* (relating it to life/love/culture as possibly overcoming death/destruction). – It has remained a key term for a full century of the development of the psychoanalytic thought (Lacan explicitly states in Seminar XI (1963–1964) that all drives are partial to the death drive; 1963–1964). – The most extensive recent study of drive is offered by Theresa de Lauretis (a pioneer in the 1980s gender studies) in her book Freud's Drive: Psychoanalysis, Literature, and Film. New York: Palgrave Macmillan 2008.

1. Death in the Mirror

As evidenced in his letters and in his analytic discourse, Freud suffered two heavy losses upon the war's end. The more personal loss was the death of his beloved daughter Sophie who suddenly died of pneumonia in February 1920;[14] the other, and more widely implicated socially-existentially, was the 1918 loss of the quite sheltering Empire,[15] the symbolic (and reigning socio-political) structure in which Freud was born, raised, educated, lived, procreated, practiced his work, and developed his revolutionary thought. The relevance of Freud's loss of his daughter for his writing of the essay *Beyond the Pleasure Principle*, particularly for its second chapter as the exemplification of his theory of the death drive that manifests itself in the compulsion to repeat, is extensively discussed by major 20th-century theorists,[16] while the relevance of the loss of the Empire for the same matter was widely ignored or marginalized. *Beyond the Pleasure Principle* discusses the method of working employed by the mental apparatus in two different spheres: first, the dreams in traumatic neurosis[17] that Freud observed in the war survivors, and second, the waking life in a child's game that Freud observed in Sophie's son Ernest,[18] three to four years before he wrote this essay.

However, informed by my own interpretative relation to transference, I have found the integral dimension of the second chapter as decisive for understanding

14 Sophie Freud-Halberstadt (1893–1920).

15 Freud was born in 1856 to Galician Jewish parents in the Moravian town of Freiberg (Příbor, Czechia), in the Habsburg (Austro-Hungarian) Empire, educated/worked in the imperial capital Vienna, escaped from Nazis via Paris to London, where he died in 1939. The Great War (started in June 1914), was finally brought to end by the 1919 Treaty of Versailles (ending the war between Germany/Central Powers and the Allied Powers).

16 The critical "digestion" of the *Beyond the Pleasure Principle* has been a major challenge particularly through the mid-/later 20th-century not only for analysts/psychologists, but equally for philosophers and literary theorists.

17 Traumatic – "any excitations from outside which are powerful enough to break through the protective shield" (Freud: Beyond the Pleasure Principle, p. 33). Freud explains how these dreams are endeavoring to master the stimulus retrospectively, by developing the anxiety whose omission was the cause of traumatic neurosis. They thus afford us a view of a function of the mental apparatus which is independent of the pleasure principle (although it does not contradict it) and more primitive than the purpose of gaining pleasure and avoiding unpleasure.

18 Freud's interpretation of the game: related to the great cultural achievement, the renunciation of instinctual satisfaction, which the boy had made allowing his mother to go without protesting, compensating for this by himself staging her departure/return. Freud asks: How does the repetition of the disturbing experience fit in with the pleasure principle? And concludes: "No certain decision can be reached from the analysis of a single case like this" (ibidem, p. 15) – this sentence still tells on his authorial narcissism, however ingenuous, as he readily based his science on something that is not "multiply-proven".

Freud's formulation of the death drive (*Todestrieb*) primarily as a rhetorical delivery of his witnessing function that Freud himself could not confess openly (or, he could not "bind 'It'" by the secondary processes). That is, I read the missing link between these two losses that Freud experienced (yet not explicitly saying that connection) as placed in the relation between the two activities he studied: 1) the dreams of neurotics caused by an unexpected violence forcing them to wake up repetitively into a new fright and 2) the waking life of generating a play as instinctual renunciation through a cultural achievement.

Freud wrote the first draft of the essay from March to May 1919, while also working on the text *The Uncanny,*[19] mentioning in both texts the "compulsion to repeat" but not the death instincts. He returned to the essay *Beyond the Pleasure Principle* at the beginning of 1920, right after the death of his daughter, Sophie Freud-Halberstadt, and finished it between May and July of the same year, and only then formulated the death drive. However, in the text in which no personal names are given, besides his own name as the text's signed author, Freud does not mention either Sophie's death or his own fatherly loss. He describes that only in his letters to his colleagues in the days following Sophie's death as "a serious narcissistic injury inflicted on him," so that he is regaining his balance through writing, trying to overcome the painful experience through the continuity of his work: "I work as much as I can, and I am thankful for the diversing [...] what is known as mourning will probably follow only later."[20]

In the essay, the compulsion to repeat is seen as the universal attribute of instincts and perhaps all organic life – as the impulse for restoring the earlier state of things that was abandoned under the pressure of previous disturbing forces. The essay's key second chapter consists of seven pages in the standard edition. On the first three pages, Freud speculates on the dark, desolate subject of the manifestations of fright[21] in traumatic neuroses. He does

---

19 *Das Unheimliche* (1919), the uncanny, another key analytic and also literary term, denoting the psychological experience of something strangely familiar (not simply mysterious). It may describe incidents where a familiar thing/event is encountered in an unsettling/eerie/taboo context. As Kristeva added later, the first uncanny (object) is the *mother* (hence the primary figure of the uncanny); see: Kristeva, Julia: The Powers of Horror. An Essay in Abjection. New York: Columbia University Press 1982.

20 Quoted to Freud, Ernest L. ed.: Freud, Sigmund: Letters of Sigmund Freud. Transl. Tania & James Stern. London: Hogarth 1960, p. 328.

21 Freud: Beyond the Pleasure Principle, p. 11: "Schreck" as related to the factor of surprise. Two other terms are "Furcht" (fear, requiring a definite object of which to be afraid), "Angst" (anxiety, the state of expecting a danger, a warning signal of such event's approach). However, as the translator-commentator notices in the footnote 3, Freud was very far from always carrying out the distinction, often using "Angst" with no reference to the future. It seems that he is anticipating here the distinction between

not say that this tormenting psychic experience is anchored in and modulated by the hard turning-point of the emerging post-war existential and socio-political uncertainty, which all (of those surrounding him) – including Freud as a member of the Jewish minority in the post-Austro-Hungarian Empire Austrian (Germanic) national formation – inhabited, and certainly feared. Then, in just one sentence, Freud passes to the warmth and comfort of the family narrative, without saying that this is also triggered by the loss that he suffered himself, which certainly must have reminded him of his own mortality. Skillfully, he switches to the reassuring authority of his interpretation of his small grandson's game (indeed, largely taken from Sophie's own interpretation)[22] that evolved in four different stages: 1) the boy throwing small objects away; 2) pulling back one as the game of disappearance and return to him of his mother as his primary object; 3) most important, the boy crouching down beneath the full-length mirror saying that himself he is "gone", and 4) a year later, throwing his toys as sending his father "to the front" where his father really was.

In Freud's own "masculine" and "senior" game of repetitions – where his daughter Sophie disappears repetitively as annulled by her father Freud in his own text – and with the aim to restore his ego, "regaining his balance through writing" (the balance that however is itself called into question by the topic of the death drive), Freud transfers to his grandson, as to the metonymical object, the burden of his own sudden fright caused by Sophie's death. The link of grandfather-father/daughter-mother/son-grandson forms the chain of functions that can be directly related to consideration and confirmation of the factor of heredity in repetition, of which Freud writes in the same text. It is indicative to mention that Freud's reaction to his father's death (23.10.1896) was entirely different, described in his letters as the "heaviest loss in one's life", so that Freud "cannot write at all", not even to thank colleagues for condolences.[23]

By the 1990s, a canon of the feminist interpretations of the *Beyond the Pleasure Principle* had already been established. Nevertheless, a comprehensive, literary ground-breaking reading of this text is offered by Elisabeth Bronfen in the

---

anxiety as a reaction to traumatic situation (equivalent to "Schreck") and anxiety as a warning signal (later drawn in 1926 "Inhibition, Symptoms, and Anxiety").

22 Freud: Beyond the Pleasure Principle, p. 14.

23 A letter to Wilhelm Fliess, 2.11.1896: "I find writing so difficult just now that I have taken far too long to thank you for the moving words in your letter. [...] By one of the obscure paths behind official consciousness, the death of the old man has affected me profoundly. [...] I now feel quite uprooted (2.11.) My reaction to my father's death, the most important, the heaviest loss in one's life." See: Freud, Sigmund: The Origins of Psychoanalysis: Letters to Wilhelm Flies, Drafts and Notes. New York: Basic Books 1954.

chapter "The Lady Vanishes" of her 1992 book *Over Her Dead Body.*[24] Bronfen describes the rhetorical strategy of *Beyond the Pleasure Principle* as such that it self-reflexively repeats its thematic concerns.

> Repetition is doubly *inscribed,* for one *by the death drive;* directed toward *reduction* of tensions; toward an original of complete identity; toward an animate state anterior and posterior to which both precede and follow the life, and then it is *inscribed by the pleasure principle,* which is directed toward *production* of tensions through division of unity; separation leading through the *detour* of substitution to the production of new unities.[25]

Bronfen explains how, in this interstice, repetition serves to acknowledge the death drive beyond the pleasure principle in the sense that the mother/infant dyad must be renounced and translated into supplementation because the *division death threatens* is always inherent in this pleasurable unity.

In my reading of the wider context of the essay, the symbolic structure of the Empire worked out with similar materialist features for Freud, therefore and likewise it had also to be renounced by him while he was actively retaking the position of his rejection of it – after the Empire had been already "gone" – in the immensity of the death's over-presence, leaving behind the crack and the interstice of much larger dimensions. The structure of the "departed" Empire in the prospect of the coming nationalism/Nazism as well as the rebelliousness of the forthcoming vast domain of socialist *revolutions* (analogous to that of the scientific launching of psychoanalysis by Freud)[26] as aptly exemplified by Freud's focus on his small grandson's games – is yet another platform of the "maternal realm" that Freud uses for his theoretical articulation. According to this, Freud's textual distribution of the observed child's four performances only reinforces the importance of the missing link of this narration to the first part of the chapter that discusses traumatic neurosis as Freud's difficulty to display the reference to his own social-existential reality of the violence-riven post-war condition.

The child's two games of repetitively throwing away his toys, and the game of pulling one item back[27] as an interpreted reference to the child's mother Freud describes in the main text, adding his (and Sophie's) arbitrary semantic coding of the

---

24 Bronfen, Elizabeth: Over Her Dead Body: Death, Femininity, and the Aesthetic. Manchester: Manchester U Press 1992.

25 Ibidem, p. 30, emphasis added.

26 Described in the "puritanical" USA (prior to Freud's only visit there in 1909 to Clark University, Boston MA) as his bringing the "plague" to the New World.

27 When Ernest grabbed a cotton reel and threw it into his crib, he cleverly performed pulling it back by the thread, exclaiming "da", which his mother and Freud interpreted as "back" (Freud: Beyond the Pleasure Principle, p. 14).

sounds the child exclaimed ([o-o-o-o] *fort-da*, as denoting "gone-back"). However, the most important act of the boy crouching down beneath the full-length mirror saying that himself he is "gone" ("baby o-o-o-o-o!") [28] is *moved down to a footnote.* It is widely claimed that Freud refused to acknowledge an interdependence between the theoretical formulation of the death drive and the experience of his daughter's death, because an acceptance of the intersection between a real event of death and a theoretical speculation would counteract the solace this piece of writing was to afford to Freud. It is a common place in interpretations (by D. W. Winnicott, J. Lacan, J. Derrida, G. Deleuze, J. Kristeva, etc.) to read Freud's description of these games as Freud's self-representation of representation (of a departure) and the necessary return of and to the self, only more so because Freud persistently endeavored to separate the impartiality and authority of his theoretical insight from the open reference to his own trauma caused by Sophie's death. Still, the question remains, why does Freud, who certainly has other possibilities for controlling his loss, react finally like the one and half year-old child when he, not mentioning his daughter's death, sacrifices for the sake of the grapheme of his text, the dead Sophie for the second time in his text? Hence, we could also assume that as much as Freud's concept of the death drive came out of his most intimate emotions, hints, resentment at the power of death, in the concrete case of his deceased daughter, it also came out of his own fright caused by his own facing compulsively the murky post-Empire developments. Or, also, his foreseeing the looming national-socialism, intuitively or theoretically, which would be in line with his psychoanalytic discipline.

Since Freud tried to deny any autobiographical connection, let us recall his own sentence from the same text, that in a person "only ego is resistant, but not the unconscious" (whose only endeavor is "to break through the pressure weighing down on it and force its way either to consciousness or to a discharge through some real action").[29] Accordingly, the intersection between the autobiographical and rhetorical strategy of self-reflexivity, the repetitive erasure of Sophie in the displacement from the daughter's significant part to that of a grandson (as a blind spot) – can make for my claim that the common experience of fright as the turning point in the post-war reality is seen in the repetitive *phenomenology of the mirror* that takes hold of Freud's narration. And that the whole authority of Freud in this text is moved to the footnote that describes the child's fright from his encounter with his own reflection in the mirror (which is *not* his mother) and his hiding from himself. To hide

28 Ibidem.
29 Ibidem, p. 20.

from the mirror or to enter the mirror – that is how I would formulate the strategic ambiguity of the epistemological and ontological within the witnessing function.

2. The Mirror in Death

At this point, let us reach for "Anna of all the Russias", as Akhmatova was called,[30] not a minority at all, yet herself choosing to be a minority, already when she took her pen name from the Tatarian maternal side of her father (replacing her father's surname Gorenko with the Tatar name Akhmatova, as relating to her more distant family lore).[31] This memorable woman author[32] of the same post-Great-War period, after the crash of the Russian Empire, at the onset of Bolshevism, much younger than Freud, was exposed to much tougher circumstances of getting destitute, enduring official scorn, the execution of her recently divorced husband and the father of her son, the lasting and terrible stigmatization, banned publication, close surveillance, persecution, the imprisonment and murders of those closest to her.[33] In spite of all that,[34]

30 It was another great Russian poetess, her contemporary, Marina Tsvetayeva, who honored Akhmatova with that title. Akhmatova's aristocratic manners and artistic integrity also won her the titles of "Queen of the Neva" and "Soul of the Silver Age" (as the period came to be known in the history of Russian poetry). J. Brodsky called her "the keening muse" for all the sorrow with horrors that Akhmatova was nobly and persistently articulating.

31 Both her parents descended from the Russian and Ukrainian nobility; however, Anna related to the father's maternal family origin of Akhmatov (-khans/princesses), to the line of Ahmed Bin Küchük, a Khan of the Great Horde 1465–1481, killed by a Russian killer-for-hire, which marked the end of the Mongol yoke on Russia. In the 18th century, his descendant Praskovia Yegorovna Akhmatova, Anna's great-grand-mother, married Anna's great-grand-father Yegor Motovilov.

32 Akhmatova belonged to the "Poets' Guild" of Acmeism, with Nikolay Gumilyov and Osip Mandelstam.

33 See Akhmatova's biography in Feinstein, Elaine: Anna of all the Russias: The Life of Anna Akhmatova. London: Weidenfeld & Nicolson 2005. More recent critical studies put Akhmatova's "superhuman" resilience and her "untarnished personality" in the framework of "saint or monster" (Rilkova, Galina: "Anna Akhmatova in the 21st Century", in: Kritika 11.2 [Spring 2010], p. 325–357), probing "Anna Akhmatova institution", "the obverse of Stalinism, Akhmatova's self-serving charisma of selflessness" (as per Zholkovsky, Alexander: The obverse of Stalinism. Akhmatova's self-serving charisma of selflessness, 1995; 2005). See also Harrington, Alexandra: The Poetry of Anna Akhmatova: Living in Different Mirrors. London – New York: Anthem Press 2006.

34 Kunitz/Haywarth's note on the translations: "Tragedy didn't wither her: it crowned her with majesty. Her life became a continual allegory, its strands interwoven with the story of a people, like a 20th c. Russian chronicle." (Kunitz/Haywarth: Poems of Akhmatova, p. 31)

Akhmatova introduces a different view on repetition and repression than the one Freud offers. Likewise, in all her reticence, her quite generous love-life with equally imperiled or persecuted Russian intellectuals[35] considerably challenges Freud's simultaneous speculations on life and death instincts, and (those which he postulated prior to them) of the singularity of ego and plurality of sexual procreation.[36] Furthermore, amidst her utterly frightening situation, it is the *phenomenology of the* (allure of the) *mirror* that gives Akhmatova a life apart from life so as if to make some other Anna experience the cruelty, against which Anna mirroring art, spirit, and tradition consolidates her witnessing self, repetitively.

Akhmatova's poems don't say that we repeat because we repress, but on the contrary – that we repress because we repeat, that we forget because we repeat, that we repress because we can live certain things only in the mode of repetition. Or, also, that we are bound to repress especially the representation that negotiates what was lived before, connecting it to the form of an analogous or identical object. As Freud himself wrote in his text, in some normal people, not neurotics, also there is a perpetual recurrence of the same thing – if it is related to an active behavior, "there is an essential character trait remaining the same, compelled to find expression in a repetition of the same experiences",[37] while the last sentence of the text's second chapter suggests that "the consideration of these cases and situations – which have a yield of pleasure as the final outcome – should be taken by some system of aesthetics with an economic approach to its subject matter".[38] And, while the later 20th-century (psychoanalytic yet anti-Freudian) philosopher, Gilles Deleuze, offered such a (cultural) view of repetition[39] with a crucial emphasis on difference involved in the repeating acts, Akhmatova wrote out the same, yet her *involved* understanding of it, already much in advance. In the Bolsheviks' realm, Akhmatova asks about establishing a difference between each of the repetitions, retrieving the very *biography*, *psychology*, and *history*

35 Notable ones were the mosaic artist/poet B. Anrep; poet/writer B. Pasternak; poet/critic O. Mandelstam; her common-law husband, art-scholar/writer N. Punin; Assyriologist/poet V. Shilejko (Anna married him in 1918).

36 The proposed initial opposition of ego/sexual instinct Freud replaces with death/life instincts. (Freud: Beyond the Pleasure Principle, p. 64)

37 Ibidem, p. 23

38 Ibidem, p. 17.

39 See Deleuze, Gilles: Difference and Repetition. New York: Columbia University Press 1994

that were officially erased,[40] while introducing a considerable difference also within repression and that what is repressed.[41]

Her 1917 poem "When in the Throes of Suicide" ("Когда в тоске самоубийства") decidedly establishes Anna as a crucial witness to the radical changes that Russia started to undergo by the end of the Great War.[42] Since the later 20th-century studies in witnessing and testimony[43] (developed in the Western hemisphere, and significantly rooted in the Holocaust experience), has extended witnessing function also to prophetic function, it would be easy to identify Akhmatova with her that-time growing conviction that above all she is the resilient "embodiment of her poetic voice".[44] As such, she is also an instrument of bearing witness[45] to the structures of violence multiplying all around her, as she stayed in Russia during the war and after the Revolution by her deliberate choice.[46] However, I also read Akhmatova as an avant-garde prophetess of the later 20th-century developments in psychoanalysis, according to which the early mirror stage[47] remains artistically vital throughout one's life.

40 See Anderson, Nancy: The Word That Causes Death's Defeat: Poems of Memory. New Haven: Yale UP 2004; Chukovskaia, Lidiia: Записки об Анне Ахматовой. Москва: Книга 1989 – Cigale, Alex: "Requiem, Akhmatova, Anna", in: The Hopkins Review 9.3 (2016), p. 339–347. – Timenchik, Roman: "Успехи Анны Ахматовой", in: Literary Fact 9 (2018), p. 244–263.

41 Freud: Beyond the Pleasure Principle, p 51: Freud wrote on the repressed instincts' persisting tension: resistances maintain the repression, so obstruct the backward path that leads to complete satisfaction. Hence, neurotic phobia is only an attempt at flight from the satisfaction of an instinct – as an "*instinct towards perfection*" is rare in people. Although the dynamic conditions for it are universally present, and only rarely the economic situation appears to favor its production. So, Eros provides a substitute toward this "*instinct towards perfection*", whose existence "we cannot admit". – Akhmatova clearly made it to perfection.

42 See e.g. Akhmatova's third 1917 collection *Belaya Staya* (*White Flock*), described by Brodsky as writing of personal lyricism tinged with the note of controlled terror.

43 Notably the work of J. Derrida, C. Caruth, S. Felman, D. Laub, D. LaCapra, etc.

44 Quoted per Kunitz/Hayward: Poems of Akhmatova, p. 14. Already in 1911 (the poem "To the Muse"), Akhmatova wrote that henceforth she is "wedded only to poetry".

45 Mandelstam, Nadeschda: Erinnerungen an Anna Achmatowa. Berlin: Suhrkamp 2018.

46 See the biographical details in Feinstein: Anna of all the Russias; Kunitz/Hayward: Poems of Akhmatova.

47 On *stade du miroir* see Lacan, Jacques: Seminar XI (1963–1964). The Four Fundamental Concepts of Psychoanalysis. New York/London: Norton 1998; Seminar XX (1972-3-5) Encore: On Feminine Sexuality, the Limits of Love and Knowledge. New York/London: Norton 1999. The mirror stage is based on the belief that infants recognize themselves in a mirror (literal) or other symbolic contraption which induces apperception (the turning of oneself into an object that can be viewed by the child from outside themselves) from the age of about six months. By the 1950s, Lacan's concept of the mirror stage had evolved: from a moment in the life of the infant to representing a *permanent structure of*

And according to which the death drive is entirely rewritten by the elaboration of the approach to the abyss of *Das Ding* (the [traumatic] Thing; *La chose*), making out of it partial or transitional objects, and correcting lacks and losses through language and libido that are in tandem in a biological organism.[48]

"When in the Throes of Suicide" opens into the two-way mirroring field of "our people" threatened by the "German guests" and "our Russian Church deserted by the stern Byzantine spirit", indeed, both locked up in the – obviously plural – act of the country committing suicide. It is Akhmatova's singular repetitive "I" that takes upon herself the role of a *negotiating medium*, as to fend off the soothing, tempting call ("Мне голос был. Он звал утешно, он говорил") to Russian people to abandon themselves, "go abroad" ("оставь Россию навсегда"). However, that "Voice" and its repetitive "It," as talking the Russians into betrayal, comes from within Anna herself, at once speaking to her as a part of her and becoming the new "I" of the "It", the dialogized "Ich" of the foreigner. "Wo Es war, soll Ich werden" – that is, "where It was, I shall come into being," – Freud said (only in 1933),[49] yet not confessing it about himself. This poem by Akhmatova delivers two "I"-s as opposing each other. Furthermore, the "Voice", the "It" turning into "I", disguises itself as purifying, dignifying, healing in its own right. The poem's prodigy is that as "It" becomes the "I" of the Voice, the inner voice also rises up to the surface of Anna's body, becomes external and manageable by Anna's consciousness so upon that, indifferently, she "simply blocks her ears from the outside" ("Но равнодушно и спокойно руками я замкнула слух") – "so that the unworthy talk cannot desecrate me, in my grief" ("Чтоб этой речей недостойной не осквернился скорбный дух"). In a few

---

subjectivity, or as the paradigm of "Imaginary order". See Lacan's later essay titled "The Subversion of the Subject and the Dialectic of Desire". – See a seminal feminist text by Mulvey, Laura: "The Visual Pleasure and Narrative Cinema", in: Screen 16 (1975), p. 6–18. – See Silverman, Kaja: The Acoustic Mirror: The Female Voice in Psychoanalysis and Cinema. Bloomington: Indiana U Press 1988.

48 See Lacan: Seminar XI: Lacan's conceptualization of the death drive opposes Freud's, in which we do not get rid of our symptoms even when we learn to cope with them. Disagreeing that the abyss of the Thing draws us into suffering as being stronger than any desire for change, Lacan managed to elaborate the approach to the Thing, which he called the *objet petit a*.

49 Freud used this formulation at a 1933 Psychoanalytic Conference (published in his 1933 "New Introductory Lectures on Psycho-Analysis", which is later widely understood as his re-inscription of the Enlightenment goal of knowledge that is in itself an act of liberation). The innovative Lacan's translation introduces the ethical injunction of "duty" to the "soll" (the aim of analysis is for the ego to submit to the symbolic order's autonomy). – Akhmatova creatively retained the symbolic order of much wider dimensions than the one dictated by the Soviet State.

short lines, (as if) Akhmatova translates this seminal dictum by Freud (before he even comes to formulate it) into her own living testimony to the switching power of the conscious over the unconscious. "It" takes courage – to speak the "I": Anna's "I" takes courage to speak the "It".

The subsequent 1917 "Now, Nobody Will Want to Listen to Poems" ("Теперь никто не станет слушать песен") stages Akhmatova's departure from her early sumptuous lyricism as her confessed pain of her own mirroring herself in her Poem as her interlocutor and the narratable[50] You of her "I", her own observed physical and spiritual reflection – that begs the Poem "not to shatter Anna's heart" as the Poem suddenly empties itself in its ruining moves ("Моя последняя, мир больше не чудесен, не разливай мне сердца, не звени"), as the "foretold menacing days have come" ("Предсказанные наступили дни").

In the next few years, through 1921, as a character in her verses Akhmatova introduces Death as "chalking the doors with crosses", "calling the ravens to fly in", as the "age is worse than earlier ages ("Чем хуже этот век предшествующих?"), unhealable by the power of fingers ("Он к самой черной прикоснулся язве, но исцелить ее не тог" 1919). Still, with the 1921 poem "Everything is stolen, betrayed, sold..." ("Все расхищено, предано, продано") – the consolidating mirror of art and spirituality returns to Anna the plural of her "We" who, still however, somehow "do not despair" ("Отчего же нам стало светло?"). As Akhmatova's profuse temperament and sensibility in the full blow of counteraction cannot but perceive that, still, out there, there is a world of nature, Earth, cosmos, and larger, unrevealed meanings pertaining to them.

Днем дыханиями веет вишневыми	By day, from the surrounding woods,
Небы валый под городом лес,	cherries blow summer into town;
Ночью блещет созвездиями новыми	at night the deep transparent July skies
Глубь прозрачных июльских небес.	glitter with new constellations.
И так близко подходит чудесное	And the miraculous comes so close
К развалившимся грязным домам	to the ruined, dirty houses –
Никому, никому неизвестное	as something not known to anyone at all,
Но от века желанное нам.	yet forever having been desired by us.

50 The term comes from (more recent) narratology. See Cavarero, Adriana: Relating Narratives: Story-telling and Selfhood. Abingdon: Routledge 2000 (Cavarero, Adriana: Tu che mi guardi, tu che mi racconti: Filosofia della narrazione. Milano: Feltrinelli 1997).

Soon after, Akhmatova's first poetic fellow, and husband, Nikolay Gumilyov[51], is shot dead by the officials of the Soviet secret police. Within a few days, Akhmatova wrote down the poem "Fear Fingers All Things in the Darkness" ("Страх, во тьме перебирая вещи"), merging the grasps of the Pre-Christian and Christian motives with the sheer Acmeist[52] craft toward a fullest possible perfection of a 'poetic cathexis'. That is, Anna's self-controlled expression of the consternation with the cold-blood murder of the one among the closest to her, to whom however she was not allowed even to refer openly, let alone to name him in her poem, as she herself was under the immediate physical life-threat. Unlike her senior contemporary Freud, who himself chose the authorial-safeguard-exit away from naming his daughter's Sophie part in his text. That is, Anna's articulation of the *fear* on the background of the state mechanisms, that nevertheless in her poem make "a *moon-bean* point to an ax", while "an ominous knock is heard behind the wall" – "what is there? a ghost, a thief, or rats?" ("Страх, во тьме перебирая вещи, Лунный луч наводит на топор. За стеною слышен стук зловещий – Что там, крысы, призрак или вор?").[53]

The 1922 "I Am Not One of Those Who Left the Land" ("Не с теми я кто бросил землю") – "to its enemies to tear it apart" – is a further consolidating poem that develops the dynamics between "I" and "You", "We" and "They" – the narrative dynamics through which Akhmatova strives to protect her poems as her lone property from any unwanted sharing with or reference to either the internal enemies or refugees from Russia. Her poetry is her self-protective mirror into which she perpetually enters and freely moves (as a character) within its multiplying imaginative and phenomenological planes. There are

---

51 Nikolay Stepanovich Gumilyov, a poet/literary critic, traveler, military officer, a co-founder of the Acmeist movement. Gumilyov was arrested/executed by the Cheka (26.8.1921), for his alleged role in a monarchist anti-Bolshevik conspiracy. He was the father of Akhmatova's son, Lev Gumilyov (a prominent historian/ethnologist/orientalist/translator from Persian, who spent eighteen years of his youth in Soviet labor camps).

52 Acmeism was characterized by the respect for and precision of language, formal elegance/aestheticism, the break with Symbolism, architectural analogy of poetic function, acceptance of things as they are, in a spirit of awe/humility before life as it presents itself to human mind/senses.

53

Прижимаю к сердцу крестик гладкий:	I press a smooth cross to my heart:
Боже, мир душе моей верни!	God, give peace to my soul!
Запах тленья обморочно сладкий	The fainting sweet smell of decay
Веет от прохладной простыни.	From cool sheets blows.

those who left and those who stayed in the dead ashes of the Revolution's fire, and the toughest temptation for those who stayed is the word of the same language that has seduced others into either betrayal or departure. Anna's lovers and friends were leaving Russia one by one[54] – it is from what was most intimate to her that her splitting narration has to defend itself. For better or for worse, "resistant and proud, I am not singing about them, yet I feel forever sorry for their exile lot" ("Но вечно жалок мне изгнанник"), as "'We' [Anna and her poems] are made straighter by the surrounding wild."[55]

The anti-exile topic makes it further to "Lot's Wife" ("Лотова жена" 1922–1924) that repetitively merges the figurations of a woman witness and a woman prophet, falling back into this Biblical motive.[56] Again, the "Voice" comes out loudly from inside a woman as her restless challenge ("Но громко жене говорила тревога: Не поздно, ты можешь еще посмотреть на красные башни родного Содома"). Yet, in this poem in inversion, for it is the words of staying and not leaving that the Voice is preaching, the woman's overt opposition to her man Lot who is set out to leave the native land. The voice talks the woman into throwing her last glance to the life she is departing from. Certainly, the glance and its mirror-reflection set the trap, the wife's single glance with the "arrow of pain stitching her eyes before she could let a sound out", her "body flaking into transparent salt", her "shaking legs as a pillar rooting to the ground". The woman who at the cost of life chose to stay and bear witness, as well as the witnesses to her subsequent punishment – both those who departed and those who stayed – get inseparable within the mirroring reference to the ecumenical script that however glorifies a woman's choice if only embodied in *Akhmatova's reprise.*

---

54 Akhmatova refused to leave the country with Shileyko, and persistently resisted her friends' calls to escape.

55

А здесь, в глухом чаду пожара	But here, in the wilderness of the fire
Остаток юности губя	the remains of our youth ruined
Мы ни единого удара	We, who stay, do not flinch,
Не отклонили от себя	not from a single blow.
… И знаём что в оценке поздней –	We well know that at the last judgement
Оправдан будет каждый час.	each hour will be justified.

56 Lot was a patriarch in the biblical Book of Genesis, who fled from the destruction of his native Sodom, during which Lot's wife became a pillar of salt.

The last poem to which I will refer is from the 1924, "The Muse" ("Муза"), repetitively staging Akhmatova's respectful bow down to Poetry itself, to its messenger and conveyer, the Muse – "whom no one can command"[57]. In the generous act of self-denial, hanging by a thread, Anna gives all she cherishes most – just for *her* to come.

Когда я ночью жду ее прихода,	When at night I wait for her to come,
Жизнь, кажется, висит на волоске.	life seems to be hanging by a thread.
Что почести, что юность, что свобода	What (are) honors, what youth, what freedom
Пред милой гостьей с дудочкой в руке.	before a lovely guest with a flute in *her* hand.

It is the wait and then the encounter between the two, obviously imaginary, dialogized within Akhmatova herself, which opens the poem's space as to reflect (on) two Infernos 1) the Inferno of the surrounding Soviet terror and 2) the early 14th-century famed representation of Inferno, which Anna calls to her aid. As Anna is "seeing herself as seeing herself"[58] in the mirror of her Muse, who with her unveiled face is "staring Anna down".[59] The rescuing land of the poetry past brings Akhmatova to retaking the pen of the Poet of the spaces after the Last Judgement – "I ask: 'That's you whom Dante heard dictate the lines of his *Inferno*?' She answers: 'Me.'" ("Ей говорию: Ты лъ Данту диктовала Страниць Ада? Отвечает 'Я.'")[60]

It takes courage to look at the "I" in the mirror in death, and talk the "I" – back.

57 Reference to Lacan's understanding of "gaze" as an excess, outside of the control of a subject's consciousness.

58 Reference to Lacan's interpretation of the mirror/imaginary order and the split between the eye and the gaze in Paul Valery's 1917 poem "Young Parka" ("La Jeune Parque"): "Je me voyais me voir"; the soliloquy of a young woman contemplating life/death (read as an allegory on the way fate moves human affairs, or an attempt to comprehend the Great War violence in Europe, and the relationships of destruction/beauty). – Dialogizing with M. Merleau-Ponty (*Le visible et l'invisible*, 1964), introducing the scopic drive as the field in which the desire is manifest, Lacan proposes that the split in which the scopic drive is evidenced is not between the visible/invisible but between the eye/the gaze. He elucidates the subject's positioning vis-à-vis the gaze: "I see myself seeing myself", claiming that beings are determined by their capacity to be seen; being looked at is positioned as primary in subject formation (Lacan: Seminar X, p. 73–80).

59 И вот вошла. Откинув покрывало Внимательно взглянула на меня. And so she came in. Throwing her cover away, Staring me down, coldly, serenely.

60 Dante is Akhmatova's recurring poetic motive/theme/character.

3. Detour or Shortcut

Understanding violence as a shortcut to death[61] – which as such obviously repetitively informs all cultural,[62] scholarly, and ideological projects – is the only way of getting enabled to attempt introducing any change. In the discussed Freud's text, the missing links, lacunas as well as footnotes and additions, introduce difference in the linear content of his narrative, hence exact further, for the purpose of reading, our own inscription of meaning by change through repetition which, for example, feminist critics did achieve – rescuing dead Sophie in the rhetoric of their script. In the discussed Akhmatova's poems, with a stubborn eagerness, the crafting of her lines repetitively resurfaces various manifestations of death, so as for Anna to mirror the – drilled within her bodily self – external, surrounding, and unremitting threats to life. Yet only – and that is where Akhmatova's poetic and feminine genius lies – to serve, and further procure, the plentiful cathectic level of her aesthetic counteracting the drive-call of death, incessantly reaching out toward a resisting (form of the self-allured) "We". It is not her (self)repression, but (self)revelation that determines Akhmatova's repetition: her narrated disclosures involving always the life-versus-death zero-sum game, the strategy for achieving the *artistic perfection*, yet with such *confessing sincerity* that it could not but be rewarded Akhmatova's return from death.

For the repetitiveness of certain content cannot be stopped only by remembrance, by making it conscious to us, or by representation of the repressed event; it is possible only within and with the help of the theoretical concept of transference, although transference itself can again be reduced to repetition – but to the repetition that implies the emotional, bodily, dramatic, or theatrical element of change. It is transference that matters in Freud's essay *Beyond the Pleasure Principle*, in Akhmatova's poetry, and in my reading of them both. As Shoshana Felman says, literature functions in psychoanalysis precisely as its "unthinkable", as the "condition of possibility and the self-subversive point of the psychoanalytic thought that takes from literature its logic and rhetoric".[63] Therefore, the death

61 Death is rather a manifestation of adaptation to the external conditions of life (Freud: Beyond the Pleasure Principle: p. 55). The organism wishes to die only in its own fashion; hence the instincts are guardians of life and myrmidons of death. We struggle most against events/dangers which would lead to rapid attainment of life's aim (end), by a *shortcut.* He supposes that the sexual instincts operated from the very start, opposing the activities of the "ego-instincts".

62 Culture itself is proved to be imperialist, and war the biggest socially produced mass-detour from a normal life-course.

63 See Felman, Shoshana (ed.): Literature and Psychoanalysis. The Question of Reading Otherwise. Baltimore: Johns Hopkins UP 1982, p. 10. – See Felman, Shoshana: Jacques

drive, exemplified in negations that are for Freud[64] the factor of all repetition, is however also the *pathos* for defining a theory of subject. The later 20th-century (pragmatic, artistic, theoretic) advent of the subject is made possible only by the (internal) split and the projection of the negativity into the Traumatic Thing, which then returns that projection – while diversifying the newly opened domain of gender so as to read out in multiple ways the "labours" of the "I" within "It". That is how Anna Akhmatova's poetry narratively and rhetorically constitutes itself, well in advance of major Western theoretical and literary projects.

The crucial difference between Freud and Akhmatova is in the way they establish their transference – Freud as a detour (through substitution), Akhmatova as a shortcut, which is saying of whether or not the author is capable of confessing the torturing role of an involved witness or a performing "prophet", as one's own at least attempt to handle the death drive in person, which Anna did carry through. I will return to the beginning of this presentation, and the quoted *Instead of Preface* – a magnificent feedback that took place in reality between two burdened women, who were waiting for many months in front of the Leningrad prison to hear of their dear ones: one unknown woman who gives a prompt, the other a famed poetess who gives a promise. Equally authorizing both women to the witnessing function, Akhmatova repeats the trace of life on what has already been erased by death. As if through all the years of crafting her "witnessing poetry", Anna was moving to the point of writing this, even if retrospectively, or precisely because of that. The embodied enactment of the incorporated transference as an internally dialogized split is only what makes possible the overcoming of the split – as repetitively witnessing to a *face as life*: the claim of literature itself.

Lacan and the Adventure of Insight. Psychoanalysis in Contemporary Culture. Cambridge, MA: Harvard U Press 1997, p. 89: "Literature tells us that authority is a *language-effect*, the product or the creation of its own *rhetorical* power: that authority is the *power of fiction*; authority, therefore, is likewise a fiction."

64 De Lauretis discusses the Freud's drive as *a frontier concept*, a queer, non-binary place – a dis-place – in which the categorical oppositions between the psychic/the biological, the order of the signifier/the materiality of the body, or between the organic/the inorganic no longer hold. "This is the figural space inhabited by Freud's drive, a non-homogenous, heterotopic space of passage, of transit and transformation between 'the mental and the somatic' where 'between' does not stand for the binary logic of exclusion but figures the movement of a passing" (De Lauretis: Freud's Drive, p. 15). The drive itself is a figure of paradox: as *sexual* drive it is upstream of its object cathexes, of gender identification, other categories of identity; as *death* drive it carries the intimation of a corpse implicit/latent in the living organism.

Publizistische Diskurse

Sternstunde des transethnischen Nationalismus

Das Periodikum „Književni Jug" (1918/19) und die Programmatik einer jugoslawischen Literatur

Svjetlan Lacko Vidulić (Zagreb)

Die notorisch instabile Taxonomie jugoslawischer Literatur(en) kann als Paradebeispiel für die mögliche Komplexität von Nationsbildungsprozessen mittels Literatur gelten. Die historischen Umbrüche und Zäsuren von 1918, 1945, 1963, 1991 öffneten jeweils neue Perspektiven im Zusammenspiel oder Konflikt monoethnisch-exklusivistischer, transethnisch-integralistischer und föderalistischer Konzepte nationalliterarischer Grenzziehung. Die dabei wirksamen Faktoren reichen von den politisch-ideologischen Rahmenbedingungen und kulturpolitischen Weichen bis zu dem „tiefgreifende[n] Bewusstseinswandel der Zeitgenossen" aufgrund der „Erfahrungseinbrüche" der beiden Weltkriege, mit denen, so der Historiker Reinhard Koselleck, „gleichsam Schwellen überschritten [werden], nach denen vieles, vielleicht alles, ganz anders aussieht".[1]

Vor dem Hintergrund des jüngsten, wiederum von einem Krieg begleiteten Umbruchs um 1990 verwundert es nicht, dass auch die neueren Perspektiven auf die südslawischen Literaturen im Zeichen von Diskursverschiebungen standen, die nicht mit neuen literaturgeschichtlichen Erkenntnissen, sondern mit dem Ende des jugoslawischen Staates und der Erfahrung des Scheiterns eines real existierenden Kultur- und Literaturbetriebs verbunden waren. Paradoxerweise waren diese Verschiebungen im jugoslawischen Raum nach 1991, etwa in der Literaturgeschichtsschreibung der Nachfolgestaaten, weniger spektakulär als in der journalistischen, z. T. auch slawistischen Auslandsperspektive. Dies war mit der unterschiedlichen Gewichtung innerjugoslawischer Entwicklungen nach 1945 verbunden und resultierte u. a. in der Annahme einer ‚Zerschlagung' der

1 Koselleck, Reinhart: „Erinnerungsschleusen und Erfahrungsschichten. Der Einfluß der beiden Weltkriege auf das soziale Bewußtsein", in: Ders.: Zeitschichten. Studien zur Historik. Frankfurt/Main: Suhrkamp 2000, S. 265–284, hier S. 265.

jugoslawischen Literatur und der ‚Erfindung' neuer Sprachen und Literaturen, wobei die föderalistische Dimension der jugoslawischen Kulturpolitik und die Logik eines komplexen Literaturbetriebs gerne übersehen bzw. marginalisiert wurden.[2] Es ging um die Tendenz, beim Rückblick über die historische Schwelle den roten Faden der Entwicklung in *der* – letztlich gescheiterten – Integration zu sehen, während die tiefgreifenden Brüche und Diskontinuitäten, etwa in Gestalt inkommensurabler Integrationskonzepte, zugunsten der Kohärenz des Geschichtsnarrativs geglättet wurden.[3]

Genau genommen hat es das Konzept einer jugoslawischen Nationalliteratur im Sinne einer *die* Nation fundierenden, im gemeinsamen Staat gepflegten und in *der* Nationalsprache verfassten Literatur nur in der Zwischenkriegszeit, und in reinster Form nur in der kurzen Spanne zwischen 1918 und der politischen Etablierung der Nachkriegsordnung um 1921 gegeben – in einer Sternstunde des jugoslawischen Nationalismus. Im Möglichkeitsraum der historischen Wende konnte die Konstituierung einer gemeinsamen Nationalliteratur und die Etablierung eines gemeinsamen Literaturbetriebs in programmatischer Reinform verhandelt werden, scheinbar noch unbelastet von den politischen Dilemmata, die den südslawischen Vereinigungsprozess fortan begleiten sollten.

Als „radikalstes Experiment"[4] in dieser Richtung kann das Periodikum „Književni Jug"[5] („Der literarische Süden") gelten, ein „experimentelles Kuriosum der kroatischen Zeitschriftenlandschaft",[6] das von Januar 1918 bis Dezember 1919

---

2 Ausführlicher zu den Verhältnissen im jugoslawischen literarischen Feld: Lacko Vidulić, Svjetlan: „Jugoslawische Literatur. Kurzer Abriss zur langen Geschichte eines produktiven Phantoms", in: Ders./Previšić, Boris (Hgg.): Traumata der Transition. Der Zerfall Jugoslawiens in interdisziplinärer Sicht. Basel, Tübingen: Narr Francke Attempto 2015, S. 161–182.

3 Exemplarisch in dieser Hinsicht ist die Studie von A. B. Wachtel (1998), der die gesamte jugoslawische Entwicklung seit 1918 durch das Prisma einer wünschenswerten unitarischen Nationsbildung qua Kultur betrachtet, quasi als Rekonstruktion einer durch die politischen Verwerfungen verdeckten Entwicklungslinie.

4 Wachtel, Andrew Baruch: Making a Nation, Breaking a Nation. Literature and Cultural Politics in Yugoslavia. Stanford/CA: Stanford University Press 1998 (serb. Übers.: Stvaranje nacije, razaranje nacije. Književna i kulturna politika u Jugoslaviji. Beograd: Stubovi kulture 2001), S. 103. In Ermangelung des Originals wird hier und bei allen folgenden Erwähnungen auf die serbische Übersetzung Bezug genommen.

5 „Književni jug". Zagreb 1918/19. Digitalisat (Narodna biblioteka Srbije): <http://digitalna.nb.rs/sf/NBS/casopisi_pretrazivi_po_datumu/P_0261>. In der Folge zitiert in der Form: KJ Jg./Nr., Datum, Seitenangabe. (Die in der Zeitschrift vorhandenen Angaben ‚knjiga' [Bd.] und ‚sveska' [Heft] stiften Verwirrung und werden daher ausgelassen.)

6 Bogišić, Vlaho: „Književni Jug", in: Visković, Velimir (Hg.): Krležijana. Bd. 1. Zagreb: Leksikografski zavod Miroslav Krleža 1993, S. 466f., 467. Diese und alle weiteren Übers.: S. L. V.

in Zagreb erschien und somit die Wendezeit rahmte und begleitete. Die programmatischen Texte in dieser Zeitschrift demonstrieren in hoch konzentrierter Form den ‚postimperialen' Bewusstseinswandel, die damit verbundene diskursive Logik einer jugoslawischen Nationsbildung und der entsprechenden Funktionalisierung von Sprache und Literatur. Im Folgenden soll, nach einer Einführung in maßgebliche Kontexte, das nationalliterarische Projekt der Zeitschrift unter den Stichworten Separation, Integration und Rückprojektion skizziert werden.

1. Kontexte

Ideengeschichtlich reichen die Anfänge einer ‚jugoslawischen Literatur' in die Zeit des ‚volkstümlichen Protonationalismus',[7] als im Zuge der nationalromantischen Bewegung der ersten Hälfte des 19. Jahrhunderts das Interesse an einer südslawischen Volkskultur und ihren identitätsstiftenden Potenzialen aufkam. Der Einigungsrahmen für die dialektal und regional zersplitterte Volkssprache und Literatur war freilich notorisch offen und blieb dies – allerdings zunehmend profiliert als Konkurrenz von exklusiv-nationalen und südslawisch-integralistischen Optionen – auch in der Epoche des politischen Nationalismus[8] in der zweiten Hälfte des 19. Jahrhunderts.[9] Mit der erfolgreichen Sprachintegration des seitdem u. a. als ‚serbokroatisch' bezeichneten Raumes und der Konkretisierung politischer Vereinigungsprogramme gewann auch das Konzept einer gemeinsamen Literatur der Serben und Kroaten im Verlauf des 19. Jahrhunderts zunehmend an philologischer Plausibilität (im Sinne der sprachzentrierten Vorstellungen von Nationalliteratur) und an (identitäts)politischer Pragmatik.

Als in den innen- und außenpolitischen Krisen eine Rekonstruktion der politischen Ordnung immer wahrscheinlicher und gegen Ende des Großen Krieges unvermeidlich erschien, wurde die südslawische Vereinigung zur einzigen aussichtsreichen politischen Alternative. Doch während „die militärische, wirtschaftliche und humanitäre Katastrophe" von 1914–1918 schließlich „ein verändertes Bewusstsein in der breiteren [...] Bevölkerung" zeitigte und einen „grenzenlosen Enthusiasmus für den gemeinsamen Neuanfang" bedingte,[10]

7 Vgl. Hobsbawm, Eric J.: Nationen und Nationalismus. Mythos und Realität seit 1780. Frankfurt/Main, New York: Campus 1991, Kapitel II.

8 Vgl. ebenda, Kapitel IV.

9 So nahmen etwa die zwischen 1840 und 1898 veröffentlichten einschlägigen literaturgeschichtlichen Werke in Kroatien mal eine engere regionale bzw. monoethnische, mal eine weitere südslawische Perspektive ein. Vgl. Hrvatska književna enciklopedija. Bd. 3, Stichwort: Povijest književnosti. Zagreb: Leksikografski zavod Miroslav Krleža 2011, S. 431.

10 Calic, Marie-Janine: Geschichte Jugoslawiens im 20. Jahrhundert. München: C. H. Beck 2010, S. 82.

gingen die Vorstellungen von der politischen Gestaltung des Neuanfangs stark auseinander.[11] In Konkurrenz zu einem ‚föderativen', einem ‚großserbischen' und einem ‚separatistischen' Modell zielte das dominante ‚integrative Modell' auf die „vollkommene wechselseitige Integration auf der Basis des Jugoslawismus und damit Überwindung der Einzelnationalismen" ab.[12]

Im Bereich *kultur*politischer Vorstellungen scheint die Dominanz projugoslawischer Positionen noch deutlicher gewesen zu sein. Diese Positionen waren allerdings auch selbst breit gefächert:[13] Das Kontinuum reichte von der Unifizierung, über kulturelle Zusammenarbeit der ‚Volksstämme' bis zur bloßen gegenseitigen Toleranz.[14] Dem o. g. ‚integrativen Modell' im Politischen entsprach die Befürwortung einer Unifizierung im kulturellen Bereich. Je nachdem, welcher Stellenwert dabei den einzelnen Teilkulturen gegeben wurde, können nach B. A. Wachtel bei den Befürwortern der Unifizierung die folgenden Modelle unterschieden werden: 1. ein romantisch-leitkulturelles, 2. ein multikulturelles und 3. ein transkulturelles Modell.[15] Während das erste von einer (serbischen) Leitkultur ausging und das dritte eine Überwindung jeglicher Nationalkultur im Zeichen des kommunistischen Internationalismus anstrebte, zielte das dominante ‚multikulturelle' Modell auf eine Synthese der drei offiziellen jugoslawischen ‚Stammeskulturen' der Serben, Kroaten und Slowenen ab.

Die kroatische Hauptstadt war schon in der Vorkriegszeit ein wichtigstes Zentrum projugoslawischer Agitation gewesen und bleibt dies im kulturellen Bereich auch nach der weitgehenden Abwendung der kroatischen politischen Elite vom jugoslawischen Projekt nach 1921. Unter den projugoslawischen Literaturzeitschriften in Zagreb[16] hebt sich „Književni Jug" durch die substanziell und zeitlich kompakte, d. h. radikale und zugleich kurzlebige, auf die Übergangs-

---

11 Vgl. hierzu Sundhaussen, Holm: Geschichte Serbiens. 19.–21. Jahrhundert. Wien: Böhlau 2007, S. 240ff.

12 Die Typologie folgt Sundhaussen (ebenda, S. 251f., Zitat S. 251).

13 Die folgende Auffächerung folgt Wachtel: Stvaranje nacije, S. 99f.

14 Nach Wachtel (ebenda, S. 100f.) konnten die Vorstellungen einer kulturellen Unifizierung dem ‚großserbischen' Modell, die Vorstellungen von kultureller Toleranz dem ‚separatistischen Modell' nahekommen.

15 Ebenda, S. 99.

16 Dazu zählen: „Hrvatska njiva" (Kroatischer Acker, 1917–1926), integralistisch orientiert, änderte 1919 den Namen in „Jugoslavenska njiva" (Jugoslawischer Acker); „Nova Evropa" (1920–1941), nach dem Vorbild der Zeitschrift „The New Europe" (1916–1920) von R. W. Seton-Watson, im gesamten Erscheinungszeitraum integralistisch orientiert; „Savremenik" (Der Zeitgenosse, 1909–1921), Organ des Kroatischen Schriftstellerverbandes, dessen föderalistische Positionen zu Spannungen im Verhältnis zur Redaktion des „Književni Jug" führten. Vgl. die einschlägigen Artikel in Hrvatska književna enciklopedija, Zagreb 2010–2012.

zeit beschränkte Variante des ‚multikulturellen' Modells ab. Gegründet wurde die Zeitschrift von Vertretern der „nationalistische[n] Jugend jugoslawischer Orientierung",[17] die nach der am 2. Juli 1917 von Kaiser Karl verkündeten Amnestie für politische Verbrechen nach Zagreb gekommen waren. Herausgeber waren in chronologischer Folge: der kroatische und serbische Schriftsteller Niko Bartulović (1890–1943), der spätere serbische Historiker Vladimir Ćorović (1885–1941), der spätere jugoslawische Klassiker Ivo Andrić (1892–1975), der slowenische Schriftsteller Anton Novačan (1887–1951) und der spätere serbische Klassiker Miloš Crnjanski (1893–1977). Nicht wenige der rund 150 Namen, die auf den insgesamt 1836 Seiten der nominellen Halbmonatsschrift publiziert hatten, waren etablierte oder aber vielversprechende junge Autoren, die heute zu den Klassikern zählen: Neben den Herausgebern Andrić und Crnjanski gehören zu dieser Riege auch Ivo Vojnović, Isidora Sekulić, Tin Ujević und Miroslav Krleža.

Der zukünftige Status der Autoren ist im vorliegenden Zusammenhang freilich nur als Indiz für die Verbreitung des projugoslawischen Standpunkts in der literarischen Elite um 1918 relevant. Relevanter ist der Vergangenheitsbezug der Autoren: Als habsburgische und serbische Untertanen waren sie Erben einer Staatenordnung, die einen südslawischen Zusammenschluss einerseits verhinderte, andererseits zunehmend attraktiv erscheinen ließ. Vor dem Hintergrund der alten Ordnung entfaltete sich nun der Effekt einer Koselleck'schen ‚Erinnerungsschleuse':[18] die Identifikation mit einer südslawischen Volksgemeinschaft, deren bedeutende Teile just aus dem imperialen ‚Völkerkerker' ausbrechen und im geopolitischen Brachland ihren südslawischen Brüdern und Schwestern entgegen eilen. Für die radikalen Verfechter der integralistischen Option öffnete dieser Standpunkt den Blick in eine völlig neue Zukunft.

2. Separation: im Umfeld der postimperialen ‚Stunde Null'

Folgt man der Typologie von Hans-Ulrich Wehler,[19] so ist der südslawische Integrationsprozess insgesamt, und ganz unmittelbar in seiner dramatischen Kulmination von 1918, eine Kombination des ‚sezessionistischen' und des

17 Brešić, Vinko: „Časopis kao katarza. Ivo Andrić i Književni jug (1918–1919)", in: „Književna republika" XI/7–9 (2013), S. 107–113, S. 108 („nacionalistička mladež jugoslavenske orijentacije").

18 Als „Erinnerungsschleusen" bezeichnet Koselleck die unterschiedlichen ‚synchronen' und ‚diachronen' „Faktoren der Bewußtseinsprägung" (Koselleck: Erinnerungsschleusen und Erfahrungsschichten, S. 266, 274).

19 Wehler, Hans-Ulrich: Nationalismus. Geschichte - Formen - Folgen. 4. Aufl. München: C. H. Beck 2011, S. 51f.

‚unifizierenden' Typus des Nationalismus gewesen: Mit dem Zerfall der multiethnischen Reiche ergab sich die historische Chance einer nationalstaatlichen Vereinigung südslawischer Ethnien über die Grenzen der alten Staatenordnung hinweg. Der notorische Zusammenhang von Sezession und Unifikation im Jahr 1918 musste im Rahmen des ‚integrativen Modells' der Vereinigung, ausgerichtet auf die „vollkommene wechselseitige Integration auf der Basis des Jugoslawismus",[20] eine Zuspitzung erfahren, da die ‚vollkommene Integration' eine restlose Lösung aus alternativen Zusammenhängen vorauszusetzen schien.

Exemplarischen Ausdruck findet das Phantasma von einer postimperialen ‚Stunde Null' in einer *Umfrage zur Freiheit*, gestartet von der Redaktion der Zeitschrift „Književni Jug" Ende 1918 mit der Frage nach den persönlichen „Gefühle[n] und Gedanken zur Volksbefreiung".[21] Die erste abgedruckte Antwort stammt von Ivo Vojnović, einem der bedeutendsten Autoren der ästhetizistischen Moderne und überzeugtem jugoslawischen Patrioten,[22] gestaltet in Form eines lyrisch getönten Kurzessays unter dem ironischen Titel *Dasselbe, nur ein wenig anders.*[23] Das erzählende Ich schaut durchs Fenster und betrachtet die gewandelte Landschaft der historischen Gegenwart. Auf die Ansicht der neuerwachten Natur folgt das ebenso naturmetaphorisch konturierte Bild historischer Müllentsorgung: „Dann aber ruhte ich mich aus von der schweren Bürde des Glücks und richtete mein geistiges Auge auf den angeschwollenen, schlammigen Fluss der Niederlage [...]."[24] Der Anblick entsorgter imperialer Altlasten, dominiert von den flüchtenden Habsburgern und ihren von Handlangern der imperialen Macht zu Möchtegern-Republikanern gewandelten Untertanen, führt zu der folgenden erinnerungspolitischen Bilanz:

> Vor dieser ekelhaften aber gesundheitsfördernden Ansicht äußerster Schande und des Endstadiums jener Krankheit, die in der Pathographie des endgültigen Untergangs des Metternichschen Reiches für alle Zeiten den Namen: *lues Austriaca* erhalten wird, – erschauderte ich ob der Jahrhunderte unserer Blindheit, unserer Charakterlosigkeit, die uns die Herrschaft *solcher* Herren, die Züchtigung durch *solche* Knechte ertragen ließ, – und weit öffnete ich nun das Fenster in dem entfesselten Drange, in diesen

20 Sundhaussen: Geschichte Serbiens, S. 251.

21 Anketa o slobodi, KJ I/22–24 (15.12.1918), S. 430–437, hier S. 430 („Vaša osećanja i Vaše misli prigodom našeg narodnog oslobođenja") und KJ II/1, 1.1.1919, S. 37–39.

22 Zu den Positionen der Brüder Ivo und Lujo Vojnović siehe Simonek, Stefan: „‚So leben wir in einem ewigen Zwielicht!' Epistolarische Selbstrepräsentation in unveröffentlichten Briefen und Karten von Lujo Vojnović an Hermann Bahr", in: „Zagreber Germanisische Beiträge" 24 (2015), S. 169–192.

23 ISTO, SAMO MALO DRUGAČIJE (Mjesto odgovora), KJ I/22-24, 15.12.1918, S. 430–432.

24 Ebenda, S. 431.

Strom aus Fäulnis und Dreck zu spucken – doch es hatte auf der Flur zu schneien begonnen... [...]
– *Im Vergessen die Rettung*! – erscholl der Ruf des schwarzen Schattens der Vergangenheit durch die wirbelnden Flocken aus vereisten Tränen und ausgezehrten Leiden, welche fielen und fielen und alle Missgestalten, alle Leiden, allen Schmutz des Lebens und der Welt überdeckten.
Nur dies rief ich dem Schatten zu: – So ist es! Und ich schloss das Fenster.[25]

Das Bild der historischen Müllentsorgung und der Behandlung einer „lues Austriaca“, unterstützt vom Vergessen als therapeutischer Maßnahme zur Tilgung der historischen Schande der Fremdherrschaft: Dieses Bild impliziert eine posthabsburgische Genesung, ja Neugeburt im Rahmen einer selbstbestimmten Ordnung. Die politischen Konturen dieser Ordnung bleiben allerdings eigentümlich unterbelichtet – nicht nur in Vojnovićs Abrechnung mit der Vergangenheit, sondern im gesamten Erscheinungszeitraum der Zeitschrift.

Die charakteristische Leerstelle korrespondiert mit dem Wandel der politischen Umstände – vom letzten Kriegsjahr, in dem noch Zensurbestimmungen in Kraft waren, bis zur Gründung des südslawischen Staates, die von Konflikten um seine politische Verfassung begleitet war. Im Eingangstext der ersten Nummer vom 1. Januar 1918 benennt der Herausgeber die *Aufgaben der Zeit* (so der Titel) als „Aufgaben des Jugoslawentums“,[26] geht aber der politischen Dimension dieser Aufgaben aus dem Weg. Der Text beginnt mit einer ausführlichen Darlegung der universellen Dimension ‚zeitgemäßen Wirkens‘ (die im vorliegenden Fall in der Förderung von „Gerechtigkeit“, „Freiheit und Fortschritt“ bestehe), bevor mit dem Hinweis, dass kulturelle Aufgaben „zu Einheit und Freiheit“ führen,[27] ein bekanntes Entwicklungsmuster gehemmter Nationsbildung evoziert wird – hier im Mikrokontext der noch nicht überschrittenen Schwelle zur Auflösung der Monarchie.

Große Zurückhaltung war allerdings nicht mehr nötig, da nach vier Jahren Krieg – so der Herausgeber im April 1918 – das immer dringlichere „Problem der kulturellen Einheit“ nun „erfolgreicher, sicherer, offener und auf andere Weise als vor vier Jahren“ gelöst werden könne.[28] Nicht nur das programmatische Ziel der südslawische Einigung im kulturellen Bereich, sondern auch die gemeinsame „Heimat“ oder eine „dreieinige Volksgemeinschaft“ konnten

25 Ebenda, S. 432.
26 N. Bartulović: „Zadaci vremena“, in: KJ I/1 (1.1.1918), S. 1.
27 KJ I/1 (1.1.1918), S. 3.
28 Bartulović, N.: „Kulturno jedinstvo i Slovenci“, in: KJ I/7 (1.4.1918), S. 257–261, hier S. 259.

bereits angesprochen werden.[29] Allerdings wurde jede direkte Stellungnahme zu der nach wie vor kontroversen politischen Dimension der Einigung strikt vermieden, und zwar nicht nur im letzten Jahr der Habsburgischen, sondern auch im ersten Jahr der südslawischen Monarchie. Die politische Abstinenz scheint Voraussetzung für die programmatische Kühnheit des *kultur*politischen Vereinigungsprogramms gewesen zu sein.

So wird auch die Staatsgründung im Dezember 1918 von der Redaktion zwar enthusiastisch begrüßt, aber nicht etwa mit der „Freude entfesselter Horden",[30] sondern im Bewusstsein einer langfristigen *kulturellen* Mission, die der politischen Entwicklung stets vorausgegangen sei und auch jetzt zur generellen Skepsis gegenüber den Volksvertretern zu berechtigen scheint, da diese „dem richtigen Verständnis der wahren Einheit und Freiheit des Volkes am entferntesten stehen".[31] Die Haltung kulturmissionarischer Distinktion ist wohl zum einen als Reaktion auf die (in der gesamten Zeitschrift übrigens nur marginal thematisierten)[32] Nachkriegswirren zu deuten, zum anderen als Vermeidungshaltung im Kontext der zunehmend kontroversen Fragen der politischen Konstitution im neuen Staat. Auch die Fortsetzung der Mission nach der Gründung des südslawischen Staates erscheint daher als ein geistiges Unternehmen, dessen Erfolg vor allem auf die Konsolidierung der Nation auf der Basis der „hohen ethischen Werte unseres Stammes"[33] – und nicht etwa auf die Gestaltung bestimmter politischer Rahmenbedingungen angewiesen scheint.[34]

---

29 Thaller, L.: „Naši najnoviji časopisi za popularizaciju prirodnih nauka", in: KJ I/10–11 (1.6.1918), S. 429f., hier S. 429 („u zapadnim krajevima naše domovine"); Ćorović, V.: „Vatroslav Jagić", in: KJ I/15 (1.8.1918), S. 73–76, hier S. 76 (zitiert wird Jagić, V.: „ljubav k narodnoj, trojednoj zajednici").

30 Bartulović, N.: „Politička sloboda i kultura", in: KJ I/22–2 (15.12.1918), S. 353–358, hier 358 („veselje raspuštenih horda").

31 Ebenda., S. 356 („predstavnici našeg naroda oni, koji i danas najudaljenije stoje od ispravnog shvaćanja pravog narodnog jedinstva i slobode").

32 Am ausführlichsten, mit Fokus auf der ungerechten Verteilung der sozialen Lasten der Umbruchszeit: Barac, A.: „Savremene refleksije", in: KJ II/13 (1.7.1919), S. 19–30 und KJ II/14 (15.8.1919), S. 106–111.

33 Bartulović, N.: „Politička sloboda i kultura", in: KJ I/22–24 (15.12.1918), S. 353–358, hier S. 356 („trijumf visokih etičkih vrednota našega plemena koje treba da budu za sva vremena ugaonim kamenom naše ideologije").

34 Zum Diskurs einer abstrakten kulturmissionarischen Programmatik s. auch den zivilisationskritischen Essay des Redakteurs N. Bartulović im Zusammenhang mit dem Kriegsende und den russischen Revolutionsgeschehen: „Slom civilizacije", in: KJ I/20 (16.10.1918), S. 273–279; sowie Pribićević, Milan: „Naš ideal Jugoslavije", in: KJ II/1, (1.1.1919), S. 1f.

3. Integration: das ‚dreinamige Volk' und seine Literatur

Dass die jugoslawische Integration als Mission zur Konsolidierung des ‚geistigen Raums der Nation' erscheint und in Abhandlungen mit Titeln wie *Nationalphilosophie* oder *Unser Jugoslawien-Ideal* im Modus abstrakter kulturphilosophischer Spekulation elaboriert wird, hat neben kontextuellen auch immanente Gründe. In der Perspektive der jugoslawischen Nationalisten bedurfte der befreite und geeinte Volkskörper nach Jahrhunderten gewaltsamer Trennung und nach Jahren erzwungener Selbstzerfleischung an den Fronten des Weltkriegs in der Tat nicht nur politischer Akte und Akteure (denen man mit guten Gründen skeptisch entgegen sah), sondern vor allem der „wahre[n] und einzige[n] Aristokratie des Geistes", um „unser Volk für den finalen Akt der jugoslawischen Revolution durch den Aufbau der ethischen Einheit der jugoslawischen Seele" vorzubereiten.[35] Mit anderen Worten: Es bedurfte geeinter Anstrengungen der kulturellen Elite zur Entwicklung des Zusammengehörigkeitsgefühls der ‚imaginierten Gemeinschaft' und ihrer Legitimation im Rahmen möglichst weit ausgreifender Einheitsnarrative.

Wenn auf der Suche nach der Nationalspezifik der jugoslawischen Kultur ein „angeborener Sinn für Gleichheit" oder eine „Philosophie des Heroismus als jugoslawische Philosophie" detektiert wird,[36] oder wenn „der Glaube an die moralische Kraft und den Schaffensgeist der ganzen jugoslawischen Rasse"[37] beschworen wird, dann scheinen zeittypische Denk- und Sprachmuster auf, die von der geistesgeschichtlichen und volkspsychologischen Spekulation bis zum völkischen Gedankengut in der Art von Josef Nadlers *Literaturgeschichte der deutschen Stämme und Landschaften* reichen.[38] Die Forderung der Stunde bestand offenbar darin, aktuelle Diskurse für die Entdifferenzierung und Homogenisierung der endlich vereinten jugoslawischen ‚Stämme und Landschaften' fruchtbar zu machen.

35 Demetrović, J.: „Stellungnahme in der erwähnten Umfrage", in: KJ II/1 (1.1.1919), S. 39 („treba da prava i jedina aristokracija duha pripravi narod naš za posljednji čin jugoslavenske revolucije izgradjivanjem etičkog jedinstva jugoslavenske duše").

36 Barac, A.: „Nacionalna filozofija", in: KJ II/6 (15.3.1919), S. 241–251, hier S. 248, 250 („prirođeni smisao za jednakost"; „Heroizam ima da bude oznaka jugoslavenske nacije, a filozofija heroizma jugoslavenska filozofija."). Vgl. auch Bartulović, N.: „Umetnost i filozofija", in: KJ II/7 (1.4.1919), S. 289–298.

37 Demetrović, J.: „Stellungnahme in der erwähnten Umfrage", in: KJ II/1 (1.1.1919), S. 39 („vjera u moralnu snagu i stvaralačku sposobnost čitave jugoslavenske rase").

38 Zum „charakterologische[n], biologische[n] und rassische[n] ‚Jugoslawismus'" der Zwischenkriegszeit vgl. Sundhaussen: Geschichte Serbiens, S. 242–246, Zitat S. 246.

Der Homogenitätsstiftung mit den Mitteln spekulativer Einheitsnarrative stehen im „Literarischen Süden“ freilich konkrete Maßnahmen und Vorschläge zur Integration des Kulturbetriebs zur Seite, wobei der Zeitschrift selbst aufgrund ihres gesamtjugoslawischen Bezugs- und Resonanzraums eine wichtige Rolle zukommt. Der Umfang des Projekts zur Konstituierung einer einheitlichen jugoslawischen Literatur mit geeintem Literaturbetrieb, dem sich die Zeitschrift seit ihrer Gründung zu Beginn des letzten Kriegsjahres dezidiert widmete, wird im einleitenden programmatischen Text nüchtern umrissen: „Hier harren unser hundert praktische Aufgaben: die Frage einer einheitlichen Literatur, einer einheitlichen Sprachvariante mit einer Schrift und einer Rechtschreibung; die Frage gemeinsamer literarischer Betriebe, literarischer Gesellschaften und Zeitschriften, die Organisation unseres Buchhandels usw.“[39] Die Liste der Desiderata ist freilich noch länger; in weiteren Beiträgen wird auch die Zusammenarbeit in der Wissenschaftskultur, das Zusammenwachsen des Übersetzungsbetriebs, Aufgaben der Schulbildung u. a. genannt.[40]

Die größte, bereits im Februar 1918 in Angriff genommene Herausforderung des integralistischen Programms war die Initiative zur Fusion der Sprachen und Schriften. Während die Außengrenzen der postulierten Nationalliteratur aufgrund der Integrationsbemühungen seit dem 19. Jahrhundert auch vor der staatspolitischen Rekonstruktion vom Herbst 1918 keiner Diskussion mehr bedurften, war die „Invisibilisierung der Binnendifferenzen“[41] im südslawischen Rahmen eine komplexe Herausforderung. Im Mittelpunkt der Debatte stand die Integration der standardsprachlichen Varianten des dominanten ‚Serbokroatischen‘, während die marginalisierten (slawischen, deutschen u. a.) Komponenten der Kultur mit der Selbstverständlichkeit der zunehmend gefestigten und 1918 auch staatspolitisch gekrönten Dominanzverhältnisse übergangen wurden. Die Initiative zur Fusion der serbokroatischen Sprachvarianten knüpfte an serbische Initiativen von 1913 und 1914 an: Die Kroaten sollten ihre ‚ijekawische‘ Sprachvariante, die Serben ihre kyrillische Schrift aufgeben. Die angestrebte Lösung, 1918/19 offenbar unterstützt von einer gewachsenen Zahl von Schriftstellern ‚aller drei Stämme‘, war also die nur noch in lateinischer

39 Bartulović, N.: „Zadaci vremena“, in: KJ I/1 (1.1.1918), S. 3.

40 Vgl. Loboda, A.: „Za kulturno zedinjenje Jugoslovanov“, in: KJ I/8-9 (1.5.1918), S. 297–301, hier S. 297f.; S. Kosanović: „Za jedinstvo naše prevodne književnosti“, in: KJ I/3-4 (16.2.1918), S. 166f.

41 Assmann, Aleida: „Die (De-)Konstruktion nationaler Mythen und die Rolle der Literatur“, in: Nationale Literaturen heute – ein Fantom? Die Imagination und Tradition des Schweizerischen als Problem. Hgg. Corina Caduff, Reto Sorg. München: Fink 2004, S. 75–83, hier S. 82.

Schrift geschriebene ‚ekawische' Variante des Serbokroatischen.[42] Die programmatischen Texte und andere Beiträge im „Literarischen Süden" machten allerdings deutlich, dass der Umsetzung des ambitionierten Projekts – auf Anhieb erkennbar an der Durchmischung der Sprachvarianten und Schriften unter den Beiträgern der Zeitschrift, vor allem an der Umstellung auf die ekawische Variante bei kroatischen Schriftstellern – klare Grenzen gezogen waren. Zum einen musste der „uniformierende Prozess der gegenseitigen Verschmelzung"[43] im Falle des eindeutig differenten Slowenischen dem Prinzip einer „spontanen, gewaltlosen und somit organischen"[44] Entwicklung im Sinne einer mehr oder weniger spontanen Assimilation überlassen werden.[45] Zum anderen musste von der Abschaffung der kyrillischen Schrift vorerst Abstand genommen werden, war diese doch für die Serben ein „Leidensgenosse" im Krieg und „graphisches Symbol unseres Kampfes um Selbsterhaltung"[46] geworden. So konnte auch die kyrillische Schrift, neben der Wahl der ekawischen Variante, vor allem bei kroatischen Schriftstellern als Zeichen der integralistischen Gesinnung fungieren.[47]

Sprache und Schrift stehen im Dienste der Nationalliteratur, des zentralen Mediums nationaler Integration auch in der Spielart des integralen Jugoslawismus. Auch in dieser Spielart kommen die charakteristischen Muster organizistischer und zirkulärer Funktionsbestimmung der Literatur zum Einsatz: Bleibt sie volks- und lebensnah, ist sie genuiner Ausdruck des nationalen Bewusstseins – zu dessen Konsolidierung und Ausbau wiederum gerade sie, die Nationalliteratur, maßgeblich beitragen soll.[48] Zwischen der organizistischen Perspektive und den – gerade auf den Seiten der Zeitschrift mit besonderer Kühnheit erbrachten – Aufbauleistungen im Bereich von Sprache, Schrift,

---

42 Vgl. Ćorović, V.: „Za književno jedinstvo", in: KJ I/3–4 (16.2.1918), S. 89–100; N. Bartulović: „Kulturno jedinstvo i Slovenci", in: KJ I/7 (1.4.1918), S. 257–261; Milan Rešetar: „Filološka pitanja u Jugoslaviji", in: KJ I/22–24 (15.12.1918), S. 412–414.

43 Ćorović, V.: „Za književno jedinstvo", in: KJ 1/3–4 (16.2.1918), S. 89–100, hier S. 89.

44 Bartulović, N.: „Kulturno jedinstvo i Slovenci", in: KJ1/7 (1.4.1918), S. 260.

45 Vgl. dazu auch Loboda, A.: „Za kulturno zedinjenje Jugoslovanov", in: KJ I/8–9 (1.5.1918), S. 297–301; Ders.: „Slovenci in jezikovno zedinjenje Jugoslovanov", in: KJ II/19-24 (1.12.1919), S. 290–229.

46 Ćorović, V.: „Za književno jedinstvo", in: KJ I/3–4 (16.2.1918), S. 89–100, hier S. 100.

47 So etwa bei Miroslav Krleža [KJ I/16 (16.8.1918), S. 122–133; K I/17 (1.9.1918), S. 168–175] und Tin Ujević [KJ II/2–3 (1.2.1919), S. 100f.].

48 Zu diesem Argumentationszusammenhang vgl. die unter dem Pseudonym Zatočenik (Gefangener) (handschriftlicher Zusatz im Exemplar der Bibliothek der Philosophischen Fakultät Zagreb: „Vasa Stojić") publizierte Abhandlung „Nacijonalna književnost", in: KJ I/3-4 (16.2.1918), S. 169–173; KJ I/7 (1.4.1918), S. 278–282; KJ I/8–9 (1.5.1918), S. 340–346; KJ I/10–11 (1.6.1918), S. 414–419.

Kanonisierungsprozessen u. a. wird kein Widerspruch wahrgenommen, da in dieser Perspektive jede Aufbauleistung als Freilegung, Revitalisierung oder Ausbau nationaler Substrate in der Regie der entsprechenden Avantgarde ausgelegt wird.

So kann auch für die Behauptung, dass „die literarische Einheit kein Phantom, sondern Tatsache ist",[49] in Ermangelung literatursoziologischer Argumente auf die literarische Avantgarde verwiesen werden: auf die jugoslawische Orientierung der literarischen „Pioniere" und die grenzüberschreitenden Leseinteressen des „intelligenten Lesepublikums". Literaturgeschichtsschreibung und Literaturkritik, so der Literaturhistoriker Antun Barac, hinken der Entwicklung allerdings nach, indem sie innerjugoslawische, also stammesbezogene „Unterschiede hervorheben, die winzig sind, die nichts zu bedeuten haben", und somit den „Fortschritt verhindern". Für die Offenlegung der jugoslawischen Einheit in Vergangenheit und Gegenwart sei die übliche Faktenhuberei denkbar ungeeignet; gefragt seien „künstlerischer Instinkt" und „Intuition". Antun Barac selbst lieferte in der Zeitschrift Prolegomena für ein entsprechendes literaturhistorisches Narrativ.

4. Rückprojektion: die Integration der Vergangenheit

Geschichte ist bekanntlich die Rekonstruktion der Vergangenheit nach Maßgabe aktueller Interessenlagen. Nichts illustriert diesen Befund besser als der Paradigmenwechsel nach historischen Umbrüchen, wie ihn „Der literarische Süden" auch in diesem Bereich auf eindrückliche Weise dokumentiert. Während in der aktuellen Produktion der zahlreichen MitarbeiterInnen der Zeitschrift die integralistische Vision der Vergangenheit hier und da im Gewand patriotischer Gesinnungslyrik aufscheint, so wird in den programmatischen Texten die Vergangenheit insgesamt in teleologischer Perspektive als Vorgeschichte der jugoslawischen Einigung neu aufgewickelt. Mit der Kurzschaltung von Gesinnung und Wertung, d. h. mit der Erhebung der jugoslawischen Gesinnung zum Kanonisierungsprinzip, erscheint nun als „Tatsache", „dass alle unsere besten Wissenschaftler, alle unsere besten Dichter, ob Serben, Kroaten oder Slowenen, seit den Anfängen unseres kulturellen Erwachens, begeistertste und überzeugendste Jugoslawen sind", während umgekehrt gelten dürfe, „dass kein irgend bedeutender Kulturarbeiter im slawischen Süden Separatist gewesen"

49 Alle Zitate bis zum Ende des Abschnitts: Barac, A.: „Književno jedinstvo", in: KJ II/4 (15.2.1919), S. 145–153, hier S. 153 („književno jedinstvo nije fantom, nego činjenica"; „inteligentna naša čitaća publika"; „razlike koje su sitne, koje ne znače ništa"; „zato treba intuicije, umetničkog instinkta").

sei.[50] Literarischen Größen, deren patriotische Gesinnung mit mehr oder weniger Gewalt auf den integralistischen Rahmen gespannt werden kann, werden ganze Themenhefte gewidmet: so dem Illyristen Petar Preradović zum 100. Geburtsjubiläum und dem Modernisten Silvije Strahimir Kranjčević zum 10. Todestag.[51]

Das Programm einer integralistischen Gesamtrevision der literarischen Vergangenheit lieferte der erwähnte Antun Barac (1894–1955), der sich in den kommenden Jahrzehnten einen Namen als Literaturhistoriker und Kritiker machen sollte. Am Ende seiner Karriere als führende Persönlichkeit der Zagreber Südslawistik legte Barac übrigens eine *Geschichte der jugoslawischen Literatur* (1954) vor, deren Anlage und internationale Rezeption die schrittweise Distanzierung vom integralistischen Paradigma im sozialistischen Jugoslawien dokumentiert.[52] Am Anfang der Karriere, in der Euphorie der großen Wende von 1918/19, machte sich der frisch promovierte Slawist für eine überfällige Modernisierung der Literaturgeschichtsschreibung im Sinne einer jugoslawischen Nationalliteratur stark.[53]

Den Paradigmenwechsel leitet Barac mit der Kritik an der dominanten Literaturgeschichtsschreibung ein, deren Leitprinzipien in seiner Sicht lauter Widersprüche und Unstimmigkeiten produzieren: Das territoriale Prinzip spalte die Literatur entlang historisch kontingenter Verwaltungsgrenzen; die inkonsequente Anwendung des ästhetischen Prinzips ergäbe weder eine kohärente *Literatur*geschichte, noch eine Geschichte der Schriftlichkeit; und das philologische Prinzip, worunter Barac positivistische Faktenhuberei versteht, führe die analytischen Ergebnisse keiner Synthese zu. Die verfehlten Perspektiven, so Barac, nehmen ephemere Differenzen wie territoriale, religiöse oder orthographische Besonderheiten in den Blick und etablieren Korpora, hinter denen keine zusammenhängende Entwicklung zu erkennen ist.

Die scharfsichtige Kritik an der fehlenden Kohärenz literaturgeschichtlicher Narrative wird Barac in seiner späteren Entwicklung zu unterschiedlichen, auch literatursoziologischen Kontextualisierungen der Literatur führen. Jetzt

---

50 Bartulović, N.: „Politička sloboda i kultura", in: KJ I/22–24 (15.12.1918), S. 353–358, hier S. 356 („najoduševljeniji i najuvereniji Jugoslaveni"; „a može se slobodno ustvrditi, da niti jedan, i malo znamenitiji kulturni radenik na slavenskom jugu nije bio separatista").

51 KJ I/6 (16.3.1918); KJ I/21 (1.11.1918).

52 Vgl. hierzu Bremer, Alida: „Literaturen und nationale Ideologien", in: Melčić, Dunja (Hg.): Der Jugoslawien-Krieg. Handbuch zu Vorgeschichte, Verlauf und Konsequenzen. 2., aktualis. u. erw. Aufl. Wiesbaden 2007, S. 268–285 sowie Lacko Vidulić: Jugoslawische Literatur, S. 170–172.

53 Barac, A.: „Književno jedinstvo", in: KJ II/4 (15.2.1919), S. 145–153.

wird der übergreifende Zusammenhang noch abstrakt als „Wesen der Nation“[54] bezeichnet und wird dieses in der „Volksseele“ und im „Volksleben“ erblickt,[55] die nur im jugoslawischen Rahmen betrachtet eine zusammenhängende Entwicklung offenbaren. Die organizistische Perspektive lässt den gesamtjugoslawischen Beobachtungsrahmen als zwingend, jede getrennte Beobachtung hingegen als ‚Zerstückelung‘ erscheinen, denn: „Das Volk ist ein Organismus, der geboren wird, der wächst und der stirbt.“[56] Entsprechend gilt: „Unsere Volksliteratur wird zu einer sinnvollen, organischen Einheit, wenn alle drei Teile zusammen genommen werden, so dass von den ältesten Anfängen bis heute eine kontinuierliche Entwicklung beobachtet werden kann.“[57]

Die Einheit der jugoslawischen Literatur sei nicht das Ergebnis einer „Deduktion“, sondern literaturgeschichtliche „Tatsache“.[58] Dabei seien die eindeutigen regionalen Verflechtungen (Barac nennt die Bereiche: liturgische und apokryphe Literatur, Ragusaner Literatur, kajkawische und protestantische Literatur, Literatur in Bosnien) sowie die Parallelen der Stilepochen (Barac erwähnt Romantik, Realismus, Naturalismus) zu einem Gesamtnarrativ zu ergänzen, indem die temporären Entflechtungen und Entwicklungslücken mit dem Substrat der Volksdichtung geschlossen werden. Denn diese, die Volksdichtung, führe ein Leben, dass auch in scheinbar ertraglosen Zeiten gleichsam „im Untergrund gedieh“.[59] Nur so: überregional betrachtet und mit dem Kitt der Volksdichtung verbunden, offenbare sich „unsere Literatur“ als „einheitlicher, lebendiger Organismus, existierend ohne Unterbrechung von der Geburt bis heute“,[60] vergleichbar mit einem „unterirdischen Fluss“, der schlussendlich „in voller Kraft zum Vorschein kommt“, oder mit den „Schlägen eines einzigen Herzens, die nicht überall zu hören sind, und doch niemals verschwinden“.[61]

---

54 Ebenda, S. 145 („iz biti nacije“).

55 Ebenda, S. 152 („odražaj narodne duše“), S. 151 („narodni život“).

56 Ebenda, S. 149 („Narod je organizam, koji se rađa, raste i umire.“)

57 Ebenda, S. 151 („Naša narodna književnost postaje suvislom, organičkom cjelinom, ako se sve tri grane uzmu zajedno, te se od najstarijih početaka do danas dade pratiti neprekinut razvoj.“)

58 Ebenda.

59 Ebenda, S. 149 („Taj život kao da je bujao u podzemlju [...].“).

60 Ebenda, S. 151 („jedinstvenim, živim organizmom, koji nije prestao živeti od svoga poroda do danas u nijednom momentu historije“).

61 Ebenda, S. 152 („kao podzemna reka“; „da se na koncu pojavi u svoj svojoj snazi, kao bujica, kao slap“; „Ona je kao otkucaji jednog jedinog srca, koji se ne čuju svuda, no ne zamiru nikad.“)

5. Ausblick

Die Zeitschrift „Književni Jug“, radikales Organ des kulturpolitischen Jugoslawismus, geriet trotz konsequenter Zurückhaltung in realpolitischen Fragen in den Strudel der politischen Umbrüche. Die im realpolitischen Feld ausgetragenen Konkurrenzen um die Ausrichtung der südslawischen Monarchie im Spannungsfeld von Zentralismus und Föderalismus (deren entscheidende Frontlinie sich zunehmend zwischen den serbischen und den kroatischen politischen Parteien verfestigte), lassen auch manche Beiträge in dem integren integralistischen Organ im Zwielicht eines „Pseudo-Jugoslawismus“[62] erscheinen. Diesen Eindruck konnten etwa literarische Beiträge vermitteln, in denen die erzählende Darstellung oder die lyrische Evokation serbischer Kriegserfahrung an jenen heroisch-märtyrologischen Mythenkomplex gemahnen, der auch in der Legitimation der semi-imperialen Ansprüche der zentralistischen Regierung eine wichtige Rolle spielte.[63] Wenn im Beitrag eines jugoslawischen Patrioten aus Kroatien ein zentrales Element dieses Mythenkomplexes – die Sankt-Veits-Feier, die seit den Balkan-Kriegen Teil der offiziösen Erinnerungspolitik in Serbien war und als Teil des Kosovo-Mythos mit dem Anspruch auf eine Erneuerung des serbischen Reiches assoziiert wurde[64] – in diffusen patriotischen Volten zu „unserer nationalen Religion, unserer jugoslawischen Religion“ erklärt wird,[65] dann geht es um die Stilblüten eines längst bekannten Diskurses, der in dem aktuellen politischen Kontext allerdings neue Konnotationen entfaltete.

Als die Redaktion im letzten Heft der Zeitschrift in einem knappen Schlusswort[66] ihre Aufgabe – nämlich „den Weg zu unserer endgültigen Vereinigung und Freiheit aufzuzeigen“ und darüber hinaus „in der Praxis den Grundstein zu legen für die zukünftige jugoslawische Literatur“ – für erfüllt und damit eine „hohe Mission“ für realisiert erklärte,[67] verdeckte die optimistische Bilanz das

---

62 Sundhaussen: Geschichte Serbiens, S. 241.

63 Exemplarisch: Malušev, Dušan: „Srđa Zlopogleđa (Vizija)“, in: KJ II/11–12 (16.6.1919), S. 497.

64 Zur Entwicklung des „Sanktsavismus“ s. Sundhaussen: Geschichte Serbiens, S. 291f. Der Historiker Vladimir Ćorović, einer der Herausgeber der Zeitschrift „Književni Jug“, publizierte in der Zwischenkriegszeit einschlägige Textsammlungen zum Sava-Kult, die im Zuge der Wende um 1990 neu aufgelegt wurden. Vgl. Sundhaussen: Geschichte Serbiens, S. 291, Anm. 566.

65 Bartulica, M.: „Vidovdan“, in: KJ II/13 (1.7.1919), S. 1–5, hier S. 1 („Dok je vidovdanska prošlost bila istorijska legenda [...], danas je vidovdanska slava počela da sve jasnije postaje religija, naša nacijonalna religija, naša jugoslavenska vera“).

66 „Završna reč“, in: KJ II/19–24 (1.12.1919), S. 257.

67 Ebenda: „da osvetlimo i pokažemo put ka definitivnom našem ujedinjenju i slobodi“; „da u praksi položi temelj budućoj jugoslovenskoj književnosti“; „važnu i visoku misiju“.

personelle Auseinanderdriften im Schatten der politischen Entwicklung und ihrer zentripetalen und zentrifugalen Tendenzen. Exemplarisch hierfür ist das Verhältnis zweier exponierter Mitarbeiter der Zeitschrift:[68] Der Herausgeber Ivo Andrić zog mit den meisten übrigen Redaktionsmitgliedern in die Hauptstadt des neuen Staates und begründete dort seine Karriere in staatlichen Diensten, während Miroslav Krleža – der seine projugoslawische Orientierung und seine intensive Zusammenarbeit mit Belgrader Autoren niemals aufgeben wird, der zentralistischen und royalistischen Gesinnung jedoch äußerst kritisch gegenüber stand und 1919 eine Abrechnung mit der diesbezüglichen Orientierung des Schriftstellerkreises um den „Literarischen Süden" geplant haben soll – quasi demonstrativ in Zagreb blieb. Hier kehrten die Schriftsteller früher oder später auch zu der kroatischen Variante von Sprache und Schrift zurück: War die Unifizierung zeitgemäße Solidaritätsbekundung und antiprovinzieller Gestus gewesen, so wurde ihre Zurücknahme nun zum Signal der Distanzierung von unitaristischen Übergriffen und vom Pseudo-Jugoslawismus.

Die Konstellation aber, in der die skizzierte Programmatik einer integralen jugoslawischen Literatur das ‚Wesen der Nation' zu erfassen und die ‚jugoslawische Revolution' geistig zu fundieren versprach, blieb historisch einmalig. Nur hier bildeten eine ergebnisoffene politische Wende, der Grundkonsens der kulturellen Eliten und eine experimentierfreudige literarische Praxis zusammen genommen den Horizont einer realisierten Utopie.

68 Vgl. hierzu Brešić, Vinko: „Časopis kao katarza. Ivo Andrić i Književni jug (1918–1919)", in: „Književna republika" XI (2013), Nr. 7–9, S. 107–113, hier S. 111ff.

„Kreuzritter des 20. Jahrhunderts. Kreuzritter des Sozialismus"

Das imperiale Erbe der Roten Armee: Joseph Roths Perspektiven auf den Polnisch-Sowjetischen Krieg im historischen und medialen Kontext

Johann Georg Lughofer (Ljubljana)

1. Einleitung und Kontextualisierung

„Noch ist Polen nicht verloren." Der im deutschen Sprachgebiet sicher zweitbekannteste Textbeginn einer Nationalhymne wurde zum gängigen Sprichwort, was nicht sofort nach der Textentstehung geschehen konnte, denn Polen blieb danach noch für Jahrzehnte von der Landkarte getilgt: Als Józef Wybicki (1747–1822), der am Aufstand gegen die dritte Teilung Polens teilgenommen hatte, die Verse im Jahr 1797 schrieb, setzten er und der polnische Befreiungskampf auf französische Schützenhilfe. Die zwei Jahre zuvor von General Jan Dąbrowski (1755–1818) aufgestellte polnische Legion kämpfte auf Seiten Napoleons (1769–1821) gegen die Österreicher in Norditalien und erhoffte sich durch dieses Engagement die Rückgabe des Königreiches, was doppelt enttäuscht wurde: Napoleon selbst sollte während seiner Siege nur das übersichtliche Herzogtum Warschau schaffen. Nach seiner Niederlage kam auf dem Wiener Kongress 1815 das Gebiet als „Königreich Polen", auch Kongress-Polen genannt, unter russische Aufsicht. Der Rest Polens ging als „Großherzogtum Posen" an Preußen; Galizien wurde erneut Österreich zugesprochen.

Das international bekannte Sprichwort im Sinne von „Noch ist nicht alles verloren" konnte der Vers logisch stimmig also erst im 20. Jahrhundert werden, als Polen sich nach dem Waffenstillstand am 11. November 1918 unabhängig erklärte und die Pariser Vorortverträge dies anerkannten – aber ohne fixierte Grenzregelung mit Sowjetrussland, da dieses bei den Verhandlungen nicht teilgenommen hatte. Provisorisch wurde die Curzon-Linie vorgeschlagen, benannt nach dem damaligen britischen Außenminister George Curzon (1859–1925).

Dieses Konzept versuchte, auf die Muttersprache der jeweiligen Mehrheitsbevölkerung Rücksicht zu nehmen; viele Polen blieben dabei außerhalb ihres Nationalstaats.

Polen wurde zwar wiederhergestellt, der Friede aber keineswegs. Polnische Truppen kämpften unmittelbar nach dem Ersten Weltkrieg an mehreren Fronten: Sie standen in den Abstimmungsgebieten Schlesiens deutschen Freikorps gegenüber, kämpften gegen die Tschechoslowakei um Cieszyn/Teschen und gegen die Ukraine um Galizien. Den größten Spielraum sah die polnische Regierung im Osten; polnische Truppen besetzten dann auch weite Landstriche der Ukraine und selbst Kiew. Das wiederhergestellte Polen bzw. das Staatsoberhaupt Marschall Józef Piłsudski (1867–1935) versuchte, den Grenzverlauf möglichst weit östlich verlaufen zu lassen und eine osteuropäische Konföderation unter polnischer Führung zu schaffen. Diesem geplanten „Zwischenmeerland" diente die polnisch-litauische Realunion, die immerhin bis 1791 bestanden hatte, als historisches Vorbild. Solche Pläne schienen möglich, denn Sowjetrussland befand sich noch im Bürgerkrieg. In der Ukraine unterstützten nationalistische Kräfte Polens Plan, da sie zuvor von den Sowjets von der Macht vertrieben worden waren.

Im Februar 1919 trafen einzelne polnische Kompanien erstmals unkoordiniert kämpfend auf die Rote Armee – und zwar auf weißrussischem Gebiet. Im darauffolgenden Monat nahm die Rote Armee die formell zu Litauen gehörigen, ethnisch mehrheitlich polnischen Städte Vilnius und Hrodna ein. Die Polen griffen ihrerseits Weißrussland an; ein polnischer Vorstoß nach Vilnius vertrieb die Sowjetarmee aus der Hauptstadt der neu installierten weißrussisch-litauischen Republik. Danach ging der polnische Vormarsch nach Osten weiter – nach Weißrussland, nach Lettland und in die Ukraine. Die Sowjets konnten aufgrund der Offensiven mehrerer bedeutender weißer Armeen – so in Südrussland, Sibirien und im Baltikum – sowie aufgrund der Revolten und Hungersnöte im russischen Reich nicht entschlossen reagieren und Lenin (Wladimir Iljitsch Uljanow, 1870–1924) beschwichtigte die polnische Regierung mit großzügigen Gebietszugeständnissen, die nahezu ganz Weißrussland Polen unterstellten.

Bei diesem Polnisch-Sowjetischen Krieg, der übrigens genauso andere Benennungen erfahren hatte,[1] wurde sogar der Beginn verschieden festgelegt: ein

1 Der Krieg wird in verschiedener Weise benannt, wobei „Polnisch-Sowjetischer Krieg" die gebräuchlichste Bezeichnung ist. Daneben wird genauso vom „Polnisch-Russischen" oder „Russisch-Polnischen Krieg" gesprochen, was eine sehr ambivalente Benennung ist, da es zahlreiche Kriege und kleinere bewaffnete Konflikte zwischen Polen und Russland gegeben hat. In polnischen Quellen liest man meist vom „Polnisch-Bolschewistischen Krieg" („wojna polsko-bolszewicka"), vom „Bolschewistischen Krieg"

Grenzkonflikt herrschte eben bereits 1919. Die historische Wertung variiert auch extrem: Der damalige britische Sonderbotschafter in Warschau Lord d'Abernon sollte später die Kämpfe um die polnische Hauptstadt unter den entscheidenden Schlachten der Weltgeschichte einreihen.[2] Die bescheidenen militärischen Kräfte und die Absenz bedeutender Kämpfe ermöglichten es, diesen Krieg ebenso als „Schlägerei" einzuordnen, wie es selbst Józef Piłsudski tat.[3] Im Juli 1920 standen den zwanzig sowjetischen Divisionen polnischerseits rund zwölf Divisionen und vier Brigaden gegenüber. Beide Seiten führten rund 200.000 Mann kämpfende Truppen an die Front. 1917 hatten sich an der vergleichbaren Front etwa 75 österreichisch-ungarische und deutsche und rund 90 russische Divisionen gegenübergestanden. Die Divisionsstärken waren im Ersten Weltkrieg dazu noch größer.[4]

Darum war auch im Polnisch-Sowjetischen Krieg jede Strategie zum Scheitern verurteilt, mit der sich eine Seite bei so geringen Truppenstärken zu weit ins andere Gebiet vorwagte, so wie die Polen sich nicht in Kiew halten konnten, galt es als unwahrscheinlich, dass die Russen je Warschau erobern hätten können.[5] Gerhard Wagner betont:

> Die polnisch-sowjetischen Kämpfe der Jahre 1919 und 1920 wurden von Staaten geführt, die vom Weltkrieg gezeichnet waren. Unsichere Grenzen, schlecht oder gar nicht funktionierende Wirtschaft, trostlose Verkehrsverhältnisse und zerrüttete Staatsfinanzen kennzeichnen beide Staaten mehr als Euphorie über die zurückgewonnene eigene Staatlichkeit die Situation in Polen und Erfolge an den Fronten des Bürgerkriegs diejenige in Sowjetrußland. Hier herrschte wie dort die gleiche Desorganisation, und diese Zustände bestimmen auch die Dimensionen des polnisch-sowjetischen Krieges. Sie zwangen zur Einschränkung auf beiden Seiten und machten die Improvisation zum obersten Feldherrn und nicht selten den Zufall zum Schiedsrichter.[6]

(„wojna bolszewicka") oder vom „Krieg von 1920" (polnisch „Wojna 1920 roku"). In der Sowjetunion wurde der Krieg in den ausländischen Interventionen während des Russischen Bürgerkriegs zwischen den bürgerlichen „Weißen" und den bolschewistischen „Roten" eingeordnet und als „Krieg gegen Weiß-Polen" bezeichnet – eine Linie, der die offizielle Historiographie in der ehemaligen Volksrepublik Polen folgte.

2 D'Abernon, Edgar: The Eighteenth Decisive Battle of the World: Warsaw, 1920. London: Hodder and Stoughton 1931, S. 7.

3 Piłsudski, Józef: Erinnerungen und Dokumente. Bd 2. Das Jahr 1920. Essen: Essener Verlagsanstalt 1935, S. 255.

4 Wagner, Gerhard: Deutschland und der polnisch-sowjetische Krieg 1920. Wiesbaden: Franz Steiner 1979, S. 8 u. 14.

5 Ebenda, S. 17.

6 Ebenda, S. 13.

Zu Beginn des Jahres 1920 hatten die Sowjettruppen die meisten großen weißen Armeen zerschlagen. Des Weiteren sorgten Friedensverträge mit Estland und Litauen für eine militärische Entlastung Russlands. 1920 sah vorerst noch ein polnisches Vorankommen gegen die Rote Armee in Lettland, in Weißrussland und nach Kiew, das am 7. Mai erobert wurde – mit Hilfe der Truppen ukrainischer Nationalisten, denen der Erfolg aber dort nicht den erhofften Rekrutierungszustrom brachte. Weniger die heute erneut betonte nationale Indifferenz[7] zeigte sich im ungehörten Verklingen der Appelle an den ukrainischen Patriotismus, sondern das Misstrauen gegen den Nationalistenführer Symon Petljura (1879–1926) und gegen eine Kooperation mit den Polen, die als Großgrundbesitzer ein Feindbild des ukrainischen Nationalismus darstellten. Die Bevölkerung des jahrelangen Kriegsschauplatzes hatte außerdem nur sehr bedingt Lust am Soldatendasein.

Polen hatte in Kiew damit einen Pyrrhussieg errungen; ernsthafte ukrainische Unterstützung blieb aus; die Rote Armee hatte sich intakt zurückgezogen und stand nun der besetzenden polnischen Armee in dem großen Land gegenüber. Noch dazu konnten die Sowjets erfolgreich auf internationaler Ebene Polen als Aggressor darstellen und den russischen Patriotismus verstärkt instrumentalisieren. Am 15. Mai startete die Rote Armee ihre Gegenoffensive und nahm am 12. Juni erneut Kiew ein. Verstärkte Angriffe folgten im Juli; am 11. dieses Monats wurde Minsk eingenommen; die polnischen Truppen bewegten sich in dieser Zeit durchschnittlich täglich 30 Kilometer auf das polnische Kernland zu. Die Sowjettruppen standen bald nur noch 100 Kilometer vor Warschau.

2. Der Kriegskorrespondent Roth und die polnische Niederlage

Das war die Situation, als ein blutjunger Journalist das Kriegsgebiet Ende Juli besuchte. Obwohl Joseph Roth (1894–1939) erst im Juni 1920 von Wien in die Hauptstadt des Deutschen Reichs gekommen war, schrieb er noch im selben Monat für seine erste Berliner Zeitung, nämlich für die „Neue Berliner Zeitung", einem Boulevardblatt mit gemäßigt linker Position.[8] Das Vertrauen der Redaktion in Roth war jedenfalls von Anfang an groß, denn schon im Juli – also

7 Z.B. Ginderachter, Maarten van/Jon Fox (Hgg): National Indifference and the History of Nationalism in Modern Europe. New York: Routledge 2019.

8 Vgl. Bronsen, David: Joseph Roth. Eine Biographie. Köln: Kiepenheuer & Witsch 1974, S. 211 bzw. Sternburg, Wilhelm von: Joseph Roth. Eine Biographie. Köln: Kiepenheuer & Witsch 2009, S. 249. Die „Neue Berliner Zeitung" sollte dann ab März 1921 „12-Uhr-Blatt" heißen. Insgesamt schrieb Roth an die 170 Beiträge für diese Zeitung, im Laufe des Jahres 1921 nimmt die Zahl seiner Artikel in diesem Blatt ab.

nach wenigen Wochen Zusammenarbeit – schickte sie den Kollegen aus Galizien und ehemaligen Kriegsteilnehmer in das kämpfende Polen. Dort beleuchtete dieser mitunter militärische Informationen, vor allem setzte er sich aber mit den Menschen auseinander, schilderte sein Zusammentreffen mit Soldaten und Zivilbevölkerung. So wird er einmal mehr einem seiner Motti gerecht: „Jedes Ereignis von Weltgeschichtsqualität muß ich auf das Persönliche reduzieren, um seine Größe zu fühlen und seine Wirkung abzuschätzen."[9]

Vom 26. Juli bis zum 5. August 1920 schreibt er neun zumeist ausführliche Beiträge aus Königsberg (heute Kaliningrad), Marggrabowa (heute Olecko), Lyck (heute Ełk) und Allenstein (heute Olsztyn). Vorerst bedient er die wohl zentralen Interessen der preußischen LeserInnen – und zwar, ob und inwiefern die Rote Armee versuchen könnte, die Revolution direkt nach Deutschland weiterzutragen. Die Wahrscheinlichkeit scheint denkbar gering gewesen sein, der Reporter beruhigt: Für Ostpreußen bestehe keine Gefahr und die bei Rastenburg zusammengezogenen deutschen Truppen genügten sicherlich, was im zweiten Artikel, der „Unterredung mit General v. Dassel", dem Träger der höchsten Militärgewalt in Ostpreußen, bestätigt wird.

Der zitierte General scheint skeptisch gegenüber der Sowjetarmee und befürchtet, „daß die Führer der roten Truppen unter Umständen nicht stark genug sein könnten, um ihre eigenen Leute vor Einfällen nach Ostpreußen abzuhalten".[10] Der Kompaktheit und Einigkeit der Roten Armee wurde genauso wenig getraut wie der Ernsthaftigkeit eines eventuellen Waffenstillstandes; diesbezüglich will der General eine List Sowjetrusslands nicht ausschließen. Der Ausnahmezustand an der deutschen Grenze wurde keineswegs dramatisiert, in Roths ethnischer Logik, die er sich interessanterweise auch in diesem Berliner Medium erlaubte: „Was die Handhabung des Ausnahmezustandes in Königsberg anbetrifft, so ist er sehr gelinde. General v. Dassel ist Süddeutscher und verhält sich gegen die Zivilbevölkerung äußerst freundlich."[11]

Der General hat offensichtlich Eindruck hinterlassen und im Artikel am nächsten Tag wiederholt Roth auch dessen Meinung, dass die russische Armee die Befehle nicht immer einhalte, und den vermeintlichen Waffenstillstandbefehl aus Moskau nicht Folge leisten wolle, was er auf die zaristisch gesinnten Offiziere zurückführt[12] – eine Perspektive, die der Reporter bald variieren wird. Nur die unterstrichene Bedeutung der zaristischen Vergangenheit wird

---

9 Bronsen: Joseph Roth, Kap 9, Anm. 29.

10 Roth, Joseph: Werke. Bd. 1: Das journalistische Werk 1915–1922. Hg. Klaus Westermann: Köln: Kiepenheuer & Witsch 1989, S. 301, Hervorhebungen im Original.

11 Ebenda, S. 301.

12 Ebenda, S. 302.

beibehalten. Am 28. Juli berichtete Roth, die Grenze von Deutschland nach Polen überschritten zu haben, und wunderte sich über die „vollkommene Ruhe“ im russisch eroberten Gebiet.[13] Die Haltung der Berichterstattung und deren Parteilichkeit änderte sich damit radikal – eine extrem wertende Gegenüberstellung zieht sich durch alle weiteren Beiträge:

> Die Leitung der polnischen Armee ist ausgesprochen schlecht. Die Offiziere entstammen zum Teil dem ehemaligen alten österreichischen Landsturm. Ich konnte feststellen, daß polnische Truppen, die sich mitten im Rückzuge befanden, *völlig betrunken* waren. Mehrfach bemerkte ich, daß die Russen gelegentlich keine Gefangenen machen und kleine Trupps laufenlassen. Die Straßen sind jetzt überfüllt von Trainszügen und aufgelösten Kolonnen, die einen trostlosen Eindruck machen. Merkwürdigerweise trifft man *fast auf keine Verwundeten.* Die Flucht scheint also ziemlich kampflos erfolgt zu sein. Die Russen danken ihren Sieg ihrer fraglos ausgezeichneten Kavallerie. Ihre Artillerie ist von geringerer Bedeutung.[14]

In diesen Punkten folgt die historiographische Perspektive der Sichtweise des Zeitgenossen Roth. Da sie keine durchgehenden Verteidigungslinien durch eingegrabene Infanterie bremste, konnten die zwei sowjetischen Kavalleriekorps voll zum Einsatz kommen. Den Polen fehlten Soldaten und Artillerie zu einem koordinierten Stellungssystem. Roth kritisierte die polnische Kriegsführung bereits damals, weil beim Rückzug wenig Befestigungen ausgeführt würden. In einer „Hals-über-Kopf-Taktik“[15] flöhen zwar sämtliche Beamte aus bedrohten Gebieten, würden aber nicht durch Militärbeamte ersetzt, kein Telegraph oder Telefon ermöglichte so der polnischen Armee eine Kommunikation. Die Bahnverbindungen wären ebenso zusammengebrochen.

Den Reporter überraschte, dass die Polen vor der zahlenmäßig kaum überlegenen russischen Nordarmee zurückweichen musste, dies bewies für ihn „die innere Schwäche des polnischen Staates“.[16] Auch das polnische Heer tat Roth ab: die Nordarmee sei schon vernichtet. Der Reporter wollte die Front erreichen: „Eine solche Kampffront existiert indessen nicht mehr. Alles ist in Auflösung begriffen.“[17] Selbst die strenge polnische Feldgendarmerie, vor der er gewarnt wurde, war nicht mehr vorhanden: „*Weit und breit kein polnischer Posten zu sehen.* Einsamkeit und Stille ringsum. Offenbar waren die polnischen

13 Ebenda, S. 303.
14 Ebenda, S. 303, H.i.O.
15 Ebenda, S. 310.
16 Ebenda.
17 Ebenda, S. 304.

Feldgendarmen bereits geflohen."[18] Selbst die kämpfenden Truppen zogen sich nach Roth völlig chaotisch zurück:

> Bald konnte ich mit eigenen Augen gewahren, welchen Umfang diese Flucht, die allgemein war, angenommen hatte, denn schon gegen 5 ½ Uhr morgens stieß ich auf versprengte polnische Truppenteile, die in namenloser Unordnung, völlig aufgelöst, ohne irgendwie Verbände einzuhalten, flüchteten. Man kann sich vom Grad der herrschenden Verwirrung keinen Begriff machen: Die polnischen Soldaten, die an mir vorbeizogen, waren aufs äußerste erschöpft, sie hatten Tornister, Gewehre und alle Ausrüstungsgegenstände einfach fortgeworfen und eilten mit dem Aufgebot der letzten Kräfte, von wilder Panik gepackt, weiter, ohne Ziel, ohne Befehle, ohne Führung. Mannschaften und Offiziere durcheinander. Die letzteren, die jede Autorität verloren zu haben schienen und nicht einmal den Versuch unternahmen, die Disziplin herzustellen, wußten überhaupt nicht, wo sie sich befanden. Karten besaßen sie keine. Ein polnischer Hauptmann, der mich am Straßenrand stehen sieht, reitet auf mich zu und fragt höflich: „Können Sie mir vielleicht Auskunft geben, wo wir uns befinden?" Als ich, unwillkürlich lächelnd, ihm antwortete, macht er eine verzweifelte Handbewegung: „Wenn Sie wüßten, wenn sie wüßten... es ist furchtbar, grauenvoll!"[19]

Roth beschrieb eine völlige Niederlage und eine ausgesprochen ungeordnete Flucht vor dem avancierenden Gegner. Entsprechend fänden sich Spuren auf der Fluchtstraße: „da ein zerbrochenes Gewehr, dort ein Paar noch fast neuer Stiefel, eine stehengelassene Feldküche, ein zertrümmerter Leiterwagen, ein verendetes Pferd, Uniformfetzen, Riemenzeug, eine Feldflasche, abgerissene Telegraphendrähte..."[20] Die polnischen Flüchtlinge wären „sichtlich völlig zerstört, todmüde, blaß, übernächtigt, schmutzig, zerfetzt".[21]

3. „Bandenkrieg" und die Sicherheit des Deutschen Reichs

Roth klassifizierte den Krieg auf polnischer Seite als „Bandenkrieg",[22] ein Aspekt, den erst neuere Forschungen hervorheben.[23] Selbst als die „Bolschewisten", die „Sowjetarmee mit großer Geschwindigkeit sich der Grenze nähere",[24] sah Roth

---

18 Ebenda, S. 305, H.i.O.
19 Ebenda, S. 305f.
20 Ebenda, S. 306.
21 Ebenda.
22 Ebenda, S. 311.
23 Gerwarth, Robert/Horne, John: „Paramilitarism in Europe after the Great War: An Introduction", in: Dies. (Hgg.): War in Peace. Paramilitary Violence in Europe after the Great War. Oxford: Oxford University Press 2012, S. 1–17.
24 Roth: Werke 1, S. 304.

darin keine Gefahr für das Deutsche Reich. Mit einer heute bizarr anmutenden Argumentation beruhigte er seine deutschen Leser am Ende der Artikelserie auf lakonische Weise: Die Rote Armee würde „nicht nach Ostpreußen kommen. Sie kann nicht nach Ostpreußen kommen. Das Hakenkreuz in Ostpreußen ist viel zu stark."[25] Roth meinte damit wohl die rechten paramilitärischen Verbände, insbesondere den ostpreußischen „Ableger" der ursprünglich bayrischen „Organisation Escherich", kurz „Orgesch" genannt. Ihr nomineller Leiter in Ostpreußen Erich Preu (1884–1967) war „zu diesem Zweck" aus den Diensten des Wehrkreiskommandos entlassen worden, das die Truppen mit Waffen unterstützte. Finanziert wurden diese Paramilitärs durch den Verband der äußerst rechtsstehenden Großagrarier Ostpreußens. Wie rechts diese Verbindungen standen, zeigt, dass Mitgliedern linksstehender Parteien die Aufnahme rigoros verweigert wurde.[26]

Einmal forderte der Reporter Verstärkung für den deutschen Grenzschutz – nicht wegen der Roten Armee, sondern wegen der flüchtenden, versprengten, bewaffneten polnischen Banden.[27] Deserteure sowie entkommene Häftlinge machten die Gegend darüber hinaus unsicher. Den polnischen zersplitterten Truppen wich der Reporter selbst aus. Roths spezieller distanziert-ironischer, sprachlich zielsicherer Stil zeigte sich, wenn er über die polnische Organisation schrieb: „Man fragt nicht; wenn man fragt, wird man verhaftet wegen Spionageverdachts und womöglich drei Tage festgehalten. Manchmal erschossen. Wie man's trifft."[28]

4. Die Rote Armee als triumphierender Nachfolger zaristischer Traditionen

Im Gegensatz zu den polnischen Banden wurde die Rote Armee von Roth als vorbildlich – als gut organisiert, ausgerüstet und geführt – dargestellt. Der Reporter erwähnte zwar immer wieder den linksideologischen Hintergrund der Truppen, doch schien er vor allem im zaristischen Hintergrund der Armee die Ursache ihrer Schlagkraft zu sehen – Offiziere, Uniformen und Organisation stammten nach Roths Berichten aus der imperialen Zeit: Nach der so dramatisch geschilderten Flucht der Polen traf der Reporter die nachfolgende russische Kavallerie. „Alle sind in tadelloser Ausrüstung und tragen die alten russischen

25 Ebenda, S. 321.
26 Wagner: Krieg, S. 104.
27 Roth: Werke 1, S. 313.
28 Ebenda, S. 309.

Uniformen, auch die gleichen Rangabzeichen."[29] Die gute Ausrüstung und straffe Organisation der Roten Armee wird mantraartig wiederholt und mit den Polen kontrastiert. Selten fehlt dabei der Bezug zur Zarenarmee, beispielsweise: „Die Mannschaft besteht zum Teil aus *Donkosaken*, die teils in alter Montur, teils in moderner feldgrauer Uniform stecken. Es herrscht *militärische Disziplin*, Salutieren usw. nach altem Stil."[30] In seinem letzten Beitrag der Serie beschäftigte sich Roth ausführlich mit der Roten Armee, die er gleichzeitig als diszipliniert und egalitär beschrieb. Effektive Seiten der zaristischen Armee wie die Disziplin schienen ihm übernommen, übertriebene wie der Drill gestrichen: Roth wusste von einem zusammengestrichenen Dienstregiment, doch:

> Die Russen marschieren, und wahrscheinlich können sie sogar Parade marschieren, kurz, die Rote Armee ist keine Freibeuterschar, sondern eine Armee. Eine *antimilitaristische Armee*! O Witz der Weltgeschichte! Kreuzritter des zwanzigsten Jahrhunderts. Kreuzritter des Sozialismus.[31]

Das imperiale Erbe ist einmal mehr unterstrichen: Die Kreuzritter stehen für die europäische Expansion, eher für einen imperialen, nicht für einen sozialen Kampf. Die Rote Armee steht bei Roth für beides und wird dabei durchgehend positiv dargestellt. Bei jeder Begegnung mit russischen Offizieren wurde denn auch erneut der Hintergrund im imperialen zaristischen Heer betont. Der Oberleutnant des ersten Treffens Roths mit der Kavallerietruppe vertraute ihm scheinbar ungezwungen die eigenen erfolgreichen Kampfereignisse sowie die Plünderungen und Pogrome der Polen vor deren Abzug an. Wenn Roth dies auch in direkten Zitaten wiedergab, schien der Reporter den Worten Glauben zu schenken. Der Offizier wäre zwar ein *„überzeugter Sozialist*",[32] doch: „Ausgesprochen kommunistischen Ansichten scheint er nicht zu huldigen",[33] obwohl dieser angeblich auf einen Sozialismus in ganz Europa hoffte. Viel mehr interessierte den Reporter, dass der gebildete Mann Russisch, Polnisch, Französisch und Deutsch spräche, bereits in der Zarenarmee als Leutnant gedient und den ganzen Krieg durchgemacht hätte. Bei dem angeblich beliebten „General Suchzaczewski", hob Roth ebenso hervor, dass der Sozialist ehemaliger zaristischer Oberleutnant sei.[34] Von allen interviewten Offizieren schwärmte

29 Ebenda, S. 306.
30 Ebenda, S. 313, H.i.O.
31 Ebenda, 316, H.i.O.
32 Ebenda, S. 308, H.i.O.
33 Ebenda.
34 Ebenda, S. 313.

Roth, dass sie überzeugte Bolschewiki wären sowie ehemalige Offiziere der Zarenarmee, doch die letzteren erhielten viel mehr Raum und Interesse.

Roths positive Sicht kippte bei all dem ins Naive. Geradezu begeistert besang er, wie die Russen alles Requirierte bezahlten, mit Plakaten und Ankündigungen die Bevölkerung beruhigten und diese gut behandelten. Von seinem „Tag bei den Bolschewiken" in Suwalki berichtete er von einer ordentlichen Besatzung und Verwaltung: „Es ist überraschend, wie schnell und prompt die russische Verwaltungsorganisation arbeitet."[35] Stadtbevölkerung und Bauern schienen mit dem Sowjetsystem einverstanden; Juden würden im Handel nicht beeinträchtigt; nichts würde requiriert. „Zahlreiche Leute", die der polnischen Rekrutierung ausgewichen wären, kehrten nun heim und meldeten sich zum russischen Militär: „die Bevölkerung sieht sich nach Abzug der Polen sichtlich erlöst. [...] Die Stimmung ist jedenfalls ausgezeichnet."[36] Viele junge Polen meldeten sich nach Roth freiwillig zu den modernen „Kreuzrittern" – genauso viele Deutsche: „Mit jedem Schiff, das von Swinemünde nach Königsberg fährt, kommen ungefähr zwanzig rheinländische Arbeiter, die sich der Roten Armee zur Verfügung stellen wollen."[37] Sie kämen aber schwer über die Grenze. Trotzdem kämpfte eine große Zahl Deutscher in der Roten Armee. „Man macht sich hier und auch in Ostpreußen kaum eine Vorstellung davon, *wieviele Deutsche in der russischen Armee sind*."[38] Den Klischees entsprechend waren es für Roth übrigens nur die deutschen Offiziere, die sich für die einheitliche Uniformierung ihrer Roten Truppeneinheiten interessierten und so auch einen sichtbaren Unterschied ausmachten.[39]

Nach Roth kannte diese internationale Armee auch kaum Antisemitismus. Dieser wäre „offiziell nicht vorhanden. *Antisemitische Auslassungen, Diskussionen, Streitigkeiten sind strafbar.* Der jüdische Prozentsatz im russischen Heer ist, wie mir mein Gewährsmann erzählte, verhältnismäßig groß. Durchschnitt-

35 Ebenda, S. 314.

36 Ebenda, S. 315.

37 Ebenda, S. 321.

38 Ebenda, S. 317, H.i.O.

39 Es gab so viele deutsche Offiziere in der russischen Armee, dass das deutsche Auswärtige Amt unter expliziter Bezugnahme auf den polnischen Heeresbericht am 15. Juni 1920 in einer Pressenotiz feststellte: „Es mag sein, daß einige frühere deutsche Kriegsgefangene in Rußland aus Abenteuerlust oder auch aus Not, weil ihnen die Rückkehr in die Heimat bisher verschlossen war, in der Roten Armee Dienst genommen haben, so wie dies auch in den Armeen Denikins und Koltschaks der Fall gewesen sein soll. Die Unterstellung, als seien deutsche Offiziere mit Wissen der Reichsregierung in die Rote Armee eingetreten, muß als eine durch nichts gerechtfertigte Erfindung zurückgewiesen werden." (zit. nach Wagner: Krieg, S. 138)

lich sind ungefähr zwölf Juden in jeder Sotnie."[40] Das moralische Niveau der russischen Soldaten hätte sich allgemein gehoben; alle bewunderten Leo Trotzki (1879–1940). Studenten, Schriftsteller oder Künstler kämen zu politischen Vorträgen zu den Truppen. In den schnapslosen Abenden läsen zumeist jüdische Kameraden aus den Zeitungen vor.

Ebenso zeigte Roth eine Armee, die mittlerweile wirtschaftlich auf starken Füßen stand. „Von einem demoralisierten Zustand der russischen Armee kann überhaupt nicht gesprochen werden. Die Zeit ist endgültig vorbei, da der Russe seine Stiefel verkaufte und barfuß lief. *Es ist überhaupt nicht mehr möglich, einem russischen Soldaten etwas abzukaufen.*"[41] Ganz im Gegenteil brächten sie mit ihrer Konsumfreudigkeit sogar Inflation: „Die Sowjettruppen finden alles furchtbar billig in Polen. Ich sah, wie ein Infanterist ein Pfund Bonbons in einem Judenladen kaufte. Er gab *fünfhundert Rubel* dafür. Als ihm der Jude herausgeben wollte, winkte der Soldat ab."[42]

Nachrichten über gewaltsame Sozialisierungen schob Roth beiseite. Die polnischen Gutsbesitzer wären mit allem beweglichen Vermögen geflüchtet und die Gutshöfe würden nun halt den Knechten und Mägden zugesprochen.

> Daß sich jedoch die Sowjetarmee in jeder eroberten Stadt mit Bitten um Rat und Hilfe an die dort bestehenden Arbeiterorganisationen und Gewerkschaften wendet, ist nur natürlich. Man kann von einer Roten Armee wirklich nicht verlangen, daß sie etwa die Vereinigung der Ritter vom Malteserorden oder einen feudalen Herrenklub um Unterstützung angehe.[43]

Selbst mit der Gründung der Räte verband Roth keinen politischen Umsturz:

> Daß sich in jeder polnischen Stadt nach dem Einmarsch der Sowjettruppen sofort ein Arbeiterrat bildet, ist selbstverständlich. Ich glaube mich nicht zu täuschen, wenn ich annehme, daß in Deutschland Arbeiterräte, ohne daß Sowjettruppen einmarschiert wären, gebildet worden sind.[44]

Arbeiter versähen neben der alten Polizei den Sicherheitsdienst, doch: „Der einzige ‚Terrorakt' der russischen *Armee* war der, daß die Stadtpolizei *die weißen Binden ablegen* mußte."[45]

40 Roth: Werke 1, S. 318, H.i.O.
41 Ebenda, H.i.O.
42 Ebenda.
43 Ebenda, S. 319.
44 Ebenda.
45 Ebenda.

Der Reporter stellte fest, die Bevölkerung sei „über den Einmarsch der Russen herzlich froh".[46] Er berichtete – an dieser Stelle nicht mehr zitierend – vom vorhergehenden Wüten und Rauben der polnischen Soldaten, dass sie

> Tiere und Gegenstände, die man ihnen nicht überlassen wollte, auf der Stelle vernichteten bzw. totschlugen. Vor ihrem Abzug aus Suwalke veranstalteten sie, wie ich schon berichtete, ein kleines Mordfest. In *Grodno* brachten die Polen sechzig jüdische Familien um. Nach bewährten Mustern wurden *siebzehn junge Männer geblendet, schnitt man Frauen die Brüste ab und vergewaltigte Minderjährige.*[47]

Selbst die christliche Bevölkerung sollte nach Roth unter den Polen schlimm behandelt worden sein.

> Nun, da selbst von der gefürchteten Sozialisierung nichts zu sehen ist, freuten sich Jud und Christ über die Sowjetarmee. Die Polizeistunde ist zwar für 9 Uhr festgesetzt. *Aber die neunte Abendstunde ist nach russicher Zeit (Moskau) zwölf Uhr Mitternacht.* Und auch wenn man nach neun auf die Straße kommt, wird man mit Towarisch (Genosse) angeredet.[48]

Die russische Besatzung glich bei Roth einer Idylle nach der schrecklichen, der polnischen Zeit. Nur in einem Satz erwähnte er lapidar die Räuberbanden, die sich hinter dem Rücken einer erobernden Armee bildeten.

5. Die Reportageserie und die weiteren historischen Ereignisse

Diese einfältige Sichtweise erstaunt bei dem sonst so hellsichtigen Joseph Roth, der bald darauf in seinem ersten Zeitungsroman *Das Spinnennetz* (1923) auf einzigartige Weise die politische Gefahr der Nationalsozialisten und nach einer Russlandreise nicht nur in *Die Flucht ohne Ende* (1927) die Sowjetunion illusionslos beschreiben sollte.

Seine radikale Gegenüberstellung der unterlegenen Polen mit der triumphierenden Roten Armee wurde bald von den weiteren Ereignissen ad absurdum geführt. Wenige Tage nach seiner Abreise am 10. August überquerten sowjetische Truppen zwar noch die Weichsel und kamen bis vor Warschau. Doch damit war ihr Kriegserfolg zu Ende und vier Tage danach begann der Gegenangriff, der in die polnische Geschichtsschreibung als „Wunder an der Weichsel" einging. In der Offensive konnten die Polen sofort die Rote Armee mit großer Geschwindigkeit zurückwerfen und bedeutende Kräfte der Sowjets einkesseln;

46 Ebenda.
47 Ebenda, S. 320, H.i.O.
48 Ebenda, H.i.O.

im August musste die gesamte russische 4. Armee und ein Kavalleriekorps aus dem Kampf ausscheiden und mit rund 50.000 Mann über die ostpreußische Grenze in die Internierung.[49] Am 18. Oktober rückten die Polen in Minsk ein, zuvor hatten sie schon Vilnius unter ihre Kontrolle gebracht. Am 18. März 1921 brachte dann der Friedensvertrag von Riga der jungen polnischen Republik eine erhebliche Ausweitung ihres Staatsgebietes und bedeutete für manche das Ende jeglicher sowjetischen Hoffnungen, die Weltrevolution direkt nach Deutschland zu exportieren bzw. zu importieren. Roth hätte sich weniger an seine spontanen Eindrücke halten, sondern sich an den Hymnenvers erinnern sollen: Polen war noch nicht verloren.

Roth lag aber nicht nur in Bezug auf die Leistungsmöglichkeit der Armeen falsch, sondern ebenso bei der moralischen Wertung. Alle militärischen Einheiten handelten in diesem Krieg nämlich äußerst brutal: Zivilisten wurden ermordet, Leichen geschändet, Juden verfolgt. Reinhard Krumm schreibt von 60.000 getöteten Juden in diesem Krieg bei über 1.200 Pogromen,[50] die keinesfalls allesamt der polnischen und ukrainischen Seite angelastet werden können. Die Sowjets verdächtigten wohlhabende jüdische Bürger, aber auch jüdische Kleinhändler und Handwerker der Sympathie für ihre Gegner. Selbst der von Roth gefeierte Kavalleriegeneral Semjon Michailowitsch Budjonny (1883–1973) war an Judenpogromen in der Region beteiligt.[51] Issak Babels (1894–1940) Tagebuch von 1920 zeugt davon, wie sich die Morde an der Zivilbevölkerung vollzogen: unsystematisch, spontan, gewissenlos, feige, jedoch zielgerichtet – die Opfer waren zumeist Juden. Die schrankenlose Gewalt der Roten Armee beschreibt u. a. Stefan Plaggenborg, der die physische Qualität der Gewalt als beeindruckende Konstante in der frühen sowjetischen Geschichte sieht.[52] Die sowjetische Besatzung war auch im Krieg mit Polen keinesfalls so gemütlich, wie Roth sie beschrieb. Beispielsweise wurden allein in Vilnius 2000 Bürger von Juli bis Oktober 1920 getötet; von der polnischen Besetzung wurden im April desselben Jahres vergleichsweise 65 Bürger ermordet.[53]

---

49 Ebenda, S. 11.

50 Nach Ulrich, Bernd: „Schlussstrich unter grausames Morden", in: Deutschlandfunk (18.3.2006). Abrufbar unter: https://www.deutschlandfunk.de/schlussstrich-unter-grausames-morden.871.de.html?dram:article_id=125453 (Zugriff 23.7.2019).

51 Dieckmann, Christoph: „Jüdischer Bolschwismus 1917 bis 1921", in: Steinbacher, Sybille (Hg.): Holocaust und Völkermorde. Frankfurt/Main, New York: Campus 2012, S. 55–83, hier S. 61.

52 Plaggenborg, Stefan: „Weltkrieg, Bürgerkrieg, Klassenkrieg. Mentalitätsgeschichtliche Versuche über die Gewalt in Sowjetrußland", in: Historische Anthropologie 3/3 (1995), S. 493–505.

53 Davies, Norman: White Eagle – Red Star. London: Pimlico 2003, S. 240.

6. Die Reportage im Kontext der deutschen Medien

Typisch für die Roth-Forschung würde man an dieser Stelle erwarten, dass Roth mit seiner eigenartigen Perspektive die Meinung des Mainstreams unterlaufen und in Frage gestellt hätte. Doch dies ist bei diesen Artikeln keineswegs der Fall. Seine Haltung entspricht dem gängigen Diskurs der deutschen Medien.

Die Feindschaft gegenüber das frankreichaffine Polen, das als Usurpator deutscher Gebiete und Unterdrücker deutscher Minderheit angesehen wurde, war verbreitet und saß tief. Dieser neue Staat, der die Verbindung zwischen Ostpreußen und dem Reich behinderte, wurde nun als Aggressor dieses Krieges gesehen. An Hohn über die sich zurückziehenden Polen fehlte es in der deutschen Presse allgemein nicht. Die polnischen Niederlagen lösten ein Gefühl der Schadenfreude aus – beispielsweise in „Der täglichen Rundschau".

> Eine empfindliche Demütigung wäre den Polen wegen ihrer unerhörten Ansprüche auf deutsches Gebiet, wegen ihrer vor keinem Mittel zurückschreckenden Agitation in den Abstimmungsgebieten, wegen ihrer anmaßenden Begehrlichkeiten nach Polonisierung des ‚Freistaates' Danzig wohl zu gönnen. Vor einer solchen Demütigung stehen die Polen jetzt.[54]

Die noch rechteren „Eisernen Blätter" Gottfried Traubs (1869–1956) fanden noch polemischere Worte:

> Das Experiment des selbständigen Polen ist [...] mißglückt. [...] Der Wahnsinn, der in Spa noch einen Rest von Größe hat, wird hier zur Burleske. Es wird ein polnischer Plan enthüllt, Litauen zu erobern, es kommen Vorbereitungen an den Tag, das Abstimmungsgebiet in Preußen ohne Rücksicht auf das Ergebnis des Plebiszits zu besetzen; dazwischen stehen in den Blättern die polnischen und russischen Heeresberichte; man faßt sich an den Kopf und fragt sich, ob, wenn der polnische Staat, nach der jetzigen Krise weiterbestehen sollte, es jemals lohnen wird, einen Berufsdiplomaten oder einen Wirtschaftspolitiker in Warschau zu beglaubigen. Es gehört eigentlich ein Pathologe vom Fach hin.[55]

Prägnant und Russland berücksichtigend fasst der „Tag" diese Einstellung zusammen: „Daß sich jeder gute Deutsche freut, wenn die Polen eine Niederlage erleiden, ist begreiflich. Nur sollten wir uns davor hüten, diese Freude in Sympathie für den Sieger umschlagen zu lassen."[56] Die gleiche Zeitung stellt

---

54 „In letzter Stunde", in Tägliche Rundschau (8.7.1920), zit. nach Wagner: Krieg, S. 67.

55 Eiserne Blätter 2 (18.7.1920), zit. nach Wagner: Krieg, S. 68.

56 „Die Entente als Helfershelferin der Bolschewisten", in: Tag (26.6.1920), S. 296, zit. nach Wagner: Krieg, S. 69.

klar: „Kein Mensch in Deutschland denkt daran, für dieses elende Polenreich auch nur den kleinen Finger zu rühren."[57]

Mit dem Zusammenbruch Polens rechneten die meisten; die Überbewertung der Stärke der Roten Armee war weit verbreitet. Presse und Parlament gingen von den falschen Annahmen aus, dass Sowjetrussland militärisch in der Lage wäre, Polen vollständig zu besiegen, und dass dann der Druck auf das Deutsche Reich aus dem Westen aus Angst vor dem expandierenden Kommunismus sich abschwächen würde.[58] Die radikale Linke zeigte sich sowieso prosowjetisch und klagte den Angriff des internationalen Kapitals auf die proletarische Revolution an.

Die rechtsorientierte Presse sah zwar eine Gefahr in der Ausweitung der Revolution, aber auch eine für Deutschland günstige Konstellation, um bei den zeitgleichen Verhandlungen im Juli 1920 in Spa Argumente gegen die geforderte Entwaffnung Deutschlands vorbringen zu können sowie gar zur Grenzrevision. Der Sieg der Roten Armee gegen Polen hätte die Aufhebung einer zentralen Regelung der Versailler Konzeption bedeutet, indem das starke Polen zwischen Deutschland und Russland weggefallen wäre. Man erhoffte damals für die zeitgleiche Konferenz in Spa ein Argument, um die Entwaffnung nicht so radikal werden zu lassen, indem man Europas Bollwerk gegen die Bolschewiki geworden wäre. Ein geschwächtes Polen bedeutete allgemein eine Stärkung der deutschen Position gegenüber den Nachbarn.

Die Neutralität Deutschlands selbst trug denn auch einen polenfeindlichen Charakter, da die französische Kriegsmaterialzufuhr nach Polen verhindert wurde. Alarmstimmung gab es auch in anderen Medien nicht. Wie wenig man einen Übergriff der Roten Armee fürchtete, zeigte der Fall, dass nach einem Grenzübertritt in die Internierung von polnischen Truppen am 30. Juli sich neben Polizeikräften viele Schaulustige aus Prostki (damals/deutsch Prostken) an der Grenze einstellten, um die Russen zu erwarten.[59]

Wenn auch manche Zeitungen der demokratischen Mitte zu den Problematiken ein wenig differenzierter, überlegter und realistischer berichteten, stimmte Roth in den allgemeinen polenfeindlichen Chor ein.

7. Fazit

Die Artikel sind ein einzig- und eigenartiges Zeugnis, denn selbst der junge Roth, der später noch lange Zeit als „der rote Joseph" angesehen wurde – eine

---

57 „Ein Aufruf aus Moskau", in: Tag 367 (6.8.1920), zit. nach Wagner: Krieg, S. 229.

58 Wagner: Krieg, S. 276.

59 Ebenda, S. 113f.

Bezeichnung, mit der er seine Beiträge in der sozialdemokratischen Zeitung „Vorwärts" zeichnete –, bewies sonst keine leichtgläubige Gefolgschaft eines radikalen Sozialismus oder des Sowjetreiches.

Besonders spannend erscheint heute – nicht zuletzt hinsichtlich Roths späterer Wandlung zum Legitimisten –, dass der junge Reporter bei diesen Lobliedern der Roten Armee bereits Sympathien für deren imperialistisches Erbe zeigt. Nur wenig Worte verlor er über einen Sozialismus und eine soziale Revolution; für die Schlagkraft erscheint ihm das imperiale Erbe bedeutender als die Ideologie – ein Element, das er bei den Polen nicht fand. Die erwähnten Offiziere aus dem österreichischen Landsturm bildeten für Roth kein seriöses Gegengewicht zum zaristischen Erbe der Sowjetarmee.

Doch wenn Roth hier auch einmal sehr falsch lag, er bleibt – wohl nicht zuletzt aufgrund der Erfahrung dieser Reportagereise – einer der deutschsprachigen Romanciers, die in ihren Werken ein besonders hohes Bewusstsein gezeigt haben, dass der Krieg für viele nicht im November 1918 geendet hatte: Von seinem ersten Zeitungsroman *Das Spinnennetz* (1923), über *Hotel Savoy* (1924), *Flucht ohne Ende* (1927) und *Rechts oder links* (1929) bis *Tarabas. Ein Gast auf diese Erde* (1934) kämpfen seine Protagonisten, mitunter selbst kleine oder größere Warlords, noch viele Jahre weiter.

Skandal und Genre

Die Affäre von Tisza-Eszlár in der Literatur

Endre Hárs (Szeged)

„Aber man erwacht und man schläft ein, und der Spuk will immer nicht von uns weichen.“ (Theodor Gomperz, 1882)[1]

„Angeklagter: Ich lüge also?
Moriz (nach langer Pause): Ja, Sie lügen. (Sensation)“
(Aus den Prozessakten, zweiter Verhandlungstag, 1883)[2]

Als 2016 László Mártons Roman *Der falsche Zeuge*[3], das letzte literarische Werk größeren Formats zum Thema „Tisza-Eszlár“, erschienen war, begann der Kritiker Sándor Radnóti seine Kurzrezension mit den Worten:

> Ich hätte von Zeit zu Zeit Lust gehabt, ihn [den Roman, E.H.] auf den Boden zu werfen, mit den Füßen zu treten, gar komplett zu zerreißen, wie es seinerzeit, im *Spiegel*-Magazin, [...] Marcel Reich-Ranicki mit dem Buch von Günter Grass getan hat. So viel ist nämlich darin der alberne, infantile Witz.[4]

Die Irritation des Kritikers – der er im nächsten Schritt freilich auch eine Funktion zugestand – hatte in diesem Fall nicht zwingend mit der vermeintlichen

1 Gomperz' Brief über den Fall an seine Frau zitiert: Scheiber, Sándor: Levelek Kiss József életrajzához (Briefe zur Biografie von József Kiss), in: Irodalomtörténet 1977/1, S. 225–226.

2 N.N.: Der Proceß von Tisza-Eszlar. Verhandelt in Nyiregyhaza im Jahre 1883. Eine genaue Darstellung der Anklage, der Zeugenverhöre, der Vertheidigung und des Urtheils. Nach authentischen Berichten bearbeitet. Mit 20 Illustrationen. Dritte Auflage. Wien: A. Hartleben's Verlag 1883, S. 23.

3 Márton, László: Hamis tanú. Regény. Budapest: Kalligram 2016.

4 Radnóti, Sándor: Tébolyult legendárium. Márton László: Hamis tanú (Legendarium des Wahnsinns. László Márton: Der falsche Zeuge), 17.01.2017, in: https://revizoronline.com/hu/cikk/6452/marton-laszlo-hamis-tanu/ (Zugriff 12.11.2019). Die Übersetzungen aus dem Ungarischen sind, falls nicht anders vermerkt, von mir. E. H.

Haltung des Autors zu tun. Sie bezog sich vielmehr auf dessen Erzählduktus, der bekanntlich stark metanarrativ gestaltet, durch forcierte Unzuverlässigkeit gekennzeichnet ist, und sich kaum mit einem Thema verträgt, dem eine historische Schwere anhaftet, mit der sonst nicht zu spaßen ist.[5] Handelt es sich doch im Fall „Tisza-Eszlár" um einen historischen Skandal, einen „Tendenzprozess",[6] zwölf Jahre vor der Dreyfus-Affäre, in dem man nach wie vor die erste Kraftdemonstration des ungarischen Antisemitismus erblickt. Dennoch kann man die Sache mit der Irritation auch dahingehend wenden, dass der Márton'sche Narrator schon seit Jahren darauf gewartet hat, auf genau diesen Stoff zu stoßen. Denn in diesem verbergen sich Dilemmata, die nicht die historische Wahrheit, sondern vielmehr die Wahrheitsproduktion selbst betreffen und die Literatur demonstrativ mit der „Tiefenstruktur der historischen Einbildungskraft"[7] verknüpfen.

Im Folgenden soll der genannten historischen Affäre als literarischem Stoff nachgegangen und versucht werden, die Bearbeitungen des Themas als über sich selbst hinausweisend, als Rückkopplung und Mitgestaltung des diskursiven Feldes auszuweisen. Zu diesem Zweck werden zuerst die Geschichte, deren Spezifika und kritische Implikate vorgestellt. Anschließend beschäftige ich mich mit Literarisierungen des Materials, wobei die gewählte Reihenfolge eine Vertiefung der Problematik und auch die Wiederaufnahme der Frage von Ernst und Unernst ermöglicht. Zum Abschluss soll die Aufmerksamkeit auf die generische Reichweite des Stoffes gelenkt und nach den Perspektiven der Verarbeitung eines historischen Falls der k. u. k.-Zeit in Zeiten danach, nach der literarisch-künstlerischen ‚Postmemory' Tisza-Eszlárs gefragt werden.

1. Eine unerhörte Begebenheit

Am 1. April 1882 verschwand im südlich von Tokaj gelegenen Theißdorf Tisza-Eszlár die vierzehnjährige Esther Solymosi, Tochter einer verwitweten

5 Dies zeigt die auch seither existierende antisemitische „Subkultur" Tisza-Eszlárs. Vgl. Véri, Dániel: A Sakterpolkától az Egészséges Fejbőrig. A tiszaeszlári vérvád zenei szubkultúrái (Von der Schächterpolka bis zur Gesunden Kopfhaut. Musikalische Subkulturen der Blutmordanschuldigung von Tisza-Eszlár), in: Múlt és Jövő, 2016/1, S. 81–103; auch die Fotodokumentation der Ausstellung: Németh, Hajnal/Kékesi, Zoltán: Hamis vallomás. 15.11.–15.12.2013, Centrális Galéria Budapest, in: www.osaarchivum.org/files/FALSE%20TESTIMONY%20INV3.pdf (19.12.2019).

6 N.N.: Der Proceß von Tisza-Eszlar, S. 6.

7 White, Hayden: Metahistory. Die historische Einbildungskraft im 19. Jahrhundert in Europa. Aus dem Amerikanischen von Peter Kohlhaas. Frankfurt/Main: Fischer 1994, S. 9.

Tagelöhnerin, während sie Besorgungen für ihre Dienstgeberin machte. Im Nachhinein gingen die Zeugenaussagen auseinander darüber, wer und wann sie auf ihrem Weg gesehen bzw. gesprochen hatte. An diesem Samstag hielten sich drei fremde jüdische Schächter zum Probevorbeten im Dorf auf, sodass es in der Synagoge, an der auch Esther vorbeigehen musste, ungewöhnliche Aktivitäten gegeben hatte. Die Suche nach dem Mädchen erbrachte keinen Erfolg; Frau Solymosi sprach später ihren Verdacht der rituellen Ermordung ihrer Tochter aus. Die Beschuldigung beruhte auf dem Gerede des viereinhalbjährigen Samuel Scharf, des Sohnes des jüdischen Tempeldieners, Josef Scharf. Der vom Gerichtshof bestellte Untersuchungsrichter, Josef Bary, nahm seine Arbeit am 19. Mai auf und schon zwei Tage später lag das über Nacht im Haus eines Sicherheitskommissars gemachte Geständnis von Moritz, des älteren Sohnes des Tempeldieners über die Tötung Esthers und die blutige Prozedur für die österliche Matze vor. Die Untersuchung dauerte bis Oktober 1882 und erstreckte sich auch auf die Inspektion einer im Juli gefundenen weiblichen Wasserleiche in den Kleidern Esther Solymosis. Sie wurde offiziell – entgegen den ersten Zeugenaussagen – nicht als das Mädchen identifiziert; stattdessen war der Verdacht des Leichenschmuggels zur Verhüllung des Mordes aufgekommen, basierend auf den Aussagen der ruthenischen und jüdischen Flößer, die den Leichnam gefunden hatten. Diese (bzw. und deren vermeintliche Handlanger) mit einberechnet hatte Bary letztlich um die siebzig Verdächtige in Gewahrsam. Die Verteidiger, an ihrer Spitze Karl von Eötvös, prominenter Anwalt, Journalist und liberal-oppositioneller Reichstagsabgeordneter, erhielten erst im Herbst 1882 Zugang zu den Untersuchungsakten, wobei Eötvös im Dezember eine wiederholte Obduktion der Leiche veranlasste, mit von der ersten Inspektion abweichendem Ergebnis. Der Prozess fand im Sommer 1883 statt. Im Durcheinander widersprüchlicher und revidierter Zeugenaussagen, beim Nachweis behördlicher Verstöße gegen die Vorschriften, vor allem beim Verdacht der Übergriffe des Untersuchungspersonals blieb nur Moritz Scharf als direkter Belastungszeuge konsequent bei seiner Aussage gegen die Angeklagten.[8] Aufsehen erregte dabei seine offene Konfrontation mit dem Vater und seinem Judentum – letzteres ein Sinneswandel, den man der zehnmonatigen Schutzhaft und der unterschwelligen Umerziehung des Jungen zuschrieb. Der Prozess endete damit, dass das Gericht die Vereidigung von Moritz – unter Bezugnahme auf dessen widersprüchliche Aussagen – abwies, und da sonst nichts Handfestes gegen die Angeklagten vorlag, diese freigesprochen wurden. Im Anschluss daran hatte es

8 Auch im Leichenschmuggel hat es einen konsequenten Zeugen gegeben, Ignác Matej. Sein Beharren verwundert, da die Flößer sonst nur wirre Geständnisse abgelegt und auch diese widerrufen haben.

im Land antisemitische Krawalle gegeben; im Herbst desselben Jahres wurde die Antisemitische Landespartei gegründet.

Zu den Besonderheiten der Geschichte gehört, dass man offiziell nie geklärt hat, was Esther Solymosi tatsächlich widerfahren ist. Der Untersuchungsrichter hatte dem Gerichtshof nach ‚massivem' Einsatz von Kräften einen Mordfall vorgelegt, dessen Implikat, der Verdacht des rituellen Blutmordes, in aller Munde war und spätestens zu Prozessbeginn, im Exposé des Staatsanwalts offiziell wurde. Die Verteidigung hatte sich wiederum bemüht, die skandalöse Präkonzeption der Untersuchung zu entlarven; sie hatte Zeugen gefunden und wieder verloren, die von Folterungen und erzwungenen Aussagen berichteten, sie zweifelte das spärliche Beweismaterial, allen voran die „Leichenschmuggel-comödie"[9] an. Letztlich ergab sich jedoch weder pro noch kontra eine klare Beweislage, die Anklage wurde praktisch nur aus Verfahrensgründen abgelehnt. Der Fall blieb eine unerhörte Beschuldigung, die man nicht aufgrund von Tatsachen beurteilte. „Und so kommen in langer Reihe die falschen Zeugen, lauter falsche Zeugen",[10] berichtete Kálmán Mikszáth als Prozess-Korrespondent und bestätigte damit nicht nur den spekulativen, sondern auch den stark diskursiven Charakter der Geschichte. Aus diesem Grund standen zum Schluss zwei Narrative einander gegenüber: eine radikal antisemitische und eine anti-antisemitische Verschwörungstheorie. Erstere hatte im Verfahren einen klaren zeitlichen Vorsprung: Der in Tisza-Eszlár ansässige Reichstagsabgeordnete Géza Ónody begleitete und beeinflusste die Untersuchung von Anfang an und interpellierte über den Fall (unterstützt durch den Abgeordneten Győző Istóczy) gleich zu Beginn im Parlament. Die antisemitische Presse war während der gesamten Voruntersuchung bestens informiert, Ónody und der Journalist Georg von Marcziányi hatten bereits 1882/83 propagandistische Broschüren über den „jüdisch-rituelle[n] Jungfrauenmord in Tisza-Eßlar"[11] veröffentlicht. Paradoxerweise musste sich eine Zeit lang auch die Verteidigung aus den

9 Nathan, Paul: Der Prozess von Tisza-Eszlár. Ein Antisemitisches Culturbild. Berlin: F. Fontane & Co. 1892, S. 47.

10 Mikszáth, Kálmán: Egy bonyodalom psychologiája (Psychologie eines Konflikts). In: Tóth, Béla (Hg.): A magyar anekdotakincs (Ungarischer Anekdotenschatz). Bd. 5. Budapest: Singer und Wolfner o.J. [1901], S. 80–84, hier S. 84.

11 Marczianyi, Georg von: Esther Solymosi oder Der jüdisch-rituelle Jungfrauenmord in Tisza-Eßlar. Autorisierte deutsche Uebersetzung aus dem Ungarischen. Nebst einer Abbildung der Synagoge in T-E. Berlin: Verlag von M. Schulze [1882]; Ónody, Géza von: Tisza-Eßlár in der Vergangenheit und Gegenwart. Ueber die Juden im Allgemeinen – Jüdische Glaubens-Mysterien – Rituelle Mordthaten und Blutopfer – Der Tisza-Eßlárer Fall. Autorisierte Uebersetzung aus dem Ungarischen von Georg von Marcziányi. Budapest: o.V. 1883 [1882].

Zeitungen informieren. In Konsequenz dessen verhielt sich die Öffentlichkeit anfänglich reserviert bis offen antisemitisch; erst mit den ab Winter 1882/83 eingeleiteten Schritten der Verteidigung mäßigte und differenzierte sich die Beurteilung der Umstände, ohne dass die antisemitische Propaganda jemals aufgehört hätte.

Die Nachgeschichte des Prozesses ist von derselben Verstrickung geprägt. Das Urteil hatte nicht genug symbolische Kraft, der antisemitischen Stimmung entgegenzuwirken. Die Öffentlichkeit hatte den Fall nicht ad acta gelegt, er wurde zur „unerledigten Geschichte".[12] Eötvös ließ seine Memoiren unter dem Titel *Der große Prozess, der seit tausend Jahren währt und noch kein Ende gefunden hat* (1904) erst zwanzig Jahre später erscheinen. Josef Barys ebenfalls umfangreiche Erwiderung aus 1912 erschien posthum 1933 und wurde zum ‚Kultbuch' der ungarischen Rechtsradikalen. Die Literatur zum Thema ist, wie eine von Zoltán Kiss online gestellte Datenbank belegt,[13] Legion, und es gibt auch verschiedene Filmadaptationen und künstlerische Projekte.[14] In jüngster Zeit, 2011, erschien die großangelegte sozialhistorische Untersuchung von György Kövér;[15] 2017 die Analyse des Rechtshistorikers László Blutman,[16] der wiederholt von einem ungelösten Rätsel spricht und sogar die Möglichkeit des Mordes, wenngleich eines minder schweren Totschlags, erwägt. Man hätte erwartet, dass Esther Solymosi irgendwann ihre Ruhe findet. Das ist aber offensichtlich nicht der Fall.

---

12 Vgl. Essen, Gesa von/Turk, Horst (Hgg.): Unerledigte Geschichten. Der literarische Umgang mit Nationalität und Internationalität. Göttingen: Wallstein 2000 (=Internationalität nationaler Literaturen. Serie B: Europäische Literaturen und internationale Prozesse 3).

13 https://tiszaeszlarbibliografia.freewb.hu/ (19.12.2019).

14 Wilder, William Lee (Regie): The Vicious Circle (1947/48); Georg Wilhelm Pabst (Regie): Der Prozess. Im Namen der Menschlichkeit (The Trial). J. A. Hübler-Kahla, Georg-M. Reuther-Produktion 1948; Erdély Miklós (Regie): Verzió (Version). Balázs Béla Stúdió 1979; Elek Judit (Regie). Tutajosok (Die Flößer). Budapest Játékfilmstúdió 1989; Mundruczó, Kornél/Bíró, Yvette: Eszter Solymosi von Tiszaeszlár. Die Geschichte einer Anklage nach einem Roman von Gyula Krúdy. Fassung: Viktória Petrányi, Éva Zabezsinskij, Kornél Mundruczó. Deutsch von Orsolya Kalász (Staatstheater Hannover 17.9.2010/10.10.2011, Trafó Budapest). Vgl. Asper, Helmut G.: Der Holocaust im fernen Spiegel: Der Prozess von Tisza-Eszlar (1882/1883) in den Filmen Der Prozeß und The Vicious Circle (1947/48). In: Monatshefte, Vol. 106, Nr. 2, Summer 2014, pp. 230–248.

15 Kövér, György: A tiszaeszlári dráma. Társadalomtörténeti látószögek (Das Drama von Tisza-Eszlár. Sozialhistorische Perspektiven). Budapest: Osiris 2011.

16 Blutman, László: A rejtélyes tiszaeszlári per (Der geheimnisvolle Prozess von Tisza-Eszlár). Budapest: Osiris 2017.

2. Literatur und Skandal (Brunngraber - Zweig - Krúdy - Márton)

Bei diesem Stand der Dinge folgen auch die Literarisierungen des Themas verschiedenen Konzepten, aus welchem Grund sie hier gar nicht erst chronologisch vorgestellt werden. Als derjenige Ansatz, der das Thema am naheliegendsten behandelt, kann Rudolf Brunngrabers Roman *Prozess auf Tod und Leben* (1948)[17] betrachtet werden. Der durch seine sozial engagierten Dokumentar- und Tatsachenromane bekannte österreichische Autor befand sich nach dem Zweiten Weltkrieg in der unbequemen Situation der noch so ungewollt-geringfügigen Mitläuferschaft und wirkte umso motivierter an einem Filmdrehbuch für Georg Wilhelm Pabst über die Affäre mit.[18] Parallel zum Film entstand der Roman und wurde unter dem Titel *Pogrom* (1956) in erweiterter Form wieder herausgegeben. Es ist zum einen ein Dokumentarroman, zum anderen ein moralphilosophisches Narrativ, in dieser Eigenschaft eine besondere Kombination, deren Wirkungskraft vor allem in der Erstfassung zum Tragen kommt (während die Zweitfassung sie eher verwässert).[19] Die Informationen über den Prozess dürften aus Paul Nathans „Antisemitische[m] Culturbild" (1892),[20] einem detailreichen und sehr kritischen Bericht über den Fall stammen. Die moralphilosophische Instrumentierung, verwandt mit Brunngrabers *Wie es kam. Psychologie des Dritten Reichs* (1946)[21] und eigentlich auch mit dem späten Roman *Fegefeuer* (1955), trägt der Autor selbst zum Thema bei. Er deutet die Affäre, wie übrigens auch den allegorischen Bezugspunkt des Romans, den Nationalsozialismus, als Episode des „mörderischen Welttheater[s]", „das in gesellschaftlicher Lüge und Rechtsbeugung, in Rassenhaß und Vernichtungswillen, kurz im Krieg zwischen Mensch und Mensch überhaupt sich entfaltet und, trotz der ungeheuren Folgen

17 Brunngraber, Rudolf: Prozess auf Tod und Leben. Roman. Berlin, Wien, Leipzig: Paul Zsolnay 1948.

18 Vgl. Schneider, Ursula: Rudolf Brunngraber. Eine Monographie. Dissertation zur Erlangung des Doktorgrades der Philosophie, eingereicht an der Geisteswissenschaftlichen Fakultät der Universität Wien. Wien 1990, S. 412–414. Das Drehbuch hat Brunngraber zusammen mit Kurt Heuser und Emeric Roboz erstellt. Kastberger vermutet, dass als Erstes das Drehbuch entstanden ist, basierend auf den Materialrecherchen von Emeric Roboz. Vgl. Kastberger, Klaus: Die Erfindung Österreichs aus dem Geist der Verdrängung. In: Brunngraber, Rudolf: Prozeß auf Tod und Leben. Wien: Milena 2011, S. 190–202, hier 192–193.

19 Kastberger spricht von „volksbildnerische[m] Tonfall". Vgl. ebenda, S. 193.

20 Nathan, Paul: Der Prozess von Tisza-Eszlár (vgl. Anmerkung 9).

21 Brunngraber, Rudolf: Wie es kam. Psychologie des Dritten Reichs. Wien: Neues Österreich Zeitungs- und Verlagsgesellschaft 1946 (= Schriftenreihe „Neues Österreich" 4).

in unserer Zeit, augenscheinlich weiterhin entfalten wird".[22] Aussagekräftig ist in dieser Hinsicht der letzte Abschnitt des Romans, der auf das Leben von Moritz Scharf hinweist – dieser lebte später als Diamantenschleifer in Holland – und wie folgt endet: „Er sah vor seinem Tod noch, 1933, die Scharen der aus dem nationalsozialistischen Deutschland geflüchteten Juden."[23] Der ‚kleine Skandal'[24] Tisza-Eszlár und dessen Prätext, der ‚große Skandal' der NS-Zeit, berühren einander letztlich auch metonymisch und faktisch. Dieses Konzept hat nun im Roman die Überdeterminierung des Materials, das Füllen von Leerstellen zur Voraussetzung. Esther Solymosi begeht Selbstmord, in dessen Folge die zum einen dokumentarisch, zum anderen schematisch gezeichneten Figuren genau das tun bzw. erleiden, was ihnen ihre historisch-soziale Rolle gebietet: Die Frauen im Dorf (der spätere ‚Mob') treten meistens ‚schreiend' auf, Moritz Scharf wird schon zu Beginn als revoltierender Adoleszent gezeigt, der Antisemit Ónody kann nur ‚wüten' und der Untersuchungsrichter Bary ist durch „hitzige[...] Herzlosigkeit" und „kalte Erbarmungslosigkeit"[25] gekennzeichnet. Das historische Rätsel, dass der kleine Samu von einem Ritualmord erzählt, wird im Roman einerseits einem bei den Eltern mitangehörten Gespräch zugeschrieben, andererseits mit der Vorliebe der Dorfbewohner fürs Gruselige, vor allem mit ihrer Abneigung gegenüber „unheimlichen"[26] Fremden in Verbindung gesetzt. Desgleichen werden die Verhöre, von denen es historisch nur Zeugenberichte gibt, im Roman direkt und mit dezidierter Brutalität geschildert und die Verwüstung der Synagoge als Inbrandsetzung konkretisiert. Das gleichsam prädestinierte Handeln[27] der Figuren des Romans räumt mit dem Diskurscharakter des historischen Prozessmaterials und mit jedem Zweifel

---

22 Brunngraber: Prozess auf Tod und Leben, S. 5–6.

23 Ebenda, S. 266.

24 „Erreicht es Baron Ónody, daß man mit der gewissenlosen Verfolgung unschuldiger Menschen politische Geschäfte betreibt, dann werden wir die Aufmerksamkeit der Welt wahrhaftig auf diesen unerhörten Skandal lenken, und es wird sich erweisen, wer recht behält, die Wahrheit oder die Lüge, der Geist oder die Ruchlosigkeit." (Ebenda, S. 100)

25 Ebenda, S. 119.

26 Ebenda, S. 89.

27 Der Erzähler ist im vollen Wissen des Tendenzcharakters des Prozesses (ebenda, S. 208) und fingiert nicht nur nie stattgefundene Auseinandersetzungen, so etwa eine direkte Konfrontation zwischen Eötvös und Bary bzw. Ónody (ebenda, S. 218–219), sondern zum Schluss auch ein so nie stattgefundenes Doppel-Plädoyer: Während im Gerichtssaal Eötvös eine Rede über Gerechtigkeit und Humanität hält, versetzt Ónodys vor dem Gerichtsgebäude gehaltene Hassrede die Menge in Pogromstimmung (ebenda, S. 258–265). Dadurch wird der Ausgang des Prozesses relativiert und der Schlusssatz des Romans mit dem Hinweis auf 1933 vorbereitet.

an der „heraufbeschworenen Jahrhundertschande"[28] auf. Die unerhörte Begebenheit veranlasst den Erzähler bzw. auch dessen Reflektorfigur, den „den letzten Dingen des Menschen gegenüber"[29] sensiblen Joseph Scharf,[30] zu einem prinzipiellen, modellhaften Einspruch gegen die Historie, die – wie der Fall gleichsam nach dem aristotelischen Diktum belegen sollte – „de[n] Weg der Unwahrscheinlichkeit selbst"[31] nicht scheut und „die Umstände in so grotesker, blutrünstiger und zugleich schlüssiger Weise zueinanderfügt, wie ein Dichter es sich nie erlauben dürfte, wollte er nicht alles Vertrauen verlieren".[32] Für Brunngrabers – folglich als recht paradox anmutende – Annäherung an den Stoff als literarischer „Anschauungsunterricht"[33] rückt damit der „allgemein mögliche[...] atavistische[...] Rückfall des Menschlichen"[34] in den Fokus, und dieser Intention entspricht er in literarischer Hinsicht gerade an den Stellen des Romans, an denen er den „Skandal der Tatsachen"[35] am knappsten und mit der bittersten Sachlichkeit ausführt.[36]

Dieses Musterbeispiel der Realisierung der Möglichkeiten des Stoffes demonstriert natürlich auch die individuelle, im jeweiligen schriftstellerischen Lebenswerk verankerte Funktion jeder Bearbeitung. Besonders deutlich wird diese Freiheit in Arnold Zweigs (1887–1968) *Ritualmord in Ungarn. Jüdische Tragödie in fünf Aufzügen* (1914), die 1918 als *Die Sendung Semaels*[37] wiederabgedruckt und in Wien, Frankfurt und Berlin mehrfach aufgeführt wurde.[38]

---

28 Ebenda, S. 263. Es handelt sich um die Worte von Eötvös, die sich auf die erfolgreich vermiedenen Konsequenzen der Ritualmordanschuldigung beziehen. Anders verhält es sich mit der impliziten Anspielung auf den Nationalsozialismus.

29 Ebenda, S. 36.

30 „Er sah sich zeitlebens dazu angehalten, über den Augenblick, die Örtlichkeit und die Umstände, in denen er sich gerade aufhielt, hinauszudenken, und das stellte ihn gewissermaßen dauernd den letzten Dingen des Menschen gegenüber." Andernorts ist von seiner „schwermütig nachdenkliche[n] Art" (ebenda, S. 87) die Rede.

31 Ebenda, S. 87.

32 Ebenda, S. 5.

33 Brunngraber: Wie es kam, S. 55.

34 Ebenda, S. 5.

35 Lethen, Helmut: Neue Sachlichkeit 1924–1932. Studien zur Literatur des „Weissen Sozialismus". Stuttgart: Metzler 1970, S. 100.

36 Damit hat er allerdings, wie Kastbergers Pressezitate und eigenes Urteil belegen, nicht alle Zeitgenossen überzeugt. Vgl. Kastberger: Die Erfindung Österreichs aus dem Geist der Verdrängung, S. 200.

37 Zweig, Arnold: Ritualmord in Ungarn. Jüdische Tragödien in fünf Aufzügen. Berlin: Hyperionverlag 1914; Ders.: Die Sendung Semaels. Jüdische Tragödie in fünf Aufzügen. Leipzig: Kurt Wolff 1920.

38 Vgl. Hermand, Jost: Das Licht in der Finsternis. Arnold Zweigs „Ritualmord in Ungarn" als prosemitisches Tendenz- und Läuterungsdrama. In: Midgley, David/Müller, Hans-Harald/Lamberechts, Luc (Hgg.): Arnold Zweig. Psyche, Politik und Literatur.

Zweig entfernt sich radikal vom historischen Material: Esther Solymosi fällt dem sexuellen Übergriff Géza Ónodys zum Opfer, ihre Leiche wird im Gegensatz zur Prozessgeschichte von allen Figuren, auch von der Mutter identifiziert, so dass es eines unverschleierten Komplotts der Antisemiten bedarf, um überhaupt den Verdacht des Blutmordes aufkommen lassen. Der Leichenschmuggel ist ganz und gar Barys zynische Verdrehung der Wahrheit.[39] Nichtzuallerletzt lässt Zweig die Schuldigen büßen, allen voran Bary und Moritz Scharf,[40] deren Tod freilich in der Rahmenhandlung einen neuen Sinn erhält. Diese verwandelt das Stück nämlich in ein kabbalistisches Mysteriendrama, in ein „prosemitisches Tendenz- und Läuterungsdrama".[41] Der damals zu Martin Buber im Kontakt stehende, kulturzionistisch motivierte Zweig umrahmt und erhebt die Tisza-Eszlárer Szenenfolge durch eine überirdische: durch die gleichsam faustische Herausforderung des Teufels Semael durch die Stimme Elohims, deren Konsequenzen wiederum in Dialogen der Erzväter und Propheten erläutert werden. Semael bemüht sich umsonst, mithilfe der Dummheit und seiner Unterteufel der irdischen Handlung (der gerichtlichen Verhandlung) – in Absicht der Auslöschung des jüdischen Glaubens[42] – Herr zu werden. Stattdessen gipfelt das Stück in einem zweiten Prozess, in dem Rabbi Akiba als Ankläger und Rabbi Israel Baalschem als Verteidiger den Verrat von Moritz am Judentum verhandeln, bis der Prophet Elijahu als Bote Elohims den toten Jungen freispricht und der Wiedergeburt „im Lande der Väter"[43] überlässt. Interessanterweise wird auch dem ebenfalls ‚in höherer Absicht' verteufelten Bary nur eine mittlere Strafe erteilt. Seine Leiche wird durch einen „Bote[n]" „mit dem brennenden Schwert"[44] vor den Teufeln gerettet und der göttlichen Gerechtigkeit überlassen:

Akten des II. Internationalen Arnold-Zweig-Symposiums Gent 1991. Bern u.a.: Peter Lang 1993 (= Jahrbuch für Internationale Germanistik Reihe A, Kongressberichte 32), S. 32–48, hier S. 33.

39 „Die Leiche ist *nicht* Esther Solymosi, denn sie hat keine Schnittwunden; dafür hat sie deren Kleider und den Schmuck." (Zweig: Ritualmord in Ungarn, S. 43)

40 Ónody wird durch seine Beziehung zu einer kranken Salondame ‚bestraft' (ebenda, S. 94), schicksalhaft im Hinblick auf den sexuellen Übergriff an Esther. Frau Solymosi erblindet, war es doch sie, die Esther „aus den Augen gelassen" (ebenda, S. 117) hat.

41 Hermand: Das Licht in der Finsternis, S. 32.

42 „Ich will den letzten Tod auf die Erde bringen und das Geschlecht des Lebens auslöschen. [...] Nie endet die Zeit. Nie das Leid, Nie kommt der letzte Maschiach [...]. Nie kehrt die Schechina zurück." (Zweig: Ritualmord in Ungarn, S. 11–12)

43 Ebenda, S. 123. Es handelt sich auch um eine Anspielung auf die konkrete Auswanderung nach Palästina. Vgl. „RABBI: [...] Dann aber gehe ich aus dem Lande des Fremden heim in unser Land." S. 121. Vgl. Hermand: Das Licht in der Finsternis, S. 44.

44 Ebenda, S. 118.

JICZHAK: [...] Ich verhänge über ihn, seine Seele sei gebannt an jenen Ort und in dies steinerne Bild [das an Stelle der Justitia (Zw, S. 36) gestellte Denkmal der Themis (Zw, S. 92) vor dem Gerichtsgebäude in Nyiregyhaza], sie sei der Stein, aus dem der Metzer es haue, und bleibe dort, bis das Bild vergeht. [...]
NOAH: [...] Denn [...] was unten gewußt wird, ist die Schale, wir aber, ihr Väter, prüfen den Kern nach dem Willen Gottes.[45]

Der Fall Tisza-Eszlár wird damit zu einer Probe Gottes am auserwählten Volk verklärt:[46] „Denn durch dich", so Baalschem zu Moritz, „sind die Seelen entbrannt, die Herzen erschüttert worden und die Funken gehoben. Du warst, als du verrietest, ein Gefäß des Maschiach, ein Bote der Glorie und ein Wagen Gottes."[47] Zweigs Umsetzung des Materials, von der er sich später auch distanzierte, verdient natürlich mehr Erläuterung, sie wird jedenfalls in ihrem ideellen Gehalt historisch ebenso opponiert wie verstärkt durch den 1913 stattgefundenen Kiewer Ritualmordprozess gegen Mendel Beilis,[48] welcher Fall Zweig wohlbekannt war und ebenfalls den Hintergrund des Stückes bildet.

Dem nächsten, bereits ungarischen Verfasser sei ein kurzes Zwischenfazit vorangeschickt. Sowohl für Brunngraber als auch für Zweig ist der Fall Tisza-Eszlár ein historisches Exempel für den Skandal des Rassismus, der in den 1910er Jahren noch von alternativen Weltplänen relativiert werden konnte (man denke etwa an die sogenannte Balfour-Deklaration über die Gründung eines jüdischen Staates), 1948 hingegen durch die Erfahrung der Katastrophe bestätigt wurde. In diesem Kontext haben die Autoren die Macht und die Funktionslogik der öffentlichen Manipulation rekapituliert und das, was in den historischen Akteuren selbst vor sich geht, entsprechend literarisch motiviert und – übermotiviert. ‚Motivierung' bedeutet aber im vorliegenden Fall nicht dasselbe wie ‚Bezeugung'. Zum Skandal des Hasses kommt zusätzlich der der Zeugenschaft hinzu (sei es in juristischem oder historischem Sinn), wodurch die Frage der Erweisbarkeit von Wahrheit überhaupt berührt wird. Insofern verdoppelt sich der Skandal Tisza-Eszlárs und wird zum einen historisch-ideologiekritisch (als die Frage danach, was geschehen ist), zum anderen kulturkritisch-hermeneutisch

45 Ebenda, S. 100.

46 Vgl. „RABBINER: [...] [W]ir haben gesündigt, um unserer Sünde willen kommt uns der Fluch des Verdachts, um unserer großen, dauernden, blutroten Sünde willen. [...] Um unsere Lauheit im Dienst, um die Hast unsres Lebens, um die Gier nach Geld, [...] um unser ganzes ungöttisches Leben, alle unsere Jahre und Wochen, um unserer elenden Schwäche willen geschieht uns das." (Ebenda, S. 88)

47 Ebenda, S. 123.

48 Vgl. Lindemann, Albert S.: The Jew accused. Three anti-Semitic affairs (Dreyfus, Beilis, Frank), 1894–1915. Cambridge: Cambridge University Press 1991, S. 174–193.

(als die Frage, wie all das überhaupt geschehen konnte) verwertbar. Während bei den beiden deutschsprachigen Autoren erstere Option dominiert, gewinnt bei den im Folgenden vorzustellenden ungarischen – schon aus Gründen des direkten Zugangs zu den Quellen – letztere überhand. Sie stellen die Frage, unter welchen Umständen ein solcher Fall in einem modernen Rechtsstaat möglich wurde, und mit welchen Strategien ‚verständige'[49] Menschen, notgedrungen, mit der prinzipiellen Ungeheuerlichkeit umgegangen sind. Der Skandal des Menschen- und Völkerhasses, den die beiden deutschen Autoren hervorkehren, ist immerhin an einer letzten Instanz, an der der historischen (oder eben göttlichen) Wahrheit orientiert. Der Skandal der Zeugenschaft, wie ihn die ungarischen entfalten, ist der radikalen Skepsis verpflichtet. Sie ist weniger politisch als der historische Wahrheitsdiskurs, thematisiert dafür die Performativität jeder Art Bezeugung[50] und damit ein genuin literarisches Problem.

Gyula Krúdy (1878–1933) verspricht zu Beginn seines Romans *Die Tisza-Eszlárer Esther Solymosi* (1931 als Artikelserie,[51] als Buch erst 1975) den „Kulissengeheimnissen"[52] des Prozesses nachzugehen, und tut es als Ortskundiger, der als Kind im Haus seines Großvaters, eines Anwalts in Nyíregyháza, sogar den historischen Akteuren begegnet ist. Im Roman selbst erscheint der Großvater allerdings im Zwielicht der kollaborativen Zeitgenossenschaft: Im „Prolog" des Romans nennt Krúdy einige (mehrheitlich antisemitische) Besucher des Hauses des älteren Gyula Krúdy und verweist auch darauf (ob wahr oder unwahr), dass daselbst sogar der Hauptbelastungszeuge vernommen wurde. Die historische Person war tatsächlich der Initiator einer Protestaktion gegen den Staatsanwalt, der die Klage nur widerwillig vertreten und eigentlich die Verteidigung unterstützt hat.[53] Krúdy umgibt die Geschichte schon aus Grund dieser persönlichen

---

49 Brunngrabers Protanisten verweisen mehrfach darauf, dass man nun doch im 19. Jahrhundert lebt: Gerichtspräsident Korniß verweist Ónody mehrfach darauf, dass ihn seine Ansichten zum „Anschauungsbild für die Zustände in der Vergangenheit" (Brunngraber: Prozess auf Tod und Leben, S. 111) machen. Im ersten Konflikt zwischen Ónody und Moritz Lichtmann sagt dieser: „In Nyiregyháza [...] wird man auch für die Juden schon im neunzehnten Jahrhundert sein." (Ebenda, S. 66)

50 Lőrincz spricht vom sprachlichen Akt des „Zeugnisgebens", dessen Performativität „noch vor jeder inhaltlichen Determiniertheit" eine „nicht rückzubestätigende Evidenzerfahrung" gewährt. Lőrincz, Csongor: Zeugnisgaben der Literatur. Zeugenschaft und Fiktion als sprachliche Ereignisse. Bielefeld: Transcript 2016, S. 13.

51 Der Narrator spricht zu Beginn mehrfach von „Aufzeichnungen". Krúdy, Gyula: A tiszaeszlári Solymosi Eszter. Dritte, überarbeitete Auflage. Hg. und mit einem Nachwort von Anna Fábri. Budapest: Magvető 2003, S. 21, 23, 25 und 34.

52 Ebenda, S. 15.

53 Ebenda, S. 420–422.

Verankerung mit dem für ihn charakteristischen impressionistischen Flair,[54] ohne freilich auf die gebotene kritische Schärfe zu verzichten. Er erweitert den Horizont, indem er das historische Milieu, allen voran die antisemitisch geprägte ungarische Gentry, beschreibt und gleichsam Verständnis für deren Motivationen und Taten aufzubringen versucht.[55] Im Gegensatz zu Eötvös, dessen Memoiren auf die antisemitische Verschwörung zugespitzt sind,[56] hat es sich Krúdy zufolge um eine Entwicklung bzw. Verwicklung der Ereignisse gehandelt, die wie durch „einen Stein, den man in den Brunnen geworfen hat",[57] ungewollte Konsequenzen nach sich gezogen haben. Im Hintergrund der Konflikte hätten dabei nach Meinung des Autors die genannte historische Klasse und das ‚letzte Aufbegehren' des ungarischen Komitats als Rechtsinstanz gegen die Kontrolle des modernen Staates gestanden.[58]

Die aus dieser Überzeugung resultierende ‚dichte Beschreibung' erweist sich jedenfalls als literarisch fruchtbar.[59] Im episodischen Gewebe der Handlung begegnet man komplexen Charakteren: Die Täter schrecken stellenweise selbst vor den Konsequenzen zurück, während die Opfer sie gar nicht erst zu begreifen vermögen. Mehrfach ist die Rede, wenngleich zunehmend ironisch, von der ‚Verantwortung', die das Untersuchungspersonal immer wieder von sich weist:

> Das Geständnis des Jungen erschien als so schwerwiegend, dass die beiden subordinierten Beamten [die es erzwungen haben, E. H.] keine Verantwortung zu übernehmen wagten. [...] Soll sich der königliche Gerichtshof darum kümmern, dass

54 Vgl. Johnston, William M.: Zur Kulturgeschichte Österreichs und Ungarns zwischen 1890 und 1938. Auf der Suche nach verborgenen Gemeinsamkeiten. Wien, Köln, Graz: Böhlau 2015, S. 226; Lukacs, John: Ungarn in Europa. Budapest um die Jahrhundertwende. Aus dem Amerikanischen von Renate Schein und Gerwin Zohlen. Berlin: Wolf Jobst Siedler 1990, S. 43. Als ‚Krúdysmen' im Roman vgl. z.B. Krúdy: A tiszaeszlári Solymosi Eszter, S. 79, 123, 158, 141 und 410.

55 Als konsequent umgesetztes narratives Mittel zur historischen Vertiefung fungieren auch die konsequent in Klammern hinzugefügten Erklärungen und Ergänzungen des Erzählers zum jeweils Berichteten.

56 Krúdy signalisiert Kritik an Eötvös: Er will dessen Voreingenommenheiten korrigieren. Vgl. Krúdy: A tiszaeszlári Solymosi Eszter, S. 15 und 329.

57 Krúdy, Gyula: A tiszaeszlári Solymosi Eszter. Budapest, Magvető 1975, S. 187. Vgl. Krúdy: A tiszaeszlári Solymosi Eszter, S. 202.

58 Ebenda, S. 191, 265 und 314.

59 „Ein seltener literaturhistorischer Moment, wenn der Gegenstand der Erzählung, die Erzählung selbst und deren Art und Weise ein und dasselbe sind." Bán, Zoltán András: A zsidó Mohács, in: Unikornis (21.11.2016), in: www.unikornis.hu/kultura/20161104-a-tiszaeszlari-vervad-marton-laszlo-krudy-gyula-eotvos-karoly.html (Zugriff: 11.12.2019).

der Junge sein Geständnis in einer Form ablegt, die es ein für allemal zweifellos beglaubigt.[60]

Die Angeklagten und die Zeugen verhalten sich allzu kooperativ,[61] wobei die brutalen historischen Verhöre bezeichnenderweise ausgespart bleiben. Moritz Scharfs Verhör wird zum Psychodrama verharmlost und das Vorgehen gegen die Flößer wird übergangen.[62] Überhaupt zeigt der Narrator mehr Interesse für die Täter als für die Opfer. Der Antisemit Ónody, der bei Brunngraber nur wüten kann und bei Zweig zum Vergewaltiger wird, frönt bei Krúdy, während er unauffällig die Fäden zieht,[63] dem täglichen Besuch jüdischer Wirtshäuser und dem ‚Minnedienst' für deren Wirtinnen. Im Hinblick auf den Prozess, während dessen der historische Ónody bekanntlich unverhüllte Agitation betrieb (und auch den Staatsanwalt provozierte), heißt es:

> [A]ußerhalb der Verhandlung hat auch Géza Ónody nicht geruht, steckte er doch auch *ohne seinen Willen* bis zum Halse in diesem Judenprozess, denn die Zuhörer aus Nyíregyháza und anderen Gegenden machten nach jedem Verhandlungstag praktisch nur ihn für das günstige oder ungünstige Verhalten der Zeugen verantwortlich.[64]

Auch die brutalen Sicherheitskommissare erweisen eine Art (hinterlistige) Unschuld, indem sie sich über die Aussagebereitschaft von Beschuldigten wundern und ein gutes Wort für sie bei den Behörden einlegen. Niemand will folglich so richtig und tut es unter dem Zwang der Umstände trotzdem.

Die historische ‚Kolorierung' wird durch einen Erzähler verstärkt, der mit den Fakten lässig umgeht, Widersprüche produziert, die zum einen an der Redaktion der Artikelserie (101 Folgen) liegen könnten, zum anderen aber auch konzeptuell sind.[65] Besonders deutlich wird die erzählerische Unzuverlässigkeit,

---

60 Krúdy: A tiszaeszlári Solymosi Eszter, S. 168, vgl. ebenda, S. 170 und 180.

61 Josef Scharf spricht im Prozess (nach einem Jahr Haft) „scheinbar gelangweilt von dieser ‚Narrheit'" (ebenda, S. 372). Vgl. ebenda, S. 476 sowie das Gerede der weiblichen Zeugen im Prozess (Kr, S. 399 und 407).

62 Vgl. ebenda, S. 132 und 150. Nur der gegen sie vorgehende Sicherheitskommissar Vay berichtet Ónody vom Geständnis der Flößer.

63 Zu Beginn scheint er sogar ‚seine Juden' zu schützen. Vgl. ebenda, S. 161 und 221.

64 Ebenda, S. 424, Hervorhebung E. H.

65 Vgl. die Informationen über die Findung der Wasserleiche, ebenda, S. 194 vs. S. 243, Moritz Scharfs Verhör, S. 152 vs. S. 265, das Geständnis der Frau Cseres, S. 298, sowie den Gegensatz zwischen der scheinbar beruhigenden Wirkung von Eötvös' Schlussplädoyer und dem Prolog des Romans über die Budapester Krawalle, S. 508 bzw. 5–21. Als Konzept ist der Selbstwiderspruch am einleuchtendsten in Bezug auf die Behauptung und baldige Relativierung der Wahrheitsgemäßheit der Aussage des Josef Scharf auf S. 57.

wenn die eigene und die historischen Stimmen ineinander übergehen[66] und auf eine Art und Weise fabuliert wird, die im Widerspruch zum ethisch-moralischen Klärungsbedarf, zu jenem Wahrheitsanspruch steht, mit der sich die beiden deutschen Autoren der Geschichte nähern. Krúdys „großes Paradoxon" besteht gerade

> in der engagierten Suche und Geltendmachung der Wahrheit, der Attitüde des moralisch hochbewerteten Willens zur Aufklärung auf der einen Seite, und dem rudimentierten, ornamentalen Charakter der Erzählweise auf der anderen. Denn die ungarische anekdotische Tradition eignet sich als Kolportierung der konventionellen Wahrheiten über die kleinen Phänomene nicht zu dem, was die großen Wahrheitssucher wollen: zum Überblick über die Strukturen und zur Entlarvung der großen Zusammenhänge.[67]

Krúdy kommt es jedoch gerade auf die Veranschaulichung dessen an, „wie es möglich gewesen ist, dass es damals (in den Jahren 1882 und 1883) niemand im Lande gegeben hat, der klar gesehen hätte, was mit der vierzehnjährigen Magd, Esther Solymosi geschehen ist. Als ginge es um ein Land der Narren, der Bösewichte und der Gespenster."[68] Entgegen Brunngrabers aristotelischer Anwendung auf den Fall spitzt sich folglich sein Urteil in der Feststellung zu: „Hätte ein Dichter diese Handlung in einem Theaterstück oder Roman behandelt, bevor sie sich in Wahrheit abgespielt hat, wäre das Märchen von Eszlár ebenfalls ein Welterfolg geworden." (Kr, S. 513)[69] Mit anderen Worten: Das Leben hat ein Kapitel geschrieben, von der sich der moralische Mensch angeekelt abwendet, vor der hingegen der Literat, der an der ‚comédie humaine' interessiert ist, ehrfürchtig den Hut zieht.

---

66 Es geschieht z.B. mithilfe der internen Fokalisierung. Vgl. ebenda, S. 37–38 (nächtliche Fantasien), S. 52 (Esthers geheime Botschaften), S. 315 (über Koloman Tisza und Rothschild) und S. 405–406 (Blick der Frau Hurai auf Eötvös). Der Roman führt darüber hinaus zahlreiche Stellen in Anführungszeichen vor, auf deren Quelle nur im Prozessbericht hingewiesen wird.

67 Margócsy, István: A tiszaeszlári per a magyar irodalomban (Der Prozess von Tisza-Eszlár in der ungarischen Literatur), S. 1–5, hier S. 4, in: www.ekmizbak.hu/magyar/konf2003-1.htm (Zugriff 19.12.2019). Margócsy bezieht in diese Kritik übrigens auch Károly Eötvös mit ein.

68 Krúdy: A tiszaeszlári Solymosi Eszter, S. 285.

69 Vgl., S. 513. Krúdys Gesamturteil ist trotzdem klar: Das beweist die Einführung des Romans, in dem zum Auftakt die Nachfolgen des Prozesses, die Budapester Krawalle, erzählt werden (ebenda, S. 5–21). Deutlich wird sein Urteil auch an den Stellen, an denen er die Szabolcser Umstände mit den Errungenschaften des 19. Jahrhunderts konfrontiert. Vgl. ebenda, S. 420, 427, 431–433.

Mit dieser – inzwischen mehr ricœurschen als aristotelischen – Verschränkung von real und fiktiv, wahr und unwahr rennt man nun bei László Márton, womit wir beim zweiten ungarischen Autor (und zugleich beim Anfang dieses Aufsatzes) wieder angekommen sind, gleichsam offene Türen ein. Der Roman *Der falsche Zeuge* steht in vieler Hinsicht in der Nachfolge Krúdys, verlängert dessen Ansatz ins Groteske und schöpft dazu aus dem Besten von Mártons Œuvre. Der Autor hat sich in einem Großessay bereits Ende der 1980er Jahre mit der jüdischen Assimilation und dem ungarischen Antisemitismus auseinandergesetzt[70] und mit dem Roman *Schattige Hauptstraße* (1999)[71] einen besonderen Beitrag zur Holocaust-Literatur geleistet. Dort ging es ihm um die Kernproblematik, die Darstellbarkeit des historischen Traumas, und mit der daselbst gefundenen, skurrilen Lösung fährt er auch in *Der falsche Zeuge* fort. Er operiert mit einem Narrator, der seine Omnipräsenz mit einer Willkür umsetzt, mit der alles ins (metanarrative) Gegenteil umschlägt. Darüber hinaus ergänzt er den Stoff durch anderweitige Materialien, die mit diesem einerseits nichts zu tun haben, andererseits dessen Skandalcharakter auf die Spitze treiben. Der Akzent wird von Esther auf Moritz, von der (falschen) Opferschaft auf die (falsche) Zeugenschaft, von der Bezeugung auf die Erzeugung und die Falschheit von Geschichte überhaupt verlegt.

Die Erhöhung des Einsatzes schlägt sich bei Márton – entgegen der paradigmatischen Ernsthaftigkeit Brunngrabers – in provokativer Komik nieder. Schon Paul Nathan sprach in Bezug auf die historische Affäre von „unfreiwillige[r] Komik",[72] desgleichen Arnold Zweig von der „bezechte[n] Komik dieses Prozesses",[73] und auch die Holocaust-Literatur weist bekanntlich eine Richtung auf, in der der Stellenwert des Komischen verhandelt wird.[74] Márton, der auch

70 Márton, László: Kiválasztottak és elvegyülők. Töprengés a sorsról, ami nem közösség (Auserwählte und Assimilierte. Gedanken über das Schicksal, das keine Gemeinschaft ist). Budapest: Magvető 1989. Vgl. Flemming, Heike: Zum Wandel der Erinnerung an den Holocaust in der ungarischen Literatur. Am Beispiel von Imre Kertész und László Márton. Berlin u.a.: Peter Lang 2018 (=Interkulturelle Begegnungen Studien zum Literatur- und Kulturtransfer 25), S. 121–141.

71 Márton, László: Die schattige Hauptstraße. Wien: Zsolnay 2003. Vgl. Flemming: Zum Wandel der Erinnerung an den Holocaust in der ungarischen Literatur, S. 151–175.

72 Nathan: Der Prozess von Tisza-Eszlár, S. 23.

73 Zweig: Ritualmord in Ungarn, S. 95.

74 Vgl. Des Pres, Terrence: Holocaust Laughter. In: Lang, Berel (Hg.): Writing and the Holocaust. New York: Holmes and Meier 1988, S. 216–233; Steinlein, Rüdiger: „Das Furchtbarste lächerlich? Komik und Lachen in Texten der deutschen Holocaust-Literatur", in: Köppen, Manuel (Hg.): Kunst und Literatur nach Auschwitz. Berlin: Erich Schmidt 1993, S. 97–106; Frölich, Margrit/Loewy, Hanno/Steinert, Heinz (Hgg.): Lachen

schon mit der *Schattigen Hauptstraße* eine „fröhliche Geschichte"[75] bezweckte, befindet sich in diesem Kontext gleichsam in seinem Element. Zu dessen Veranschaulichung seien stellvertretend zwei Stellen zitiert:

> Gern würde ich mich noch ein kleines bisschen bei Moritz [im Nyíregyházaer Gefängnis] verweilen. Ich würde ihm erklären, welch vorteilhaftes Leben dieser prächtige Bau im Vergleich z.B. zum Szegediner Burggefängnis oder zur Strafanstalt von Illava bietet. Befürchte jedoch, dass dies die Handlung wenig vorantreiben würde. Wir dürfen auch nicht vergessen, dass die Einzelhaft längerfristig nur für eine Person gedacht ist. Also bin ich auch schon weg. Sei in Wahrheit niemals da gewesen.[76]

> Es ist schon wahr, dass man den Rabbi von Szentvilmos, [...] der Moritz Religionsunterricht geben wollte, trotz mehrfacher Beantragung nicht [...] hereingelassen hat. Nicht, als hätte der Herr Gefängniskommandant etwas am Religionsunterricht auszusetzen gehabt, man tat es ausschließlich aus dem Grund, weil der hochehrwürdige Rabbiner sinnvollerweise Jude ist. [...] Einen christlichen Rabbiner würde der Gefängniskommandant jederzeit und gern zu Moritz gelassen haben.[77]

Mártons satirische Witze und ins Detail gehende – Radnóti als Modellleser irritierende – Blödeleien entlasten den Stoff keineswegs. Anders als seine Vorgänger, verwickelt er sich gar nicht erst in die Rekapitulation des Prozesses – „Lieber ess ich fünf Kilo Sägespan, als mit dem Leser die zweimonatige Schlussverhandlung abzusitzen"[78] –, stattdessen überzieht er die Kerngeschichte mit Nebenhandlung, Berichten und Fantasien, die das Ganze – viel schlimmer werden lassen. Dabei fühlen sich nicht die unverhüllt kritischen Szenarios als die bedrohlichsten an, etwa die ‚gevatterliche' Beratschlagung, zukunftsträchtige ‚Träumerei' der Antisemiten darüber, wie schön es wäre, wenn man sich mit so und so viel Stacheldraht zwecks Isolierung und so und so vielen Waggons für den Abtransport auf einmal aller Juden entledigen würde.[79] Viel schmerzhafter wirken die fiktiven Exkurse, die Esther Solymosis und Moritz Scharfs Geschichte mit der ungarischen Literatur verknüpfen. Denn Márton verwebt die Handlung, gleich einem Panoptikum, mit Figuren und Plots des gesamten literarischen

über Hitler – Auschwitz-Gelächter? Filmkomödie, Satire und Holocaust. München: Ed. Text und Kritik 2003.

75 „A lovak kihaltak". Márton Lászlóval beszélget Nagy Boglárka („Die Pferde sind ausgestorben". László Márton mit Boglárka Nagy im Gespräch), in: Jelenkor 12 (2001), S. 1290–1303, hier S. 1297.

76 Márton: Hamis tanú, S. 97.

77 Ebenda, S. 133.

78 Ebenda, S. 313.

79 Ebenda, S. 213–221.

Kanons (mit über zehn Klassikern von János Arany bis Ádám Bodor). Um Verknüpfung bzw. Verallgemeinerung sorgt die Márton'sche Namensgebung auch sonst: Während im Figurenrepertoire Gestalten aus der Literatur auftauchen, behält der Erzähler die historischen Namen aus dem Prozess nur zum Teil und verzerrt bei. Solymosi heißt Ölyvesi, Scharf heißt Spitz, aus Eötvös wird Vajda, aus Bary Viola (auch eine literarische Allusion), und auch die geografischen Namen werden geändert (Tisza-Eszlár heißt Tiszarét, das Komitat Szabolcs wird zu Taksony, Tokaj zu Törkő, Nyíregyháza zu Szentvilmos). Darüber hinaus werden auch die Namen mehrerer Zeugen und Angeklagten vertauscht (mit der hintergründigen Botschaft, ‚Hauptsache schuldig'). Das inter- und intratextuelle Spiel gehört zwar zum metafiktionalen Spaß, leistet aber auch die Engführung der gesamten ungarischen Geschichte seit dem 19. Jahrhundert mit dem Fall von Tisza-Eszlár. Dieser wird zum langfristigen Alptraum generalisiert, der ungeheuerlich (Skandal Nr. 1), unglaublich (Skandal Nr. 2) und – als schwerwiegende Zugabe Mártons – auch ein dezidiert nationalhistorisches Debakel ist. Esther ist bei Márton immer unzweideutig „unsere Esther": „Es ist zu befürchten, dass wir nie erfahren werden, was mit unserer Esther geschehen ist. Umso mehr werden wir erfahren und erleben, was zukünftig diesem Land widerfährt."[80] „Hierin besteht", so der letzte Satz des Romans (eine ironische Anspielung auf Eötvös), „der wahrlich große Prozess, der seit tausend Jahren währt und noch kein Ende gefunden hat".[81] Der Fall Tisza-Eszlár ist so alt wie die ungarische Geschichte und feiert gerade jetzt – der Roman erschien wie gesagt 2016 – seine Wiederkehr. Und gerade das ist es, wogegen nicht hilft, dass Mártons Erzähler auch über Esthers Schicksal Bescheid zu wissen scheint: Denn Vaszilij Kirecsány, der Schwanenhirt, hat Baronin Vilma Stróbel wissen lassen, dass „unsere Esther" an jenem folgenschweren Tag zur Theiß ging, sich überwarf und zu einem schneeweißen Schwan wurde, der jetzt auf dem Schwanensee in Neuschwanstein ein prächtiges Leben führt.[82] Esther ist, so die erzählerische Intention, von uns gegangen, nur Ungarn ist geblieben, wo und wie es immer schon war.

3. Die Medien des Skandals

Die Analyse der Werke Brunngrabers, Zweigs, Krúdys und Mártons bestätigt zum einen die traurige Wahrheit der Anschlussfähigkeit des skandalösen Stoffes an die jeweils aktuelle historische Situation. Sie erweist zum anderen

80 Ebenda, S. 316.
81 Ebenda, S. 349.
82 Ebenda, S. 319.

Differenzen im Verständnis dessen, worin der eigentliche Skandal besteht. In Parallelbewegung dazu variiert auch die Literarisierung des Materials, vom Dokumentarischen bis zur Fantastik, von der Moralerzählung bis zur Farce. Um die genannten Werke herum kann man freilich auch einen weiteren Kreis, den der literarischen Amoralität bzw. Immoralität ziehen, etwa den kurioserweise bereits im Sommer 1882 entstandenen Trivialroman Dániel Kászonyis[83] nennen, in dem die Liebe zwischen den beiden Vierzehnjährigen, Esther und Moritz, als hintergründiges Motiv seine Karriere antritt. Und auch der pro und kontra erbrachte lyrische Ertrag[84] und die zeitgenössische Karikatur[85] tragen mit der ihnen eigenen Signatur zum Thema bei.

Das eigentliche Gegenstück zur literarischen Umsetzung des Materials findet man jedoch – auch im Sinne der Aufbewahrung im kulturellen Gedächtnis, der ‚postmemory' von Tisza-Eszlár[86] – in den Verfilmungen, in Performance[87] und Musik,[88] welche Medien natürlich auf ihre Weise Leerstellen füllen und wieder welche eröffnen. Die Konkurrenz um Wirkung und Botschaft zeigt sich z.B. im Film und im Drama,[89] die das Herzstück des Stoffes, das vor Gericht gemachte Geständnis des Sohnes gegen den Vater, Moritz Scharfs öffentliche Verleumdung

83 Kászonyi, Daniel: Esther Solymosi. Das Blutopfer von Tisza-Eszlár. Social-Roman aus der Gegenwart. Budapest: Buchdruckerei von Wilckens &Waidl 1882.

84 Vgl. z.B. Kiss, József: Az ár ellen (Gegen den Strom), in: Pesti Napló (25.6.1882), Morgenblatt, Beilage, S. 1 (dt. in: Pester Lloyd, 26.06.1882); Kmethy István: Visszhang. Kiss József „Az ár ellen" czimű költeményére (Echo auf József Kiss' Dichtung „Gegen den Strom"), in: Nyírvidék (23.7.1882), S. 1.

85 Vgl. z.B. Borsszem Jankó, 28.5.1882, S. 1; ebenda, 2.7.1882, S. 1; ebenda, 9.7.1882, S. 3; ebenda, 24.6.1883, S. 1; ebenda, 15.7.1883, S. 1.

86 Mit ‚postmemory' hat man im engeren Sinne in Sándors Interview-Segmenten und Miklós Erdélys Interview-Szenen zu tun. Sándor, Iván: A vizsgálat iratai. Tudósítás a tiszeszlári per körülményeiről (Die Akten der Untersuchung. Bericht über die Umstände des Prozesses von Tisza-Eszlár). Budapest: Kozmosz ^{2}1983. Vgl. Kőszegi, Edit (Regie): „Midőn a vér..." („Als das Blut..."). Budapest: Hunnia Filmstúdió 1994.

87 Soharóza: Hamis vallomás (3. verzió) [Falsches Geständnis (3. Version)]. Chor-Performance. Centrális Galéria, 14.11.2013. Zur Eröffnung der Ausstellung Németh, Hajnal/ Kékesi, Zoltán: Hamis vallomás (Falsches Geständnis). 15.11.–15.12.2013, Centrális Galéria Budapest.

88 Véri, Dániel: A tiszaeszlári vérvád zenei feldolgozásai. Hagyományok, interpretációk, narratívák. Németh Hajnal: Hamis vallomás; Fischer Iván: A Vörös Tehén (Die Blutmordbeschuldigung von Tisza-Eszlár in der Musik. Traditionen, Interpretationen, Narrative. Hajnal Német: Falsches Geständnis; Iván Fischer: Die rote Kuh), in: Múlt és Jövő 2 (2014), S. 23–36.

89 Vgl. Sipos András: Scharf Móric. Drámai találkozás egy képben [1986] (Moritz Scharf. Dramatische Begegnung in einem Bild), in: 1990/1, S. 57–66. Herald, Heinz/Herczeg, Geza. The Burning Bush. Adapted by Noel Langley. New York: Shirley Collier Agency 1947.

seiner Familie und Herkunft aufgreifen; die schwerwiegenden Worte einer rätselhaften Seele, deren szenische Darstellung sich der narrativen Kontrolle entzieht, und selbst durch Mártons ‚Dekontrolle' nicht eingeholt werden kann. Dafür wird in den genannten Medien die hintergründige Verfeinerung des historischen Problems, die Frage nach dem Wie, zugunsten des Was, des instantanen Schreckens aufgegeben. Entlang der Realisierung der beiden Skandale lässt sich das Material also auch nach generischen und medienspezifischen Bedingungen ‚skalieren'.

In einer speziellen Beziehung zur Literarisierung von Tisza-Eszlár befindet sich andererseits die autobio- und historiografische Literatur. Beginnend mit Scharfs,[90] Eötvös' und Barys Memoiren, neu beleuchtet in Iván Sándors Interviewbuch aus dem Jahre 1976,[91] erweist sie sich vor allem in der jüngsten Geschichtsschreibung als eine Konfliktzone auseinandergehender Lesarten. Auf ihre Art und Weise demonstriert auch sie den Skandal der Zeugenschaft. Denn das Korpus, das Labyrinth der Prozessakten und -berichte widersetzt sich gleichsam der distanzierten, ideologiekritischen Schließung. Die historistischen Arbeiten entfalten in diesem Sinn eine spezifische Rhetorik, die sich, wie bei Kövér, literarischer Muster bedient, oder, wie bei Blutman, auf die Schriftlichkeit des Materials pocht. Bei beiden Historikern opponieren jeweils über 500 Seiten Text dem ‚naiven' Wunsch nach der Findung der Wahrheit. Wie Mártons kaum verkennbare Allusionen auf die aktuelle politische Situation, führen auch diese Werke den Prozess gleichsam in der Gegenwart weiter. Es ist also nach wie vor Grund da, über den Skandal (die Skandale) Tisza-Eszlárs zu schreiben, somit auch Anlass, dem Umgang damit nachzuspüren. Erst recht verdient das Zusammenspiel von Problem und Medium die Aufmerksamkeit und dürfte die Forschung zu den literarischen und den Filmtexten miteinander verknüpfen.

90 Scharf, Móric: Emlékeim a tiszaeszlári pörből (Meine Erinnerungen an den großen Prozess), in: Egyenlőség, 10.9–3.12.1927.

91 Vgl. Sándor: A vizsgálat iratai. Tudósítás a tiszeszlári per körülményeiről (Anmerkung 86).

Das Bild Horthy-Ungarns in den Medien der ungarischen Exilanten in Wien um 1920

Andrea Seidler (Wien)

1. Der Wendepunkt 1918

Die Geschichte der Habsburger Monarchie ist gekennzeichnet durch eine Reihe von politischen Brüchen, Identitätsbrüchen, kulturellen Kontinuitätsbrüchen, die sich vor allem im späten 19. Jahrhundert, der Phase des *Nation Building* verorten lassen. In diesem Beitrag geht es im Speziellen um das alle Bereiche des gesellschaftlichen Lebens umfassende Verhältnis zwischen dem einstigen Königreich Ungarn – dem Staatsgebilde, das nach 1918 und in der Folge nach dem Friedensvertrag von Trianon (4. Juni 1920) davon übrig geblieben ist – und der Republik Österreich im Allgemeinen, zur kulturellen und politischen Tätigkeit der ungarischen Exilanten in Wien, die nach der Niederschlagung der Räterepublik 1919 gezwungen waren, ihre Heimat Ungarn zu verlassen, weil sie um ihr Leben fürchteten, oder dies auch freiwillig taten, sowie um deren Manifestationen. Ungarn – das ist bekannt und auch heute, zu Beginn des 21. Jahrhunderts wieder aktuell – ist während des gesamten 20. Jahrhunderts ein Auswanderungsland gewesen. Der Wiener Soziologe Péter Zoltán schreibt in einer Studie, zwischen 1918 und 1956 hätten insgesamt mehr als eine halbe Million Menschen das Land verlassen, und zwar durch Emigration, Aussiedlung und Deportation.[1] Dabei sind uns drei große Daten bewusst: die erste Auswanderungswelle 1919/20, die zweite, die auf den Zweiten Weltkrieg 1948 folgte, und die dritte große Auswanderungswelle als Folge des Volksaufstandes von 1956. Ich behandle hier vor allem *erzwungene* Auswanderungen, nicht die freiwillige

1 Péter, Zoltán: „Stellungen und Stellungnahmen. Die Rolle der Wiener Ungarischen Zeitung und ihr intellektuelles Umfeld (1919–1923)", in: Kakanien revisited. Online verfügbar unter: www.kakanien-revisited.at/beitr/fallstudie/ZPeter1.pdf (Zugriff: 21.11.2019) sowie Kerekes, Amália/Péter, Zoltán: „Internationalität – Integration – Vermittlung. Die Wiener ungarisch sprachige sozialdemokratische Presse in der Anfangsphase der Ersten Republik", in: Kakanien revisited. Online verfügbar unter: www.kakanien-revisited.at/beitr/emerg/AKerekes_ZPeter1.pdf (Zugriff: 21.11.2019).

Migration, die häufig aus ökonomischen oder rein privaten Gründen erfolgte und dies im Zusammenhang mit 1919/20.

Im Jahr 1919 flüchtete bekanntlich nahezu die gesamte politische und kulturelle Elite Ungarns, die auf Seiten der kurzfristig regierenden Kommunisten, aber auch auf der Seite der Sozialdemokraten und der sogenannten „Radikalen Bürgerlichen" – heute würde man sagen der „Liberalen" und der „Linken" – gestanden hatten, in das westliche Europa, später auch nach Amerika und in die Sowjetunion.[2] Wien – ein vertrauter Ort, kurz vorher noch die Kaiserstadt und Hauptstadt der Doppelmonarchie und somit auch ihres Landes – war nur eines ihrer Ziele und vor allem in der kurzen Phase zwischen Spätherbst 1918 und 1923 interessant.

Der „Weiße Terror", d.h. die politische Repression durch das sich neu etablierende Regime des Reichsverwesers Miklós Horthy, die für die in Ungarn gebliebenen, politisch Verfolgten häufig mit dem Tod endete, hatte viele von ihnen in die Flucht getrieben. Eine der führenden sozialdemokratischen ungarischen Medien in Wien, die Zeitung „Bécsi Magyar Újság" (Wiener Ungarische Zeitung) schreibt über die große Zahl der Ungarn in Wien: „Wien. In dieser österreichischen Stadt leben mehr Ungarn, als in den Dörfern und Städten entlang der Bahnlinie Budapest-Wien. Man sagt nicht ohne Grund, Wien sei die zweitgrößte ungarische Stadt."[3]

Natürlich waren viele Ungarn schon vor 1919 in Wien sesshaft geworden. Ich denke an die zahlreichen Ministerien und Ämter der Doppelmonarchie, die in Wien ansässig waren. Nicht alle Ungarn, die einst dort tätig gewesen waren, kehrten nach 1918 in die Heimat zurück, schon wegen der unsicheren politischen Lage des Landes nicht. Die Auswanderung begann 1919 und dauerte bis 1923 an. Nach dem ungarischen Historiker Tibor Hanák dürfte die Zahl

---

2 „Unter den prominenten Politikern, die nach der Machtübernahme der Kommunisten und Ausrufung der Proletarischen Diktatur nach Wien übersiedelten, befanden sich Oszkár Jászi, Führer der Radikalen, Minister für Nationalitätenfragen in der Revolutionsregierung Mihály Károlyis, Pál Szende, ebenfalls Mitglied des Károlyi-Kabinetts, Gustav Gratz, früher Weggefährte von Jászi, später liberal-konservativer Politiker, Botschafter in Wien, 1921 Außenminister Ungarns, weiter zahlreiche konservative Politiker, wie Gyula Andrássy, Albert Apponyi, István Bethlen, Gyula Gömbös, Pál Teleki, die jedoch kurz nach Ende der 133 Tage währenden Räterepublik (einige aus ihrem Kreis bereits früher) wiederum nach Ungarn zurückkehrten." (Hanák, Péter: Politik und Geistesleben der Ungarn in Wien 1918–1925. Online verfügbar unter: https://docplayer.org/14024839-Politik-und-geistesleben-der-ungarn-in-wien-1918-1924.html, Zugriff: 21.11.2019)

3 „Bécs. Ebben az osztrák városban több magyar él, mint a budapest-bécsi vonal minden városában és falujában együttéertve. Nem hiába szokás mondani, hogy Bécs nagyság tekintetében a második magyar város." BMU, 15.4.1922.

derjenigen, die damals aufgrund der politischen Verfolgung von 1919 nach Wien flüchteten, an die 4000 Personen betragen haben.[4] Es kursieren zwar widersprüchliche Zahlen in der Forschung, Tatsache ist, dass es sich um eine ansehnliche Gruppe von Exilsuchenden handelte. Die Exilanten blieben durchschnittlich vier bis fünf Jahre im Land. Unter ihnen befanden sich ungefähr 200 kulturell aktive Journalisten, Schriftsteller, Künstlerinnen, die sich in Wien niederließen, wobei die genaue Zahl sehr schwer einschätzbar ist, es könnten auch durchaus wesentlich mehr gewesen sein.[5] Sie entfalteten in der Stadt sogleich ein aktives kulturelles Leben, gründeten Vereine, hielten Vortragsabende, musikalische Abende und publizierten Zeitungen und Zeitschriften. Károly Kókai hat sich mit diesen Aktivitäten in zahlreichen Forschungsbeiträgen auseinandergesetzt und dabei festgestellt, dass sich die ungarische Migration in Wien stets an zentralen Orten und oft auch vermengt mit der Wiener Kulturszene traf.[6] Tibor Hanák führt diese unmittelbar einsetzende rege Tätigkeit, die nur einige Jahre währte, und die – wenn es um mediale Präsenz ging – sehr häufig in der Auseinandersetzung mit den Ereignissen in Ungarn stand, auf

4 Auch einige Jahre später wird noch darüber berichtet, dass der Flüchtlingsstrom aus Ungarn nicht abgerissen sei, so z.B. sollen zwischen dem 1. Juni 1922 und dem 1. Juni 1923 allein über Wien 577 ungarische Flüchtlinge gekommen sein, von denen lediglich 86 nicht der Arbeiterschaft angehörten (Beamte, Studenten, Ingenieure usw.), alle übrigen seien Industriearbeiter oder Gewerbetreibende gewesen. Diese Angaben stammen aus einer Zusammenstellung des führenden Sozialdemokraten Sándor Garbai, der die Stärke der ungarischen Emigration im Jahre 1923 auf mehr als 30.000 schätzte. Davon lebten – nach Garbai – 4000 in Österreich, 6000 in Deutschland, 6000 in Sowjet-Russland usw., insgesamt in neunzehn Staaten. Was die gesellschaftliche Zugehörigkeit betrifft, soll die ungarische Emigration zu 80 % aus Industriearbeitern und 10 % aus Bürgerlichen (10 % unbestimmt) bestanden haben. Siehe dazu Hanák. Online verfügbar unter: https://docplayer.org/14024839-Politik-und-geistesleben-der-ungarn-in-wien-1918-1924.html (Zugriff: 21.11.2019).

5 Ebenda.

6 Kókai, Károly: Spuren der Avantgarde in Wien, in: Ders./Seidler, Andrea (Hgg.): Das ungarische Wien. Spuren eines Beziehungsgeflechts. Wien: praesens 2018, S. 187–198. Über die Avantgardekunst: Botar, Oliver A.I.: „From the Avant-Garde to ‚Proletarian Art'. The Émigré Hungarian Journals Egység and Akasztott Ember, 1922–1923", in: Art Journal 52/1 (Spring 1993). Political Journals and Art, 1910–1940, S. 34–45; Forgács, Éva/Miller, Tyrus: „The Avant-Garde in Budapest and in Exile in Vienna: A Tett (1915–1916), Ma (Budapest 1916–1919; Vienna 1920–1916), Egység (1922–1924), Akasztott Ember (1922), 2x2 (1922), Ék (1923–1924), Is (1924), 365 (1925), Dokumentum (1926–1927), and Munka (1928–1939)", in: The Oxford Critical and Cultural History of Modernist Magazines Vol. 3: Europe, 1880–1940. Oxford: Oxford University Press 2013, S. 1128–1156; Művészet akcióban – Kassák Lajos avantgárd folyóiratai A Tett-től a Dokumentumig (1915–1927), in: Balázs, Eszter/Sasvári, Edit/Szeredi, Merse Pál (Hgg.): Art in Action: Lajos Kassák's Avant-Garde Journals. Budapest: Petőfi Irodalmi Múzeum–Kassák Múzeum & Kassák Alapítvány 2017.

die Hoffnung der Exilanten zurück, bald wieder in ihre Heimat zurückkehren zu können. Sie rechneten mit einem schnellen Sturz des Horthy-Regimes und einer Wiedererstarkung der proletarischen Opposition. Eine Hoffnung, die sich zerschlug: Weder wurde der Reichsverweser Miklós Horthy abgesetzt – im Gegenteil, er regierte von 1919 bis 1944 – noch lehnte sich das Volk wirksam gegen die despotische Regierung auf.[7]

Hanák, der aufgrund mangelnder Quellenforschung auch nur auf Schätzungen angewiesen ist, beziffert in seinem erwähnten Überblick die Publikationen der Migranten in diversen Wiener Verlagen, auch in Eigenverlagen (insgesamt spricht er von ungefähr achtzig Verlagen) als recht hoch mit etwa 170 Büchern, Heften, Alben: wichtige Publikationen, Romane, historische Analysen und Vieles mehr, die seither nie systematisch gesammelt wurden und deren tatsächliche Bestandsgröße auch heute noch im Ungewissen liegt.

1919, ein Jahr nach der ersten Migrationswelle der Sozialdemokraten, die der kommunistischen Machtübernahme in Ungarn weichen mussten, schrieb der sozialdemokratische Politiker Zsigmond Kunfi im Wiener ungarischen Wochenblatt „Világosság“ (dt. Licht oder Klarheit – das Blatt des linken Flügels der ungarischen Sozialdemokraten):

> Es ist etwa ein Jahr her, dass wir über jenes unruhige, nervöse, zankende, verlumpte, hungrige, misstrauische und für alle Sorgen und Schwierigkeiten bereitende Etwas sprechen können, das man ungarische Emigration nennt. Das Entfliehen begann zwar bereits zur Zeit der Diktatur, Garami, Károlyi, Jászi und Szende verließen Ungarn noch während des Rätesystems, die Massenemigration setzte aber erst im Herbst vergangenen Jahres ein. Es dauerte eine Zeit lang, bis die Emigranten aus der Ohnmacht und Benommenheit, aus dem Schrecken infolge der Lebensgefahr und aus

7 „Horthy owed his rise to a number of factors, of which (limited) control over the militias was only one element. His status and reputation as a military hero and the last commander of the Austro-Hungarian Navy; the social capital that his large and well-established gentry family had accumulated through the centuries; his connection to foreign diplomats and military officers; his ties to, and later friendship with, the rising star of the conservative authoritarian Right, Count István Bethlen; the support of overactive and among the young officers influential, Gyula Gömbös and 'the twelve captains;' combined with the mistakes and sheer incompetence of his political rivals, almost predestined the Admiral to play, for better or worse, an important role in interwar Hungarian history." (Bodó, Béla/Pronay, Pal: Paramilitary Violence and Anti-Semitism in Hungary, 1919–1921. Pittsburgh University Press. Carl Beck Papers: Pittsburgh 2011. Verfügbar unter: https://www.academia.edu/23180066/Pal_Pronay_Paramilitary_Violence_and_Anti-Semitism_in_Hungayry_1919-1921_PittsburghUniversity_Press_ Carl_Beck_Papers_2011CBP (Zugriff 12.1.2020).

der Unwissenheit der fremden Welt gegenüber zu sich kamen. Das Zentrum der Emigration wurde Wien, und nicht nur, weil diese Stadt am leichtesten von Ungarn aus zu erreichen war, sondern auch, weil die sozialdemokratische Partei Deutschösterreichs, das prächtigste und edelste Beispiel für die internationale Solidarität gebend, trotz unerhörter Schwierigkeiten und Kämpfe die einzige war, die das politische Asylrecht in seiner ganzen Reinheit einer feindlichen und hassvollen Welt gegenüber verteidigte, und die jedem Verfolgten, sogar jedem erschrockenen ungarischen Flüchtling das Asylrecht währte, die geforderte Auslieferung der Volkskommissäre ablehnte und somit die ganze ungarische Proletarierrevolution unter den Schutz des politischen Asylrechts stellte.[8]

Kunfi spricht hier die Rolle der österreichischen sozialdemokratischen Führer, allen voran Karl Renners, an, die die politische Betätigung und Mitbestimmung als das Recht der Bürger verstanden, wofür es keine repressiven Vergeltungsmaßnahmen – schon gar keine Todesstrafen – geben dürfe. Die Exilanten, egal welcher Couleur, waren also in Österreich sicher vor Verfolgung.

2. Ungarische Medien im Wien der frühen zwanziger Jahre und die Diversität der journalistisch-literarischen Netzwerke

Unter den 38 Zeitungstiteln, die in der ungemein nützlichen Datenbank der österreichischen Tagespresse von Melischek/Seethaler[9] erfasst sind, befinden sich auch die Publikationen der ungarischen Emigration. Es handelt sich dabei um die Tageszeitung „Bécsi Magyar Ujság" (31.10.1919 – 16.12.1923)[10] sowie die

8 Világosság, 27.10.1920.

9 Datenbank Hypress, Die österreichische Tagespresse – Daten und Analysen. Online verfügbar unter: www.oeaw.ac.at/cmc/hypress/wz.htm (Zugriff 21.11.2019). Einen Überblick gibt auch Galambos, Ferenc (Hg.): A bécsi magyar emigráció újságjai és folyóiratai 1919–1933. Handschrift 1967.

10 In der Folge abgekürzt BMU, Herausgeber Lajos Róna, Sándor Barna, Jenő Lázár, Jászi Oszkár (Februar bis Mai 1923) und György Bölöndi. Die literarische Beilage, „Irodalmi Melléklet", wurde von József Á. Storfer redigiert. Ideologisch verfolgte das Blatt, dessen Herausgeber und Mitarbeiter meist der ungarischen MigrantInnenszene angehörten, ein bürgerlich-fortschrittliches Konzept (Kerekes – Péter Zoltán meinen mit Péter Hanák, es handle sich um ein bürgerlich *radikales* Blatt), kritisierte inhaltlich sowohl die radikal rechte Seite als auch die bolschewikische Linke. Mitarbeiter waren berühmte Kulturschaffende wie Béla Balázs, Ernő Lorsy, Zsófia Dénes, Andor Gábor, Oszkár Jászi, Mihály Károlyi, Lajos Kassák, Béla Kőhalmi, Andor Németh, Károly Polányi, Zoltán Rónai, Pál Szende, die in Wien auch an Zeitschriften mitarbeiteten, zum Teil eigene Organe gründeten und auch literarische Werke publizierten. Nach Róna übernahm 1921 Oszkár Jászi das Blatt. Die Gründe für die Einstellung sind mir nicht bekannt, die Fachliteratur meint, dass finanzielle Probleme die Einstellung der Zeitung bereits im

Zeitung „Jövő“ (Zukunft, 23.02.1921 – 03.05.1923), von Ernő Garami und Márton Lovászi herausgegeben.[11]

Zudem gab es in Wien in den späten 1910-er und den 1920-er Jahren zahlreiche Zeitschriftenprojekte, die zum Teil sehr erfolgreich und auch international anerkannt waren, wie die Kunstzeitschrift „Ma“ (Heute, 1920–1925) Lajos Kassáks[12], aber auch solche, die kaum über die Planungsphase hinaus kamen. Diese Blätter sind zum Teil in der Datenbank der Österreichischen Nationalbibliothek, ANNO, erfasst und zugänglich: „Diogenes“ (1923–1926), deren Herausgeber Samu Fényes war, „Proletár“ (Proletarier, 1920–1922), die Zeitschrift der III. Internationale „Új Március“ (Neuer März, 1925–1933), die Zeitschrift der Ungarischen Kommunistischen Partei.[13]

„Bécsi Magyar Ujság“ – das Blatt der sogenannten gemäßigten Radikalen (der bürgerlichen bis gemäßigten Sozialdemokraten) und „Jövő“ (das Blatt der linken Sozialdemokraten) standen klar in Opposition zur ungarischen Politik. Sie konnten in Wien unabhängig und unzensiert erscheinen. Die Verbreitung der Blätter reichte übrigens über die Grenzen Österreichs hinaus, vor allem in die Länder, die nach dem Vertrag von Trianon von Ungarn abgetrennt wurden und in denen eine zahlenmäßig starke ungarische Diaspora lebte. Die Wiener Leserschaft, die potentielle Klientel der Herausgeber, war aufgrund ihrer Zusammensetzung politisch gespalten, und so mussten mindestens drei Lager jour-

---

Jahr 1923 erzwungen hätten, die Ursache für das Aus kann aber auch darin liegen, dass Teile der MigrantInnen weitergezogen waren und sich nicht mehr in Wien aufhielten. Es fehlte vielleicht an motivierten Mitarbeitern (in zehn Ländern vertrieben, 36.000 Auflage).

11 Siehe zu der politischen Ausrichtung der Zeitungen und Zeitschriften der Wiener Migration sehr umfassend: Kerekes, Amália: Wartezeit. Studien zur Geschichte der ungarischen Emigration in Wien 1919–1926. 2015 (Habilitationsschrift), sowie Galambos o.J. und Zoltán, Péter: Wien und der Konstruktivismus (1920–1926). FFM 2010: „Jövő (1921–1923) war eine großformatige Tageszeitung, in der Kunst und Kultur im Durchschnitt zwei bis vier Spalten, also von insgesamt acht Seiten eine volle Seite, gewidmet waren. Das entspricht etwa demselben Umfang, der wirtschaftlichen Themen und Inseraten eingeräumt wurde, wobei dem eigentlichen Schwerpunkt der Zeitung, der Politik, etwa drei Mal so viel Platz zukam wie der Kultur. Das kulturelle Profil der Zeitung wurde von den Leitartikeln und vor allem von den in den Kunst- und Literaturrubriken veröffentlichten Themen bestimmt. Die Mehrheit der Leitartikel, die selbstverständlich vor allem politische Themen Ungarns diskutierten und scharf kritisierten, stammten von den beiden Redakteuren der Zeitung, von Ernő Garami und Márton Lovászy, sowie von zwei weiteren einflussreichen Akteuren der Zeitung, von Manó Buchinger und Lajos Hatvany.“ (S. 130)

12 Lajos Kassák, MA, Budapest und Wien 1919–1925.

13 Anno, Zeitungs- und Zeitschriftendatenbank der Österreichischen Nationalbibliothek. Online verfügbar unter: http://anno.onb.ac.at (Zugriff: 21.11.2019).

nalistisch bedient werden: die Sozialdemokraten in mehreren Schattierungen, die Bürgerlich-Radikalen und die Kommunisten. Alle drei ideologischen Lager hatten ihre eigenen Organe und ihre eigenen Diskursführer in der Politik und der Kunst. Angesichts seiner vergleichsweise großen Verkaufs- und Mitarbeiterzahl und der damit einhergehenden Reichweite seines Diskurses kam der „Bécsi Magyar Ujság" im Feld der ungarischen oppositionellen Zeitungen die oberste Position zu, analysiert Péter Zoltán.[14]

Wie schlecht man mit dem kommunistischen Lager, den „Bolschewiken" auskam, zeigt vielleicht folgender Text aus der Zeitschrift „Az Ember" (Der Mensch, 1921), der zynisch auf das Nichterscheinen der Zeitschrift der III. Internationale, die in Wien herausgegebene „Proletár" reagiert:

> Es wird doch kein Problem geben? Die bolschewikische Wochenzeitung „Proletár" vergaß diese Woche zu erscheinen. Das Ausbleiben des „Proletár" verursachte in den Reihen der breiten Öffentlichkeit keinerlei größere Aufregung, aber umso mehr beunruhigte es uns, die wir von dem kämpferischen Blatt schon so oft und mit großer Freude totgesagt worden waren. Um Gottes Willen, es wird doch kein Problem geben? Sie geruhen doch nicht zu krepieren? Nun? Nein, oder?....[15]

Auch Zsigmond Kunfi schreibt in „Világosság":

> Ich bin überzeugt, dass Tausende von ungarischen Flüchtlingen, ohne Rücksicht auf Parteizugehörigkeit und Denkweise, mit größtem Dank und Anerkennung an die österreichische sozialdemokratische Partei denken und nichts anderes fühlen, als Hass und Verachtung jenen kommunistischen Hauptführern gegenüber, die ununterbrochen um die Pforte führender Sozialdemokraten hausieren und nach Abgang ihre schmähenden und verlogenen Artikel schreiben. Wenn von der Emigration die Rede ist, sollen wir unsere Schuld der österreichischen sozialdemokratischen Partei gegenüber vor der Öffentlichkeit auf uns nehmen, deren Kampf, Ehrlichkeit und revolutionäre Solidarität es überhaupt ermöglichte, von der Emigration im Allgemeinen reden zu können.[16]

---

14 Péter, Zoltán: „Die Rolle der Wiener Ungarischen Zeitung und ihr intellektuelles Umfeld (1919–1923)", in: Kakanien revisited. Online verfügbar unter: www.kakanien-revisited.at/beitr/fallstudie/ZPeter1.pdf (Zugriff: 21.11.2019).

15 Az Ember (25.9.1921).

16 Vgl. Kunfi, Zsigmond: A magyar emigráció (Die ungarische Emigration), in: Világosság 22 (27.10.1920), S. 347–350. Aus dem Ungarischen von Kerekes, Amália. Vgl. Kerekes, A./ Péter, Z.: „Internationalität – Integration – Vermittlung. Die Wiener ungarischsprachige sozialdemokratische Presse in der Anfangsphase der Ersten Republik", in: Kakanien revisited. Online verfügbar unter: www.kakanien.ac.at/beitr/emerg/AKerekes_ZPeter1 (Zugriff: 21.11.2019).

Alle politischen Lager, die in der Emigration untereinander in zum Teil scharfer Konkurrenz standen, hatten allerdings zumindest einen gemeinsamen Feind: Das Horthy-System in Ungarn und den Wunsch nach dessen Untergang – wobei die „Bécsi Magyar Újság" den Wechsel zu Beginn begrüßte und sogar Interviews mit Horthy, die ein Redakteur der Zeitung in Ungarn gemacht hatte, brachte.[17]

3. „Az Ember"

Ich möchte nun kurz eine Zeitschrift und deren Herausgeber herausgreifen und näher vorstellen. Es handelt sich dabei um die Publikation „Az Ember" (Der Mensch), eine Wochenzeitschrift, herausgegeben von Ferenc Göndör,[18] die bislang nicht erforscht wurde. Göndör wurde als Ferenc Krausz 1885 in Bihardiószeg, nördlich von Großwardein im heutigen Rumänien geboren und verstarb im amerikanischen Exil in New York im Jahre 1954. Er hatte seine Laufbahn als Journalist in Großwardein begonnen, übersiedelte 1912 nach Budapest, wo er Mitarbeiter der 1877 gegründeten sozialistischen Zeitung „Népszava"[19] (Stimme des Volkes) wurde. Mit 1. Oktober 1918 gründete er eine eigene Zeitschrift, die den Titel „Az Ember" trug.[20] Er bekleidete das Amt des Präsidenten des ungarischen Presserates während der Räterepublik (ab März 1919), stellte sich aber in der Folge gegen das politische Programm der Kommunisten. Nach deren Sturz emigrierte er zunächst nach Wien und später nach New York, wo er das Blatt bis zu seinem Tod im Sinne eines gemäßigten Sozialismus weiterführte.[21]

Die erste Nummer, die am 13. November 1919 in Wien erschien, trägt den Untertitel „Göndör Ferenc Hetilapja", die „Wochenzeitung des Ferenc Göndör", auf der Rückseite erschien derselbe Titel und Untertitel nochmal auf Deutsch: „Franz Göndörs politische Wochenschrift ‚Der Mensch', erscheint jeden Donnerstag mit reichhaltigem und sensationellem Inhalt. Überall erhältlich."[22] Diese

17 Z.B. BMU, 15. November 1919.

18 Ferenc Gödörs Werke: Hárman. Antológia, Szederkényi Anna és Haraszthy Lajos verseivel együtt, a kötethez Ady Endre írt előszót. Kaposvár 1906; A háború nyomában, Budapest 1915; A szenvedések országútján. Háborús följegyzések, Budapest 1916; Szerb szocialisták a háborúban, Budapest 1917; Vallomások, Wien 1920. Siehe dazu auch Hanak, http://docplayer.org/14024839-Politik-und-geistesleben-der-ungarn-in-wien-1918-1924.html (Zugriff: 21.11.2019).

19 Online verfügbar unter: https://adtplus.arcanum.hu/hu/collection/Nepszava/ (Zugriff: 21.11.2019).

20 Angaben dazu in nahezu allen Internet-Seiten falsch (Wikipedia etc.)!

21 Die in Ungarn erschienenen Ausgaben konnte ich noch nicht durchsehen.

22 Erste Nummer in Wien.

erste Nummer bringt einen offenen Brief des gestürzten Ministerpräsidenten Mihály Károlyi, der sich zu dieser Zeit auch nicht mehr in Ungarn aufhielt. Károlyi war noch von Kaiser Karl I. eingesetzt und an die Spitze der neu ausgerufenen Republik Ungarn gestellt worden. Seine fragile Regierung wurde vom bürgerlichen und vom sozialdemokratischen Lager getragen.

Károlyis Brief trug den Titel „An die arbeitenden Ungarn!“. Er erklärt darin die Gründe, die zur Herrschaft des weißen Terrors, zur Diktatur führten und holt weit aus, in die Zeit der Doppelmonarchie, in der gesellschaftspolitische Versäumnisse verübt wurden, die weittragende Folgen zeitigen, aber er kritisiert auch den roten Terror der Räterepublik:

> Das alte Ungarn kann nicht wieder hergestellt werden. Die Lebenskraft kann Ungarn, das krank ist, blutet, verbraucht ist, nur durch große liberale Sozialreformen wieder gegeben werden, wodurch es seinen Platz im neuen Europa einnehmen könnte. Das Programm der Oktoberrevolution ist auch heute noch die einzig sichere Basis im Meer der aufgewühlten Seele des Volkes. Arbeitende Ungarn! Ich bitte euch, haltet durch und steht zu diesem Programm. Tut das nicht für mich, sondern für die zukünftige Generation und das neue Ungarn!

Er werde, so der Schluss des Briefes, sobald er dem Volk Rede und Antwort stehen könne, nach Hause zurückkehren – vor den Schergen Horthys wolle er sich nicht verantworten. Datiert ist das Schreiben, das in Eichwald – Dubi, Nordböhmen verfasst wurde, mit 3. November 1919. Neben dem Schreiben an die ungarischen Arbeiter erschien in der ersten Nummer ein nicht gezeichneter Beitrag „Károlyi Mihály“, in dem sich das Blatt dem einstigen Ministerpräsidenten gegenüber als loyal deklariert und sich hinter die Oktoberrevolution als die einzig legitime Revolution in Ungarn stellt.

Ein weiteres Thema, das das Blatt fortan sehr beschäftigte, war die repressive und antisemitische Politik in Ungarn unter Miklós Horthy,[23] so die ersten Gesetze des Jahres 1920, die Studenten aufgrund von ethnischer Herkunft fortan den Besuch von Universitäten untersagte, auch den Juden, die als Ethnie deklariert wurden (6,2 % der Bevölkerung Ungarns, ein Großteil davon lebte in der Hauptstadt Budapest). Den Juden wurde die Beteiligung am Erstarken der kommunistischen Macht in Ungarn vorgeworfen und sie als „Judenbolschewisten“ an den Rand der Gesellschaft gedrängt. Die Truppen Horthys und seine Freischärler ermordeten schätzungsweise 5000 Menschen als „Vergeltungsmaß-

---

23 Béla Bodó, Héjjas Iván. Online verfügbar unter: http://ketezer.hu/2010/10/bodo-bela-hejjas-ivan/.

nahme" zum Teil bestialisch, quer durch die Bevölkerung.[24] Béla Bodo schreibt darüber:

> In retribution for Communist crimes and humiliation suffered during the leftist experiment, the officers' detachments, supported by the civilian militias and patriotic organizations, killed at least 3000 individuals the next two years. At least one third of the victims of the counterrevolution were Jews.[25]

Die Zeitschrift „Ember" reagierte heftig auf die auch in Ungarn kolportierten Morde und veröffentlichte beispielsweise am 2. Januar 1920 unter dem provokanten Titel „Es gab keinen roten Terror!" einen Beitrag, gezeichnet von Ferenc Göndör, der das kommunistische Regime mit dem Horthys verglich und zu dem Schluss kam, dass der rote Terror durch die wesentlich grausameren Vorkommnisse der letzten Monate schon längst rehabilitiert sei. Über Horthys Schergen:

> Eine arbeitsscheue, auf Kosten anderer in den Tag hineinlebende Bande fegt über Ungarn dahin und vollzieht Massenschlachtungen in Transdanubien, Siófok, Pápa, Kecskemét und überall dort, wo hin sie ihre vernichtenden Schritte richten, stehen sie bis zu den Knien im Blut und sind bis zu den Knöcheln in den Körpern der niedergemetzelten Menschen.... und das ist der Christliche Kurs, dessen Flagge die Herren Friedrich-Horthy, Huszár und Peyer siegreich flattern lassen..... Jetzt, wo der weiße Terror der ungarischen Arbeiterschaft seine Ehre erweist, sehen wir, dass es überhaupt keinen roten Terror gegeben hat und wir möchten mit verzweifelter Wut all diejenigen Seiten dieses Blattes vernichten, in denen gegen den roten Terror gekämpft wurde.[26]

Zwei Namen lassen sich mit den antisemitischen und antikommunistischen Morden und Plünderungen verbinden: die der beiden Freikorpsführer Pál Prónay und Iván Héjjas:

> The Prónay Detachment not only killed between 1500 and 2000 people and maimed, tortured, beat and humiliated thousands more during the White Terror, especially in its first phase in the fall and winter of 1919. Assisted by the local authorities and police forces, which had usually made the arrests before the detachments' arrival,

---

24 Ebenda.

25 Bodó, Béla: Pal Pronay: Paramilitary Violence and Anti-Semitism in Hungary, 1919–1921. Pittsburg University Press: Carl Beck Papers, 2011. Online verfügbar unter: www.academia.edu/23180066/Pal_Pronay_Paramilitary_Violence_and_Anti-Semitism_in_Hungary_1919-1921_Pittsburg_University_Press_Carl_Beck_Papers_2011CBP (Zugriff: 12.1.2020).

26 Az Ember (2.1.1920).

> the Prónay Battalion and other paramilitary groups transported thousands of inmates into military prisons and hastily constructed internment camps. Hundreds of people were brutally tortured and killed en route in 1919 and early 1920, while thousands more died of malnutrition, overcrowding, poor hygienic conditions and abuse at the hands of their captors in military and civilian prisons and the internment camps the next two years.[27]

„Az Ember" dokumentierte diese Morde laufend in seinen Spalten und brachte eine Vielzahl an Beweisfotos der Gräueltaten der an Mitstreitern stetig wachsenden Freischärlergruppen. Im Übrigen wurden die Untaten Iván Héjjas' jüngst durch die ungarische Geschichtsschreibung wieder legitimiert: Der Historiker László Domokos verfasste ein Werk mit dem Titel *Héjjas-nyárfa árnyékában* (Im Schatten von Héjjas' Birke), ganz im Sinne einer neuen historischen Wahrheit, das Iván Héjjas rehabilitiert. In seinem Werk wird Héjjas, ein antisemitischer, antikommunistischer Massenmörder zu einem Helden, einem ehrbaren ungarischen Soldaten, einer Art Abenteurer, der für seine Heimat kämpft, die Opfer, Kommunisten und Juden zu Verrätern, die mit den Rumänen gemeinsame Sache gemacht haben sollen.[28]

Soviel zur politischen Linie, die die Zeitschrift verfolgte: ein Károlyi-treues Blatt, das das Horthy Regime zutiefst verachtete und das alle Hoffnung in die baldige Niederlage des sich rasant etablierenden Terrorregimes setzte.[29] Ich möchte

---

27 Bodó: Pal Pronay. Über Iván Héjjas schreibt Béla Bodó: „Like Hitler, Héjjas was convinced that he was ‚beyond good and evil', and that he and his men deserved the nation's gratitude. Like Hitler, Héjjas clearly felt no pity for the relatives of those people whom his men had tortured and killed, and no regret over what they had done. The knowledge that he had gotten away with murder, with the full support of the political and military elite, filled the young upstart with both pride and an exaggerated sense of self importance. By early 1920, Héjjas, while still conscious of his shortcomings, was well on his way to becoming a national figure" (Bodó, Béla/Héjjas, Iván: The Life of a Counterrevolutionary, in: East Central Europe 37 (2010). Online verfügbar unter: www.researchgate.net/profile/Bela_Bodo/publication/273600948_Ivan_Hejjas_The_Life_of_a_Counterrevolutionary/links/5df4989a4585159aa47c02da/Ivan-Hejjas-The-Life-of-a-Counterrevolutionary.pdf (Zugriff: 12.1.2020)

28 https://pestisracok.hu/lehet-e-hos-egy-feherterroristabol-hejjas-ivan-es-a-nyugat-magyarorszagot-megvedo-rongyos-garda-tortenete/ „Sajnos nem sikerült mindet beásni nyakig az orgoványi erdőben..." – schrieb der Journalist Zsolt Bayer in der Zeitung „Magyar Hírlap" (4.3.2011). Dazu kritisch der politische Blog Hungarian Spectrum: http://hungarianspectrum.org/tag/ivan-hejjas/.

29 Der ungarische Historiker Ignác Romsics, einer der führenden Erforscher der Epoche, spricht im Zusammenhang mit dem Horthy Regime übrigens nie von einem faschistischen Regime, hat es doch das Parlament akzeptiert und auch die Mehrparteilichkeit. Nur war es anderen Parteien durch geschickte Regelungen unmöglich, an die Macht zu kommen.

nun auf eine Rubrik in der Wochenzeitschrift aufmerksam machen, die sich programmatisch an den ersten Briefroman der ungarischen Literaturgeschichte, der übrigens lange Zeit als historisches Dokument gelesen wurde, anlehnt: Es ist dies die Rubrik, besser das essayistische Feuilleton „Osztrákországi Levelek“ (Österreichische Briefe) von Jenő Hajnal.[30] Über den oft mehrere Seiten umfassenden zweispaltigen Text, der stets politischer, meist satirischer Natur war, sehen wir immer dieselbe Karikatur, eine üppige Dame in türkischer, bauchfreier Kleidung, durch einen Niqab tief verschleiert und mit einem Essenstablett in der Hand. Sie bedient einen Gast, ebenfalls mit türkischer Kopfbedeckung, einem Fes, der sitzend in einem Kaffeehaus, dem Café Rodosto schreibt, vor sich ein Blatt Papier, ein Tintenfass und vermutlich Kaffee.

Das Bildzitat weist auf einen Roman aus dem 18. Jahrhundert hin, auf die *Törökorszagi Levelek* (*Briefe aus der Türkei*) Mikes Kelemens (1690–1761). Es handelt sich dabei um 207 lose Briefe an eine fiktive Tante (Gräfin E.P.; in den Briefen als *Teure Muhme* tituliert) gerichtet, die der Autor über seinen Aufenthalt in der Türkei – Rodosto, wo er sich in der Emigration mit dem Fürsten Franz II. Rákóczi befand, verfasste.[31] Der Autor, Mikes, der aus seinem Exil nie wieder nach Hause zurückgekehrt war, schreibt über seine in der Türkei gemachten persönlichen Erfahrungen, über politische Entwicklungen, über kulturelle Differenzen zwischen seiner Zwangsheimat und Ungarn, über unüberwindbare Gegensätze sozialer Natur.[32] Er leidet – aber er zelebriert sein Fremdsein zugleich verbal. Essen, Gebräuche, Sprache, ungewohnte Gastfreundschaft – mit all dem kommt er schwer zurecht. Gleichzeitig hebt er seine Dankbarkeit dem Sultan gegenüber hervor, der der ungarischen Exilantengruppe das lebensrettende Asyl gewährt hat und für ihr leibliches Wohl sorgt. Der erste Brief ist mit „Gallipoli,

30 Jenő Hajnal, Journalist aus der ungarischen Provinz, schon früh politisch tätig, organisierte gemeinsam mit z.B. Andor Nagy den ersten Journalistenstreik in Ungarn. Zog nach Budapest, publizierte seine Texte unter anderem bereits in der dort erscheinenden Zeitschrift „Az Ember“ (ab Oktober 1918) und unter der Räterepublik in der „Vörös Újság“. Wanderte nach Wien aus, schrieb für „Az Ember“ und BMU. Lebte später in Paris und New York, arbeitete unermüdlich für linksgerichtete Presse der Migration.

31 Nach dem Frieden von Szatmár 1711 floh Franz Rákóczi zunächst nach Polen, später nach Paris und blieb dann bis zu seinem Tod in der Türkei.

32 Zur Werkgeschichte: Die einzige Handschrift der Briefe den M. K. liegt in der Bibliothek von Eger/Erlau (Erzbischöfliche Bibliothek) und ist eine eigenhändige Kopie des Verfassers. Die Briefe wurden erstmals 1794 in Szombathely (Steinamanger) herausgegeben. Darüber, wie die Briefe nach Ungarn gelangt waren, berichtet ein zeitgenössischer Artikel in der Zeitschrift „Hadi és más Nevezetes Történetek“, Wien, vom 27. November 1789. Demnach habe ein Händler das Werk aus der Türkei nach Ungarn mitgebracht und es ursprünglich von einem Diener des bereits 1735 verstorbenen Fürsten Rákóczi erhalten.

10. Oktober Anno 1717", datiert, der letzte mit „Rodosto, 20. Dezember 1758". Diese „Brieffreundschaft" hielt über vierzig Jahre an. Antwortschreiben gibt es natürlich keine, die Tante vermutlich auch nicht. Das Schlusswort des letzten Briefes lautet „Amen."

Die „Österreichischen Briefe" – korrekt übersetzt „Briefe aus Österreich-Land" Jenő Hajnals sind sehr ähnlich konzipiert. Der erste Brief stammt vom 7. Februar 1920 und trägt neben der Karikatur eine Widmung an Mikes Kelemen.

> Herr Mikes, wir wollen euren Schlaf auf keinen Fall stören. Auch wenn sie mir ihre Feder nicht vererbt haben, so muss ich jetzt doch damit schreiben. Wir haben ein ähnliches Schicksal, wodurch sollte ich mich auf meiner bitteren Flucht sonst die Zeit vertreiben. Ich habe diese Zsuzsi auch gekannt, mich wegen ihr häufiger gewaschen, aber auch ich hatte kein Geld (non habet pecuniam) und sie nahm sich daher den Butterfabrikanten zum Mann. Gemeinsame Trauer plagt unser Herz, vielleicht stöhnen wir deshalb auf ähnliche Weise, als gäb es zwischen uns diese Differenz von 200 Jahren gar nicht.

Von da an macht Hajnal in Mikes'scher Manier weiter, verfasst Brief um Brief, bis es zuletzt 48 sind.[33] Mit nur wenigen Ausnahmen erscheinen die Briefe wöchentlich, sie sind fast ausnahmslos aus Wien geschrieben, einmal aus Preßburg, einmal aus Baden bei Wien. Auch sein letzter Text vom 30. Januar 1921 endet wie die Türkischen Briefe des Mikes mit „Amen" und drückt – neben einem kurzen Exkurs auf die drohende Möglichkeit, Westungarn an Österreich zu verlieren – ebenso wie jener die Hoffnungslosigkeit, die sich unter den exilierten Ungarn hinsichtlich einer möglichen Rückkehr nach Ungarn und einer Fortführung ihrer politischen Tätigkeit aus.

4. Fazit

Namhafte ungarische HistorikerInnen haben sich in den letzten Jahrzehnten mit dieser Phase der ungarischen Geschichte, die aus diversen Gründen unaufgearbeitet geblieben war, beschäftigt. Péter Hanák, György Litván und andere, und auch die Literatur- und Kulturwissenschaft hat sich – allerdings eben sehr kursorisch – der reichen wissenschaftlichen und künstlerischen Produktion der ungarischen Migration angenommen. Was bereits gut aufgearbeitet ist, sind vor allem die dezidiert kulturell und literarisch interessanten Blätter wie *Ma, Dio-*

33 Nicht nur formal lehnt sich Hajnal an Mikes an, selbst seine Sprache ist stellenweise manieriert-archaisch, dem Ungarisch des 18. Jahrhunderts nachempfunden, nicht nur stilistisch, sondern auch orthographisch (Bécs – Béts; penna).

genes etc. (Deréky Pál, Kókai Károly, Amalia Kerekes und Péter Zoltán, Andreas Pöschek). Die Analyse der Tageszeitungen und Zeitschriften politischen Inhalts auch aus kulturwissenschaftlicher oder literaturwissenschaftlicher Sicht, bzw. die umfassende Darstellung und Analyse des Gesamtkorpus der Werke der ungarischen Migration fehlen leider noch immer. Die empirische Erfassung ist noch lange nicht abgeschlossen. Und was noch wichtig wäre: die Netzwerke der ungarischen journalistisch-literarisch tätigen Exilantenszene Wiens aus der Zeit nach 1918/19 zunächst überhaupt erst auf ihre Protagonisten hin festzulegen und später durch Anwendung der Methoden der Netzwerktheorie, die immer mehr auch in philologischen Forschungsbereichen Einzug hält, insbesondere auch in Hinblick auf ihre Verbindungen zu nicht-ungarischen Medien- und Kulturschaffenden sowie auf so zustande gekommene Zusammenarbeiten, zu analysieren.

The Image of the Kingdom of Yugoslavia in Dutch Travel Writings after the First World War

Toni Bandov (Zagreb)

In 1990, the Dutch author A. den Doolaard (1901–1994)[1] appeared as a guest in a TV show hosted by Adriaan van Dis, a famous Dutch writer and TV presenter, and spoke about his extensive travels to the Balkans before and after World War II. During his lifetime Den Doolaard had developed a deep affection towards the lands of former Yugoslavia.[2] In the interview, Den Doolaard explains that he wanted to get away from the neat and tidy Netherlands and explore the lesser-known parts of Europe, where 'the old way of life' was still preserved. Den Doolaard was not the only Dutch travel writer who searched the Balkans in an attempt to find the opposite to Dutch tidiness. In this article, it will be shown that Dutch travelogues and journalistic pieces from the interbellum period disseminated what Maria Todorova calls the 'balkanist discourse', which in turn helped strengthen the image of the Balkans as a geographical and cultural "bridge or a crossroads" between the East and the West, at the same time labelled as "semideveloped, semicolonial, semicivilized, semioriental".[3]

The impressions of the Balkans in Den Doolaard's travel writings and novels had a galvanizing effect on the Dutch public and stimulated many Dutch tourists to visit and explore Yugoslavia.[4] This causal effect can best be illustrated by one notable example: The publication of Den Doolaard's novel *De bruiloft der*

---

1 A. den Doolaard was the pseudonym of the Dutch writer Cornelis Johannes George (Bob) Spoelstra Jr.

2 During the 1950s, he was allegedly planning to permanently settle in the Croatian town Opatija. See Novaković-Lopušina, Jelica (ed.): Erazmo 11 (2018), p. 41.

3 Todorova, Maria: Imagining the Balkans. Oxford University Press 2009, p. 15–16.

4 Den Doolaard published several fictional and non-fictional works about the Balkans. To name just a few: novels *De herberg met het hoefijzer* (*The Inn with the Horseshoe*, 1933), *Oriënt-Express* (*Orient Express*, 1934), *De bruiloft der zeven zigeuners* (*The Wedding of the Seven Gypsies*, 1939), *Het land achter Gods rug* (*The Land behind God's Back*, 1956) and a travelogue with an extensive photo companion called *Dit is Joegoslavië* (This is Yugoslavia, 1957).

zeven zigeuners (*The Wedding of the Seven Gypsies*, 1939) provoked a large-scale interest for the North-Macedonian town of Ohrid, so the number of visitors from the Netherlands rose to about 50.000 annually. Consequently, on May 29th 2006, the city of Ohrid erected a monument in Den Doolaard's honor.[5]

As can be seen from this example, travel writing can play an important role in convincing people to visit a particular place or region. At the same time, the text transfers an image of a specific cultural space and that image can shape the perception of the country and its people. The specific, textually conveyed impressions can even outlast their source texts.[6] The main focus of this paper is therefore the image of the newly-formed Kingdom of Yugoslavia in Dutch travel writings and newspaper articles between the end of the World War I and the 1930s.[7]

1. Theoretical Background

The study of imagology rests on the presumption that our conceptualization of the world is based on the difference in the way 'nations' and 'cultures' perceive themselves and others. The difference in their perceptions is then in turn the starting point of analysis.[8] Joep Leerssen perceives this sociological distinction as an outcome of the "anti-Enlightenment cultural relativism" that promoted the categories of nation and culture "as the natural and fundamental, mutually

5 Novaković-Lopušina, Jelica: "Het beeld van Midden- en Oost-Europa in de moderne Nederlandse poëzie", in: Скандинавская филология 14.2 (2016), pp. 65–80, here pp.40–41.

6 See Leerssen, Joep: "Imagology: History and Method", in: Beller, Manfred/Leerssen, Joep (eds.): Imagology. The Cultural Construction and Literary Representation of National Characters. A Critical Survey. Amsterdam, New York: Rodopi, pp. 17–32, here p. 30; Leerssen, Joep (2009): "Retorika nacionalnog karaktera: programatski pregled", in: Dukić, Davor. et al. (eds.): Kako vidimo strane zemlje. Uvod u imagologiju. Zagreb: Srednja Europa, pp. 99–124, here p. 110; Dyserinck, Hugo: "O problemu 'images' i 'mirages' i njihovu istraživanju u okviru komparativne književnosti", in: Dukić, Davor/Blažević, Zrinka (eds.): Uvod u imagologiju. Kako vidimo strane zemlje. Zagreb: Srednja Europa 2009, pp. 23–35, here p. 34.

7 Although the official name of the new country in the period from 1918–1929 was the Kingdom of Serbs, Croats and Slovenes, while the name Kingdom of Yugoslavia was only adopted in 1929, for the sake of convenience from this point onwards I will refer to it as the Kingdom of Yugoslavia.

8 More on the origins and history of imagology as well as the internal development and shifts in Dukić: "Predgovor: O imagologiji", in: Dukić/Blažević (eds.): Uvod u imagologiju, pp. 5–22.

interdependent units of humanity".[9] As a consequence, these categories shape the world today and our thinking about it, and are (un)consciously reflected in our writing. Leerssen argues that there is "an ingrained belief that nations are givens",[10] meaning that they are often considered to be 'objective' and 'permanent'.

With the advent of the nation as a political community, *nationalities* were seen as collective bearers of distinctive ethno-psychological traits. Leerssen argues that as a consequence, in a strange twist, the category of nationality gets "singled out from the rest of humanity" as an isolated subject with distinct features in comparison with other, equally isolated nations. At the same time, the *human individual* is merely seen as an impersonation of the characteristics of the nation as a whole.[11] According to Manfred Beller, this conceptual separation is the reason why mutual relations between nations can generate prejudice and stereotypes.[12] The abovementioned circumstances gradually led to the emergence of a fixed, collective, 'national image' and that image soon started to influence political discussions as well as artistic representations of particular countries and their people.[13]

Imagology is primarily focused on literary representations of those 'national images', but also on their origin, persistence and change through time. Leerssen adds that imagology "furnishes continuous proof" of the complicity of literature in the production and nurturing of national identities. Literature is the field in which "national stereotypes are first and most effectively formulated, perpetuated and disseminated".[14] When these ideas are transposed into the empirical realm, there is a surprising conclusion about the way in which images of foreign lands and peoples are produced: We do not first collect experiences and impressions of a foreign land and its people in order to interpret them later,

---

9 Leersen: Imagology, p. 18; see also Leerssen, Joep: "The Poetics and Anthropology of National Character (1500–2000)", in: Beller, Manfred/Leerssen, Joep (eds.): Imagology. The Cultural Construction and Literary Representation of National Characters. A Critical Survey. Amsterdam-New York: Rodopi, 63–75, here p. 73.

10 Leerssen, Joep: "Nation, Ethnie, People", in: Beller/Leerssen (eds.): Imagology, pp. 377–381, here p. 380.

11 Leerssen, Joep: "Type, Typicality", in: Beller/Leerssen (eds.): Imagology, pp. 450–451, here p. 450.

12 See Beller, Manfred: "Stereotype", in: Beller/Leerssen (eds.): Imagology, pp. 429–433.

13 See Beller, Manfred: "Perception, Image, Imagology", in: Beller/Leerssen (eds.): Imagology, pp. 3–16, here p. 3.

14 Leerssen: Imagology, p. 26. In an another article Leerssen even claims that fictional literature "most explicitly reflects and shapes the consciousness of entire societies" (Leerssen: Retorika nacionalnog karaktera, p. 100).

but, in the words of Walter Lippmann, “we define and then see”,[15] reversing the anticipated empirical method. As argued by Manfred S. Fischer, the best example of this is “our point of view on America [that is] more marked by our images of America than by its reality”.[16]

Since its inception, imagology has mainly been focused on the novel as a platform where stereotypes are forged and disseminated. However, recent developments in imagology have broadened and shifted the research field beyond the novel, which is now “no longer the main genre in the spread of cultural platitudes and national images”.[17] This shift brought into focus nonfictional works, historiography, memoirs, journalistic texts and travel writings.[18]

Travel writings represent a specific type of non-fictional texts that fulfill the role of a ‘mediator’ between two distinct cultural groups, in the sense that they try to bring two groups closer by interpreting, explaining and clarifying the differences in customs, language, mentality etc. According to Albert Meier, the main task of travel writings is the organization of differences (“familiar vs. unfamiliar”) in a process where the author “assumes a distinction between the known and unknown”.[19] In this process, ‘familiar’ cultural phenomena are recognized and appreciated while the ‘alien’ ones are highlighted and judged. The outcome of this process is the construction of the image of the ‘Other’. This image has the power to “pre-programme or alter the empirical perception of subsequent travellers”.[20]

2. The Imagological Coordinates of the Balkans

In the encyclopedic article on the Balkans, Ivana Živančević-Sekeruš outlines the Balkans as an imagological object. In literature, the Balkans is often described as “the crossroads of civilizations, the dividing-line between East and West, the shadow of the Orient, the bugbear and quagmire of the West, a

15 Beller: Perception, Image, Imagology, p. 4.

16 Fischer, Manfred S.: “Komparatistička imagologija: za interdisciplinarno istraživanje nacionalno-imagotipskih sustava”, in: Dukić/Blažević (eds.): Kako vidimo strane zemlje, pp. 37–56, here p. 45.

17 Leerssen, cited in: Sterckx, Jo: Beelden van Polen en Midden- en Oost-Europa in de Nederlandse cultuur/The Changing Image of Poland and Central and Eastern Europe in Dutch Media and Culture. Poznan: Adam Mickiewicz University Press 2016, p. 27.

18 See Dukić, Davor: “Predgovor”, pp. 5–22.

19 Meier, Albert: “Travel Writing”, in: Beller/Leerssen(eds.): Imagology, pp. 446–450, here p. 446.

20 Ibidem, p. 449.

powder-keg, the spirit of never-ending disagreement, the dark side of Europe".[21] There are various causes behind these metaphors, but they can be traced back to the geopolitical and historical context that shaped the region. Firstly, during great demographic upheavals in Europe during the Middle Ages, the mountainous Balkan peninsula isolated and protected smaller ethnic groups from assimilation by greater powers who ruled over them, which in return enabled them a successful resistance leading to the survival of their linguistic and ethnic difference. At the same time, the region was both the imperial periphery and at the same time a contact-zone between two great empires – the Habsburg and the Ottoman Empire, which generated constant political tensions leading to military engagement at the border, accompanied by a meager economic output and further marginalization.

In spite of the negative image of the Balkans during the ages, Živančević-Sekeruš argues that it is not until the end of the 19th century that the Balkans emerge as "the opposite image of Europe".[22] That image was strongly politicized during the Balkan wars, marking a shift from the unstable towards the violent, which would later reemerge during the break-up of SFR Yugoslavia.[23]

3. The Historical Ties between the Balkans and the Low Countries

The first Dutch-language travelogue about the Western-Balkans stems from the end of the 15th century and was written by an unnamed author who accompanied the Flemish nobleman Joos van Ghistele on his pilgrimage to the Holy Land.[24] Until the end of the 19th century, Dutch-speaking travelers perceived Southeast Europe merely as a "transit stop",[25] indicating only sporadic economic and cultural contacts over the previous centuries. The following passages provide some amusing examples.

---

21 Živančević-Sekeruš, Ivana: "Balkans", in: Beller, Manfred/Leerssen, Joep (eds.): Imagology, pp. 103–107, here p 105.

22 Ibidem, p. 107.

23 See ibidem.

24 Novaković-Lopušina, Jelica: "Joegoslavië in Nederlandse reisliteratuur van de jaren dertig", in: AMOS-ETVN 3-3 (2006), pp. 3–14, here p 3; online access: https://comenius.ned.univie.ac.at/uploads/media/AMOS-ETVN__Jg._3__3_-_september_2006_.pdf (last visited March 27, 2020). A detailed overview of Dutch-language sources about the South Slavic lands in: Novaković-Lopušina, Jelica: Srbi i jugoistočna Evropa u nizozemskim izvorima do 1918. Beograd: Revision 1999. See also Kantoci, Ivan: "Bilateralne zanimljivosti Hrvatska-Nizozemska" (2013), online access: www.kantoci.nl/zanimljivosti.pdf (last visited March 27, 2020).

25 Novaković-Lopušina: Joegoslavië in Nederlandse reisliteratuur, p. 3.

One example is the friendship between the philosopher Desiderius Erasmus and the diplomat Jakov Baničević from the Croatian island of Korčula, who served as the personal adviser to emperor Charles V of the Holy Roman Empire. Another would be the journey of the physicist and astronomer Ruđer Bošković, born in Dubrovnik, to the Low Countries from the January 18th to February 6th 1761, described in detail in his diary, where he writes about visiting the main towns and libraries and meeting with leading Dutch scientists of the time.[26] Worth mentioning are also the publishing ties between the Balkans and the Low Countries. For example, in 1666 the magisterial work of the Croatian historian Ivan Lučić *De regno Dalmatiae et Croatie libri sex* was printed in Amsterdam by the famous cartographer Joan Blaeu[27].

From the modern times, there is a brief but remarkable history of Yugoslav migrant workers who worked in the coal mines in the south of the Dutch province of Limburg in the period after 1920. The records from 1929 show 1184 mine workers from the Kingdom of Yugoslavia (predominantly Slovenes and Croats), which would later peak at around 2500.[28] Apart from the Yugoslav contingent, there were also numerous Polish mine workers as well as a few hundreds of Czechs, Slovaks and Hungarians. The local population even spoke of a "Slavic invasion".[29] Dutch reports from the Limburg province at that time refer to regular tensions between the ethnic groups, specifically between the Croats and the Serbs. It is especially noteworthy that the mentioned reports characterize these tensions as the "Balkan conditions". The burden of centuries-long ethnic and religious tensions is, according to Todorova, a trait of the balkanist discourse which asserts that the people from that region "do not care to conform to the standards of behavior devised as normative by and for the civilized world".[30] This further strengthens Todorova's claim that the image of the Balkans was fixed by the beginning of the 20th century.[31]

The abovementioned historical contacts between the two regions are merely historical curiosities and do not suffice to describe the continuous exchange of ideas and mutual influences. According to John Neubauer (2013), divergent political contexts as well as the disproportionate economic power in the cases of the Low Countries and Central Europe can be seen as major reasons for

---

26 For a detailed overview of the historical contacts between Croatia with the Low Countries see Kantoci: Bilateralne zanimljivosti Hrvatska-Nizozemska.

27 Ibidem, p. 4.

28 Ibidem, pp. 1–2.

29 Cited in: ibidem.

30 Todorova: Imagining the Balkans, p. 3.

31 See ibidem, p. 116.

scarce literary contacts between the two regions. Neubauer concludes: "The economic and cultural advancement as well the relative political stability of the Dutch-speaking countries repeatedly attracted exiles and émigrés from the East, but there was not a comparable movement eastward."[32]

The following passages outline representative images of the new South Slavic kingdom conveyed to the Dutch public in the interbellum.

4. The Aftermath of World War I

The Netherlands stayed neutral during World War I, thus avoiding the devastating impact of the war on its soil. However, it welcomed approximately a million of Belgian refugees fleeing from the German invasion on Belgium. On the other side of Europe, World War I was the last nail in the coffin of the multiethnic Austro-Hungarian Empire. Many nationalist movements joined forces to (re)gain independence and self-determination. Aviel Roshwald notes that the South Slavic project was plagued with obstacles because of the divergent historical paths that the now uniting nations had crossed and different influences that shaped them, not to mention the internal struggles of various fractions over the perspectives of exclusive (mono-ethnic) independence or a Pan-South Slavic unity – an idea originating in the 19th century.[33]

A joint project of the Dutch departments in Belgrade, Zagreb and Ljubljana tried to shed light on the Dutch attitudes towards the new Kingdom of Yugoslavia by translating newspaper articles and travel writings published in the Netherlands between 1916–1932.[34] From the 44 translated texts, 24 of them are travelogues while the rest are newspaper articles.[35] However, not all years

---

32 Neubauer, John: "Midden-Europese en Nederlandstalige literaturen. Asynchrone affiniteiten en synchrone tegenstellingen", in: Van Heuckelom, Kris/De Bruyn, Dieter/De Strycker, Carl (eds.): Van Eeden tot heden. Literaire dwarsverbanden tussen Midden-Europa en de Lage Landen. Gent: Academia Press 2013, pp. 13–42, here p. 13.

33 Roshwald, Aviel: Ethnic Nationalism and the Fall of Empires. Central Europe, Russia and the Middle East, 1914–1923. London and New York: Routledge 2001, p. 13.

34 The project was conceived and led by the Belgrade based Prof. Jelica Novaković-Lopušina, who gave a detailed analysis of the main imagological aspects of the archive material. The translations were published in the journal "Erazmo", the yearbook for Dutch and Flemish literature (Novaković-Lopušina, J. (ed.): Erazmo 11 (2018), online access: www.ariusbeograd.com/izdavastvo/88F1CE352D147241C66E3EE243374296A3F35A48.pdf (last visited March 31, 2020).

35 The distribution of the text translated was as follows: the liberal Algemeen Handelsblad (18 articles of which 13 travel journals), the catholic De Tijd (9 out of 9 travel journals), the right leaning De Telegraaf (9 articles of which 1 travel journal), the liberal Nieuwe Rotterdamsche Courant (NRC) (3 articles), and others (5 articles).

from this period were equally covered by the Dutch press, which shows a fluctuating interest for the new South Slavic kingdom. The recorded peaks can be seen in two years – in 1919 and 1931 – with seven and seventeen published articles respectively. The texts from 1931 were written by two Dutch travel writers – the aforementioned A. den Doolaard and Felix Rutten. Both of them visited various parts of the Kingdom (not only urban centers) and reported extensively on distinct aspects of Yugoslav life. It is important to mention that Den Doolaard wrote for the liberal, Amsterdam based, *Algemeen Handelsblad* and Rutten for the – at that time – Catholic daily newspaper *De Tijd*. Therefore, a slight but noticeable focus towards religious questions and an interest in the life of Catholics is present in Rutten's work.

As shown heretofore, the Netherlands did not have strong historical links with the countries that formed the Kingdom of Yugoslavia. When the Dutch finally encountered the Balkans, their impressions were dominated by an unsophisticated or rather naïve perspective that lacked in knowledge of the Balkan peninsula. Consequently, when confronted with certain cultural phenomena, the Dutch interpret them by resorting to the various influences of historical empires on the newly formed Kingdom and adding value judgments based on the greater or lesser correspondence with Western civilizational achievements of its constituent parts. On the plain of intra-Yugoslav comparisons between the East and the West, the East – roughly including Serbia, Bosnia, Montenegro, and Macedonia – represents hybridization, mess, cruelty, dirtiness, misogyny, and is generally attributed with the lack of civilizational progress due to the centuries-long Ottoman presence.[36] The western part of the empire (more or less Slovenia and Croatia) was not the pure opposite of the East, but represents "moving in the right direction"[37] because it reflects positive civilizational and architectural influences from the historical Austrian presence that emanated a culturing influence interconnected with the strong catholic cultural tradition.[38]

---

36 Živančević-Sekeruš in: Beller/Leerssen(eds.): Imagology, pp. 103–107, here p 107. Also see Sterckx (Beelden van Polen en Midden- en Oost-Europa in de Nederlandse cultuur, p. 153) who proposes an "intra-European West-East model" for the assessment of the west-east stereotypes that would function on the same way the established North-South model does.

37 Čolović, Ivan: "Balkanist discourse and its critics", in: Hungarian review XI. 2 (2013), online access: www.hungarianreview.com/article/balkanist_discourse_and_its_critics (last visited March 30, 2020).

38 In her analysis of the Dutch travel literature on Yugoslavia in the 1930s, Novaković-Lopušina (Joegoslavië in Nederlandse reisliteratuur, p. 12) sums up the most frequent words used by travelers upon encountering the country: "original, pristine, primitive, oriental, wonderful, interesting, hospitable, poor and rough". It can be assumed that this perspective is not exclusively Dutch, but can be found in other European travel

These positively identified traits serve as a reminder to the Dutch traveler that the country is still a part of the West, albeit not in its entirety, which provides hope that the country could be transformed into a Western-like state, under the condition that it gets rid of its eastern-like traits.

5. The Image of Yugoslavia in the Dutch Press in the First Years of the Kingdom

This lack of mutual knowledge was the reason for the forming of the "Holland–Serbia committee" in 1919, which aimed to "acquaint the wide Holland public with the Serb-Croat-Slovene state, its history, aspirations and art, and their inhabitants and their customs".[39] However, it appears that the committee did not have much impact on the public because later that same year an ominous prediction appeared in *Algemeen Handelsblad*: Given the Italian imperialistic stances over the new Kingdom and the prospects of the Yugoslav aspirations, there was doubt about the feasibility of the new political project that heavily relied on the (allegedly loose) linguistic and cultural similarities of the South Slavic nations:

> Lately we hear a lot about Yugoslavs, a new name for a group of old nations, members of the same race, that a thousand years after living apart, now are trying to unite. It is not that strange, that living after such a separateness, after completely different fortunes, the Yugoslav people do not share many similarities and have difficulties in understanding each other.[40]

The opinions about the future of the new state varied from very positive, to gloomy and skeptical. Especially the liberal newspaper outlets showed a favorable opinion of the new state and praised the Yugoslav idea as a much-needed trans-European process of self-determination by invoking the initiative of the American president Woodrow Wilson.[41] This is best reflected in the publication of the 'desiderata' the Yugoslav leadership for the Austro-Hungarian Empire in *De Telegraaf* on the October 18th 1918. The very first line already firmly

---

writings as well. For example, in the analysis of the image of Yugoslavia in French travel guides, Igor Tchoukarine indicates consistent references to the "wild, intact and unique" Yugoslav nature (cited in Sterckx: Beelden van Polen en Midden- en Oost-Europa in de Nederlandse cultuur, p. 99).

39 Erazmo 11, p. 25; Nieuwe Rotterdamsche Courant (March 5, 1919). The first reference refers to the source of the translation and the second one to the original source and publishing date. All the translations in English are mine.

40 Erazmo 11, p. 26; Algemeen Handelsblad (August 29, 1919).

41 See Erazmo 11, p. 16; De Telegraaf (July 3, 1918).

underscores the following assumption: "The Slovenes, Croats and Serbs are one and indivisible people."[42]

In the first years after the proclamation of the Kingdom, there is one recurring question: Are the South Slavic people ready to compromise with Serbia, a political and economic outlaw, which was not under the cultivating influence of the West as the Croats and Slovenes were? This skepticism could be associated with the impression that in the long run, tensions could rise because, in the Dutch reports, the Serbs are perceived as being in charge while the Croats and Slovenes – who are allegedly more oriented towards the West and therefore more advanced – could feel entrapped in the new kingdom: "The Serbs are the today's masters in the Kingdom of the Serbs, Croats and Slovenes. These latter ones are not only on a higher level of civilization, but they also nurture other feelings and insights than their present masters."[43] The Dutch journalist voices his skepsis due to many political, cultural and economic obstacles that stand in the way of real integration:

> Between these nations of related race reigns a primordial antagonism which – except in the religious matters – Serbs are Orthodox, Croats and Slovenes are Catholic – has its cause in different geographical positions of these countries, as the Serbs bowed to the Eastern culture, while the Croats and Slovenes are fully oriented towards the West.[44]

A decade later, Felix Rutten breaks it down for the Dutch reader, without any need to explain his assertion: "The Serbs are politicians; the Slovenes executives; the Croats spokesmen, or maybe they should be called the critics."[45] It can only be speculated if the image that Rutten conveys was mediated by reports he read in provincial Dutch newspapers. Rutten was, namely, born in the Dutch province of Limburg and living there in the 1920s, when there was a large number of mineworkers from Yugoslavia working in this region rich with coal mines. One of these newspaper reports the following: "[W]ith one Serb you have an army, two Croats make three political parties, and with three Slovenes you have a quartet."[46]

---

42 Erazmo 11, p. 21.
43 Erazmo 11, p. 32; Algemeen Handelsblad (December 4, 1919).
44 Erazmo 11, p. 35; Algemeen Handelsblad (January 8, 1921).
45 Erazmo 11, p. 77; De Tijd (March 20, 1931).
46 Kantoci: Useljavanje i samoorganizacija Hrvata u Nizozemskoj, p. 2.

6. The Contrast between Belgrade and Zagreb

Because Belgrade was proclaimed the new capital, it is understandable that a lot of travel writers tried to get a sense of the whole country by looking at Belgrade and its development. Therefore, there is a lot of attention on Belgrade, the real testing ground of a country which, according to numerous reports, has to reinvent itself as true *European* capital and surpass Zagreb and Ljubljana – the meek disciples of Austrian architecture – in order to get rid of its Balkan odor. Den Doolaard exclaims: "Belgrade is not a village, nor a town; Belgrade is the one and the other."[47] The Dutch diplomat Reneke de Marees van Swinderen renders an impression of the town in the following words:

> Here we're dealing with a town that – unlike the picturesque Sarajevo – is not Turkish-Austrian, but rather evokes a Turkish-Balkanoid impression. [...] By this I mean a town without an expressed attraction, without 'schwung', without the softness of the contours.[48]

In a headline from 1930, the newspaper *De Telegraaf* portrays Belgrade in the following words: "The quick evolution of Belgrade. From a Turkish *mahala* to a metropolis".[49] The correspondent also seems impressed by the speed of the 'transformation' and that impression is bolstered by the steaming financial progress which can be felt everywhere in town, especially by the inhabitants of Belgrade, who according to one report, "act European, [...] talk about work, dollars and pounds, [make estimates] on little pieces of paper [...], in one word, a western atmosphere".[50]

By comparison, in the eyes of the Dutch visitor, Zagreb represents a different 'feel'. It is modern, vivid and neat; therefore, perceived as more European. We read the following:

> Zagreb is a town that is, although to a lesser degree than earlier, very much reminiscent of the Austrian influence; it is a town which is actually fully European, a town of culture and civilization, which makes its residents rightfully proud; Belgrade, on the other side, is still – so to say – a Balkan town to the core.[51]

However, this author does not hide his confusion with the language-question in the Kingdom: "Zagreb, the capital of Croats, is a town where they speak

47 Erazmo 11, p. 60; Algemeen Handelsblad (September 19, 1931).
48 Erazmo 11, p 47; Op de Hoogte (February 1, 1929).
49 Erazmo 11, p. 53; De Telegraaf (October 18, 1930).
50 Erazmo 11, p. 52; Algemeen Handelsblad (October 1, 1921).
51 Erazmo 11, p. 47; Op de Hoogte (February 1, 1929).

Serbian, that is, however, called Croatian, where they have their tricolor flag, red-white-blue, and where they write Serbian, but in Latin script."[52]

7. The Image of the Serbs, Croats and Slovenes

Because of the impression that the Serbs form the core of the new Kingdom, a large number of articles focus on the Serbs and their 'way of life', which is contrasted with the conditions and customs in Croatia and Slovenia. Reading these articles, one can notice a higher level of identification with Slovenia and Croatia because of the aforementioned presupposed and perceived Western impact stemming from the long exposure to Austrian influence. Therefore, the result of these 'ethno-psychologies' is a pastiche of stereotypes and generalizations.[53] The following excerpts are all taken from a single article published in *Algemeen Handelsblad* in 1919, in which the author outlines the core characteristics of 'the Serb', who is portrayed as authentic and unspoiled by civilization:

> The Serb is a big patriot, he is fearlessly ready to lay down his life for his country, and besides that, he is extremely hospitable and ready to welcome his guests with food and drinks. But if you ask him to foot the bill, all the love and friendship come to an end. [...] He likes to boss around and lets others do the job for him. [...] Serbs easily learn foreign languages, they are clever, but at the same time pretentious, and if they know something, then they think they know everything. [...] They worship at least 50 different saints and one can imagine how many days one does not work, and that is without the usual holidays. [...] Serbs like schnapps [...] more than water.[54]

The image of Croats is based on the fact that the nobility played a crucial role in Croatian history and that somehow this influence permeated the character of the ordinary people. This historic circumstance puts the Croatians on the forefront of aristocratic conservatism. Felix Rutten delivers an introduction to 'the Croat' and writes the following:

> What a southern temper of carefree dawdling and loud talk! This is a quite different country and the people are different than the Slovenes. The Croat is the 'Pole of the South'. [...] They love luxury, crowds and they consciously gesticulate, which is already manifested in their love for colors. [...] Humorous and cheerful; a nation of fierce rebels and lords; a nation of gentlemen and knights that does not subordinate

52 Ibidem.
53 Erazmo 11, p. 182–197.
54 Erazmo 11, p. 32; Algemeen Handelsblad (December 4, 1919).

> itself, that thinks of itself to be too good for work and assumes a frivolous attitude towards life.[55]

The Slovenes are the only ones who are explicitly referred to as "Europeans" albeit in the context of the lost, i.e. old Europe. It is nevertheless interesting that the image of the Slovenes at least partly corresponds to the predominant Yugoslav discourse on the Slovenes as a nation: they are perceived as reliable, hard-working and most civilized people in the Yugoslav context:

> The Slovenes are the people who are ready to do anything for you. To that I will add the remark that one can count them to the most lovable people of our old Europe. Therefore, it is not a surprise that they do not get along with Croats, who do not possess any of that tender, kind goodness as their neighbors do. [...] Slovenes are in the whole of Yugoslavia, and outside it, known as very earnest and hardworking laborers.[56]

8. The Travel Journals by A. den Doolaard and Felix Rutten

According to Maria Todorova, travelogues – among other literary and quasi-literary forms – represent "the most important channels and safeguards of balkanism".[57] In the following passages it will be shown how Dutch travel writers disseminated the balkanist discourse in the most read Dutch daily newspapers of that time.

A train journey of the Dutch journalist George Nypels[58] from Amsterdam to Athens gives a neat outline of the (imaginary) borders of the countries that belong to the Western civilization and the perceived inaccuracy and nonchalance of the countries that lie south of Switzerland. Nypels writes: "In Switzerland, everything runs in an orderly fashion, exactly to the minute, precise, ordinarily."[59] His journey continues further, through – how he calls it – "the ruinous Balkan land".[60] Underway he remarks that "the Austrians painted

---

55 Erazmo 11, p. 68; De Tijd (January 7, 1931).
56 Erazmo 11, p. 74; De Tijd (January 11, 1931).
57 Todorova: Imagining the Balkans, p. 19.
58 George Nypels (1885–1977) was a famous Dutch correspondent of the Amsterdam-based newspaper *Algemeen Handelsblad.* During the interbellum, Nypels visited many of the Central and East European countries where he met with the leading politicians of that time, like Karl Liebknecht, Béla Kun, Benito Mussolini, Gabriele d'Annunzio etc.
59 Erazmo 11, p. 45; Algemeen Handelsblad (December 10, 1920).
60 Ibidem.

Slovenia, the Hungarians Croatia in western colors".[61] Nypels arrives to Belgrade with – as can be anticipated due to his cynical remark – "just seven hours of delay".[62] Upon his arrival, he remarks that Belgrade is the starting point of "the real, untouched Balkans".[63]

A. Den Doolaard visited Yugoslavia and Albania in 1931. From his writings, it can be seen that he perceives Yugoslavia as an undiscovered treasure on the threshold of Europe. He is quite amused by the people and their sincerity, by the mess, noise and every other alleged 'Eastern-like-characteristic' which, in his case at least, makes Yugoslavia a suitable place for a writer in search for inspiration:

> The Balkans! Smelling like robbery gangs, Karl May, ambushes and fantastic pursuits on horses. Many exemplary citizens from Western Europe see Yugoslavia and Bulgaria as a big, extreme Chicago, where robbers are lurking on every corner. [...] Although I like to romanticize, I will have to disappoint you.[64]

Although Den Doolaard tries to avoid the exoticization of the Balkans by criticizing earlier descriptions of it as the 'European Wild West', he later on falls into the same trap and portrays the Balkans as the magic land from *A Thousand and One Night.* In Den Doolaard's accounts, one can read an abundance of orientalist references to the Balkans. Of all the aforementioned journalists, he is the most experienced traveler. Apart from the cities, he also travelled to the countryside; to little, seemingly insignificant towns and villages and hence got a brighter insight into the life of the ordinary people and the state of affairs outside the big urban centers. For example, he visited Sinj, a little town not far from Split, where he witnessed the famous Alka-competition. In Sinj, he walks into an inn and immediately sees "a wooden spike against the wall two meters long with a roasted pig on it",[65] which marks the transgression from the urban setting he experienced in Split to a mundane ambient of the old, thriving customs of the province.

However, his artistic aspirations influence his impressions. Therefore, many of the images are exaggerated in the sense that he connects them with exotic lands of the East, invoking sandy deserts, palm trees, camels, mysterious women, wild animals etc. Against this backdrop, Den Doolaard feels at home in the Balkans. He likes to point out for the reader that he understands the customs

61 Ibidem.
62 Ibidem.
63 Ibidem.
64 Erazmo 11, p. 60; Algemeen Handelsblad (September 19, 1931).
65 Erazmo 11, p. 81; Algemeen Handelsblad (September 25, 1931).

of the local people, so he has a pronounced need to mention every time he sat down and drank coffee, which must have been a source of irritation for the Dutch reader, unaccustomed to sitting and drinking without a clear purpose. His remarks on women are always made from a 'safe' distance – women are mainly mysterious and beautiful. There is not a single conversation between Den Doolaard and a woman, which leaves the question of the feminine to the realm of mystery.[66]

8.1. Bosnia

Den Doolaard is fascinated and overwhelmed by Bosnia and Macedonia; countries offering him exactly what he was trying to find – the Orient only a day journey away from the Netherlands. He captures every impression he experiences – the smell, colors, loud talk, mess, naïve honesty of the people etc. His writings do not contain cynical remarks which can be found in texts by the other authors. Den Doolaard is captivated by seemingly endless impulses of this undiscovered region.[67] There are abundant references to 'exotic' places outside Europe and he constantly contrasts his sober Dutchness with the dynamic environment around him:

> I couldn't immediately believe that in Bosnia and Herzegovina – just one and a half day away from Holland[68] – lies the story-setting from *A Thousand and One Night*. [...] I firmly rubbed my eyes. Did I get lost in Cairo? Did the toy-like train make a 'salto-mortale' across the Mediterranean Sea last night so I found myself in Morocco? [...] The East sent me the first light signal: Turkish coffee! Wake up! [...] [A]fter two cups of brown coffee, I felt such a strong eastern trembling in my heart that I had to soothe my western nerves with cigarettes.[69]

This strong impression is further reaffirmed as he gets to Sarajevo:

---

66 Felix Rutten finds the Muslim women from Mostar to be very curious, they evade his gaze because of their veils and head scarfs, so he perceives them as 'detainees' "who are well-guarded behind the locks and wrapped up in mysteries" (Erazmo 11, p. 103; De Tijd, May 5, 1931).

67 Thirty years before Den Doolaard's travels, another famous Dutch writer, Marcellus Emants, visited Bosnia in the summer of 1901 and brusquely summarized it in three words: "discomfort, vermin, insecurity" ("ongerief, ongedierte, onveiligheid") (cited in Erazmo 11, p. 35).

68 Interestingly, Felix Rutten also visited Bosnia that same year but concluded his report by a completely opposite statement: "This Bosnia has a gloomy but laughing face. What a pity that it lies so far away from my homeland." (Erazmo 11, p. 105; De Tijd, May 5, 1931)

69 Erazmo 11, p. 106; Algemeen Handelsblad (October 3, 1931).

> Sarajevo is so marvelous because it is an eastern town that has fallen into the western world and is surrounded by a Pan-Germanic landscape. Women hidden under veils, kitchens that smell of sheep's fat, black coffee and minarets, the sun that stirs up the thermometers to feverish temperatures: all ingredients of the Orient are present.[70]

8.2. Montenegro

Felix Rutten visited Montenegro in 1931. In comparison with Den Doolaard's writings, there is no the outcry of bewilderment when encountering the untouched, rough landscapes, peoples and their authentic customs. Rutten's sober gaze speaks more of a perceived gap between Montenegro and Europe. That can best be seen in the portrayal of the Montenegrin karst as an otherworldly landscape immersed in silence:

> Even though you have already crossed the highest reefs of the pilled-up rocks that make Montenegro, it does not mean that you have come to Cetinje. You rather might think, in the immense loneliness of the angry karst, that you are wandering on Mars or the Moon.[71]

Rutten is much more focused on civilizational shortcomings; his role is to measure the cultural level by using his western rod. When encountering the harsh and cold Montenegrin environment, he translates this experience into his portrayal of the Montenegrin people:

> Montenegrins have a desire to dominate, they are not as shifty as the Albanians are and not as cruel as the Turks. The Montenegrin is tough and cold, but not corrupt. He is sincere and honest. [...] Although the people are primitive and wild, one can – however – notice that Christianity has exerted a culturing influence here.[72]

8.3. Macedonia

In Macedonia, Den Doolaard experiences a climax, and we read about the feverish Dervish dances, long hikes, high mountains, beautiful lakes, more coffee, more adventures. He is overwhelmed by Macedonia and writes that "Macedonia still possesses all the Islamic mysteries that for a long time have been destroyed in Turkey".[73] One of the features of the orientalist discourse is the display of the harmonious relationship between people and their domestic

---

70 Erazmo 11, p. 111; Algemeen Handelsblad (November 21, 1931).
71 Erazmo 11, p. 115; De Tijd (April 28, 1931).
72 Erazmo 11, p. 120; De Tijd (May 3, 1931).
73 Erazmo 11, p. 112; Algemeen Handelsblad (November 21, 1931).

animals, which, besides being useful tools in agriculture, are also an integral part of the rural household, therefore transgressing their use-value into a pet-like beast:

> A little boy sleeps peacefully on corn hugging a grunting pig. There is a close relationship between children and pigs in Macedonia; bathing and nose blowing does not belong to their upbringing, and at a child's baptizing a pig is served that is old the same number of weeks as the new-born child.[74]

Den Doolaard's journal ends with an apocalyptic lunar eclipse at the Black Drim river near the town of Debar, at the Macedonian border with Albania, the outermost periphery of Yugoslavia, which only increases the amount of expected rawness of the environment and its people. The eclipse catches the local villagers in fear and disbelief because they interpret it in religious terms. Although Den Doolaard and his companion possess the scientific explanation of this 'otherworldly' phenomenon, they do not dare intervene, but rather play along in the superstitious bewilderment of this (mundane) spectacle:

> [T]he innkeeper rushed in pale as a ghost shouting: 'Gentlemen, the moon not good.' That would say: 'Gentlemen, there is something bad going on with the moon!' Suddenly we remembered that a lunar eclipse was predicted, and we ran out. [...] The whole village got excited, the inn got filled up with people that came to calm down with alcohol, and when it got a bit worse, a comet fell, women began screaming, for surely the hour had come: the moon would fall apart, and the Earth, of course, too; because according to the commander of the guardhouse, the moon was forty times bigger than the Earth, and if we dared to contradict such authority, it would be attributed to us as a deathly sin![75]

9. Conclusion

The image of the Balkans as a place of 'the old', authentic way of life in the sense of its customs, joviality, profanity etc. is one of the recurring images of the Balkans in Dutch travel writings of the interbellum period. However, it was also shown that these images are a constituent part of a – as Todorova calls it – "stable system of stereotypes that place the Balkans in a cognitive straightjacket",[76] not allowing the region to be scholarly 'normalized' in the sense that it successfully escapes the 'reification' of its historic legacy.

---

74 Erazmo 11, p. 123; Algemeen Handelsblad (October 26, 1931).

75 Erazmo 11, p. 130; Algemeen Handelsblad (December 20, 1931).

76 Todorova: Imagining the Balkans, p. 193.

In this balkanist discourse, the Balkans are perceived as "an incomplete, not yet fully matured part that has remained in a semi-civilised state".[77] The dominant trait of representative writings by Dutch journalists and travel writers is the impression of underdevelopment. They contrast the cultural and architectural heritage of Yugoslavia with Western examples and register its shortcomings. This same model is also applied to the intra-Yugoslav context. While in the western part of the Kingdom Austrian influence is both recognized and praised, in the eastern part, the influence of the Ottomans is criticized and admonished. Against this backdrop, the newly formed Yugoslavia is seen as a bridge between Europe and Asia, the crossroads of the eastern and western influences.

77 Čolović: Balkanist Discourse and its Critics.

„Kulturbund" (1922-1934) und „Europäische Revue" (1925-1944) - Europakonzepte ohne Zukunft?

Aleš Urválek (Brno)

Im Jahre 1947 erinnert sich der bekannte deutsche Romanist Ernst Robert Curtius an das geistige Europa der 1920er Jahre:

> Einmalige Kreuzung der Wege. Aber wie viele Wege und Begegnungen gab es damals im seelisch aufgelockerten Europa. Rilke übertrug Gedichte von Valéry, der sie mir in der Handschrift zeigte. Bei Scheler sah ich die ersten Nummern von Ortegas *Revista de Occidente* [...]. Es gab ein höchst lebendiges Europa des Geistes – über aller Politik, aller Politik entgegen. Dieses Europa lebte nicht nur in Zeitschriften und Büchern, sondern in persönlichen Beziehungen.[1]

Von diesem europäischen Plädoyer ausgehend werden im Folgenden zunächst Formen angedeutet, in denen sich dieses „Europa des Geistes" innerhalb der europäischen Zusammenarbeit der Intellektuellen, Politiker und Industriellen zu Beginn der 1920er Jahre formierte. Anschließend wird ein für diese Zeit recht ambitioniertes Beispiel fokussiert, das die von Wien ausgehenden, von der deutsch-französischen Kooperationsbasis profitierenden, doch zugleich den mitteleuropäischen Horizont anvisierenden europäischen Aktivitäten Karl Anton Rohans (1898–1975) darstellen. Ihren ersten Höhepunkt haben diese bereits im Januar 1922 in der Gründung des „Kulturbundes" (auch als „Europäischer Kulturbund" bekannt) gefunden, der 1924 durch die Dachorganisation „Internationaler Verband für kulturelle Zusammenarbeit" erweitert wurde. Nach einem vielversprechenden Anlauf des ersten, im Juli 1922 gegründeten Kulturbundorgans „Der Zeitgeist",[2] der allerdings nach drei ideengeschichtlich

---

1 Curtius, Ernst Robert: „Hermann Hesse", in: Ders.: Kritische Essays zur europäischen Literatur. Bern: Francke 1954, S. 152–168, hier 152.

2 „Der Zeitgeist" wurde bislang nur ansatzweise erforscht, was hinsichtlich dessen, dass man hier linke (R. Müller) sowie eher konservative (K. A. Rohan) Autoren nebeneinander findet, zudem diese sich hier „noch" nicht so eindeutig festlegen lassen, nachvollziehbar, dennoch überraschend ist. Denn gerade der in solchen Zeitschriften

äußerst anregenden Nummern eingestellt wurde, gelang es Rohan im April 1925 mit der ersten Nummer der „Europäischen Revue" seinem Projekt ein Forum zuzusichern, das tief bis in die 1940er Jahre erscheinen konnte. Der Schilderung Rohans reger kulturpolitischer Tätigkeit der 1920er und 1930er Jahre[3] werden drei Zitate vorangestellt: Zunächst wird Rohan von Ludwig Curtius geschildert, dann in einer doppelten Erinnerung von Max Clauss erfasst, einem der führenden Redakteure der „Europäischen Revue":

> An Alter, an Erfahrung, an persönlicher Substanz, an Werk, Wissen und Können war der junge Mann gewiß auch entfernt nicht mit Hofmannsthal zu vergleichen, aber er kam aus dem gleichen Wien und brachte seinen aktiven europäischen Kulturwillen mit. Er hatte viele Vorzüge des österreichischen Kavaliers, gewinnende Liebenswürdigkeit, ohne je sein Aristokratentum aufzugeben [...] und eine versöhnliche Heiterkeit, in der er jeden Misserfolg von vornherein in seine Rechnung eingestellt hatte, leicht überwand und keinem nachtrug.[4]

> Und ausgerechnet er setzte sich in den Kopf der Gegenspieler eines anderen Aristokraten in Wien sein zu wollen, nämlich des Grafen Coudenhove-Kalergi mit seinem Paneuropa.[5]

> Er appellierte an die Zusammenarbeit der nationalen Eliten zur Rettung der gemeinsamen Kultur und merkte als ein der zeitgenössischen Intelligenzbörse fremder Hocharistokrat und Autodidakt gar nicht, wie abgegriffen seine pathetisch angebotene Münze diesem kritischen Publikum von Professionellen vorkam. Ein Bekenntnis zum

---

kumulierte Zustand der noch kaum festgefahrenen ideologischen Zentrifugalität könnte sich fürs Erfassen der Zeitschriftenlandschaft der 1920er Jahre als äußerst produktiv erweisen. Zur groben Charakterisierung von „Zeitgeist" vgl.: Wallas, Armin A. (Hg.): Zeitschriften und Anthologien des Expressionismus in Österreich. München, New Providence, London, Paris: K.G. Saur 1995, S. 76. Weiter die Webseiten des von Primus-Heinz Kucher geleiteten Projekts „Transdisziplinäre Konstellationen in der österreichischen Literatur, Kunst und Kultur der Zwischenkriegszeit". Verfügbar unter: https://litkult1920er.aau.at/litkult-lexikon/der-zeitgeist/

3 Rohan stand dem „Kulturbund" bis 1934 vor, bei der Zeitschrift „Europäische Revue", die zunächst im Leipziger Verlag Der neue Geist, ab 1933 in Deutscher Verlagsanstalt herausgegeben wurde, hatte er bis 1936 als Herausgeber verantwortlich gezeichnet.

4 Curtius, Ludwig: Deutsche und antike Welt. Lebenserinnerungen. Stuttgart: Deutsche Verlagsanstalt 1950, S. 379. Zit. nach: Müller, Guido: Europäische Gesellschaftsbeziehungen nach dem Ersten Weltkrieg. Das Deutsch-Französische Studienkomitee und der Europäische Kulturbund (= Studien zur Internationalen Geschichte), München: Oldenbourg 2005, S. 351.

5 Clauss, Max: Sehendes Auge. Internationale Erinnerungen. Unveröffentlichtes Manuskript der Erinnerungen, Durbach 1987, S. 62–63. Zit. nach: Müller, Europäische Gesellschaftsbeziehungen, S. 346.

> Vorbild der katholischen Hierarchie und ein Hinweis auf die Rolle des Faschismus gegenüber der Moskauer Internationale genügten, um ihn von Stund an im Gegensatz zu dem demokratischen anderen „guten Europäer" aus Wien, dem schematisch starren Grafen Coudenhove, als „verdächtigen Profaschisten" abzustempeln.[6]

Ausgewählt wurden diese Zitate, um die zwiespältige Wahrnehmung Rohans nahezubringen,[7] sowie wegen der Dichotomie zwischen dem sozusagen demokratisch guten Europäer aus Wien Coudenhove-Kalergi auf der einen, und dem verdächtigen Profaschisten aus Wien Karl Anton Rohan auf der anderen Seite. Im dritten Abschnitt der Studie werden nämlich die Aktivitäten Rohans während der NS-Zeit geschildert, wo zwar der Kulturbund längst nicht mehr, doch die Zeitschrift nach wie vor (bis 1944) bestehen durfte. Zu skizzieren, zu welchen Konzessionen ans Regime „Europäische Revue" in dieser Zeit bereit war, und welche Strategien sie wählte, um sich nicht ausnahmslos zu kompromittieren, wird hier das Ziel sein.

Das letzte der einführenden Zitate versetzt uns bereits in die 1950er Jahre, da – im letzten Abschnitt – darauf eingegangen wird, wie in deutscher und folglich bundesrepublikanischer Nachkriegskonstellation an das um 1922 in Wien entstandene Bund- und Zeitschriftenkonzept, das im Krieg mitunter vom NS-Propagandaministerium finanziert wurde, angeknüpft wurde. Die Frage der Kontinuitäten dessen, was in der Zwischenkriegszeit entstanden, die Kriegszeit überdauert und nach 1945 wiederaufgegriffen wurde, wird am Beispiel von „Deutsche Zeitschrift für europäisches Denken", bekannter unter dem Titel „Merkur", kurz dargelegt – einer Zeitschrift, die 1947 von Hans Paeschke und eben Joachim Moras gegründet wurde, der vor dem „Merkur" in den 1930er und 1940er Jahren für „Europäische Revue" verantwortlich zeichnete. Es werden

6 Max Clauss in der Rundfunksendung des SDR vom 20. 11. 1981. Zit. nach Müller: Europäische Gesellschaftsbeziehungen, S. 347.

7 Bissige Kommentare würden eher überwiegen: vgl. etwa die scharfe Kritik von W. Tschuppik in der Zeitschrift „Die Provinz, Halbmonatsschrift für die Tschechoslowakei", die 1924 in Karlsbad von Bruno Adler, Ernst Sommer und Ernst Bergauer herausgegeben wurde. Rohan wird hier (1924, 2, S. 61–62) als „Esel in der Weisheitsschule" des Grafen Keyserling bezeichnet. Man dürfe, so Tschuppik, „doch Zweifel hegen, was für Aristokraten, die aus dem Geleise geworfen sind, besser sei: Ob sie sich nicht auch weiterhin mit Jagd und Liebesabenteuern, oder ob sie sich mit der Weisheit beschäftigen sollen." Rohans Europa sei „widerlicher Bastard aus jener beliebten modischen Art, mit geschichtlichen Tatsachen und soziologischen Begriffen zu jonglieren, die nach Großzügigkeit und reichem Geist aussieht und aus einer ungeduldigen Halbbildung, die dazu drängt, mit großen Fragen möglichst rasch fertig zu werden. [...] Im Faszismus erblüht er, so wie es heute nur noch ganz wenige Trottel tun, einen revolutionären Impuls, er sei durchaus revolutionärer Natur, und zwar eine konservative Revolution. In Deutschland sehnt er einen Faszismus deutschester Art herbei..."

einige Argumente für die These herangetragen, die Geschichte des nachkriegsdeutschen „Merkur" könne nur erzählt werden, wenn sie mit der Geschichte der „Europäischen Revue", des Kulturbundes und des dichtverflochtenen regen intellektuellen Lebens und Denkens Europas verschränkt wird, von dessen Breite indes dieser Beitrag nur einen kleinen Ausschnitt herauswählt. Das Zitat stammt aus der Autobiographie von Gustav René Hocke:

> Joachim Moras hatte ich 1959 zuletzt in Regensburg wiedergesehen, anlässlich einer Tagung der *Ars Viva*, veranstaltet vom Kulturkreis des deutschen Industrieverbandes [...] unter vielen neuen und alten Künstlern und Literaten im prachtvollen Rathaus-Saal. [...] Beim Nachtisch klopft mir Hans Paeschke auf die Schulter. Kommen Sie, Hocke, Theodor Heuss möchte mit uns über das Schicksal des *Merkur* sprechen. Sie wissen: ohne Subventionen geht es bald zu Ende. Mit Heuss saßen wir fast drei Stunden nach diesem üppigen Rathaus-Abendessen zusammen. Die Biergläser wurden stets nachgefüllt [...] Theodor Heuss hörte aufmerksam zu, trank immer an seinem schäumenden Halben, rauchte eine Zigarre nach der anderen. Dann sagte er: „Das Ausland soll auf keine der besten Visitenkarten unseres Volkes verzichten müssen."

Dann stand er auf, taumelnd wie ein General mit Beinschuß auf einem Schlachtfeld, und sagte feierlich:

> „Der *Merkur* wird weiterleben." Man stützte ihn, weil er schwankte. Sein Begleiter flüsterte: „Sie wissen ja, das kranke Bein." Heuss hatte den *Merkur* vorerst gerettet.[8]

Ein kurzer Kommentar vorweg: Man sieht hier die beiden Herausgeber von „Merkur", also Paeschke und den in einer seiner vielen Rollen agierenden Moras.[9] Mit ihnen ist Hocke, der zu dieser Zeit die geistige Elite der Bundesrepublik von Italien aus vertritt, wo er als Auslandskorrespondent arbeitet, und der erste nachkriegsdeutsche Bundespräsident Theodor Heuss. Alle drei suchen „Merkur" zu retten. Dass sich Heuss aus seiner Machtposition für diese

---

8 Hocke, Gustav Rene: Im Schatten des Leviathan. Lebenserinnerungen 1908–1984. München: Deutscher Kunstverlag 2005, S. 488–489.

9 Außer „Merkur" war Moras bis zu seinem Tod (1961) im Kulturkreis der deutschen Industrie vertreten, wo er parallel zu „Merkur" alljährlich „Jahresring" herausgab, eine künstlerische und literarische Bestandsaufnahme des jeweiligen Jahres; außerdem beteiligte er sich zum Beispiel 1954 an der Vorbereitung der *rowohlts deutsche Enzyklopädie*, eines wohl erfolgreichsten nachkriegsdeutschen Projekts, das die modernen Wissenschaften im Taschenbuchformat massenweise, allerdings nicht simplifizierend vermittelte. Zum Herausgeber dieser Enzyklopädie, die bis in die 1960er Jahre mehr als 300 Bände an den Markt gebracht hat, wurde 1955 Ernesto Grassi, während sich Moras aus diesem Projekt wegen seiner absoluten Inanspruchnahme von „Merkur" Ende 1954 verabschieden musste.

Zeitschrift einsetzt, dürfte damit zusammenhängen, dass man sich bereits aus der Kriegszeit kennt, wo allerdings die Rollen umgekehrt verteilt waren. Da waren Moras und Paeschke Herausgeber bzw. Chefredakteure der Zeitschriften. Der eine, Moras, der „Europäischen Revue" (seit April 1938), der andere, Paeschke, (1939–1944) der „Neuen Rundschau". Und eben Heuss gehörte zu einigen nicht regimekonformen Autoren, die in diesen beiden Zeitschriften bis 1944 publizieren konnten. Wo und wann es ging, verfasste er die Texte noch unter seinem Namen, sonst nahm es Moras auf sich, Heuss unter anderen Namen (meist als T. Brackheim) publizieren zu lassen.

Doch zurück zum Anfang: Die in dem ersten Zitat angesprochene geistige Einheit Europas gründete in der Überzeugung, um das nach dem Ersten Weltkrieg ruinierte Europa konsolidieren und wirtschaftlich sowie intellektuell konkurrenzfähig machen zu können, müsse aus dem europäischen Bewusstsein heraus, das die europäisch gesinnten Macht- und Geisteseliten verkörpern würden, ein Prozess in Gang gesetzt, bei dem die nationalen Egoismen durch europäische Gemeinsamkeiten aufgefangen werden. Das respektvolle Verständnis der einzelnen Nationen untereinander als der einzig denkbare Ausweg schwebte damals nicht nur Curtius vor. Auf dieser übernationalen europäischen Basis bildete sich in der Zwischenkriegszeit eine breite und rege Bewegung, die mit uralten Erbfeindschaften (Deutschland versus Frankreich) aufzuräumen suchte, und den tragisch eskalierenden und nach 1918 vielerorts weiter dominierenden Nationalismen ein Konzept entgegensetzte, das sich weder anti-, noch international gab, sondern übernational zu agieren vorhatte. Ein Konzept, das die einzelnen Nationen akzeptierte, sie in ihrer Sonderung bejahte und unterstützte, um sie in ein übergreifendes Europa münden zu lassen. Einem solchen Europa verschrieben sich nun recht viele Netzwerke, Komitees oder andere Körperschaften, um darin Ideen, Formen sowie Geld zu investieren.

Wer heute auf diese Bemühungen zurückblickt, könnte leicht zweierlei Augentäuschung unterliegen: Die uns heute gängige Gleichsetzung von Europa und einem liberalen, pluralistischen, freiheitlichen und demokratischen Europa war für die Zwischenkriegszeit bei weitem nicht so gegeben gewesen, vielmehr setzte sie sich erst in den 1960er Jahren durch. Für die 1920er Jahre ist demgegenüber von einer Pluralität der Konzepte auszugehen, wo eben die demokratischen kaum dominierten. Sie waren allenfalls den elitär, konfessionell, imperial oder hegemonial geprägten Europa-Visionen eher nur an die Seite zu stellen, die sich antimodern und antiliberal gegeben haben.[10]

10 Vgl. Conze, Vanessa: „Abendland gegen Amerika! Europa als antiamerikanisches Konzept im westeuropäischen Knservatismus (1950–1970)", in: Behrendts, Jan (Hg.): Antiamerikanismus im 20. Jahrhundert. Bonn: Dietz 2005, S. 204–224, hier S. 205.

Damit im engen Zusammenhang die zweite Täuschung: Aus dem Rückblick dürfte der Eindruck überwiegen, es habe in der Zwischenkriegszeit nur eine nennenswerte[11] Europa-Bewegung gegeben, die über die Zwischenkriegszeit hinaus ihre Geltung beibehalten hat, und für Europa fundamental geworden ist, nämlich die Pan-Europa Bewegung, die im Jahre 1923 von Richard Coudenhove-Kalergi (1894–1972) gegründet wurde. Diese Bewegung war allerdings weder die älteste Europa-Bewegung, noch die einzige relevante gewesen, wie man nicht selten lesen kann, und dies nicht nur in den stark stilisierten und selbstbestätigenden Lebenserinnerungen und Berichten von Coudenhove-Kalergi oder den Paneuropäern selbst. Den Nährboden für das Europagefühl suchten in der Zwischenkriegszeit gleich mehrere Bewegungen zu beackern; man könnte von einem regelrechten Netzwerk[12] sprechen. Den politischen, kulturellen, intellektuellen Weg zueinander suchte man im damaligen Europa, sieht man vom Völkerbund ab, in der Pan-Europa Union, in der Mitteleuropäischen Wirtschaftstagung von Elemer Hantos, in den einzelnen Komitees für europäische Verständigung oder Kooperation (Emile Borel), in dem Deutsch-französischen Studienkomitee (Pierre Viénot, Emile Mayrisch) und nicht zuletzt in dem Europäischen Kulturbund, den 1922 eben Rohan gegründet hat. Insbesondere zwischen Frankreich und Deutschland wurden dank diesen Initiativen die ersten Schritte aufeinander gemacht. In Frankreich wurden die ersten deutschen Studenten gefördert, in den 1920er Jahren unter den ersten etwa Max Clauss, Joachim Moras oder Arnold Bergsträsser, die später für die „Europäische Revue“ wichtig wurden. Ihr Heidelberger Lehrer Curtius, selbst aktiv sowohl im Deutsch-französischen Studienkomitee als auch im Kulturbund, von seiner regen Publikationstätigkeit in der „Europäischen Revue“ ganz zu schweigen, baute zu der Zeit intensiv die Verständigungsgrenzen ab, indem er etwa für ein gemeinsames deutsch-französisches und französisch-deutsches Wörterbuch der umstrittenen politischen und kulturellen Begriffe plädierte oder ein transnationales Geschichtslehrbuch in Erwägung zog, selbstverständlich jenseits der einzelnen nationalen Geschichtsnarrative verfasst.[13]

---

11 Etwa das 2014 erschienene kanonische Buch *Österreich und die europäische Integration seit 1945* (Hgg. Michael Gehler, Rolf Steininger) führt am Ende eine Chronologie mit dem Titel *Österreich und die europäische Integration von den Anfängen bis 2009*, die mit der Gründung der Paneuropa-Union 1923 ansetzt, etliche Paneuropakongresse auflistet, während Kulturbund kaum erwähnt wird.

12 http://ieg-ego.eu/de/threads/europaeische-netzwerke/politische-netzwerke/europa-netzwerke-der-zwischenkriegszeit

13 Vgl. Curtius, Ernst Robert: „Zur Psychologie der deutsch-französischen Verständigung“, in: Die neue Rundschau (1928), Band I, S. 65–75.

Der 1922 von Rohan ins Leben gerufene Kulturbund[14] positionierte sich wie folgt: Kooperieren wollte er mit dem Deutsch-französischen Kulturkomitee, absetzen wollte er sich erstens vom Völkerbund (statt eines von Amerika und dem Siegerwillen aus dem Europa unnatürlich aufgestülpten Konzepts, ein organisches, die schwierige Lage im Mitteleuropa berücksichtigendes und auf konservativen Grundlagen gebautes Projekt, statt Genf als westlichem Europazentrum nun das mitteleuropäische Wien), und zweitens von dem Konkurrenten Pan-Europa von Coudenhove-Kalergi. Rohan wusste gut um die Überzeugungskraft der Paneuropäischen Vision, darum seine erbitterten Abgrenzungsversuche, die er in „Europäischen Revue" publizierte: Kulturbund sei streng unpolitisch, Paneuropa politisch, Kulturbund sei auf praktisch-organisatorische Leistung aus, Paneuropa ringe Bekenntnisse ab, Kulturbund suche durch Kleinarbeit den Menschen der Geisteselite Gelegenheit geben, zu Europäern zu werden, Paneuropa wolle Massen seinem politischen Programm zuführen. Kulturbund anerkenne grundsätzlich alle Meinungen, Paneuropa wolle eine Meinung durchsetzen; hier möchte man am Zusammenschluss Europas vorbereitend zusammenarbeiten, ohne jemanden auszuschließen, dort erstrebe man auf rein politisch-propagandistischem Wege die Schaffung eines kontinentalen Staatenbundes unter Ausschluss Englands und Russlands. Hier suche man dem organisch-lebendigem Gebilde Europas gerecht zu werden, dort werde ein bereits fertiges Zukunftsbild angepeilt, das der lebendigen Geschichte keinen Raum lasse.[15] Unabhängig von Rohan ließe es sich wie folgt ausdrücken: Kulturbund stellte ein konservatives, geisteselitäres, hierarchisierendes, vitalphilosophisches Konzept dar, das sich eher als Diskussionsforum verstanden, daher keineswegs monolithisch gegeben hat.[16] Paneuropa

14 Dem „Zeitgeist" nach wolle der Kulturbund einen Querschnitt durch alle Gebiete geistigen Schaffens geben und die universelle Einstellung zu allen europäisch entscheidenden Problemen, Persönlichkeiten und Ergebnissen vermitteln. Gegründet wurden der Kulturbund sowie die Zeitschrift auf Anregung von K.A. Rohan am 12.1.1922. Im Präsidium waren neben Rohan Kurt Frieberger, Viktor Frisch, Friedrich Hardtmuth, Erich Wolfgang Korngold, Friedrich Kronseder, Robert Müller und Friedrich Schreyvogl, der später zum Schriftleiter der Zeitschrift „Abendland" wird, wo Rohan auch publizieren konnte.

15 Rohan, Karl Anton: „Glossen des Herausgebers", in: Europäische Revue (1925/26), Band 2, S. 349–353.

16 Man solle sich hüten, „Rohans Kulturbund als eine monolithische Gruppierung anzusehen. Es gibt unter seinen Mitgliedern ganz unterschiedliche nationale wie weltanschauliche Positionen, die sich nicht so einfach unter der Bezeichnung „jungkonservativ" etikettieren lassen. Der gemeinsame Nenner so unterschiedlicher Persönlichkeiten [...] ist recht klein und beschränkt sich auf eine mehr oder weniger deutliche Europaidee." (Demm, Eberhard: Von der Weimarer Republik zur Bundesrepublik: der

wiederum dürfte sich eher einem vernunftphilosophischen, demokratischen, egalitären, massenpolitischen Programm verschrieben haben, dass sich seiner politischen Ziele und Ambitionen genauso sicher war wie des Weges, wie man sie erreichen könnte; darum die vielmehr monologische Prägung der Bewegung sowie das einstimmige, mikrofonartige Charakter der Zeitschrift „Paneuropa", die Coudenhove-Kalergi über weite Strecken allein mit programmatischen Texten versorgte.

Trotz aller Unterschiede verliefen beide Projekte in vielerlei Hinsicht parallel: Man gründete die Bewegung, suchte für sie Unterstützung der gleichgesinnten Intellektuellen, Politiker, Ökonomen, Industriellen und (Geistes)Adeligen, man erweiterte sie netzwerkartig in andere europäische Länder aus und veranstaltete rund um Europa große und ambitionierte Tagungen. Zugleich, um der Bewegung Gehör zu verschaffen, gründete man als Multiplikatoren Zeitschriften: 1922 „Den Zeitgeist", 1924 „Pan-Europa", 1925 „Europäische Revue". Auf deren Seiten wurde über Tagungen referiert, um durch weitere beigesteuerte Texte die positiven Alleinstellungsmerkmale der Bewegung entweder fast einstimmig festzulegen („Paneuropa") oder vielmehr auf einer Zeitschriftbühne den Meinungsaustausch zu inszenieren. Das einzige von Anfang an proklamierte Anliegen dieser Aktivitäten Rohans bestand darin, Verbindungen zwischen den geistigen Eliten der Nationen zu fördern, um das europäische Bewusstsein formieren zu lassen. „Schaffung Europas vom Geiste her",[17] hat er es in seiner Schrift *Europa* aus dem Jahre 1923 auf den Punkt gebracht, übrigens einem der ersten Texte, in denen solche konservativen Europakonzepte als Prozess der „konservativen Revolution" bezeichnet wurden, bei Rohan mit deutlichem Augenzwinkern zu den konservativ-revolutionären Faschisten in Italien.

Der Zweck des Bundes bestand darin, jenseits von Politik und Weltanschauungen, Klassen oder Rassen die geistig Schöpferischen aus verschiedensten Gebieten und Meinungslagern zusammenzuführen. Angestrebt war somit die Bildung einer geistig-gesellschaftlichen Oberschicht (Rohan nivellierte den Unterschied zwischen Geistes- und Geburtsadel), die das europäische Bewusstsein zu tragen hätte. Der Ansatz lautete: Um sich europäisch verständigen zu können, muss man zunächst sich selbst innerhalb der eigenen Nation verstanden haben.

---

politische Weg Alfred Webers 1920–1958. Düsseldorf: Droste 1999, S. 217). Ähnlich auch H. Kiesel: „Gleichwohl herrschte auch im Kulturbund und seiner erfolgreichen Zeitschrift „Europäische Revue" ein großer Meinungspluralismus, der die Herausbildung einer Einheitsdoktrin nicht erlaubte." (Kiesel, Helmuth: Geschichte der deutschsprachigen Literatur 1918 bis 1933. München: Beck 2017, S. 53)

17 Rohan, Karl Anton: Europa, Leipzig: Der neue Geist 1923, S. 42.

In der „Europäischen Revue" (1925–1944)[18] wurde dies folgender*maßen umgesetzt: Auch hier wollte man, so die programmatischen Formulierungen des Herausgebers in der ersten Nummer der Zeitschrift, die „geistige Einheit Europas bewußt machen"[19], um „wechselseitiges Kennen, Erkennen und Verstehen zwischen den Völkern vermitteln"[20] zu können. Als eine Revue habe man allerdings nicht vorgehabt, Ergebnisse, also einzelne Standpunkte als fertig und propagandistisch verwertbar zu präsentieren, also Problemlösungen vorzulegen,[21] vielmehr stellte man – als Revue, Bühne, Forum – einen freien Raum zur Verfügung, wo Probleme im Prozess gestaltet, indem einzelne Meinungen – „ohne Rücksicht auf Nation, Partei, Weltanschauung einander gegenübergestellt [...], die Gegensätze derart angeordnet werden, dass dadurch der übernationale Zusammenhang Europas zum Ausdruck"[22] gelange.

Dies impliziert zweierlei: Das europäische Bewusstsein glaubte man – was übrigens für beide Nachkriegszeiten des 20. Jahrhunderts in Europa gelten dürfte – nicht nur durch programmatische Behauptungen, Meinungen, Argumente und Theorien, sondern auch durch sogenannte Ideologielosigkeit formieren zu können, die meistens als reine da aprogrammatische Haltung verstanden wurde.[23] Was in der „Europäischen Revue" sowohl zur strengen

---

18 Die Forschungsliteratur zur „Europäischen Revue" ist umfassender. Hervorzuheben sind: Bock, Hans Manfred: „Das Junge Europa, das Andere Europa und das Europa der weißen Rasse. Diskurstypen in der *Europäischen Revue* 1925–1939", in: Grunewald, Michael u.A. (Hgg.): Le discours europeen dans les revues allemandes (1933–1939). Der Europadiskurs in den deutschen Zeitschriften (1933–1939). Bern, Berlin: Peter Lang 1999, S. 311–352, und Paul, Ina Ulrike: „Konservative Milieus und die *Europäische Revue* (1925–1944)", in: Grunewald Michael u.A (Hgg.): Le milieu intellectuel conservateur en allemagne, sa presse et ses resaux (1890–1960). Das konservative Intellektuellenmilieu in Deutschland, seine Presse und seine Netzwerke (1890–1960). Bern: Peter Lang 2003, S. 509–555.

19 Rohan, Karl Anton: „Vorwort des Herausgebers", in: Europäische Revue (1925), Bd. 1, S. 1–2.

20 Ebenda.

21 „Europäische Revue wird diesen Erdteil nicht retten, sie wird keines der entscheidenden Probleme lösen." Ebenda.

22 Ebenda.

23 Einer programmatischen Programmlosigkeit, die sich auf die „Haltung" berufen hat, haben sich auch nach dem Zweiten Weltkrieg die meisten Zeitschriften der ersten Stunde verschrieben („Wandlung", „Ruf", „Merkur"). Nach dem Ersten Weltkrieg wurde „Haltung" zu einem Wert schlechthin, den man ideologisch ins Feld geführt hat: Die Haltung wurde entweder mit Abendland verkoppelt und gegen Europa ins Spiel gebracht (Abendland als Wachstum, Seele, Haltung, Gesinnung: Europa als Konstruktion, Maschine, Leib, Stoff, Maschine) oder, eben bei Rohan, als Argument gegen alle unverbesserlichen Optimisten und Theoretiker, die im Kriege nicht gelernt haben, dass es in der Politik nicht auf Programme und Theorien, sondern auf geistige Haltung

Absage auf jede programmatische Einstimmigkeit als auch zu einem elitären Pluralismus führte, freilich mit deutlich konservativen Akzenten.

Zudem gab sich „Europäische Revue“, was die Literatur anbelangt, dezidiert europäisch, international. Gleich zum Start, im ersten Jahrgang findet man darin vor: etliche Gedichte von Rainer Maria Rilke, ein Kapitel der *Falschmünzer* von André Gide, Auszüge aus *Räuber* von Karel Čapek, Essays von Marcel Proust, Luigi Pirandello, Dmitrij Merežkovskij, Gedichte von Paul Valéry, slawische Volkslieder aus dem Russischen und Kroatischen von Paul/Pavel Eisner ins Deutsche übersetzt. Im Bericht und Rezensionsteil wird der Horizont wohl noch breiter geöffnet: Man referiert über die griechische Völkerwanderung, deutsche, dann Schweizer Chronik, französische Nachkriegsliteratur, vorgestellt werden literarische Strömungen in Belgien, tschechisches Theater, neue rumänische Lyrik, der italienische Geist der Nachkriegszeit, rheinische Kunst, polnische Literatur und vieles desgleichen. Aus dem Rückblick staunt man in der Tat über die lebendige Vielfalt der ersten Jahrgänge dieser Zeitschrift, um die es aber leider spätestens 1934 geschehen sein wird.

Davor aber noch einige Worte zu dem Ansatz von „Europäische Revue“, der eben eine für die Zwischenkriegszeit nicht untypische Art darstellt, wie Europa im Spannungsfeld zwischen Nationalismus, Internationalismus und Übernationalismus aufzufassen ist. Diesen Ansatz teilen die meisten konservativen Intellektuellen, weit über „Europäische Revue“ hinaus. Rohan nähert sich ihm wie folgt: „Sentimentale Verbrüderung“[24] dürfe nicht das Ziel sein, d.h. auf dem Weg zueinander, zum guten Europäertum, habe man sich zunächst dessen zu vergewissern, was man für und an sich selbst sei. Der europäische Zusammenschluss sei daher vielmehr auf einem übernationalen Wege denkbar. Zuerst müssten die Völker in ihre Form gebracht werden, jedes müsse bei sich auskehren, und erst wenn jedes real darstelle, was es sei, könne die Form der angestrebten Gemeinschaft gefunden werden.[25] In der siebten Nummer proklamiert Rohan, die Einheit Europas werde nicht aus dem Bekenntnis, sondern aus den gesunden nationalen Substanzen entstehen, deren ungefälschte Kenntnis die Zeitschrift wechselweise zu vermitteln suche. Warum diesbezüglich vom Internationalismus nichts zu erwarten ist, bringt er derart auf den Punkt:

---

und Ideen ankomme. So Rohan bereits 1925 in der ersten Nummer der Zeitschrift „Abendland: Deutsche Monatshefte für europäische Kultur, Politik und Wirtschaft“. Vgl. Rohan, Karl Anton: „Falsche und richtige Europapolitik“, in: ebenda, S. 13–14.

24 Rohan, Karl Anton: „Vorwort des Herausgebers“, in: Europäische Revue (1925), Bd. 1, S. 1–2.

25 Ders.: Europa, Leipzig 1924, S. 37.

Der Irrtum des Internationalismus liegt darin, die neue Einheit ohne Rücksicht auf die stattgehabten nationalen Differenzierungen, sozusagen in abstracto, im luftleeren Raum, aufbauen zu wollen. [...] Das europäische Bewusstsein kann also niemals gegen, sondern nur oberhalb der nationalen Vielheit entstehen; wer Europa vorbereiten will, muss daher vor allem Andern das nationale Bewusstsein schrankenlos bejahen."[26]

Es gibt, vereinfacht gesagt, für den europäischen Kontinent nur noch einen Ausweg, der eben einen Mittelweg zwischen allzu engem Nationalismus und einem uneingeschränkten Internationalismus darstellt. Nicht viel anders argumentierte zu der Zeit in der „Europäischen Revue" Hugo von Hofmannsthal. In deren ersten Nummer postulierte er einen Europabegriff, der in „den höchsten Äußerungen jeder Nation enthalten [sei, A.U.] – und je deutlicher gewonnen wird, je reiner, ungetrübter innerhalb der Nation das eigene Höchste zum Ausdruck kommt [...] große Menschen haben die eigene Nation zum Schicksal, Europa zum Erlebnis."[27] Und weiter: „Wo ein großer Gedanke gedacht wird, ist Europa. Wo er innerhalb des Nationalen gedacht wird, wartet er nur darauf, ins Universale zu münden."[28] Das europäische Bewusstsein wird somit zum qualitativ transzendierenden Ideal, das an das höchste Eigene, was Hofmannsthal allerdings als das Reine und Ungetrübte der jeweiligen Nation versteht, rückgekoppelt bleibt. In seiner Studie „Europäische Revue", einem Plädoyer für solchen national essenzialistischen Übernationalismus, heißt es: Mit einer „nüchtern-vibrierenden Festigkeit" wache diese Zeitschrift darüber, dass „die Spannungen in den nationalen Eigenheiten (diese Spannungen, die Europa liebenswert machen) erkannt werden in ihren Vereinbarkeiten mit dem Bestehen einer geistigen Gemeinschaft – in ihrer Unvereinbarkeit mit den barbarischen Tendenzen der Machtaspiration".[29] In einer intertextuellen Anspielung auf einen früheren Text Rohans[30] läuft es hier bei Hofmannsthal stets auf eine und

26 Rohan, Karl Anton: „Europas Verantwortung, in: Europäische Revue (1927), S. 205–208, hier S. 207.

27 Hofmannsthal, Hugo von: „Europa", in: Europäische Revue (1925), Bd. 1, S. 3.

28 Ebenda.

29 Hofmannsthal, Hugo von: „Europäische Revue", in: Ders.: Gesammelte Werke in Einzelausgaben. Prosa IV, Frankfurt/Main, S. 326–333, hier S. 333.

30 Rohan, Karl Anton: „Der Horizont", in: Europäische Revue (Juli 1926), S. 320–324, hier S. 323. „Das traditionalistische „junge Europa" wird den entgegengesetzten Weg gehen müssen: nicht vom Internationalen gegen das Nationale, sondern vom Nationalen aus zum übernationalen Europa. Wenn das Nationale sich immer mehr vom Machtgedanken loslöst und immer tiefer in seinem eigentlichen Wesen verwurzelt wird, dann soll es so stark als möglich bejaht werden, denn gerade *die Spannungen zwischen den nationalen Eigenheiten machen Europa liebenswert.*" (hervorgeh. v. AU.)

dieselbe übernational angelegte Form des europäischen Bewusstseins: Ohne starke und selbstbewusste Nationen kein Europabewusstsein, keine weltbürgerliche Übernationalität, vielmehr nur sentimentaler Internationalismus der Schwachen und Selbstlosen, die zwischen unausgelebten Machtaspirationen und dem „Sich selbst Verlieren in den Seelen der anderen Völker" hin und her gerissen werden. Von bitteren Früchten solcher Irrwege hätte man sich, so Hofmannsthal, in den Jahren nach dem Krieg überzeugen können, als „jener pazifistische Internationalismus [...] der auf Betäubung oder Verwischung der nationalen Gefühle ruht [...], so viel Verwirrung und so heftige Reaktionen hervorgerufen"[31].

Wie groß die intellektuellen Erwartungen waren, die man mit diesem Konzept um 1925 verbunden hatte, einem freilich umstrittenen Konzept, dem gewisse Essenzialisierung des Nationalen (Stichwort „reine nationale Substanzen") nicht fremd war, ist daran deutlich, dass man ihm auch bei Curtius begegnet. In seiner Studie „Deutsch-französische Kulturprobleme", 1925 in „Der Neue Merkur" Efraim Frischs abgedruckt, stößt sich Curtius an allen gedanklich flachen Konzeptionen an, die gleichmachen und Widersprüche durch einen nivellierenden Internationalismus zu beheben trachten würden. Es bringe nichts, so Curtius, Nationalismus durch Internationalismus zu ersetzen.[32] Brücken über den Abgrund des Völkerhasses zu schlagen sei sicher nützlich, allerdings nicht um jeden Preis. „Wir dürfen die Überwindung des Nationalismus nicht erkaufen mit einer Versklavung des Geistes [...] Wir wollen und dürfen uns nicht hineinzwängen in die Alternative Nationalismus oder Internationalismus",[33] die dann nur die „Wahl zwischen einem engherzigen Sichabschliessen und einem würdelosen Sichpreisgeben"[34] nach sich ziehen würde.

Was hilft, sei, so Curtius, Respekt vor den nationalen Kulturen, Akzeptanz ihrer Andersartigkeit und Fremdheit, sachliches Durchdringen der jeweiligen „national-psychologischen und kulturbiologischen Tatbestände"[35], tiefes Verständnis des geistigen und seelischen Lebensgrundes der jeweils anderen Nation. Seinem nationalen, aber keineswegs nationalistischen europäischen Denken, das sich allenfalls kosmopolitisch, aber kaum internationalistisch geben will, liegt die Überzeugung zugrunde, die nationale Optik sei unumgänglich, sie müsse aber dialogisch ausbalanciert werden, indem sie die nationalen

31 Hofmannsthal: Europäische Revue, S. 329.

32 Curtius, Ernst Robert: „Deutsch-französische Kulturprobleme", in: Der Neue Merkur (1921), S. 145–155, hier S. 147.

33 Ebenda, S. 152.

34 Ebenda, S. 152.

35 Ebenda, S. 152.

Kultursysteme in „ihrer Sonderung bejaht“[36] und als Harmonie begreife. Nur dadurch könne eine Alternative entstehen, die zwischen den nationalistischen und interantionalistischen Einseitigkeiten vermitteln könne. Eine europäisch nationale Denkweise, die allerdings nicht als eine nationalistische gedacht werden will.

Weil man heute weiß, dass die offene und bis zu einem gewissen Grade pluralistische Phase der „Europäischen Revue“ nur etwa bis 1930 anhielt und 1933 schon endgültig vorbei war, pflegt die Forschung die einzelnen Jahrgänge der späten 1920er und der frühen 1930er Jahre auf die ersten Anzeichen dieser unheilvollen Entwicklung hin abzuprüfen. Diese sind nach und nach zu registrieren und kulminieren in der Tat um 1933.[37] Wenn etwa 1926 Rohan stolz auf den ersten Jahrgang zurückschaut und mit Blick auf den zweiten Jahrgang eine Teilung der Zeitschrift ins Auge fasst, deren erster Teil „nach wie vor, von überparteilich-übernationalem Bewusstsein geleitet, die Wirklichkeit Europas darzustellen versuchen“[38] wird, „indes im ‚Horizont‘ in der neuen Rubrik ‚Das junge Europa‘ immer mehr unsere Auffassung vom Europa der Gegenwart und Zukunft, von seinen Erlebnissen, seinen Problemen und Bewegungen eingebaut werden wird“[39], dann kann das zwar als ein leichter Schub auf der Achse von europäischem Bewusstsein zum Europa, bei dem die Deutschen auch mitmischen können, bezeichnet werden. Er fällt aber kaum ins Gewicht, da das Grundkonzept nicht angetastet wird, da nach wie vor „bei Wahrung der wertvollen Traditionen Europas“[40] der Weg gesucht werde, „der aus der Atmosphäre der Entzweiung und der Entseelung zu einem geeinten, einigen und lebensvollen Europa führt“[41]. Bei dem anderen, nun schon unmissverständlich deutschen Europa allerdings, das in der Zeitschrift von 1933 an herbeibeschworen wird, sieht man die Akzentverlagerung schon deutlicher. Wieder sei das programmatische Vorwort des Herausgebers, hier aus der Mainummer 1933, als Beweis herangezogen: Im Mittelpunkt steht nicht mehr die Nation als erste Stufe aufs Europa hin, sondern der neue, den Erfordernissen des 20. Jahrhunderts gemäße Reichs-Staat. Es werden kaum mehr die einzelnen Nationen in ihrer

36 Ebenda, S. 152.

37 Vgl. insb. Bock, Hans Manfred: „Das Junge Europa, das Andere Europa und das Europa der weißen Rasse. Diskurstypen in der *Europäischen Revue* 1925–1939“, in: Grunewald Michael u.A. (Hgg.): Le discours europeen dans les revues allemandes (1933–1939), S. 311–352.

38 Rohan, Karl Anton: „Vorwort zum zweiten Jahrgang“, in: Europäische Revue (Mai 1926), S. 6.

39 Ebenda.

40 Ebenda.

41 Ebenda.

Kooperation bejaht, sondern eine einzige, die deutsche privilegiert, deren Freiheit und Gleichberechtigung nun zum Siege zu verhelfen ist.[42] Weniger soll durch die Zeitschrift die geistige Einheit Europas bewusstgemacht werden, als vielmehr dem deutschen Volk in Europa, dessen Aufbau und der deutschen Revolution in Europa schlechthin gedient werden. Gab man sich anfangs betont unpolitisch, gilt es jetzt ein deutsches Aufbauprogramm, um – nach all den notwendigen politischen Revisionen – ein positives „deutsches Europaprogramm“[43] zu realisieren, oder – unverblümt ausgedrückt – politisch den Endsieg des „deutschen Freiheitskampfes“[44] zu erheischen. Trotz der unübersehbaren programmatischen Akzentverschiebung vom europäischen Übernationalismus zum deutschen Europa wird hier eine Kontinuität zwischen 1925 und 1933 in den Vordergrund gestellt und damit der Verdacht aus dem Weg geräumt, an der Zeitschrift hätte sich in dieser Zeit etwas Wesentliches geändert. Dem Leser wird somit signalisiert, die „Europäische Revue“ setze ihr ursprünglich konservativ europäisches Programm fort, nun in breiterer Front mit allen anderen, die dem „Neuen Deutschland“ revolutionär zum wahren Gesicht verhelfen wollen. Der „geistig-kulturelle Weg“ der „Europäischen Revue“ wird, so heißt es hier ausdrücklich, „wie bisher“ sein, eine Behauptung, deren Scheinbarkeit sich bald erweisen sollte.[45] Dabei wurde weniger diese vorgetäuschte als vielmehr eine ganz andere Kontinuität hergestellt, die sich aber nur den aufmerksamen Lesern erschloss, die etliche Anschlusspunkte zwischen Hofmannsthals „Höchstem, Reinem und Ungetrübtem“ innerhalb der Nation und der 1933 mobilisierten „äußerste[n] Anspannung der geistig schöpferischen Nation“ bemerken konnten, die in konsequenter „Reinigung ihres Denkens von Unechtem, Besinnung und

42 Rohan, Karl Anton: „Die Aufgabe der Europäischen Revue im neuen Deutschland“, in: Europäische Revue (Mai 1933), S. 15–16.

43 Ebenda.

44 Ebenda.

45 Die offen ausgestellte Kontinuität hat auch I.U. Paul bemerkt, deren Analyse des Vorwortes aus 1933 überzeugend ist: „Die opportunistische Vermischung ideologischer Versatzstücke der Nationalsozialisten mit den Relikten einstiger politischer Ziele – wie die jetzt um die katholisch-universale, abendländische und österreichische Komponente ärmere Reichsvorstellung, in der die französisch-deutsche Verständigung, die vielberufene geistige Führungselite Europas und der auf jetzt verlorenem Posten behauptete neue Adels keine Rolle mehr spielten – war nichts anderes als der Abschied von den Anfängen der *Europäischen Revue*, wobei weniger von „nationalsozialistischen Vereinnahmung“ als viel eher von einer frühen Selbstüberlieferung bzw. Selbstgleichschaltung der *Europäischen Revue* und des ihr verbundenen jungkonservativen Milieus die Rede sein sollte.“ Paul, Ina Ulrike: „Konservative Milieus und die *Europäische Revue* (1925–1944)“, in: Grunewald Michael u.A (Hgg.): Le milieu intellectuel, S. 509–555, hier S. 535.

Rückverwurzelung auf die besten und edelsten Überlieferungen des deutschen Geistes, deutschen Rechts, deutscher Sitte und Kultur"[46] bestehe.

Dies lässt sich in Anlehnung an die Analysen von Hans Manfred Bock[47] in breitere Zusammenhänge stellen. Die europäischen Großnarrative (Bock nennt sie Europadiskurse) in der „Europäischen Revue" waren, so sehr sie sich in den neunzehn Jahren der Existenz der Zeitschrift verändert haben, allesamt als postdemokratische konzipiert und darum anfällig für oder mindestens nicht gefeit vor der Kollaboration mit dem Nationalsozialismus. Dies gilt in Ansätzen schon für das Narrativ „Das junge Europa", für „Europäische Revue" etwa bis 1933 prägend, denn bereits hier zeigte sich Rohan intellektuell und politisch von den italienischen Faschisten angesprochen. Umso mehr gilt es für das zweite Narrativ „Das andere Europa" – um 1933 zentral werdend – das die einst noch vage und unpolitisch formulierten Reichsvorstellungen Rohans (Reich als Verantwortung für ein Ganzes, dessen Teil man sei) von nun an politisierte, mit dem Mitteleuropabegriff kontaminierte, der damals in diesen Kreisen eher schon als Weg zur Hegemonie Deutschlands denn als defensives Mittel zur Revision der europäischen Nachkriegsverhältnisse angelegt war, wie es wohl noch für die frühen 1920er Jahre gegolten haben dürfte. Dass dies auch für das letzte Europanarrativ gilt, „das Europa der weissen Rasse" – um 1940 dominant – erübrigt sich zu sagen.

Die Bereitschaft zur Kollaboration mit den Nationalsozialisten (führende Nazis waren seit den 1930er Jahren bei den Kulturbundtagungen dabei) suchte man in der „Europäischen Revue" eine Zeit lang noch als erfreulichen Ertrag der antiprogrammatischen Offenheit auszulegen, bis man allerdings auf eine tragische Weise eines Besseren belehrt wurde. Dass man mit den Nazis kaum zusammenarbeiten kann, wurde allen deutschen Konservativen, nicht nur den jungkonservativen, spätestens im April 1934 klar, den österreichischen beim Anschluss. So investierte Rohan, nicht unähnlich darin etwa Othmar Spann oder Edgar Julius Jung, unermüdlich seine konservativ-revolutionären Wunschvorstellungen von der nachdemokratischen Neugestaltung und Erneuerung Europas in die Unterstützung des NS-Regimes, all dies im hartnäckigen Glauben, dass man in Österreich einen anderen, konservativen Nationalsozialismus würde durchführen können, bis er 1936 von den Nationalsozialisten kaltgestellt, aus der „Europäischen Revue" sowie aus dem öffentlichen Leben verdrängt wurde.

Zu diesem Zeitpunkt war die Zeitschrift schon vom Propagandaministerium finanziert, also abhängig, und – da sie bis 1944 erscheinen konnte – bereits zu

46 Rohan: Die Aufgabe der Europäischen Revue, S. 15–16.

47 Bock: Das Junge Europa, das Andere Europa, S. 311–352.

einem unfreien Organ geworden, das die nationalsozialistische Ideologie unter dem Deckmantel der gedanklichen Kontinuität der Zeitschrift propagierte. Ertragen und geduldet wurde es vom Nachfolger Rohans, dem neuen Herausgeber Moras, der 1938 die „Europäische Revue" mit der völkischen Zeitschrift *Völkerbund und Völkerrecht* fusionieren und ihren einstigen Herausgeber, den Reichstagsabgeordneten der DNVP Axel Freiherr von Freytagh Loringhoven, das politisch-rechtliche Gesicht der „Europäischen Revue" weitgehend prägen ließ. Vom Charakter dieser nationalsozialistischen Propaganda in der „Europäischen Revue" macht man sich am besten die Vorstellung, wenn man eine interne Mitteilung aus dem Jahre 1934 mitberücksichtigt:

> Während allen übrigen Organen ähnlicher Art die Gleichschaltung an die Stirn geschrieben ist, wird bei der „Europäischen Revue" nur der bis in alle Einzelheiten orientierte Leser eine gewisse Anpassung an die politische Gesamtsituation verspüren. Für weniger feine Augen wird „Europäische Revue" heute dasselbe sein wie vor Jahren. [...] Je unauffälliger die Zeitschrift als Propagandaorgan eingesetzt werde, umso nützlichere Arbeit kann die „Europäische Revue" leisten.[48]

In diesem traurigen Spiel, aus dem sie freilich hätte aussteigen können, blieb der „Europäischen Revue" jenseits der notwendigen Konzessionen an das Regime nur ein kleiner Bewegungsraum: 1947 schilderte Moras sein Dilemma des Jahres 1934 wie folgt:

> Vor der Wahl, entweder so, wie nahezu alle nichtnazistischen Organe, die Ansprüche des Propagandaministeriums mit eigenen, wenn auch um Mäßigung bemühten redaktionellen Arbeiten zu erfüllen – oder diese Ansprüche mit offiziellen, erkennbaren Artikeln abzugelten, dafür aber die redaktionelle Linie rein zu erhalten, entschloss ich mich für den zweiten Weg.[49]

Diese selbstrechtfertigende Kompromissstrategie von Moras kann man gelten lassen, nur wenn man sie in genaue Relationen setzt: Moras hat in der Tat massiv laviert, „Gruppenbildungen innerhalb des staatlichen und parteiamtlichen Überwachungsapparats ausnutzend"[50], um das Überleben der Zeitschrift im Dritten Reich zu garantieren. Dabei wurde allerdings, um seine Aussage zu korrigieren, der Anteil „offizieller, erkennbarer Artikel" immer größer, suk-

48 Werbungsplan für die „Europäische Revue" vom 24.1.1937, im Nachlass von Lilly von Schnitzler, zit. nach: Müller: Europäische Gesellschaftsbeziehungen, S. 404.

49 Zitiert nach: Kießling, Friedrich: „Der intellektuelle Wiederbeginn nach 1945 und der Merkur", in: Benn Forum, 2016–2017, S. 29–52, hier S. 37.

50 Pross, Harry: Literatur und Politik. Geschichte und Programme der politisch-literarischen Zeitschriften im deutschen Sprachgebiet seit 1870. Olten: Walter 1963, S. 127.

zessive um neu entstehende, die politische Parteilinie unterstützende Rubriken und parteikonforme Autoren erweitert, während der Teil, in dem Moras die redaktionelle Linie rein erhalten wollte, immer enger wurde, bis er auf die Rubrik der Rezensionen beschränkt blieb, in der aber immer weniger rezensiert und nur noch über Bücher berichtet wurde. Dass es darin hie und da gelang, eine gewisse Freiheit in der Wahl der präsentierten Bücher sowie der Rezensenten zu bewahren (Theodor Heuss, Dolf Sternberger, Max Bense, Rudolf Kassner, Rudolf Alexander Schröder, Otto von Taube)[51], ist freilich unumstritten.

Abschließend sei in wenigen stichwortartigen Thesen der Frage nachzugehen, ob das Konzept des Kulturbundes sowie der Zeitschrift „Europäische Revue" den Zweiten Weltkrieg überlebt hat oder ob beide als zukunftslos zu betrachten sind. Der Grundriss und vieles von der Konzeption haben sehr wohl überlebt, sofern in einer modifizierten Form und dank dem wiederbelebten Netzwerk gerade in der 1947 von Paeschke und Moras gegründeten und wissenschaftlich eher wenig erforschten[52] Zeitschrift „Merkur. Deutsche Zeitschrift für

---

51 Gerade diese Widersprüche sind für „Europäische Revue" nicht nur in der NS-Zeit charakteristisch; man findet immer wieder Belege dafür, wie unter der Oberfläche der ab den 1930er Jahren eindeutig aufs sogenannte Andere Europa hinzulaufenden Zeitschrift zentrifugale Tendenzen spürbar wurden. So gibt es etwa im Jahre 1930 auf der einen Seite Texte des damaligen Schriftleiters Max Clauss, der später die Zeitschrift verlassen wird, weil sie ihm zu wenig nationalsozialistisch sein wird. In diesen Texten bekennt sich Clauss zu den Faschisten und darüber hinaus die Reichsidee als Verantwortung fürs ganze Europa instrumentalisiert und sich zugleich an Hugo von Hofmannsthal anschmiegt, ja noch 1930 in der „Europäischen Revue" Teile dessen „Über die europäische Idee" aus dem Jahre 1917 abdruckt, ein Fragment, in dem Hofmannsthal Europa noch völlig kosmopolitisch denkt und etwa Empfindung des Nationalen mit Unsittlichkeit verkoppelt.

52 Abgesehen von internen Texten der „Merkur"-Herausgeber (insb. Paeschke, Hans: „Kann keine Trauer sein", in: Merkur 12 (1978), S. 1169 – 1193; Bohrer, Karl Heinz: „Hans Paeschke und der Merkur. Erinnerung und Gegenwart", in: Merkur 10 (1991), S. 991 – 996; Demand, Christian: „Deutsche Zeitschrift für europäisches Denken. Ein Blick zurück nach vorn", in: Merkur 1 (2012), 1, S. 45–52; Ders./Knörer, Ekkehard: „Wir sind uns einig über das Versagen der Zeitschrift. Krisenhaftes aus der Frühzeit des Merkur", in: Merkur 3 (2013), 3, S. 229–238) widmen sich den hier fokussierten Jahren ausführlich nur Friedrich Kießling, Hans Manfred Bock und Michel Grunewald (Kießling, Friedrich: Die undeutschen Deutschen. Eine ideengeschichtliche Archäologie der alten Bundesrepublik 1945–1972, Paderborn: Schöningh 2012; Ders. „Fruchtbare Zerrissenheit. Der *Merkur* in der frühen Bundesrepublik", in: Zeitschrift für Ideengeschichte 1 (2014), S. 87–100; Bock, Hans Manfred: „Die fortgesetzte Modernisierung des Konservativismus. Merkur: Deutsche Zeitschrift für europäisches Denken 1947–1957, in: Grunewald, Michael/Bock, Hans Manfred (Hgg.): Der Europadiskurs in den deutschen Zeitschriften (1945 – 1955). Bern: Peter Lang 2001, S. 149–185; Grunewald, Michel: „Merkur 1947–1952. Conservatisme et ‚révolution conservatrice' dans le contexte de la naissance de la République fédérale d´Allemagne", in: Dard, Olivier (Hg.): Organisations, mouvements

europäisches Denken“ an das Erbe der „Europäischen Revue“ der 1920er Jahre angeknüpft wurde. Freilich nicht ohne Wenn und Aber. Während in „Merkur“ die bunte Vielfalt der Anfangsjahre der Revue revitalisiert wurde, hat man von den Jahren 1933–1944 nur das für anschlussfähig befunden, was – nicht NS-konform – in dem immer kleiner werdendem kulturellen Buchberichtteil Zuflucht gefunden hatte.

Die Kontinuität zwischen „Merkur“ und „Europäische Revue“ ist erstens eine persönliche: Zum engeren Kreis der Mitarbeiter von „Merkur“ gehörten von Anfang an viele Größen der „Europäischen Revue“[53] aus ihrer ersten Phase oder Autoren des Buchberichtteiles der Jahre 1933–1944: außer den beiden Herausgebern waren es Wolfgang von Einsiedel, Max Bense, Ernst Robert Curtius und viele seiner Schüler, etwa Werner Ross, Walter Boehlich, Karl August Horst. Auch die internationale geistige Elite der Autoren der ersten Stunde von „Merkur“ deckt sich mit der von „Europäische Revue“ überein: Ortega y Gasset, Thomas Stearns Eliot, Miguel de Unamuno, Paul Valéry und Rudolf Kassner, der in „Merkur“ in gewissem Sinne den für „Europäische Revue“ zentralen Hugo von Hofmannsthal ersetzt hat.

Zweitens ist die Kontinuität eine konzeptionelle: auch „Merkur“ versteht sich von Anfang an als eine Revue der Schnittpunkte, wo eher Atmosphäre und Haltung ausschlaggebend sind, da die einzelnen Meinungen hauptsächlich gegenübergestellt werden, ohne dialektisch aufgehoben zu werden. Zum gewissen Grade an die Tradition des Salons anknüpfend, gibt sich „Merkur“ als eine mehrstimmige, betont antiideologische Bühne, auf der sich intellektuelle Größen verschiedener Herkunft und Anschauung begegnen können, ja als offenes Forum, das im optimalen monatlichen Rhythmus erscheint, daher besser als Bücher auf aktuelles Geschehen reagieren kann, ohne – wie Tageszeitungen – im Aktuellen aufzugehen.

Sieht man von den Reichs-Visionen ab, die bei Rohan weniger, bei den Nationalsozialisten stärker und mit politisch durchzusetzenden Inhalten besetzt und daher für den nachkriegsdeutschen „Merkur“ kaum zu gebrauchen waren,

---

et partis des droites radicales au XX siècle (Europe-Amériques). Bern: Peter Lang 2012, 205–230. Zu den beiden ersten Herausgebern sowie zu „Merkur“ gibt es nach wie vor keine bio- oder monografisch angelegte Publikation, was überrascht, bedenkt man die Korrespondenz zwischen Moras und Paeschke, deren Fülle und Breite für die Rekonstruktion der intellektuellen Neugründung nach 1945 eine wahre Fundgrube sein könnte.

53 Rohan war darin nicht mehr zu finden. Moras stand mit ihm nach dem Krieg noch einige Jahre lang im Kontakt, unter den „Merkur“-Autoren sucht man ihn aber vergeblich, von ihm gibt es darin eine einzige Rezension (C. Podewils rezensiert recht positiv Rohans Memoiren *Heimat Europa*, in: Merkur 4 (1955), 4, S. 390–394).

knüpfen dessen ersten Jahrgänge überraschend nahtlos auch an die übernational apostrophierten Positionen an, die hier am Beispiel von Rohan, Hofmannsthal und Curtius vorgestellt wurden. Um sich nach dem nationalsozialistischen Desaster an dem europäischen Gespräch gar beteiligen zu können, war es erforderlich, eine kulturschöpferische Elite in Deutschland zu gründen und – nicht zuletzt – die ruinierte deutsche Identität auf dem Umweg über Europa zu stabilisieren. Diese hätte somit nichts mit einem unbelehrbaren Nationalismus zu tun, sondern suchte nach einem deutschen und zugleich europäischen Ausgleich: In Deutschland, schreibt 1948 Paeschke, denke man leider oft in falschen Oppositionen, man glaube etwa, es würde sich ausschließen, Deutscher und Europäer zugleich zu sein. Deutschland gleiche „einem elliptischen System mit zwei Polen, deren jeder, will man ihn zum Mittelpunkt erklären, eine exzentrische Tendenz entwickelt".[54] Auf einem Pol entstehe ein Provinzialismus, der sich unversehens zum Partikularismus verenge, auf dem anderen ein Universalismus, der alle Grenzen zu transzendieren suche. Hier suche man sich selbst zu bewahren, bis man isoliert sei, dort gebe man sich dem Fremden hin, bis man die eigene Identität verliere. Darum lautete das Rezept nach dem Zweiten Weltkrieg in „Merkur" nicht viel anders als in der „Europäischen Revue" nach dem Ersten: Die unheilvolle Geschichte der nationalen Hypertrophie des Deutschen, so schlimm sie auch war, sei nach dem Krieg nicht durch eine einfache spiegelbildverkehrte Reaktion, als nationale Abstinenz, etwa im Sinne eines programmatischen Internationalismus wettzumachen. Nicht aus einem Extrem ins andere dürfe man fallen, sondern man wolle eine Zwischenposition einnehmen, beide Extreme miteinander versöhnend.

Aus all dem geht deutlich hervor, wie produktiv es werden könnte, würde man „Europäische Revue" und „Merkur" gemeinsam in den Blick nehmen, ließe sich doch daran studieren, wie es um Kontinuitäten und Diskontinuitäten vor und nach 1945 beschaffen war. Gerade Moras liefert zudem den Beweis dafür, dass die ersten nachkriegsdeutschen Weichen auch im kulturellen Bereich von denjenigen gestellt wurden, die, wie die absolute Mehrheit der Deutschen und Österreicher, weder strahlende, moralisch einwandfreie, tapfere Helden des antifaschistischen Widerstands waren, noch völlig kompromittierte Versager, sondern, etwas dazwischen, also gebrochene und moralisch allzu leicht abzuurteilende Persönlichkeiten, die laviert hatten.[55] Dieser Zusammenhang macht die

54 Paeschke, Hans: „Zur Bestimmung des europäischen Denkens", in: Merkur 140 (1959), 140, S. 965.

55 Vgl. die auf andere Netzwerke gemünzten aber durchaus übertragbaren Beobachtungen bei: Florence-Manent, Aline: „In der Bundesrepublik zu Hause sein. Joachim Ritter und die politische Philosophie der Stabilität", in: Schweda, Mark/Bülow, Ulrich von:

Erforschung von „Europäischer Revue“ und Kulturbund auch über den engen Zeitrahmen der Zwischenkriegszeit hinaus höchst relevant, und erweist diese unumstritten als Projekte mit Zukunft.

Entzweite Moderne. Zur Aktualität Joachim Ritters und seiner Schüler. Göttingen: Wallstein 2017, S. 310–327, hier S. 319.

Fiktionale Diskurse

U.S. Literature's Images of the Great War and the Loss of Innocence

Jelena Šesnić (Zagreb)

What is that sound high in the air
Murmur of maternal lamentation
Who are those hooded hordes swarming
Over endless plains, stumbling in cracked earth
Ringed by the flat horizon only
What is the city over the mountains
Cracks and reforms and bursts in the violet air
Falling towers
Jerusalem Athens Alexandria
Vienna London
Unreal
[...]
These fragments I have shored against my ruins

T. S. Eliot: *The Waste Land* (1922)

Looking at the nexus of U.S. American literature and the Great War, a scholar may encounter a perplexing situation: even as the first global conflict to see U.S. American (victorious) participation is certainly a historical event, it is also by and large a "forgotten war" in the nation's cultural memory, as contended by John Milton Cooper,[1] meaning that its public representations are not readily forthcoming either in literature or in other media. Furthermore, the war's immediate impact registered more consequentially in Europe than in the United States, even though the country's entrance into the war signaled the beginning of America's rise as the global power and thus ushered in the twentieth century as the "American century". As John Dos Passos, of whom more later, succinctly

1 Cooper, John Milton: "The Great War and American Memory", in: The Virginia Quarterly Review 79.1 (2003), pp. 70–84, here p. 75.

puts it in his popular historical study *Mr. Wilson's War*: "People were beginning to speak of the twentieth century as the Anglo-Saxon century."[2] Conversely, the rise of the endemic American isolationism was perhaps not unforeseeable in the aftermath of the Great War as new geo-political realities, spawned by the Paris peace agreements, emerged in Europe, not overseas, just as it was Europe that experienced the nearly ten million casualties, while large swaths of it were turned to ruins and devastated. The country's attitude to the Great War is aptly summed up by David Minter: "The United States entered the Great War reluctantly, it entered late, and it remained uncertain of its motives almost to the end."[3] The present argument relies on a resurgence of interest in the Great War on the heels of its hundredth anniversary in 2018, thus giving rise to intersecting perspectives of the war's impact on American modernism, arguing that for some leading writers of the period the Great War was not simply or primarily a traumatic event but also a moment of emergence.

The United States therefore would only reluctantly seize the opportunity to adjudicate the post-war order and help draw a new, post-imperial map of Europe – which would show its consequences in our part of the world too with the dismantling of the Austro-Hungarian Empire and the rise of new (pan)national states. Rather, leading up to the war the United States found itself in a position of a retreat from the commotion and chaos of the European war and eager to re-invigorate itself on the promises extended from the turn of the century onwards by a host of progressive politicians and agitators for reforms. Those were the people who for decades preceding the war urged the nation to emerge from its self-imposed and even complacent isolation and assume its position on the world stage, and do it by a peaceful example. As pointed out by Dos Passos, President McKinley at the turn of the twentieth century set down his anti-isolationist agenda by relying on the channels opened by trade and commerce, rather than the blatant imperialist conquest.[4]

In cultural terms we should register this awakening of a sleeping giant, such as America was at the time, when "[p]rogressive-minded men looked forward

2 Dos Passos, John: Mr. Wilson's War. New York: Doubleday 1962. E-book. Loc 498.

3 Minter, David: A Cultural History of the American Novel: Henry James to William Faulkner. Cambridge: Cambridge UP 1996, p. 75. – A quite prosaic, and likely credible, argument for the United States' late entrance into the war is offered by Dos Passos, who quotes the slogan of Wilson's campaign for his second term in 1916, "He kept us out of war" (Mr. Wilson's War, loc. 3539). We could therefore surmise that the reluctance to engage in the war was a result of the internal dynamic of American presidential elections – had Wilson been an enthusiast for the war (for which there is no evidence), his hands would still have been tied until he had been able to secure the second term.

4 Ibidem, loc. 129.

to a golden age of peace".[5] Ironically, this utopian image took hold just years away from the major and unprecedented global conflict. However, it was from this senses of boundless optimism and exuberance, bordering on the sense of supremacy, that Americans, before and during their engagement in the World War, and their writers in particular, were able to imagine the war almost as a curious experience, a wonderful exercise in manhood; a perspective that so deeply conflicts with the brooding atmosphere of their European counterparts and their, we might say, often apocalyptic images of the war. The American writers, my argument goes, were able to fill their store with reserves of optimism emanating from the expanding, growing, sprawling country; quite the opposite of the bickering, divided Europe at the time. As Keith Gandal contends further, the American writers' fiction is not excessively or even primarily anti-war, while this non-committal position might stem from the fact that Americans, unlike their European and British counterparts, were not in combat for the major part of its duration.[6]

In this essay I will be concerned more specifically with the way American writers, some of them as observers, others as combatants or first-hand witnesses experienced, reported on, or represented the Great War, and how their images and representations found ways to not only mobilize the public opinion at home in favor or against the war, as the case may be, but also registered the very moment in which a major cultural shift was taking place – the subtle re-arrangement in a cultural dialogue between Europe and America, where Europe in the gesture of handing over its geo-political mastery also resigns its cultural and intellectual supremacy over America. I call this symbolic transition, whose beginning is to be located at the moment of the Great War and in its aftermath, the dialogue between the European "Waste Land" (in T.S. Eliot's compelling terms) and the American "pastoral".[7] However, it is important to

5 Ibidem, loc. 498.

6 Gandal, Keith: The Gun and the Pen: Hemingway, Fitzgerald, Faulkner and the Fiction of Mobilization. Oxford: Oxford UP 2008. – Ernest Hemingway's case notwithstanding, what reinforces Gandal's argument, with which I concur, is the fact that Hemingway actually volunteered for the war service and has the protagonist of *A Farewell to Arms* (London: Arrow Books 1994) do the same; after the latter becomes disgusted with and disillusioned by the protracted and senseless combat, he can afford to get out and, famously, declare his own "separate peace" (Hemingway: A Farewell to Arms, p. 217). This was certainly not an option for a conscripted soldier in any army at the time. Hemingway's attitude to the war is therefore complex and shifting in the course of his *A Farewell to Arms.*

7 The term "pastoral" is taken to encompass a mythological cluster of associations ascribed to the American continent from its early descriptions to the turn-of-the-century

add that this gradual "diminishment" of Europe and the concomitant "rising" of America was an ongoing process, not any one event, but with considerable cultural consequences. I agree with Gandal that, the catastrophic war notwithstanding, it is wrong to assume, as the received notion goes, that the Great War signaled for the United States and its literature the total collapse of civilization (unlike in Europe).[8] The ruin and devastation was safely displaced to Europe, as historical reality shows, while leaving the American sphere free to conjure up its dreams of regeneration, transformation, and world peace.[9]

This is further clarified by an example provided by Dos Passos in *Mr. Wilson's War*. On the eve of the war, President Wilson saw the need to dispatch his special envoys to Europe to help arbitrate among the states and diffuse the danger of the conflict. The tone of the envoys' reports, however, not only points to the starkness of the situation but also sets the idea of an "American civilization" against the encroaching barbarism and animosity tearing apart European nations and states,[10] allowing Americans a sense of complacency over their older brethren overseas. This "cultural" argument against the war would have considerable appeal for the American public, and Wilson's administration, for some time to come, reinforcing the idea of America as a safe haven exempt from the chaos of Europe threatening to turn it into a "waste land".

My thesis will evolve in several steps. In step one, my aim is to delineate the terms of cultural dialogue during the time immediately preceding and following upon the World War, since it might be argued that the war merely accelerated or steered some tendencies already in existence, rather than inaugurating a wholly new (cultural) paradigm. The following section will show on the example of

---

(19th–20th) nostalgic or ironic invocations of them (cf. Minter: A Cultural History of the American Novel, p. 11–13 et passim).

8 Gandal: The Gun and the Pen, p. 23.

9 Paul Fussell corroborates this observation in the afterword to his landmark study inaugurating the cultural history of the Great War, where he (an American scholar) defends himself from criticisms of having encroached upon the foreign territory: "If I had focused on American writing, I would have faced a much slimmer body of materials, for the United States was in war for only eighteen months, in contrast to the forty-eight months the British [...] were involved. And Americans, while they fought enthusiastically (some said well), were on the front lines for only about six months. The rest of the time they were outfitting, training, and learning the arts of rifle, bayonet, and hand grenade, as well as the techniques of trench-digging and barbed-wire installing. British dead finally amounted to almost a million, American to a 'mere' 48,000" (Fussell, Paul: The Great War and Modern Memory. 1975. Oxford: Oxford UP 2013, p. 364). In contrast to a wiped-out generation of men throughout Europe, the Americans could use the war also as an economic, cultural, political, and educational break.

10 Dos Passos: Mr. Wilson's War: loc. 1959.

Thomas Stearns Eliot how American writers, before and during the war, were proposing to enact their own version of culture in between Europe and America. Eliot's "objectifying" image of the war, stemming from his indirect experience of it, will be complemented by another view of the war offered by Slovene American author Louis Adamic, then a young immigrant drafted into the U.S. army, trying to make sense of the systems enveloping him. In the final section it will be demonstrated how the scene of war, and the prolonged stay in Europe that was sought and implemented by a number of leading American modernists, impacted the career of John Dos Passos, in particular his war-themed novel *Three Soldiers* (1921).

What is entailed in the wayward dynamic of a cultural dialogue is very well illustrated on the example of the career of T.S. Eliot, and I will here briefly point out the features that support my contention. Eliot arrived in Europe in the summer of 1914, just before the outbreak of the hostilities. After his initial stay in Marburg, Germany with the aim of pursuing his PhD studies in philosophy, he ended up going to England as the war operations began to unfold in Belgium, and spent the war as a banker mostly in London to emerge at the end of it as a major contemporary poet.[11] It is not the first time that war would provide inspiration to poets, but what is of interest to us is to understand how Eliot's capability of synthesizing all those cultural influences that he receives in Europe during his war-time apprenticeship enabled him to compose his post-war poem *The Waste Land* (1922), which would establish him as a pre-eminent modernist poet. His being in the vortex of the war, but not of it, as an expatriate and non-combatant, an American living in England during the war, provides him with a detachment which will ignite his creative powers and lead him to produce a complex statement on the war and Europe's fate in its aftermath.[12] Speaking from a war-ravaged Europe, it is hardly surprising that Eliot gloomily speculates on "the future of civilization";[13] however, we tend to forget that his somber vision leaves out the American prospects, that therefore the American space is exempt from the desolation of Europe. As pointed out by Minter, "Europe

---

11 For biographical details cf. Miller, James E.: T.S. Eliot: The Making of an American Poet. University Park: The Pennsylvania State UP 2005, pp. 191–196; Bloom, Harold: Bloom's Guides. T.S. Eliot's The Waste Land, New York: Infobase Publishing 2007, pp. 14–18; Arp, Jeffrey A.: Urban Trenches: War Poetry and the Unreal City of the Great War in T.S. Eliot's The Waste Land. Armes: Iowa State U Capstones, Theses and Dissertations 2005, p. 16.

12 Sigg, Eric: The American T.S. Eliot: A Study of the Early Writings. Cambridge: Cambridge UP 1989 (Cambridge Studies in American Literature and Culture), p. 193; Bloom: T.S. Eliot's The Waste Land, p. 20.

13 Arp: Urban Trenches, p. 22.

lay devastated with many of its writers dead or shattered. The United States had been catapulted into a position of international prominence that promised finally to free it of lingering cultural colonialism".[14]

Even if, for Eliot, the virgin American prospects are not considered in the poem, but figure merely as a distant possibility, this idea of empty and vast American spaces that could be filled with cultural cyphers seems to resonate with other writers, Eliot's counterparts. Dos Passos, Hemingway, and F. Scott Fitzgerald, among others, they all featured directly and obliquely Europe during and after the Great War as an antithetical space to the American pastoral, untouched by time, history, and war. But on such a model, what becomes inevitable is to consider Europe as a place of knowledge, experience, and tragedy as opposed to America's gaping innocence, be it in cultural, political, military or sexual terms. Therefore, it is a consequence of this cultural innocence that the heroes of the works (and their creators) must leave for Europe for their apprenticeship after which they will be anointed as a new generation of artists inaugurating a new aesthetics. The World War would thus be a springboard providing the cohort of U.S. modernist writers with suitable themes and tenor to touch upon the topics that constituted the core of the modern sensibility.

I would like to re-state my point here: if it seems a bit preposterous to claim the war as a generative moment for the modern national literature, or certain currents within it, it is advisable to compare the topics and style of presentation of American and English writers on the Great War. The former by all means lack the urgency, horror and recoil of their European counterparts, so that their literary experiments carry traces of detachment and objectification, a luxury their European peers as immediate participants in the events did not evince.[15] The U.S. literature of war or written during the war therefore was not created with the explicit intention of conveying the grueling experience of long-term trench fighting but with a distinct aim in mind; it seems that U.S. writers were eager to thematize the *Bildung* or anti-*Bildung* of their characters in the crucible

14 Minter: A Cultural History of the American Novel, p. 101.

15 War poetry ("Trench Poets") is usually being mined by critics for this purpose (Eide, Marian: "Witnessing and Trophy Hunting: Writing Violence from the Great War Trenches", in: Criticism, 49.1 (Winter 2007), pp. 85–104; Fussell: The Great War and Modern Memory, pp. 168–206). For a different genre but a similar undertone, see also Robert Graves's memoirs *Goodbye to All That.*

of the war, and then, more often than not in post-war European landscapes and cityscapes.[16]

Having imbibed Eliot's lesson of the war and his apocalyptic image of the tragedy of the Western civilization (which, however, exempts its westernmost part, America), it will be useful by way of comparison to lend attention to another perspective, close to home but also tinged with the feeling of otherness. We will look into relevant sections of Louis Adamic's autobiography *Laughing in the Jungle* (1932)[17] with the view of providing a foreign-born, therefore somewhat alienating perspective of a young recruit in the Regular Army, Adamic himself, and his reflections on the country's and his own involvement in the war. The dualism of his perspective is due to his simultaneous distance from and immersion in the country that he is supposed to serve, as the war slogans proclaim. Adamic's unstable, shifting, and unreliable narrative perspective is shown when he announces that the war flared up in Europe, but that he, as a greenhorn in America, was not particularly concerned about it. Does he play down his homesickness? Does he deliberately mute a sense of anxiety for his people in Carniola, then part of Austria-Hungary? The dramatic episode with the local New York socialist and anti-war agitator Robert Twombley[18] illustrates a deep rift in the country over the issue of joining in the fight or staying aloof from the European mess.

Adamic is quite candid about his motif for joining the army: as by the end of 1916 he lost his job, he found no other option but to be recruited into the army where his youth (he was only 18 at the time) and his decent but still imperfect knowledge of English would enable him to rise in the ranks, as he notes with a tinge of irony: "In the army I would have all sorts of chances for self-improvement";[19] a motif that would most likely strike his European counterparts as quaint and in bad taste. Adamic wryly records the spreading

---

16 To provide an example from the classical work of American modernism, Fitzgerald's *The Great Gatsby* (New York: Scribner 1995): the occluded storyline directly related to Gatsby's war experience is alluded to early on and then slowly extricated from the hero's patchy biography (Great Gatsby, pp. 155–159; 179). As for Hemingway, even though his protagonist from *A Farewell to Arms* receives some existential and romantic lessons in Europe, the crucible of war was generative for Hemingway's further career as a journalist and novelist. Both these capacities become intertwined in his post-war collection *In Our Time* (1925) (Gerwarth, Robert: Pobijeđeni. Zašto nije završio Prvi svjetski rat, 1917–1923 (2016). Trans. Mate Maras. Zagreb: Vuković & Runjić 2018, p. 3). It will be discussed later how it touches upon Dos Passos's characters.

17 Adamic, Louis: Laughing in the Jungle: The Autobiography of an Immigrant in America. 1932. New York: Harper and Brothers 1969.

18 Ibidem, p. 91.

19 Ibidem, p. 114.

of war propaganda, starting with President Wilson's "declaration of war on Germany and her allies for the sake of democracy, the rights of small nations, and many other ideals".[20] As the ideological rant reaches its pitch (since the country is not by all means convinced of the necessity and righteousness of the war), Adamic insinuates one of the key ideas of his self-representation and his *Bildung* in the narrative, his individualism and the unique path he is to forge for himself in the American "jungle" (another key image of his autobiography): "The peasant in me gave me the tendency to distrust intangible things, to rely on common sense and keep on guard against high ideals and fancy ideas".[21] Adamic would have us believe that not even the monotone and deadbeat routine of the army life, with its waste of human potential as shown in the vignettes of the two officers, Adamic's immediate superiors, who are first demeaned and then literally killed in the army,[22] would be able to quench his rising self-consciousness and his glimpse of light about the true nature of America.

Adamic's military life mostly unfolds in Panama, where the Americans are guarding one of their treasures, the newly completed Panama Canal, but, finally, in the Spring of 1918 his regiment is ordered to a training camp in Louisiana, where they are being filled by new recruits and further drilled into a war machine. This is interrupted by the flu epidemic, which is a more traumatic, near-fatal event for the young private, rather than his eventual combat experience. Once on the front in France, he did not taste the battle but sustained wounds in a bizarre accident in which an officer got killed by a friendly fire while Adamic ended up in the infirmary and missed the "action" of his company.[23] Just like Dos Passos's soldier heroes, disillusioned and war-weary he stays on in France after the Armistice:

> Uppermost in my mind was the desire to get out of Europe, especially out of France. As little as I had had of it, I was sick of war and wished I did not have to look at shell-holes and trees with their tops clipped off by projectiles. I wished to visit my people in Carniola – now part of Yugoslavia – but could not procure a furlough.[24]

Adamic's war episode, just one in a string of events that have marked his American journey, ends with an ambivalent depiction of President Woodrow Wilson. Cast in opposing roles of a villain and a hero, depending on the

20 Ibidem, p. 115.
21 Ibidem, p. 118.
22 Ibidem, p. 128, p. 141.
23 Ibidem, p. 180.
24 Ibidem, p. 183.

perspective, Wilson figures in different fictional and non-fictional accounts of the period. Apparently, his decision for the country to enter the war on the side of the Allies was not greeted with general enthusiasm especially since there were large groups in the United States that resented the idea of Americans supporting the British and other allied nations: Irish Americans, German Americans, Christian pacifists, isolationists.[25] Nor did the President's ideas of the post-war settlement encounter the unanimous admiration by Americans. As pointed out by the historian Robert Gerwarth, the President's famous Fourteen Points were idealistic and committed to the maintenance of world peace; yet they also concealed his more pragmatic goal: it was clear that the Great War and the Allied victory had shifted a center of global balance of power from Europe to the United States, so that Wilson sensed the unique opportunity to establish a new global order which would fortify politically and economically his country.[26] Still, Adamic depicts an ailing President, besieged by his political opponents and the popular misconception, then on a national tour to propagate his "League of Nations program", which did not stand well in the Senate.[27] Adamic is torn between the recognition of the man's innate superiority and the turn of his political fate: "Innately an aristocrat, he had been forced into the role of a mob-stirrer, a demagogue".[28] It would seem that Adamic leaves unresolved another structural issue in his text: the inherent tension between the spirit of collectivism that would suit his political inclinations on one hand and, on the other, his admiration for, and his (conscious and unconscious) emulation of, the strong and "superior" individuals with whom he obliquely identifies.[29]

As an example of these several but interwoven trends mentioned above, I will make further references to John Dos Passos's war novel *Three Soldiers*.[30] Dos Passos was one of the U.S. modernist writers who thematized the First World War and its consequences, as he, alongside other American modernists, saw in the war both the epitome of the modern civilization and a fascinating, if repulsive display of manliness, power, and the force of a bureaucratic and technological machine.

As John Milton Cooper contends, if the war was not so "great" for the United States in terms of its involvement and scope, still it was an important landmark

25 Minter: A Cultural History of the American Novel, p. 90; Dos Passos: Mr. Wilson's War, loc. 2889–2896 et passim.

26 Gerwarth: Pobijeđeni, p. 161.

27 Adamic: Laughing in the Jungle, p. 185.

28 Ibidem, p. 186.

29 Ibidem.

30 Dos Passos, John: Three Soldiers. 1921. New York: The Modern Library 1932.

with respect to "rapid, full-scale mobilization of manpower and the industrial economy for a major conflict".[31] In fact, it was the mobilization effort undertaken in the Great War that would once and for all establish the American military, since up to that point the country's regular army was relatively small, recruits being supplied only randomly.[32] Therefore, it was "Mr. Wilson's War" that would signal the emergence of the American military machine and its attendant industrial-technological infrastructure. Many scholars, Ira Katznelson among them, have pointed out the intrepid belief in progress bequeathed to the Western civilization by the Enlightenment paradigm, leading up to the faith in the unstoppable progression into a more advanced, civilized state where wars and armed conflicts would become obsolete. Paradoxically or not, this reasonable supposition was grounded precisely in reliance on technology and science undergirding the modern project, and, as such, it was especially prevalent in the exemplary modern country, the United States.

"The meliorist and progressive [...] version of the Enlightenment and the liberal coordinates and assumptions of progress within which it was embedded",[33] were still the dominant paradigm before the war. However, with the rise of the military machine, and its mobilization for the conflict of unforeseeable intensity and reach, as Zoltán Simon contends, there ensued the "loss of belief in scientific, technological, and material progress".[34] Katznelson correctly points to a counter-argument stating that the advance in technology would enable the unparalleled barbarisms to occur, from the use of gas to the more deadly impact of weapons. Also, this enabled the emergence of the "total war," where none – not even the civilian population – would be exempt from depredations.[35] Simon terms these technological developments "the emergence of the sublime technologies of destruction",[36] including poison gas, tanks, trench war, U-boats at sea.[37] As Aaron Shaheen points out, the idea of Progress, born out of Renaissance Humanism and, later on, harnessing Darwinian evolutionary

---

31 Cooper: The Great War and American Memory, p. 75.

32 Dos Passos: Mr. Wilson's War, loc. 3834.

33 Katznelson, Ira: Desolation and Enlightenment: Political Knowledge after Total War, Totalitarianism, and the Holocaust. New York: Columbia UP 2003, p. 11.

34 Simon, Zoltán: "World War I and the Technological Sublime in the Early Novels of John Dos Passos", in: Hungarian Journal of English and American Studies (HJEAS) 8.2 (Fall 2002): American Studies Issue: Literature, History, and US – Hungarian Relations, pp. 25–43, here p. 27.

35 Katznelson: Desolation and Enlightenment, p. 18 et passim.

36 Simon: World War I and the Technological Sublime, p. 27.

37 Cf. also Gilbert, Sandra M./Gubar, Susan: No Man's Land: The Place of the Woman Writer in the Twentieth Century, Vol. 2. New Haven: Yale UP 1989, p. 187.

theory, would flounder precisely on the issue of technology used to wage the global war, the most destructive conflict up to that point.[38]

Given that the total war requires the use of technology, this would severely reduce the notion of human agency and render void the idea of war as a rite of passage, the entry into manhood for military men.[39] This idea is appropriately derided by Adamic, who deliberately downplays the idea of (combat) heroism and severs any connection between the attainment of masculinity and army service. The same irony undergirds Dos Passos' work, which begins by defining the army as a vast bureaucratic machine, akin to other systemic structures of a modern society that rather emasculates men: faceless crowds of look-alike men dressed in uniforms; vast barracks and mess halls; hierarchy and subordination; endless drilling; relentless bureaucracy. When John Andrews, one of the protagonists of Dos Passos's novel *Three Soldiers*, gets to the recruiting station, his examination is punctuated by the repetitive thuds of a typewriter ("click, click"), a bureaucratic gadget, as he "stood tamely being prodded and measured, feeling like a prize horse at a fair".[40] Shaheen's culturalist reading places Dos Passos novel at the historical moment which reshaped the idea of masculinity in a taylorized, mass-production, industrial society making it contingent on and constrained by "a larger institutional system – be it the military, the factory, or the office".[41] Given the inexorable socio-historical logic, therefore, the novel shows how the soldiers' individual traits and fates blend into a single narrative, that of "a man passive [and] effeminate [...] [and] also automated".[42]

Still, the argument was more complicated for American modernist writers. Like Ernest Hemingway in particular, Dos Passos did not really take part in combat but was relegated to serving as a Red Cross ambulance driver (similar to Hemingway's position on the Italian front, as depicted in *A Farewell to Arms*, where, incidentally, he would come face to face with Austro-Hungarian, i.e. Croatian troops, among others).[43] Dos Passos was fresh from Harvard when he volunteered for the war. Minter quotes some of his thoughts in this respect: "What was the war like? We wanted to see with our own eyes [...]. We flocked into volunteer services. I respected the conscientious objectors, and occasionally

38 Shaheen, Aaron: "Spencerian Theory and Modern Rites of Passage in John Dos Passos's Three Soldiers", in: Texas Studies in Literature and Language 57.2 (Summer 2015), pp. 162–181, here p. 163.

39 Simon: World War I and the Technological Sublime, p. 39.

40 Dos Passos: Three Soldiers, p. 14, 15.

41 Shaheen: Spencerian Theory and Modern Rites of Passage, p. 164.

42 Ibidem.

43 Hemingway, Farewell to Arms, p. 160, 163, 166.

felt I should take that course myself, but hell, I wanted to see the show".[44] Once again, as is the case with Adamic and a host of other volunteers, what counts is curiosity, adventurism, voyeurism, and an individualist perspective, rather than the iron law of general mobilization that swept over the European countries on both sides of the aisle.

Dos Passos's career literally was launched by the war: his first two novels, *One Man's Initiation – 1917* (1920) and, more to the point, *Three Soldiers*, took the war in Europe as their theme. The former almost did not have any reception, while the latter caused "the storm of controversy" over its biting description of the army, causing the writer to "[become] famous overnight".[45] Critical responses to the novel ranged from its denunciation as a "Communist propaganda" vilifying every aspect of American society to the praise for the writer's truthful and artistically eloquent and accomplished account of the war.[46] Certainly, there is something to be said about the novel's comprehensiveness in presenting a broad array of types amounting to a "collectivist" experience of the war, as pointed by one of the critics.[47] Even if the characters in the novel lack depth, Dos Passos skillfully moves them in and out of the narrative and intersects their plotlines, as pointed by others.[48]

Ludington is probably correct to ascribe the bleakness of Dos Passos's vision in *Three Soldiers* to "the searing experiences he underwent as an ambulance driver in World War I, when in 1917 and 1918 he served first on the Western Front around Verdun, and later on the Italian front" (this latter paralleling Hemingway's war experience [38]).[49] The strong, almost desperate language Dos Passos uses in his diary, as quoted by Ludington, relays the sense of urgency, despair, and dread echoed by many a war writer, but one must still insist on categorizing this dread in the first place as epistemological (remember Dos Passos's expectant and slightly flippant comment: "We wanted to *see* with our own eyes ..." [emphasis mine]), and in the next instance as existential, whereas, as has been the critical claim that I would like to reiterate here, for the European participants the war was an inescapable existential reality. Not least of it, for

44 Dos Passos, qtd. in Minter: A Cultural History of the American Novel, p. 93.

45 Maine, Barry (ed.): John Dos Passos: The Critical Heritage. Abingdon: Routledge 2005, p. 4.

46 Ibidem.

47 Ibidem.

48 Ibidem.

49 I find Michael Denning's phrase of "gentleman volunteer" (The Cultural Front: The Laboring of American Culture in the Twentieth Century. London: Verso 1997, p. 165), originally applied to Dos Passos, tinged with irony but truthful in the case of both writers.

Dos Passos, the futility of the war at this quite radical early stage of his career could and ought also to have political consequences should it turn against governments which have sponsored it.[50]

Dos Passos's procedure is quite deliberately to show how the massive recruitment and military training quenches any sense of individuality and instead of producing men, turns the recruits into machines made according to the same mold. This technicist and deterministic approach to characters and their features bears further scrutiny when we scan the chapter titles of his war-themed novel: "Making the Mould," "The Metal Cools," "Machines," "Rust," "The World Outside," and "Under the Wheels," as a frame for considering the fates of three soldiers in the expeditionary force.[51] These images, thus, make us consider the noxious effects of the technological-industrial civilization, which then morphs into a new system, the technology of warfare. In both cases, it is highly questionable if mechanical labor or "mechanized warfare" leads to any individuation or the attainment of manliness.[52]

The three titular soldiers are individualized just to the point to make them somewhat distinctive and recognizable to the reader but otherwise often blur into one another in their daily training or military routine, where they are rather de-personalized. Initially, the novel seems willing to offer us various regional and social American types: Dan Fuselli, a working-class Italian American from San Francisco intent on making it through the ranks rather than fighting; John Andrews, a Harvard-educated artist-musician from Virginia who joins the army in the hope of losing himself in a great collective effort; John Chrisfield, a farm boy from Indiana, joining the war effort from a sense of adventure.

---

50 Dos Passos, qtd. in Ludington, Townsend: "Explaining Dos Passos's Naturalism", in: Studies in American Naturalism 1.1/2 (Summer/Winter 2006): Inaugural Double Issue in Honor of Donald Pizer, pp. 36–41, here p. 39.

51 Even though we might be tempted to credit Dos Passos with fostering a fresh perspective on the war, in line with more recent approaches, such as Fussell's or Hameršak's, the novel's narrative logic, borrowing the Darwinian tropes as shown by Shaheen, is reluctant to confer any substantial sense of agency on the characters. Conversely, following Filip Hameršak's comprehensive and informative study of Croatian life-writing about the Great War, we appreciate the idea of the image of the "war from below" (Tamna strana Marsa. Hrvatska autobiografija i Prvi svjetski rat. Zagreb: Naklada Ljevak, 2013, p. 134) promoting the category of marginality as a vantage point for representations of the war (ibidem, p. 170). From hindsight, we should credit Paul Fussell, an American literary scholar, for pioneering the cultural-historical approach to the Great War by relying on various personal and historical, literary and documentary, official and private documents and accounts of the war synthesizing them into a new social history.

52 Shaheen: Spencerian Theory and Modern Rites of Passage, p. 165.

Paradoxically, the army offers the idea of manliness but does it under the heading of "mechanized homogenization," which would create the functioning combat units, where each man is specialized (individuated) but only in terms of performing the task within the larger process, as if he were placed on "an assembly line or in a multilayered bureaucracy".[53]

The military "treadmill," as Andrews sarcastically notes, turns their social, regional, ethnic, and ideological variety into a single, massive and outwardly compliant and obedient machine intent on destroying the enemy or submit to being itself destroyed in the war. When they begin training, the soldiers evince their own idiosyncratic behavior and expectations: Fuselli, for instance, is infused with the ideas of heroism that he picks up from films and propaganda material fed to the conscripts. Another way the induction into the army is the acquisition of experience for the young men is the loss of (sexual) innocence, either during training or in France.[54] The army might also signify an option of upward social mobility, an attitude which bears historical scrutiny.[55] Soon enough, however, each one blends in with the other "doughboys" in brown uniforms. The de-personalization and de-individuation deepens, if no sooner, then when the troops are shipped for France in a hold of a ship where each man turns into cargo, an item with his assigned number.[56] The initiation potential is thus curiously inverted; instead of endowing the candidate with a new identity, he is being stripped of his name and turned into a nameless object, or brutalized and further de-humanized as a sacrificial animal ("a steer being taken over for meat").[57]

The sinister agency of the army and the process of making a mold for the soldiers to fit in is presented in a sequence of episodes as Andrews and Chrisfield's unit marches to the front to be deployed in action. On their march through French countryside they come across a pond where an almost pastoral episode ensues: the soldiers take off their clothes, lay down their gear and cleanse themselves not only of the literal dirt and sweat from marching but also from "filth and slavery," as Andrews muses.[58] The poignancy of Andrews's observations is needed by Dos Passos in order to counteract the sloganeering of the war propaganda, the kind of images that Fuselli subliminally adopts in his outlook of Germans (the Huns) fed by the technologies of visual mass culture

53 Ibidem, p. 164.
54 Dos Passos: Three Soldiers, p. 37.
55 Gandal: The Gun and the Pen, p. 6.
56 Dos Passos: Three Soldiers, p. 41.
57 Ibidem, p. 50.
58 Dos Passos: Three Soldiers, p. 165.

(movies and reels),[59] showing "technology's mediating role in one's attempt to undergo a rite of passage".[60]

The experience of battle further undermines the idea of war as a needed extension of mechanisms of mass socialization for men. The description of the battle in the novel is a far cry from the potential of an initiation moment, while Dos Passos shies away from the sublimity of the terror of war. Chrisfield finds himself in the heat of the battle but he gets lost and cut off from his squad, as the narrative makes clear that no plan or order could be devised in the chaos of the battlefield: Chrisfield just stumbles around and instead of eliminating Germans, comes across a wounded U.S. officer, Anderson, against whom he holds a grudge so that he decides to kill him on the spur of the moment. Thus, we see that his contribution to the allied war effort was scant indeed. Andrews is more efficient or less subversive in his own section of the field during the Argonne offensive[61] but soon enough finds himself seriously wounded, taken to hospital, and relegated, as the novel puts it, to "rust" (title of the chapter recounting Andrews's convalescence).

Further, Dos Passos's novel carries only one "proper," detailed description of the battle, while the rest of its pages is filled with soldiers' training for the front, getting there and getting out of it, as the war dynamics of the final year and a half dictated. The focus of the novel is not on the war, strictly speaking, but to show the technologically mediated initiation of the three soldiers – however thwarted and stunted it may have been. For Andrews, the narrative evolves like a *Künstlerroman*; for another, Fuselli, the army embodies the idea of upward mobility that goes wrong; for the third, Chrisfield, the battle ironically confers on him the higher rank, without his intention and in spite of his murdering his superior officer.

It has been noted by critics that the character of John Andrews, a genteel artist, is Dos Passos's mouthpiece in the novel capable of synthesizing the plight of the common soldier but also someone who "could [...] express these thwarted lives",[62] being simultaneously both inside and outside. Just being in the army, not even having to endure extensive combat (he is wounded quite early on), Andrews experiences an existential crisis being crunched by "the great

---

59 Ibidem, p. 34–35.
60 Shaheen: Spencerian Theory and Modern Rites of Passage, p. 167.
61 Dos Passos: Three Soldiers, p. 224.
62 Ibidem, p. 290.

slow moving Juggernaut" of the system[63] causing in him despair, exhaustion, boredom, and dinginess.[64]

In line with the idea of the foiled *Bildung*, or "an illusory rite of passage",[65] one should think about the situation of Andrews's baptism of fire, where he sustains wounds and is now convalescing in a hospital. His musings are all but heroic or militaristic; rather they nostalgically celebrate his civilian life cast in pastoral and mellow terms and, repeatedly, bring up deep resentment to "the grinding discipline" that has caused him to "be trampled down unresistingly into the mud of slavery".[66] Instead of feeling recognition and valor as a result of his combat wounds, "he becomes again the querulous piece of hurt flesh, the slave broken on the treadmill".[67] The slavery metaphor and mechanical images, in all its starkness, are indeed prevalent in Andrews's vision of the military life and the war situation, an antithesis to more idealistic or more pragmatic reasons for enlistment of other soldiers. He is thus most resistant to the process of homogenization that we see at work.

Still, if the experience of shedding blood (one's own or an enemy's) should be seen as an ambivalent rite of passage, and the gaining of experience for young American privates, their subsequent stay in Paris and their ramblings through France ought to be further considered as part of the same transition from innocence to experience, and so illustrative of the cultural and historical moment of emergence for the young nation. More explicitly, in this section of the novel, happening during the Armistice, the intention is to balance two ideas: the innocence of America and the experience of Europe; the cultural infancy of America and the cultural sophistication of Europe (or what was left of it, certainly more than enough in Paris, where post-war section of the novel takes us); the political naiveté of America vs. the political conspiracies of Europe, as evinced by strained negotiation at the peace table, where Wilson stood in some situations as a lone knight opposed to the wiles of his European counterparts, as some historical accounts would have it.[68]

For this purpose, it is worth looking into Andrews's plotline, since Andrews's artistic leanings are indicative of Dos Passos' ambivalence towards the cultural lessons bequeathed by war-wrecked Europe to its unwitting ally. Andrews, just like other privates, each for their own reasons, is anxious to get to Europe, which

63 Ibidem, p. 245.
64 Ibidem.
65 Shaheen: Spencerian Theory and Modern Rites of Passage, p. 165.
66 Dos Passos: Three Soldiers, p. 212.
67 Ibidem, p. 213.
68 Gerwarth: Pobijeđeni, pp. 159–173; Dos Passos: Mr. Wilson's War, locs. 9094–9856.

for him is an epitome of civilization, a lodestar that guides his artistic work. During all his trials he is sustained by an idea of setting to music one of Gustave Flaubert's late and less well appreciated work, *The Temptation of St. Anthony.* The artistry and sophistication of the work suggest Andrews's ambition and his peculiar taste, embodying the high ideals that "liberal humanism" was grounded upon, as pointed out by Katznelson.[69]

Andrews seemed to have subscribed, as countless other young men of his generation, as shown by Fussell in his still classical cultural history of the Great War, to the idea of the Western civilization but under the pressure of his disillusionment, he comes to abhor it: "So was civilization noting but a vast edifice of sham and the war, instead of its crumbling, was its fullest and most ultimate expression".[70] A similarly grim and defeating outlook on the Western civilization is echoed by T.S. Eliot, who in his above mentioned poem scans the ruins of the millennia of its unfolding, from its Judeo-Christian roots (Jerusalem), to its antiquity venues (Athens, Alexandria) to the present-day metropolises (London, Vienna), all evaporating in the war; that is, all but America. This contrast is cautiously explored in the novel (it certainly helps to frame the final section of the novel to know that at the time of the novel's composition Dos Passos was enrolled in Sorbonne "as a special student").[71] After the Armistice, the European scene (the mythical Paris in particular) becomes an arena for cultural exchange. Coming to Paris, Andrews shakes off the stiffness of an automaton[72] and after a long time begins to enjoy his freedom in the city, "one grand and glorious feeling".[73]

---

69 Katznelson: Desolation and Enlightenment, p. 11.
70 Dos Passos: Three Soldiers, p. 225.
71 Pizer, Donald: "John Dos Passos in the 1920s: The Development of a Modernist Style", in: Mosaic: a journal for the interdisciplinary study of literature 45.4 (December 2012), pp. 51–67, p. 52.
72 Dos Passos: Three Soldiers, p. 299.
73 Ibidem, p. 302. Andrew's failure to actually acquire the coveted musical education in Paris may point to the unstable, shifting terms of cultural exchange that happens at the time, especially if contrasted with other comparable novels: in *A Farewell to Arms,* for instance, Frederick Henry's pursuit of architectural education in Europe is foiled by the war and is never continued after his war experience and a personal tragedy that strikes him; Fitzgerald's Gatsby, on the other hand, was some kind of a beneficiary of the post-war education as it is suggested that he acquired a layer of gentility at Oxford instigating his social rise back home (Fitzgerald: The Great Gatsby, pp. 69–71, 136). Interestingly, then, the post-war period of occupation provided some American soldiers with their first exposure to European culture and social/ class system that they related to and made use of in different ways.

That his revision of the early Christian legend becomes of small consequence to the embattled and desperate Andrews becomes clear in the final act of his drama, when he finds himself as a deserter. He runs out of luck, or merely submits to his fate, when he is apprehended by Military Police in Chartres, on a trip where he and his French girlfriend contemplate the beauty of the cathedral (another landmark of a civilization in disarray). Unable to corroborate his status (he has no number and his civilian identity does not count), he is sent to a work unit. Together with another prisoner, he escapes through water, another image of potential purification and baptism to a new life. However, by discarding his uniform, he becomes liable to the severest kind of punishment as a deserter. Getting back to Paris, he is constrained to hide with other A.W.O.L.s, the men who turned their back to and opted out of the system but has to flee again into the country. When finding himself further reduced to the abject "slave" and runaway, unable to escape the army's pull and claim on him, he resorts no longer to the poetic and symbolic imagery of his musical piece but to the American, native theme of John Brown, the abolitionist and militant opponent of slavery just before the American Civil War, with the following verses leading the Union soldiers in combat: "John Brown's body lies a-mouldering in the grave,/ But his soul goes marching on".[74] This roundabout in Andrews's artistic conception would seem to indicate his shifting notion of agency in the mechanistic world that has reduced him to a cipher and demeaned him to the status of a slave. However, his artistic opposition and belated impulse to fight back are ineffective and he merely submits to the apparently all-pervasive, de-humanizing discipline that had already crushed him.

One thing is clear in the aftermath of the war and during the peace talks, "The old order is dissolving"[75], and having crumbled in ruins the question is what comes next and where the center of gravity has shifted now. There are some interesting episodes addressing this transition, the slow and gradual transfer of cultural capital from Europe to America.[76] At one point Andrews visits a French household of a high society, intellectually minded and fond of music, where he presents himself and his nation as "barbarians".[77] A bit later, on an outing to the outskirts of Paris, he comes upon an Irishman, immigrant in America, who

74 Dos Passos: Three Soldiers, p. 467.

75 Ibidem, p. 322.

76 Let us not forget how a transfer of financial capital occurred in those years so that in the course of the World War the United States became the major financier of the conflict trading with both sides – until their final involvement on the allied side – and turning into a creditor nation providing the British with war loans (Dos Passos: Mr. Wilson's War, locs. 2238, 2358).

77 Dos Passos: Three Soldiers, p. 346.

in his brisk vernacular denounces Europe as "dead an stinkin'".[78] Paradoxically, the wreckage of the war could have its salvaging possibilities, as contended by Sandra Gilbert and Susan Gubar, considering that the massive mobilization of men at the battlefront created manifold opportunities for European (tangentially also U.S. American) women at the home front: in short, the Great War for women signaled in regard to their social and public roles a period of emancipation and empowerment.[79] In that sense Andrews, and Dos Passos, is contemptuous of the "sweet" old times in France before the war[80] seeing the war also as a new opportunity.

The ravaged European landscape, desecrated by trench fighting and war operations is occasionally in the novel set in contrast to the idealized images of American pastoral landscapes, which predate the army experience for the conscripts offering brief, illusory respite from the impending tension of the battle.[81] Even though the novel entertains some versions of the war as a conflict of civilizations, and also fleetingly acknowledges the defeated, if idealistic reasons of American volunteers (sic) to enter the war in far-away Europe, there is ultimately no way out from the rottenness of Europe, on one hand, and the encroaching, menacing, and technicist American civilization on the other. The issue faced by Dos Passos and other war-time writers was in a nutshell, "what could lie ahead for males whose experience in the Great War has rendered them unfit for survival in the modern world".[82]

If for Andrews, further, the life in America is "ugly" as opposed to the accumulated aesthetics in Europe,[83] this idea is also ambivalent. The ugliness of both Europe and America runs deeper and touches upon the age-old divide between the city and the country (nature), that operates as a myth in both societies. Further, American ugliness is precisely what will come to draw Dos Passos's artistic perception in a series of experimental modernist novels in the wake of his war episode: how to find a language and methods to depict the totality of the ugliness of the American increasingly technicist, mechanical, corporate, and citified civilization. Andrews's ultimate recoil from the pseudo-medieval *Temptation of Saint Anthony* towards the rawness and urgency of John Brown's revolt, signals the artist's leaving behind the European artistic tradition and heritage, only to take them over selectively and apply to

78 Ibidem, p. 354.
79 Gilbert/Gubar: No Man's Land, Vol. 2, pp. 258–323.
80 Dos Passos: Three Soldiers, p. 355.
81 Ibidem, p. 136, 160, 235–326.
82 Shaheen: Spencerian Theory and Modern Rites of Passage, p. 178.
83 Dos Passos: Three Soldiers, p. 375.

the project of articulating the messy reality of America, there to find a new aesthetics in the country's intricate ugliness.[84] His creative output, alongside that of his modernist American brethren, indicates that that was indeed the case in the ensuing years. This discussion was intent on showing precisely the interstice between the American innocence and the European experience, considered in symbolic terms, that enabled the imagination and the achievement of American modernism, a moment when the country's literature came into its own.

84 Cf. Tichi, Cecelia: Shifting Gears: Technology, Literature, Culture in Modernist America. Chapel Hill: The University of North Carolina Press 1987.

Der Erste Weltkrieg im Frühwerk von Ivo Andrić

Davor Dukić (Zagreb)

Ausgangspunkte: Biographischer Hintergrund, Gattungsvielfalt und Forschungsmethode

Den Ersten Weltkrieg erlebte Ivo Andrić aus der Perspektive eines jungen, gesundheitlich stark angegriffenen politischen Gefangenen.[1] Gleich nach dem Attentat in Sarajevo verließ er Krakau, die Stadt, in welcher er die schönsten drei Monate seines Studiums verbracht hatte und kehrte nach Kroatien zurück.[2] Schon am 4. August 1914 wurde er in Split wegen seiner politischen Tätigkeit in der jugoslawischen nationalistischen Jugendbewegung verhaftet. Nach einem kurzen Aufenthalt in Untersuchungshaft in Split und Šibenik kam er über Pest am 19. August 1914 ins Gefängnis von Maribor (Marburg),[3] wo er daraufhin sieben Monate festgehalten wurde. Am 20. März 1915 wurde Andrić aus Beweismangel aus dem Gefängnis entlassen. Er wurde in Bosnien interniert, zuerst im Dorf Ovčarevo bei Travnik und fünf Monate später wurde er nach Zenica gebracht, wo er bis zum Amnestieerlass Kaiser Karls vom 2. Juli 1917 geblieben ist. Einen großen Teil seines Aufenthalts in Zenica verbrachte Andrić im dortigen Militärkrankenhaus, später verblieb er auch im Militärkrankenhaus in Sarajevo und schließlich vom November 1917 bis Frühjahr 1918 im Krankenhaus der Barmherzigen Schwester in Zagreb. Wegen seiner Krankheit (Lungen- und Herzerkrankungen) wurde er zwei Mal – bei der Rekrutierung im August 1916 und bei der Allgemeinen Mobilisierung 1917 – vom aktiven Militärdienst befreit; offiziell war er im Dienst in einer Nicht-Kampfeinheit vom

1 Die Daten über Andrićs Leben von 1914 bis 1924 sind folgenden Publikationen entnommen: Karaulac, Miroslav: Rani Andrić. Beograd: Prosveta (2. Auflage) 2003; Martens, Michael: Im Brand der Welten. Ivo Andrić: ein europäisches Leben. Wien: Paul Zsolnay 2019; Nemec, Krešimir: Gospodar priče: poetika Ive Andrića. Zagreb: Školska knjiga 2014.

2 Über den Aufenthalt Andrićs in Krakau s. Karaulac: Rani Andrić, S. 107–117; zu einer Art Mythos über Andrićs Polonophilie vgl. Martens: Im Brand der Welten, S. 76–77.

3 Karaulac: Rani Andrić, S. 134.

März 1917 bis Februar 1918.[4] Das Frühjahr 1918 verbrachte Andrić in Krapina, den Sommer am Meer in Crikvenica und den Herbst wieder im Krankenhaus der Barmherzigen Schwestern in Zagreb. Allerdings war diese Zeit für ihn sowohl eine Zeit der Erholung wie auch der geistigen Arbeit und war nicht nur vom Kampf gegen Krankheit und existenzielle Lebensnot gezeichnet. Dies beweist die Tatsache, dass seine Zusammenarbeit mit der am Beginn des Jahres 1918 gegründeten Zeitschrift „Književni jug" („Der literarische Süden") sehr fruchtbar war. Im Herbst 1919 beendete Andrić diese Zusammenarbeit und, nach einem erholsamen Aufenthalt in Split und auf der Insel Brač im Frühjahr und Sommer,[5] verließ er endgültig Zagreb im Oktober, um nach Belgrad zu ziehen. Dort bekam er, mit der Hilfe seines Gymnasiallehrers und des damaligen Religionsministers Tugomir Alaupović, zuerst eine Stelle im Religionsministerium und schon Anfang 1920 eine bessere Position im Ministerium für Auswärtige Angelegenheiten.[6] Die diplomatische Karriere Andrićs begann im März 1920 in Rom bzw. am Heiligen Stuhl. Daraufhin verbrachte er seine Zeit in einem relativ schnellen Wechsel von Botschaften und Konsulaten: bis zum Jahr 1924 war er zuerst in Bukarest (November 1921 – November 1922), danach in Triest (bis Februar 1923) und in Graz (bis Oktober 1924).

* * *

Von seiner Verhaftung im August 1914 bis zum Kriegsende 1918 hat Andrić nichts veröffentlicht, was jedoch nicht bedeutet, dass er nichts geschrieben hat. Im Gefängnis in Maribor und noch mehr während seiner Konfination in Bosnien hatte er genug Zeit und Möglichkeiten für Lesen und Schreiben.[7] In Maribor hat er seine Gedanken und Gefühle in ein Notizbuch geschrieben. Diese Aufzeichnungen hat er später als Material für sein Buch der lyrischen Prosa *Ex Ponto* (1918) benutzt. Der Stoff für die stilistisch ähnliche Sammlung *Nemiri* (*Unruhen*) wurde offensichtlich auch in der Haft bzw. in der Internierung vorbereitet. Das Buch wurde 1920 in Zagreb veröffentlicht, als Andrić schon in Belgrad gelebt hat. Nach einer intensiven publizistischen Zusammenarbeit mit der Zeitschrift „Der literarische Süden" in den Jahren 1918 und 1919 wandte sich

4 Ebenda, S. 162–163.

5 Ebenda, S. 193–195.

6 Alaupović hat auch vorher Andrić gefördert: bei der Fortsetzung seines Studiums in Wien und Krakau 1913 und 1914 wie auch mit finanzieller Unterstützung seines Aufenthalts an der Adriaküste 1918 (Martens: Im Brand der Welten, S. 70–72, 118).

7 In der Literatur über Andrićs Gefängnistage in Maribor wird in der Regel die Lektüre von Kierkegaard hervorgehoben (Karaulac: Rani Andrić, S. 137, 226–231; Nemec: Gospodar priče, S. 105–106), was Martens kritisch relativiert (Martens: Im Brand der Welten, S. 95).

Andrić, vor allem während seines Aufenthaltes in Rom 1921, der Erzählprosa zu. Daraus ging seine erste Erzählsammlung (*Pripovetke – Erzählungen*, Beograd 1924) hervor.[8] Im Jahr 1924 hat Andrić – unter dem Druck der Vorschriften, die die Bildungsqualifikationen von Staatsbeamten im neugegründeten Königreich regulierten – auch seine Dissertation *Die Entwicklung des geistigen Lebens in Bosnien unter Einwirkung türkischer Herrschaft* zu Ende geschrieben und an der Universität Graz verteidigt. Die Dissertation wurde allerdings erst 1982, d.h. nach dem Tod des Autors veröffentlicht. Dabei markiert diese eher publizistisch als wissenschaftlich konzipierte Abhandlung zusammen mit der Sammlung der *Erzählungen* den entscheidenden Wendepunkt im literarischen Schaffen Andrićs.[9] Seine literarische Karriere begann mit lyrischen Texten, mit der Veröffentlichung von fünf Gedichten in der Zeitschrift „Bosanska vila" („Die bosnische Fee") in den Jahren 1911 und 1912. In der für die kroatische Literatur sehr bedeutenden und richtungsgebenden Anthologie *Hrvatska mlada lirika* (*Kroatische junge Lyrik*, 1914) wurden sechs Gedichte Andrićs veröffentlicht. Auch in den ersten Nachkriegsjahren schrieb er Gedichte, ab 1924 allerdings eher sporadisch. In diesem Sinne darf man vom Beginn der literarischen Tätigkeit des „reifen", „echten" Andrić erst am Anfang der 1920er Jahre reden, als eines Autors nämlich, der historische Erzählungen und Romane über Bosnien und Südosteuropa schrieb. Der Erste Weltkrieg und die unmittelbare Nachkriegsrealität wurden hingegen nur im Roman *Gospođica* (*Das Fräulein*, 1945) thematisiert, wie auch am Ende des Romans *Na Drini ćuprija* (*Die Brücke über die Drina*, 1945) und in einigen autobiographisch konzipierten Erzählungen über Toma Galus.[10] Im vorliegenden Beitrag werde ich mich primär auf die Texte

---

8 Nemec: Gospodar priče, S. 39.

9 Über Andrićs Dissertation und Umstände ihrer Entstehung vgl. meinen Beitrag „Die Dissertation von Ivo Andrić – eine Interpretation im postimperialen Kontext", in: Schmidt, M./Finzi, D./Car, M./ Müller-Funk, W./Bobinac, M. (Hgg.): Narrative im (post-)imperialen Kontext. Literarische Identitätsbildung als Potential im regionalen Spannungsfeld zwischen Habsburg und Hoher Pforte in Mittel- und Südosteuropa. Tübingen: Francke 2015, S. 191–203.

10 Der Zyklus der Erzählungen über Toma Galus wurde im 13. Band *Staze, lica, predeli* (*Pfade, Gesichter, Landschaften*) in der einzigen, zu Lebenszeit Andrićs erschienenen Ausgabe seiner gesammelten Werke veröffentlicht (1963), und zwar in folgender Reihenfolge (das Jahr der Erstausgabe wird nach Originaltitel angeführt): „Rausch und Leiden des Toma Galus" („Zanos i stradanje Tome Galusa", 1934); „Die Versuchung in Zelle Nr. 38" („Iskušenje u ćeliji broj 38", 1924); „In der Zelle Nr. 115" („U ćeliji broj 115", 1960); „Die Sonne" („Sunce", 1960); „Auf der Sonnenseite" („Na sunčanoj strani", 1952). Diese fünf Erzählungen wurden, allerdings in einer anderen Reihenfolge, zusammen mit der Erzählung „Jelena, eine Frau, die es nicht gibt – eine Aufzeichnung von Gallus" („Jelena, žena koje nema – Galusov zapis", 1934) und der etwas längeren unveröffentlichten Erzählung „Die verdammte Geschichte" („Prokleta istorija") als Teile

von Ivo Andrić fokussieren, die während des Ersten Weltkriegs und in den ersten beiden Nachkriegsjahren entstanden sind, insbesondere deswegen, weil sie ein poetisch relativ kompaktes Korpus bilden.[11]

* * *

Bei Analysen der literarischen Thematik anhand eines bestimmten Korpus – und in diesem Fall handelt es sich um eine solche Untersuchung – gibt es prinzipiell zwei Möglichkeiten. Erstens kann man die ganze Thematik in relevante Komponenten zerlegen, um daraufhin jede Komponente am ganzen Korpus der ausgewählten Texte vergleichend zu analysieren. Die andere Möglichkeit ist, die ganze Thematik an jedem einzelnen Text bzw. an einem relativ kleinen und kohärenten Textkorpus, etwa an einer Gedichtsammlung, zu untersuchen. Die letztere Methode scheint für meine Untersuchung angemessener zu sein. Darüber hinaus weist die Methodenwahl auf eine der grundlegenden Thesen meiner Arbeit hin. Die These lautet: Die Darstellung des Ersten Weltkriegs und der Nachkriegszeit in den von Ivo Andrić im Zeitraum von 1914 bis 1920 verfassten Werken enthält eine breite Palette an thematisch und ideologisch ganz unterschiedlichen Vorstellungen. Dabei sind Unterschiede zwischen einzelnen literarischen Gattungen bzw. Texten oder Textkorpora relativ groß. Mit anderen Worten, die thematische Vielfalt bezieht sich auf den ganzen gewählten Zeitabschnitt aus dem Gesamtwerk Ivo Andrićs, nicht aber auf seine einzelnen Bücher oder Textzyklen. Deshalb werde ich zunächst die Darstellungen des Großen Krieges und der Nachkriegsrealität in *Ex Ponto* schildern, um daraufhin das gleiche Thema in *Unruhen* und schließlich auch in Beiträgen in den Zeitschriften „Der literarische Süden" und „Kroatischer Acker" („Hrvatska njiva"), ab dem dritten Jahrgang 1919 in „Jugoslavenska njiva" („Jugoslawischer Acker") umbenannt, kurz zu erörtern.[12]

von Žaneta Đukić Perišić rekonstruierten Roman *Auf der Sonnenseite* (*Na sunčanoj strani*) 1994 veröffentlicht, da Andrić dieses Vorhaben wahrscheinlich aufgegeben hat.

11 Das Frühwerk von Andrić definiert Dušan Marinković als die erste, lyrisch geprägte Phase seines literarischen Schaffens von 1911 bis 1920/21 (Marinković, Dušan: Rano djelo Ive Andrića. Zagreb: Sveučilišna naklada Liber 1984, S. 7). Denselben Zeitraum umfasst auch Miroslav Karaulac in seiner Darstellung und Analyse des Frühwerks von Andrić.

12 Im Text werden folgende Abkürzungen verwendet: EP – *Ex Ponto* (Andrić, Ivo: Ex Ponto. Travnik: Zavičajni muzej 2018 [Nachdruck der ersten Ausgabe von 1918]); N/U – *Nemiri/Unruhen* (Andrić, Ivo: Ex Ponto; Nemiri; Lirika. Zagreb: Školska knjiga 2014, 77–133; KJ – „Književni jug"; HNj/JNj – „Hrvatska njiva"/„Jugoslavenska njiva". In Zitaten aus den zwei veröffentlichten und ins Deutsche übersetzten Sammlungen bezieht sich die erste Zahl auf den Originaltext und die zweite nach dem Schrägstrich auf die Übersetzung.

Der Große Krieg in zwei Sammlungen der lyrischen Prosa: *Ex Ponto* und *Unruhen*

Am Ende des ersten Teils der dreiteiligen Sammlung *Ex Ponto* steht in Klammern „Das Ende des Marburger Teiles" („Svršetak mariborskog dijela"), was ein deutlicher Hinweis darauf ist, dass die ersten 26 Aufzeichnungen im Gefängnis von Maribor geschrieben oder zumindest konzipiert worden sind. In diesem Teil, wie auch im Rest des Textes, sucht man vergebens nach Kriegsmotivik oder nach Spuren des zeitgenössischen politischen Diskurses. Es kommt klar zum Vorschein, dass es in den Texten der Sammlung *Ex Ponto* ein individuelles, in sich selbst zurückgezogenes, melancholisches Subjekt gibt,[13] das sich vor allem auf seine persönliche Welt und auf eine allgemein humanistische, historisch und geografisch nicht näher bestimmte Problematik fokussiert. Das ist auch der in der Sammlung vorherrschende Ton. Für meine Analyse sind jedoch vor allem Ausnahmen interessant.

Im ersten, „Marburger" Teil der Sammlung findet man zwei aufeinanderfolgende Aufzeichnungen,[14] in denen das Subjekt aus der Perspektive des zeitgenössischen Leidens eine freie, erhabene, mächtige, reiche Zukunft prophezeit. Die Gedanken über damalige Menschen und ihr Leiden bleiben nur im Bereich des Unbewussten, Emotionalen und Künstlerischen festgehalten. Nur die Besten von den „zukünftigen Menschen" werden den Schmerz und das Leid der Vorfahren fühlen können, behauptet das Erzählsubjekt, das – nach seiner Aussage – von allen vergessen werden will.

In einem anderen Abschnitt findet das Subjekt „auf dem Grunde [seiner] Seele" („u dnu duše") „das ewige, unbewusste und gesegnete Erbe der Großväter" („vječne, nesvjesne i blagoslovene baštine djedova"), das von ihm überaus positiv bewertet wird.[15] Dasselbe Motiv der hereditären Belastung taucht in der letzten Aufzeichnung im ersten Teil der Sammlung wieder auf, wird aber negativ konnotiert:

> Hat es jemals eine Generation und in der Generation einen einzelnen gegeben, auf dem ein solch schweres Erbe und der unausweichliche Fluch der Rasse und des Blutes gelegen hätte?
> Furchtbar ist der Gang der Geschichte. Überschwer sind die Lasten der Vergangenheit und die Forderungen der Zukunft auf diesen schmalen Schultern.

13 Nemec: Gospodar priče, S. 106–114; Scheffler, Leonore: „Einleitung", in: Andrić, Ivo: Ex Ponto/Unruhen. Frankfurt/Main, Bern, New York, Paris: Peter Lang 1988, S. vii–xxv.

14 EP, S. 35–36/S. 10–11.

15 Ebenda, S. 36/S. 11–12.

> Je li kad bilo naraštaja i u naraštaju pojedinca na kom bi počivale ovako teške baštine i neminovna prokletstva rase i krvi?
> Strahovit je hod historije; preteški su tereti prošlosti i zahtjevi budućnosti na ovim uskim plećima.[16]

Im dritten Teil der Sammlung *Ex Ponto* werden in einigen Aufzeichnungen, die offensichtlich nach dem Aufenthalt im Gefängnis von Maribor wahrscheinlich in Zenica entstanden sind,[17] die Spuren des Kriegsalltags literarisiert. In einem Abschnitt spürt das Subjekt die „panische, unvernünftige, oft völlig grundlose, aber wahrhafte und tiefe Angst" („panički, nerazumni, često posve bezrazložni, ali istinski i duboki strah"), die er als Agens der guten und schlechten Taten in der Gegenwart betrachtet.[18] In einer Aufzeichnung werden die Fragmente aus den Unterhaltungen unbekannter Spaziergänger über den schweren Kriegsalltag wiedergegeben, wo die Motive wie Mobilmachung, Militärurlaub u. ä. vorkommen.[19] In einer anderen Aufzeichnung wird ein kurzes, von mildem Humor geprägtes Gespräch zweier Soldaten im unterschiedlichen Alter an einem Bahnhof über mögliche Entlassung des Älteren – und zwar gerade wegen seines hohen Alters – aus dem Militärdienst wiedergegeben.[20]

Für die literaturgeschichtliche Vorstellung über Andrić scheint ein anderer Abschnitt viel interessanter zu sein, in welchem das Subjekt die Distanz von seinen Gefährten betont: Sie singen als Gewinner „nach dem Kampf ein breites, friedliches Lied" („široku mirnu pjesmu iza boja"), er bereitet sich dagegen in seiner Einsamkeit für eine neue Reise vor.[21] Im bekannten Abschnitt „Erzählung aus Japan" („Priča iz Japana") seiner nächsten Sammlung *Unruhen* wird die

---

16 Ebenda, S. 39/S. 40. Das Ideologem des ethnischen Essentialismus scheint im Werk Andrićs eine Konstante zu sein. In meinen Untersuchungen zu den Romanen *Die Brücke über die Drina* und *Wesire und Konsuln* sowie zur Sammlung *Wegzeichen* habe ich diese Annahme mit anschaulichen Beispielen bestätigt, wobei mir keine „Gegenbeispiele" in Texten von Ivo Andrić bekannt sind. Vgl. meine Beiträge „Logik der interkulturellen Handlung(en) in Ivo Andrićs Roman *Die Brücke über die Drina* (1945)", in: Tošović, B. (Hg.): Andrićeva ćuprija = Andrićs Brücke. Graz: Institut für Slawistik der Karl-Franzens-Universität u. a. 2013, S. 241–254, hier S. 250–251; „Wesire und Konsuln – eine imagologische Analyse", in: Tošović, B. (Hg.): Andrićeva Hronika = Andrićs Chronik. Graz: Institut für Slawistik der Karl-Franzens-Universität u. a. 2014, S. 165–179, hier S. 173–176; „Karakterološka autopredodžba: ‚naši ljudi' u Andrićevim *Znakovima*", in: Tošović, B. (Hg.): Andrićevi Znakovi./Andrićs Zeichens. Graz: Institut für Slawistik der Karl-Franzens-Universität u. a. 2016, S. 185–201, hier S. 188–189.

17 Scheffler: Einleitung, S. ix.

18 EP, S. 58/S. 24.

19 Ebenda, S. 68–69/S. 35–36.

20 Ebenda, S. 93–94/S. 57.

21 Ebenda, S. 97/S. 60.

gleiche Idee ausführlicher ausgearbeitet, worüber im Folgenden mehr die Rede sein wird.

Zum Schluss der Sammlung *Ex Ponto* erinnert sich das erzählende Subjekt an seine Tage in Maribor wieder, vor allem an die erlebten Erniedrigungen auf seinem Weg ins Gefängnis. Diese Erinnerungen – in Form einer direkten Ansprache an eine „große blonde Frau" („visoka plava gospođa"), die offensichtlich zumindest die Zeugin, wenn auch nicht die Täterin war – werden „ohne Bitterkeit einer unerfüllten Rache" („bez gorčine neispunjene osvete")[22] wiedergegeben.

Mit nur einer Ausnahme, die fast wie eine Brücke zwischen zwei publizierten Sammlungen vorkommt, bleiben die Spuren der Kriegsthematik im Büchlein *Ex Ponto* im semantischen Bereich der Alltäglichkeit an rein subjektive, persönliche und private Assoziationen gebunden.

* * *

Die Sammlung *Unruhen* besitzt eine ähnliche dreiteilige Struktur wie *Ex Ponto*, im Grunde ist auch der Stil der Aufzeichnungen ähnlich, nur sind die Motive des Alltags und die narrativen Elemente in Andrićs zweitem Buch stärker ausgeprägt. Dies gilt vor allem für den zweiten Teil der Sammlung unter dem Titel „Unruhe des Tages" („Nemir dana"), in dem sich fünf Texte befinden, die ausnahmsweise betitelt und alle für unsere Problematik relevant sind und deshalb hier auch kurz besprochen werden.

Im ersten Text „Die Nacht im Zug" („Noć u vozu") wird die Zugfahrt der Gefangenen und der Militärwache an einem heißen, wahrscheinlich sommerlichen Tag entlang der Küste geschildert. Das Subjekt, das aus nachträglicher Perspektive erzählt, d.h. sich erinnert, kontrastiert die Schönheit der Küstenlandschaft und des Sonnenuntergangs mit der Atmosphäre im dunklen und erstickenden Zugwagen.

Der Abschnitt „Über den Siegen" („Iznad pobjeda") beginnt mit dem Satz: „Jahraus jahrein höre ich das Geschrei vom Siege, aber immer weniger Brot gibt es auf der Welt und immer weniger Kraft in den Menschen, während über die Erde die Lüge vom Siege zieht."[23] Das pazifistische Subjekt sympathisiert mit den Besiegten, der falsche Sieger wird als aggressiver und primitiver Neurotiker „mit niedriger Stirn und roten Augen" („ima nisko čelo i crvene oči") dargestellt, sein Sieg ist eine „kleine blutige Lüge und ein großes Unglück" („mala krvava laž i velika nesreća"). Dementsprechend wird am Ende daraus geschlussfolgert: „Es gibt weder

22 Ebenda, S. 99/S. 62.

23 „Iz godine u godinu slušam urlik o pobjedi a sve je manje hljeba u svijetu i snage u ljudima, dok zemljom prolazi laž o pobjedi." (N/U, S. 93/S. 72)

Niederlagen noch Siege, sondern immer und überall, bei den Geschlagenen wie auch bei den Siegern, nur den geschundenen und erniedrigten Menschen.“[24]

Ein Aspekt dieser Demütigung – nämlich der große Hunger der Kinder in Zenica im April 1917, der allerdings nur eine Episode der Hungersnot in Bosnien und Herzegowina im Ersten Weltkrieg bildete – wird im nächsten Abschnitt unter dem Titel „Kinder“ („Djeca“) behandelt. Darin befindet sich der oft zitierte Satz: „Die Abfälle eines großen europäischen Restaurants hätten diese Kinder retten können, aber die Nahrung war in diesem Jahr ungleich auf der Welt verteilt, und es gab keine Hilfe.“[25]

Engagiert und sozialkritisch bleibt das Subjekt auch im nächsten Text unter dem Titel „Grabgesang“ („Pogrebna pjesma“), der über den Mord an einem kleinen und auf frischer Tat ertappten Dieb spricht. Für die Presse, bzw. für die öffentliche Meinung stellte es einen gerechtfertigten Mord eines namenlosen Verbrechers dar, ist jedoch für den Erzähler ein Auslöser für „Bitterkeit und Mitleid“ („ogorčenje i samilost“). Seine gesellschaftskritische Ironie erreicht ihren Höhepunkt in folgendem Satz: „Aber wenn eben dieselbe Gerechtigkeit jedem von euch, der einmal an Fremdes gerührt hat, eine Gewehrkugel zusprechen würde, fürchte ich, hätte das kaiserliche Arsenal nicht genug Geschosse für den ganzen Haufen ehrbarer Heiducken.“[26]

Der letzte, wahrscheinlich der bekannteste und oben schon erwähnte Text aus diesem Zyklus ist die allegorische „Erzählung aus Japan“. Der Dichter Mori Ipo, einer der 350 Verschwörer gegen die böse Kaiserin Au-Ung – was, nach der kroatischen/serbischen Form „Austro-Ugarska“, eine eindeutige Anspielung auf die Österreich-Ungarische Monarchie ist,[27] will sich nach dem Tod der Kaiserin an der neuen Regierung nicht beteiligen. Im Brief an seinen Gefährten

24 „Nema poraza ni pobjeda nego uvijek i svuda, kod poraženih jednako kao i kod pobjednika, napaćen i ponižen čovjek.“ (Ebenda, S. 94/S. 73)

25 „Otpaci jednog velikog evropskog restorana mogli su spasiti tu djecu, ali hrana je bila te godine nejednako razdijeljena po svijetu i pomoći nije bilo.“ (Ebenda, S. 97/S. 74) Die Abschnitte „Über den Siegen“ und „Kinder“ wurden schon im Mai 1919 in der Zeitschrift „Jugoslawischer Acker“ („Jugoslavenska njiva“, Nr. 20, S. 324) veröffentlicht, als die letzten Teile im Zyklus „Rote Blätter“ („Crveni listovi“).

26 „Ali kad bi ta ista pravda svakome od vas koji je jednom dirnuo u tuđe dosudila tane, ja se bojim da carski arsenal ne bi imao dovoljno metaka za svu tu rpu poštenih hajduka.“ (N/U, S. 99/S. 76) L. Scheffler sieht in diesem Text eine Anspielung auf den Kriegsimperialismus: „Und der Grabgesang für einen ermordeten Einbrecher rückt die moralischen Gewichte auf der Waage der Gerechtigkeit zurecht: In einer Zeit, in der man von Staats wegen in Nachbarländer einbricht, um zu zerstören und zur Bereicherung zu plündern, sollte man den Unglücklichen, der aus Not das stiehlt, was er zum Leben braucht, nicht als Verbrecher denunzieren!“ (Scheffler: Einleitung, S. xix)

27 Nemec: Gospodar priče, S. 121.

schreibt er, dass er nur für die noch nicht realisierten Ideen kämpfen kann, aber falls die Heimat der „Sieben Inseln" erneut der Not ausgesetzt wird, können sie ihn wieder um Hilfe rufen. Das Wort „Not" in seinem Brief hat seine Gefährten so irritiert, dass sie aufgehört haben, den Brief weiter zu lesen und haben einfach ihre Diskussion über das „Einfuhr- und Zollgesetz" („zakonu za uvoz i carinu") fortgesetzt. Nur der Vorsitzende der Staatsgelehrten („načelnik državnih učenjaka") hat den Brief zu Ende gelesen und ihn ins Archiv der ehemaligen Kaiserin gestellt.

Einige Motive aus diesem Zyklus – die Hungerszeit im Krieg, die Rolle der Presse und das Zollgesetz wie auch die damit verbundene Korruption der Emporkömmlinge – werden im Roman *Das Fräulein* ausführlich thematisiert.[28] Das soziale Engagement ist jedoch eine Randerscheinung in Andrićs Werk und wird ausschließlich mit dem Ersten Weltkrieg verbunden. Im Roman *Das Fräulein* kommt dieses Thema stilisiert vor. Dies erfolgt mit der Nebenfigur eines jungen bosnischen Dichters namens Petar Budimirović, der seine revolutionären Verse gegen die Reichen gerade auf einer Feier im Haus der wohlhabenden Belgrader Familie Hadži-Vasić um das Jahr 1920 vorgelesen hat. Es handelt sich dabei um Abschnitte aus dem Text unter dem Titel „Rote Blätter", den Andrić schon 1919 im *Literarischen Süden* veröffentlicht hat, darüber folgt mehr im nächsten Kapitel. Im Gegensatz dazu enthält die Sammlung *Unruhen* kein Motiv des „ehrlichen Kriegsgewinns", d. h. keine positive Einstellung des Subjekts zu den Gewinnern der Nachkriegszeit, wie man sie z.B. in der Einstellung des Erzählers im Roman *Das Fräulein* zur Familie Hadži-Vasić in den Kapitel VI und VIII erkennen kann.

Der Große Krieg in literarischen und publizistischen Beiträgen in „Književni jug" und „Hrvatska/Jugoslavenska njiva"

Ivo Andrić hat in zwei Jahrgängen der Zeitschrift *Der literarische Süden* insgesamt 25 Beiträge publiziert, darunter auch literarische Texte: Gedichte, Fragmente der Erzählungen über Alija Đerzelez und Abschnitte aus den Sammlungen *Ex Ponto* und *Unruhen.*[29] Die gleiche Anzahl der Beiträge hat er in den erwähnten Gattungen bis 1926 auch in der Zeitschrift „Kroatischer" bzw. „Jugoslawischer Acker" veröffentlicht.

---

28 Über die Hungersnot in Sarajevo in Jahren 1917 und 1918, sowie über Angriffe in Zeitungen auf Kriegsverlierer in der Stadt nach dem Kriegsende vgl. das Kapitel V des Romans *Das Fräulein*. Über die Korruption in Belgrad in den ersten Nachkriegsjahren vgl. das Kapitel VII, vor allem die Episode im Casino.

29 Nemec: Gospodar priče, S. 31.

In wenigen Gedichten, die mit der Thematik des Großen Krieges verbunden werden können, findet man die gleichen Motive wie in den beiden veröffentlichten Sammlungen der lyrischen Prosa. In den Gedichten „Der Spaziergang" („Šetnja"), „Die fünfundvierzigste Nacht" („Četrdesetpeta noć") und „1914", die alle in Andrićs Nachlass gefunden und zum ersten Mal in gesammelten Werken aus dem Jahr 1976 veröffentlicht worden sind, spiegelt sich der Krieg nur im Bereich der persönlichen Erfahrungen und Gefühle des Subjekts wider, genauso wie in den meisten Aufzeichnungen der Sammlung *Ex Ponto*. Das im Jahr 1916 geschriebene Gedicht „Heimkehr" („Povratak")[30] enthält das Motiv des Gegensatzes zwischen einer dunklen Vergangenheit und der Erwartung einer hellen Zukunft, was mit den beiden erwähnten Aufzeichnungen aus *Ex Ponto* korrespondiert.[31] Eine ähnliche Übereinstimmung, diesmal als Gegensatz zwischen dem einsamen Subjekt und den kollektiven Siegern, findet man im Gedicht „1915"[32] und einer auch schon hervorgehobenen Aufzeichnung in *Ex Ponto*.[33] In den drei lyrischen Prosatexten sind Motive und Anspielungen auf den Ersten Weltkrieg stärker betont. Die Nacht im Prosagedicht unter dem gleichen Titel („Noć")[34] ist eigentlich die Allegorie des Krieges, während die Zustandsbeschreibung von unterschiedlichen Blumenarten in der Nacht als Allegorie für unterschiedliche menschliche Einstellungen zum Krieg aufgefasst werden kann. „Das Spindellied" („Pjesma vretena")[35] enthält die für Andrić typischen Motive des ethnischen Essentialismus: Die Spindel in Händen der Mutter, die allein im Familienhaus geblieben ist, nachdem ihr Sohn in den albanischen Bergen getötet wurde und ihre traurige Tochter einem Fremden dienen muss, symbolisiert das unzerstörbare Wesen des Volkes: „Die Städte sind gefallen, die Reiche sind schwach geworden, aber unser Faden bricht nicht ab; das dünne Garn der Mutterhände war stärker als der stolze Stahl."[36] Das im Jahr 1920 geschriebene und veröffentlichte Prosagedicht unter dem symptomatischen Titel „Die Richter (1914–1920)" („Sudije [1914–1920]")"[37] ist auch eine Allegorie des Krieges und der Nachkriegszeit, diesmal jedoch mit eindeutig negativen Konnotationen: Das juristische Verfahren im Ausnahmezustand wird immer schneller abgewickelt,

30 Andrić, Ivo: Ex Ponto; Nemiri; Lirika, Zagreb: Školska knjiga 2014, S. 158.
31 EP, S. 35–36/S. 10–11.
32 KJ, Jg. I, Bd. 2, Nr. 10/12 (15. Dezember 1918), S. 406–407.
33 EP, S. 97/S. 60.
34 HNj, II/1918, Nr. 6, S. 104.
35 HNj, II/1918, Nr. 43, S. 736.
36 „Pali su gradovi, iznemogla carstva, a naša nit se nije prekinula; jača bi tanka pređa samohranih ruku od oholog čelika."
37 JNj, IV/1920, Nr. 25, S. 564.

so dass am Ende nur Todesurteile verhängt werden, was letztendlich mit dem Tod des letzten Menschen im betreffenden Volk resultiert.

Für die „geistige Biographie" Andrićs sind in der vorliegenden Untersuchung von besonderer Bedeutung seine Texte aus dem vorher erwähnten Zyklus „Rote Blätter". Es handelt sich um insgesamt nur drei bzw. vier Beiträge, die in unterschiedlichen Publikationen immer unter dem genannten Titel veröffentlicht wurden. Im ersten Text dieser Reihe, der schon 1918 in der Zeitschrift „Kroatischer Acker" (Nr. 41, S. 704) publiziert wurde, wird ein Ausschnitt aus dem Alltag am Ende des Krieges geschildert: die Kolonnen von Gefangenen. Das Subjekt sympathisiert mit seinen armen gefesselten Brüdern, nennt ihre Verstöße nicht und malt somit nur ein Bild sozialer Ungerechtigkeit:

> Jeden Tag treffe ich sie, die Zerlumpten, die Blassen; als Einzelpersonen, mit Armen am Rücken wie beschnittene Flügel oder in Gruppen, stets zu zweit gefesselt, wie unzertrennliche Gefährten im Unglück, sie sind alle in der Mitte mit einer langen Kette miteinander verbunden, als Bruderschaft der Sklaverei und des gemeinsamen Elends. Ich wünsche mir, dass meine Augen Kraft haben, alle Bilder der Straßen und Plätze festzuhalten, diese Massen der belasteten, erschöpften und gefesselten Menschen, damit ich diese Bilder als ein unglaubliches Erbe für zukünftige Generationen hinterlassen kann, und sie die Grausamkeit und Sklaverei unserer Zeit beobachten können und danach die Freiheit mehr lieben und die Menschen achten.

> Svaki dan ih sretam, odrpane, blijede; pojedince, sa rukama otraga kao podrezana krila ili u grupama, vezani sve dva i dva, kao nerazdruživi drugovi u nesreći, a sve ih, po sredini, spaja jedan dugi lanac, kao bratstvo robovanja i zajedničkog jada. Ja bih htio da moje oči imaju tu moć, da u sebi zadrže sve slike ulica i trgova sa gomilama opterećenih, iznemoglih i vezanih ljudi i da te slike ostavim kao nevjerovatnu baštinu budućim naraštajima, da gledaju okrutnost i robovanje našeg vremena i da slobodu vole i čovjeka poštuju.

Die zweite Aufzeichnung unter dem gleichen Titel wurde am 1. Januar 1919 im *Literarischen Süden* veröffentlicht.[38] Das sozialrevolutionäre Potenzial dieses Textes, in dem die zeitgenössische Welt auf die unüberbrückbaren Unterschiede der Reichen und der Armen reduziert wird, ist noch stärker ausgeprägt als im

38 KJ, Jg. II, Bd. 3, Nr. 1, S. 24–25. Derselbe Text wurde bereits im gleichen Monat auch in der „Arbeiterzeitung" (Radničke novine, 2/1919, Nr. 5, S. 2) veröffentlich und etwa 22 Monate später, allerdings dann unter dem Titel „Der Gedanke unseres Programms" („Misao našega programa") in der Wochenzeitung „Das Recht des Volkes"(„Pravo naroda", I/1920, 1, S. 1) wiedergegeben.

ersten Fall, zumindest auf der denotativen Ebene. Die Revolution wird zwar nicht direkt erwähnt, sie wird jedoch angesagt:

> Was für eine Kunst ist für uns, die Armen, gemeint? Was haben uns die Wissenschaften gebracht? Wir sind, nach dem Herzen der Reichen, auf Armut und Elend verurteilt. Wir haben keinen Anteil an dem Reichtum und der Schönheit der Welt, weil ihr eure Hand auf alles gelegt, die Tür geschlossen und uns im Dunkeln gelassen habt.
> Gut habt ihr die Welt aufgeteilt! Aber eure Teilung ist nur schrecklich, nicht ewig. Unser Zorn reift heran, und es wird einen reifen Sommer und ein herbes Obst geben; eure Kinder werden sich ihres Namens schämen und dem Reichtum entsagen, denn er wird für sie Last und Verderben bedeuten.[39]
> Schon nähert sich der Tag, an dem wir die Trennwände zwischen den Menschen einreißen und mit Verachtung alle „Ideen" und „Prinzipien" ablehnen werden, die die Reichen und ihre Diener zwischen uns, den Armen, geworfen haben, wie man aus einem von Wölfen gejagten Schlitten eine mit Stroh gefüllte Puppe wirft.[40]

> Koja je to umjetnost za nas siromahe? Šta su nama donijele znanosti? Nama je sudjena po bogataškom srcu neukost, sirotinja i jad. Mi nemamo dijela u svem bogatstvu i ljepoti svijeta, jer ste vi položili ruku na sve i zatvorili nam vrata i ostavili nas u mraku.
> Dobro ste podijelili svijet! – Ali vaša podjela je samo grozna, ali ne i vječna. Sazreće gnjev naš i biće vrelo ljeto i trpko voće; djeca vaša će se stiditi svog imena i odricati bogatstva jer će im ono biti na teret i propast.
> Već se primiče dan kad ćemo posve oboriti pregrade izmedju ljudi i s prezirom odbaciti sve „ideje" i „principe" što su ih bogati i njihove sluge bacili medju nas siromahe, kao što se iz saona, koje progone vukovi, baca slamom ispunjena lutka. (S. 25)

Der letzte Teil des Zyklus „Rote Blätter", der die Aufzeichnungen „Über den Siegen" und „Kinder" enthält, wurde im Jahre 1919 in der Zeitschrift „Jugoslawischer Acker" veröffentlicht, also vor der Veröffentlichung der Sammlung *Unruhen*, in der er wieder abgedruckt wurde, diesmal ohne Zyklustitel. Die „Roten Blätter", was der Titel selbst suggeriert, bilden wahrscheinlich den Höhepunkt des sozialen Engagements ihres Autors. Die kritische Haltung

---

39 Dieser Auszug ist aus der deutschen Übersetzung des Romans *Das Fräulein* von Edmund Schneeweis übernommen (Andrić, Ivo: Das Fräulein: Roman. Aus dem Serbokroatischen übertragen von Edmund Schneeweis. Leipzig: Reclam 1958, S. 160–161). Vgl. Anm. 40. Alle anderen Übersetzungen in diesem Kapitel stammen von mir und wurden von Milka Car korrigiert.

40 Zwei Abschnitte aus dieser Aufzeichnung wurden im sechsten Kapitel des Romans *Das Fräulein* als Vorlesen der revolutionären Poesie des jungen Dichters Budimirović wiedergegeben (Andrić, Ivo: Gospođica. Zagreb: Školska knjiga Andrić 2013, S. 140–141; Andrić: Das Fräulein, S. 160–161).

gegenüber dem Großen Krieg und seinen Siegern verbindet diese Texte mit anderen Texten im Schaffen des jungen Andrić.

* * *

Die große Mehrheit von Andrićs Beiträgen im *Literarischen Süden*, d.h. etwa 15 Texte, sind Rezensionen literarischer Werke und Aufsätze über verschiedene Schriftsteller. Hier interessieren vor allem die kritischen Bemerkungen über die literarische Thematisierung des Ersten Weltkrieges.

Im Roman *Lettres d'un soldat* (1916) von Eugène-Emmanuel Lemercier findet Andrić ein positives Beispiel, nämlich einen Protagonisten, der wie ein Pazifist, allerdings nicht als ein Nihilist agiert, was zum Teil in Übereinstimmung mit der Position des Subjekts in den Sammlungen *Ex Ponto* und *Unruhen* gesehen werden kann.[41] Andererseits hat Andrić für die Darstellungen des Kriegsthemas in der jugoslawischen/kroatischen Literatur nur kritische Bemerkungen. Im Roman *Erna Kristen* (1917) von Tomo Kumičić, dem Sohn des berühmten kroatischen Romanschriftstellers Eugen Kumičić, wird nach Andrić der Krieg „kurz, flach und banal" thematisiert.[42] Eine ähnliche Kritik trifft auch eine ansonsten oft gelobte Sammlung der Dialektgedichte Dragutin Domjanićs (*Kipci i popevke*, 1917).[43] In seinen Kriegsgedichten wird ein „passiver, entfernter und undefinierter Schmerz" („pasivan, dalek, neodređen bol") vermittelt, bemerkt Andrić. In diesem Artikel hat Andrić den viel zitierten Satz geschrieben: „Meiner Meinung nach haben unsere Schriftsteller *heutzutage* nur noch eine Kriegspflicht und diese heißt: über den Krieg nicht zu schreiben."[44] Dass dieser Ausdruck keinesfalls ironisch zu verstehen ist, wird im diagnostisch-programmatischen Artikel „Unsere Literatur und Krieg" („Naša književnost i rat")[45] bestätigt. Am Anfang stellt Andrić fest, dass „wir eines der wenigen europäischen Völker sind, welches fast gar keine sog. Kriegsliteratur hat" („Mi smo jedan od retkih evropskih naroda u kog t. zv. ratne književnosti gotovo i nema" S. 193). Die äußeren Ursachen dafür sieht Andrić in der Militarisierung der Gesellschaft, der politischen Verfolgung und der Armut. Der Vorteil dieser Situation ist jedoch, dass es dafür keine literarische Kriegspropaganda gab. Das Rezept für die Zukunft formuliert er folgendermaßen:

---

41 KJ, Jh. I, Bd. I, Nr. 12 (16. Juni 1918), S. 467–468. Andrić hat den Roman in deutscher Übersetzung gelesen (Briefe eines Soldaten. Zürich: Rascher 1918).

42 KJ, Jg. I, Bd. I, Nr. 1 (1. Januar 1918), S. 45–46.

43 KJ, Jg. I, Bd. I, Nr. 3–4 (16. Februar 1918) S. 159–160.

44 „Po mom mišljenju imaju naši književnici dan-danas samo jednu ratnu dužnost, a ta je: ne pisati o ratu." (S. 159)

45 KJ, Jg. I, Bd. II, Nr. 6 (16. September 1918), S. 193–195.

> Die Hauptaufgabe der heutigen Literatur ist: Die Kontinuität des einstigen geistigen Lebens zu bewahren; die Ideale unserer Jugend zu retten, die jetzt zu Idealen der ganzen Nation geworden sind und insofern notwendig ist, diese Ideale in der jetzigen Flut des Bösen und des Leidens in die besseren Tage zu übertragen.
>
> Glavni zadatak današnje književnosti jest: Održati kontinuitet negdašnjeg duševnog života, spasiti ideale svoje mladosti, koji evo postaju ideali celog naroda, i proneti ih kroz ovu poplavu zla i stradanja u bolje dane. (S. 195)

Diese Aufgabe hat Andrić offensichtlich nicht erfüllt. Die Hauptfigur seines unmittelbar nach dem Zweiten Weltkrieg veröffentlichten Romans *Das Fräulein*, eine egoistisch-materialistische Abtrünnige ihres Volkes, ist geradezu die Negation der im letzten Zitat genannten Werte. Auch ist die Hauptfigur im Zyklus der Erzählungen über Toma Galus, der in der Sekundärliteratur oft als das Alter Ego des Autors interpretiert wird, keinesfalls ein Träger der nationalen Werte, sondern eher eine mit dem Subjekt aus *Ex Ponto* und *Unruhen* vergleichbare Instanz, zumindest was sein Schicksal und seine Sensibilität betrifft. In Andrićs Gedichten und in seiner lyrischen Prosa aus der Kriegs- und der unmittelbaren Nachkriegszeit findet man gewisse Werte und Ideale, die aber mit Idealen der revolutionären jugoslawischen nationalistischen Jugend nicht viel gemeinsam haben. Die Spuren der Ideologie seiner frühen Jugend – des integralen Jugoslawismus – lassen sich im Aufsatz „Unsere Literatur und Krieg" sowie in einigen Artikeln über die zeitgenössische serbische Literatur finden.[46] Der oft diskutierte Zeitungsartikel „Die Unberufenen mögen schweigen" („Nezvani neka šute"), in dem Andrić die damals in Zagreb geführte Debatte über das Dilemma zwischen Monarchie und Republik als einen exklusiv kroatisch-nationalistischen Angriff auf die jugoslawische Einheit kritisiert, ist eher eine Ausnahme. Dieser Text wurde Anfang November 1918 in der Zeitung „Novosti" veröffentlicht und ist zu Zeit der politischen Unsicherheit erschienen, unmittelbar vor der rechtsgültigen Gründung des neuen Staates SHS. Der relativ kurze Artikel ist von einer für Andrić untypisch scharfen politischen Rhetorik geprägt: Der Gegner wird mit Attributen wie „politisch ungebildete Masse" („politički nevaspitana masa"), „müßige Kleinbürger" („dokoni purgari"), „die ehemaligen Exklusivisten und Emporkömmlinge des Unitarismus" („bivši ekskluzivisti i skorojevići unitarske misli") verbunden. Das wichtigste Urteil wird in Kursiv angeführt: *„Sie haben die Frage unserer Einheit in Zweifel gestellt."* (*„Oni su stavili u sumnju pitanje*

46 Z.B. „Prosveta: Almanah za godinu 1918." KJ, Jg. II, Bd. III, Nr. 5 (1. März 1919), S. 230–231; „Carski soneti i Kosovski božuri", KJ, Jg. II, Bd. III, Nr. 9–10 (15. Mai 1919), S. 450–451; „Pero Slijepčević: Pomen Vladimiru Gaćinoviću", KJ, Jg. II, Bd. IV, Nr. 19–24 (1. Dezember 1919), S. 364–366.

našeg jedinstva.") Die Ausdrücke wie „die Flachheit der bürgerlichen Psyche" („plitkost buržoaske psihe") oder „kapitalistisch-imperialistisches Italien" („kapitalističko-imperijalistička Italija") kann man mit der Rhetorik aus den „Roten Blättern" verbinden.

Für eine vollständige Vorstellung über das Imaginarium im Frühwerk von Andrić ist sein relativ langer Beitrag im *Literarischen Süden* anlässlich des hundertjährigen Geburtstages des amerikanischen Dichters Walt Whitman sehr bedeutsam, dessen Verse Andrić bereits 1912 übertragen hat.[47] Es handelt sich um eine Lobrede auf einen Autor und seine kosmopolitische Welt der Vitalität, Freiheit, Demokratie und des Fortschrittes; eine Welt, die weit weg von der Melancholie des Subjekts in *Ex Ponto* und *Unruhen*, und weit weg von „unserer dunklen slawischen Traurigkeit" („naše mračne tuge slovenske", S. 54) ist.[48]

Schlussfolgerung

Der reife, bereits mit dem Nobelpreis gekrönte Andrić hat die Werke seiner Jugend, die in der Zeit der existenziellen Unsicherheit und der Krankheit und noch vor seinem Eintritt in den diplomatischen Dienst veröffentlicht wurden (*Ex Ponto*, *Unruhen*, Gedichte, Zeitschriftenartikel) – aus der ersten Edition seiner gesammelten Werke (1963) ausgeschlossen. Es ist bekannt, dass er in seinem literarischen Schaffen keine Spuren des Autobiographischen und Persönlichen hinterlassen wollte. Obwohl dies für den jungen Andrić viel weniger gilt, kommt auch in seinem Frühwerk selten die direkte Verschränkung des Politischen mit dem Ästhetischen vor. In diesem Sinne wurde dem Ersten Weltkrieg als einem primär politischen Ereignis wenig Raum gegeben. Kommt darin das Kriegsthema überhaupt vor, überwiegen dabei persönliche Reflexionen des Subjekts, die der politisch engagierten Behandlung von Kriegsereignissen

---

47 „Volt Vitmen (1819–1919)", KJ, Jg. II, Bd. IV, Nr. 2–3 (14–15) (1. August 1919), S. 49–55.

48 L. Scheffler hat Whitmans Einfluss auf den Autor der Sammlung *Ex Ponto* so zusammengefasst: „Die kontemplative Art der Welt- und Selbstbetrachtung verbindet sich in *Ex Ponto* auffallend mit einer gegenläufigen Stiltendenz, in der das hymnische Element, der ekstatische Ausdruck dominiert. In ihr spiegelt sich die Resonanz von Walt Whitman wider, eines Dichters, den Andrić verehrte und dessen freie Rhythmen sein lyrisches Schaffen von Anfang an geprägt haben. Die Rezeption von Whitmans lebensoptimistischem Pathos wurde allerdings dort problematisch, wo Andrić versuchte, mit eben demselben Pathos pessimistische Stimmungen zu überhöhen. Manche stilistisch mißlungene Passage des ersten Teils geht auf diesen untauglichen Versuch zurück. Doch Andrić merkte selbst wohl recht bald, daß die Rhetorik des Amerikaners nicht in jeder Hinsicht der eigenen Ausdrucksweise entsprach und daß er bei aller Begeisterung im Umgang mit ihr vorsichtig sein mußte." (Scheffler: Einleitung, S. xv–xvi) Über denselben Einfluss vgl. auch Karaulac: Rani Andrić, 2003, S. 220–223.

weitgehend gleichgültig gegenübergestellt werden (*Ex Ponto*, Lyrik, die später geschriebenen Erzählungen über Toma Galus). In diesem Kontext können „Rote Blätter" als eine linke Ausnahme interpretiert werden. Diesem kleinen Zyklus steht eine genauso kleine Reihe von Texten mit pazifistischen Ideologemen nahe (*Unruhen*), in denen z.B. der Unterschied zwischen Kriegsgewinnern und Kriegsverlierern relativiert wird. Auch wenn diese Texte während des Krieges geschrieben oder zumindest konzipiert wurden, haben sie in der Zeit ihrer Veröffentlichung gewisse subversive Konnotationen bekommen. Zwischen dem im März 1914 veröffentlichten „Ersten Frühlingsgedicht", in dem das lyrische Ich sich die Ankunft der serbischen Armee relativ eindeutig wünscht[49] und dem Zeitungsartikel „Die Unberufenen mögen schweigen", einschließlich der ersten beiden Nachkriegsjahre, gibt es keine thematisch-ideologische Kontinuität, die die Ideale der jugoslawischen nationalistischen Jugend zum Ausdruck bringen würde. Gewisse Ausnahmen bilden nur einige Zeitschriftenartikel über serbische Literatur.[50] Die Darstellung des Ersten Weltkrieges aus ideologischer Perspektive der jugoslawischen nationalistischen Jugend hat Andrić, wie er im Artikel „Unsere Literatur und Krieg" (1918) gezeigt hat, als ein Desiderat in der jugoslawischen Literatur gesehen, das er selbst nicht mehr erfüllt hat.[51] Wenn man trotz allem versucht, das frühe Schrifttum Andrićs ideologisch zu harmonisieren, dann kann man die Einsicht von Michael Martens akzeptieren, dass für Andrić die Hauptsache die jugoslawische (National-)Einheit bzw. das Bestehen des jugoslawischen Staates war.[52] Nach Andrić ist die Existenz Jugoslawiens als ein neuer freier geokultureller Raum zu denken, der im Idealfall mit Walt Whitmans Amerika zu vergleichen wäre. In der Tat wird Amerika als

49 Vihor, Jg. I, Nr. 2, S. 32. Das Gedicht wurde vier Jahre später wieder veröffentlicht (HNj, II/1918, Nr. 45, S. 768).

50 Vgl. Anm. 46.

51 Auch drei, vier Jahre nach dem Krieg hat Andrić seine Einstellung zur Kriegsliteratur nicht geändert, was die Rezensionen zweier italienischer, im Jahre 1921 veröffentlichter Bücher – des Romans *L'alcova d'acciaio. Romanzo vissuto* von F. T. Marinetti und der autobiographischen Aufzeichnungen *Notturno* von G. D'Annunzio – deutlich zeigen. Andrićs Wahl ist beabsichtigt: Er interessiert sich für die Kriegsliteratur zweier Interventionisten und Anhänger des Faschismus. In den beiden Fällen stellt er die gleiche Frage: Wie haben die Befürworter des Kriegseinsatzes und die führenden Schriftsteller ihres Landes das „Chaos" und den Sinn des Krieges künstlerisch dargestellt? Und die Antwort war in den beiden Fällen dieselbe: Die formale, stilistische Seite des Werks hat seine gedankliche Tiefe weit übertroffen. Vgl. An[drić]. „Najnoviji roman F. T. Marinettia. F. T. Marineti. Alkoven od čelika. Proživljen roman. (Vagliardi Milano 1921.)", Jugoslavenska njiva, Jg. V, Nr. 35 (3. September 1921), S. 559; Ivo Andrić, „Jedna ratna knjiga Gabrijela Danuncija", in: Ders.: Historija i legende. Eseji I. Sarajevo: Svjetlost 1981, S. 177–181 (Gesammelte Werke).

52 Martens: Im Brand der Welten, S. 105–115.

das ideale Vorbild für den zukünftigen Staat in den Kapiteln XXI und XXII des Romans *Die Brücke über die Drina* dargestellt. Kurz vor dem Attentat in Sarajevo schlägt Nikola Glasinčanin, ein junger Mann aus Višegrad, der lokalen Lehrerin und seiner Freundin Zorka vor, nach Amerika zu ziehen, weil man „von hier wie aus einem einstürzenden Haus flüchten“[53] müsse („Treba bježati odavde, kao od kuće koja se ruši“).[54] Kurz vor Kriegsbeginn hat Glasinčanin seiner Freundin mitgeteilt, dass er doch mit seinen Kameraden jetzt nach Serbien müsse, weil das ihre Pflicht sei. Über die gewünschte Zukunft sagt er dem Mädchen folgendes:

> Und wenn ich lebend wiederkomme und wenn wir frei werden, dann werden wir vielleicht nicht nach jenem Amerika über das Meer gehen müssen, denn wir werden hier unser Amerika haben, ein Land, in dem man viel und ehrlich arbeitet und gut und frei lebt.[55]

> A ako izidem živ iz ovoga i ako se oslobodimo, neće trebati možda ni ići u onu Ameriku preko mora, jer ćemo imati ovdje svoju Ameriku, zemlju u kojoj se mnogo i pošteno radi, a dobro i slobodno živi.[56]

Diese, zu Beginn des Ersten Weltkriegs von einem fiktionalen bosnisch-serbischen Charakter geäußerte und in einen am Ende des Zweiten Weltkriegs veröffentlichten Roman integrierte Behauptung könnte als eine Art von kontrafaktischem Denken interpretiert werden.

53 Andrić, Ivo: Die Brücke über die Drina: eine Višegrader Chronik. Aus dem Serbokroatischen übersetzt von Ernst E. Jonas. Berlin: Aufbau 1957, S. 355.
54 Ivo Andrić: Na Drini ćuprija. Sarajevo u.a.: Svjetlost 1971, S. 343.
55 Andrić: Die Brücke über der Drina, S. 361.
56 Andrić: Na Drini ćuprija, S. 348.

Ein dionysisches Fest oder eine hysterische Tragikomödie?

Zur literarischen Darstellung von D'Annunzios ‚Fiume-Unternehmen' bei Giovanni Comisso und Viktor Car Emin

Marijan Bobinac (Zagreb)

1.

Seit der zweiten Hälfte des 18. Jahrhunderts haben sich ungarische und kroatische politische Eliten um den Status von Rijeka (italienisch und traditionell: Fiume) gestritten, insbesondere seit dem Ungarisch-Kroatischen Ausgleich (1868), mit dem die Adriastadt an das Königreich Ungarn als *corpus separatum* angegliedert wurde. Nach dem Zerfall Österreich-Ungarns 1918 wurde Fiume zum Streitobjekt zwischen Italien und dem neubegründeten Königreich der Serben, Kroaten und Slowenen, die beide ihr Recht auf die Stadt mit einer relativen italienischen Mehrheit und einer beträchtlichen Anzahl von Kroaten und anderen ethnischen Gruppen geltend machten. Während der internationalen Verhandlungen über die Zukunft der Stadt, wobei als dritte Option auch die Gründung eines unabhängigen Stadtstaates erschien, wurde Fiume im September 1919 von irregulären Truppen italienischer Nationalisten unter der Führung des ‚Dichter-Soldaten' Gabriele D'Annunzio besetzt. Das ‚Fiume-Unternehmen' (*Impresa di Fiume*), wie diese Aktion des dekadenten, extrem martialischen Autors und seiner Anhänger bezeichnet wurde, gilt als eine der bekanntesten und zugleich merkwürdigsten Grenzkrisen, die nach der Beendigung des Ersten Weltkriegs ausgebrochen sind. Es handelt sich um eine Aktion, bei der nicht nur ein alter territorialer Streit angesichts neuer völkerrechtlicher Realitäten zusätzlich entfacht wurde; sie gilt als historisch bedeutend auch wegen ihres militanten Extremismus, in dem verschiedene Praktiken emporstrebender rechtsradikaler Bewegungen vorweggenommen wurden, im kulturhistorischen Sinne auch wegen einer Reihe avantgardistischer

Kunstprojekte und neuartiger Lebensweisen, die durch die Anwesenheit vieler kreativer Menschen bewirkt wurden.

D'Annunzios ‚Unternehmen' weist alle typischen Merkmale auf, die sich auch an anderen vergleichbaren Fällen der paramilitärischen Gewaltanwendung entlang ethnischer Trennlinien ehemaliger multinationaler Imperien bemerkbar machen[1]: Die interallierten Truppen, die nach der Auflösung der Donaumonarchie in Fiume stationiert waren, wurden von lokalen rechtsradikalen Kräften von Anfang an bedrängt, was schließlich zu einer allmählichen Aushöhlung ihrer Machtposition führte. Das entstandene Machtvakuum haben prompt paramilitärische Einheiten unter Anführung des ‚Dichter-Soldaten' im September 1919 gefüllt, die die Stadt mühelos besetzten, die politischen und militärischen Hebel der Macht an sich rissen und den Anschluss Fiumes an das Königreich Italien proklamierten. Obwohl die nationalliberale italienische Regierung auch selbst die Annexion der Adriastadt ansteuerte, musste sie auf diesen Plan wegen des massiven Drucks der westlichen Alliierten verzichten. D'Annunzio und seine Anhänger, empört über die vermeintliche Nachgiebigkeit der Regierung Nitti bei den Verhandlungen mit dem SHS-Königreich, riefen im September 1920 einen unabhängigen Stadtstaat mit dem ‚Dichter-Soldaten' als Oberhaupt mit diktatorischen Befugnissen aus. Für die „Italienische Regentschaft von Carnaro", wie sich die selbsternannte Entität bezeichnete, wurde auch ein verfassungsähnliches Dokument (*Carta di Carnaro*) entworfen, das eine politische und soziale Ordnung mit einer merkwürdigen Mischung von protofaschistischen, libertären und demokratischen Elementen postulierte, aber die Rechte der in der Stadt lebenden Kroaten und anderer Minderheiten ignorierte. Den chaotischen Verhältnissen in der Stadt, die durch den Konflikt mit Rom und gelegentlichen Repressalien gegen die kroatische Minderheit noch zusätzlich verschlechtert wurden, wurde schließlich zu Weihnachten 1920 durch die Intervention regu-

1 Zu diesem Phänomen vgl. u.a.: Eichenberg, Julia/Newman, John Paul: „Introduction. Aftershocks: Violence in Dissolving Empires after the First World War", in: Contemporary European History 3 (2010), S. 183–194; Newman, John Paul: „Post-imperial and Post-war Violence in the South Slav Lands, 1917–1923", in: Contemporary European History 3 (2010), S. 249–265; Gerwarth, Robert/Erez Manela (Hgg.): Empires at War 1911–1923. Oxford: Oxford University Press 2014; Gerwarth, Robert: „Paramilitary Violence and the Dissolution of the Habsburg Empire", in: Malthaner, Stefan/Kirschner, Andrea (Hgg.): Control of Violence. Historical and International Perspectives on Violence in Modern Societies. Berlin, New York: Springer 2011, S. 517–533; Gerwarth, Robert/John Horne (Hgg.): Paramilitärische Gewalt in Europa nach dem Ersten Weltkrieg. Göttingen: Wallstein 2013; Bartov, Omer/Weitz, Eric D. (Hgg.): Shatterzone of Empires. Coexistence and Violence in the German, Habsburg, Russian, and Ottoman Borderlands. Bloomington: Indiana UP 2013; Roshwald, Aviel: Ethnic Nationalism and the Fall of Empires. Central Europe, Russia and the Middle East, 1914–1923. London, New York: Routledge 2001.

lärer italienischer Truppen ein Ende gesetzt. Der Vertreibung D'Annunzios und seiner Legionäre folgte die Ausrufung des Freistaats von Fiume, der 1924 dem – inzwischen faschistisch gewordenen – Königreich Italien angeschlossen wurde.[2]

Wie schon vorhin angedeutet, besteht die historische Bedeutsamkeit des ‚Fiume-Unternehmens' nicht nur in einer nahezu modellhaften Demonstration neuartiger Gewaltkulturen, die vor dem Hintergrund eines zerfallenden Imperiums entstanden und sich erbitterte Kämpfe um dessen Erbe lieferten; Aufsehen erregte es auch deswegen, weil es von einem lebenden Klassiker der italienischen Literatur bestimmt wurde und – wie zuvor ebenso erwähnt – Raum für verschiedene avantgardistische Kunstpraxen und lebensreformerische Projekte bot. Deshalb kann es nicht verwundern, dass das D'Annunzianische Fiume das Interesse zahlreicher zeitgenössischer Künstler, insbesondere Schriftsteller auf sich zog, von denen einige auch zur engsten Führung des ‚Unternehmens' gehörten. Verwunderlich kann es ebenso nicht sein, dass auch die Schriftsteller auf der kroatisch-südslawischen Seite, natürlich unter einem völlig entgegengesetzten Vorzeichen, auf die Fiume-Besetzung reagiert haben.

Im Folgenden sollen zwei literarische Inszenierungen des geschichtsträchtigen Ereignisses dargestellt werden, die aus der Feder prominenter Zeitzeugen stammen, zwei Erzählwerke, die in ihrer Schreibweise, ihrer politischen und ideologischen Perspektive und ihrer Einstellung zur *Impresa di Fiume* kaum unterschiedlicher sein können: Auf der einen Seite handelt es sich um die Kurzgeschichtssammlung *Il porto dell'amore* (*Der Hafen der Liebe*, 1924) des italienischen Autors Giovanni Comisso (1895–1969), eines der herausragenden Anhänger und Mitarbeiter des ‚Dichter-Soldaten', der das D'Annunzianische Fiume als die Stadt einer unumschränkten Freiheit, insbesondere einer ausschweifenden Lebensweise

2 Zu D'Annunzios ‚Fiume-Unternehmen' und dessen historischem Umfeld u.a. vgl.: Čulinović, Ferdo: Riječka država. Od Londonskog pakta i Danuncijade do Rapalla i aneksije Italiji. Zagreb: Školska knjiga 1953; Ledeen, Michael A.: The First Duce. D'Annunzio at Fiume. Baltimore, London: The Johns Hopkins UP 1977; Ledda, Elena/ Salotti, Guglielmo (Hgg.): Un capitolo di storia: Fiume e D'Annunzio. Roma: Lucavini 1991; Gumbrecht, Hans Ulrich/Kittler, Friedrich/Siegert, Bernhard (Hgg.): Der Dichter als Kommandant. D'Annunzio erobert Fiume. München: W. Fink 1996; Mayhew, Tea: Krvavi Božić 1920. Riječka avantura Gabriela D'Annunzija. Rijeka: Pomorski i povijesni muzej Hrvatskog primorja 2001; Toševa-Karpowitz, Ljubinka: D'Annunzio u Rijeci. Rijeka: Izdavački centar 2007; Cattaruzza, Marina: L'Italia e la questione adriatica. Dibattiti parlamentari e la situazione internazionale (1918–1926). Bologna: Il mulino 2014; Klinger, William: Un'altra Italia: Fiume 1724–1924. A cura di Diego Redivo. Rovigno: Centro ricerche storiche – Unione italiana Fiume – Università popolare Trieste 2018 (= Collana degli atti, 45); Pupo, Raoul: Fiume città di passione. Bari – Roma: Laterza 2018; Knipp, Kersten: Die Kommune der Faschisten. Gabriele D'Annunzio, die Republik von Fiume und die Extreme des 20. Jahrhunderts. Darmstadt: WBG Theiss 2018.

inszeniert, andere Aspekte des historischen Geschehens hingegen größtenteils ausspart.[3] Ein völlig entgegengesetztes Anliegen verfolgt der kroatische Schriftsteller Viktor Car Emin (1870–1963): Im Roman *Danuncijada* (*D'Annunziade*, 1946) fokussiert er sich auf die politischen und sozialen Konsequenzen der Okkupation Fiumes, insbesondere auf die extreme Polarisierung zwischen den politischen Lagern und ethnischen Gruppen sowie die daraus hervorgegangenen Gewaltexzesse der italienischen Paramilitärs. Während Comisso den kameradschaftlichen Gemeinschaftskult unter den Teilnehmern des ‚Unternehmens' und dessen sinnliche und libertäre Aspekte in einer Prosa, die zwischen hymnischen und herb-realistischen Tönen schwankt, in den Vordergrund rückt, zieht Car Emin einen völlig anderen Tonfall vor: D'Annunzios Kampagne erscheint in seinem Roman als ‚Tragikomödie', als ein hysterisches, von gewaltsamen Exzessen begleitetes Ereignis, das sich seiner Meinung nach adäquat nur in einer Mischung aus Ernst und Ironie darstellen lässt.

Eine diametral entgegengesetzte Darstellung des ‚Fiume-Unternehmens' macht sich nicht nur an unterschiedlichen ästhetischen Konzeptionen und thematischen Fokussierungen dieser Werke bemerkbar, wovon im Folgenden mehr die Rede sein wird. Selbstverständlich hängt sie auch mit der biographischen Situation von Comisso und Car Emin, mit ihren weltanschaulichen und politischen Präferenzen, nicht zuletzt auch mit ihren nationalen Loyalitätsoptionen zusammen. Die Fiume-Besetzung wird von beiden Autoren aus unmittelbarer Nähe betrachtet: Dass Comisso, ein enthusiastischer italienischer Nationalist und Kriegsfreiwilliger, eine wichtige Rolle in der *Impresa* spielte, wurde schon erwähnt; Car Emin wiederum, seit Jahrzehnten als führender kroatischer Nationalaktivist in Istrien bekannt, sah sich damals zum Exil gezwungen und verfolgte die Ereignisse jenseits der neuerrichteten Grenze. Im Unterschied zu Comisso, der um diese Zeit erst zu schreiben anfängt, gilt der um ein Vierteljahrhundert ältere Car Emin schon längst als ein arrivierter Autor der kroatischen Literatur, insbesondere im istrianisch-küstenländischen Kulturkontext. Während seine *D'Annunziade*, die er im Untertitel gattungsmäßig als „Roman-Chronisterie der Fiumaner Tragikomödie 1919–1921" bestimmt, in den Jahren des Zweiten Weltkriegs geschrieben und erst nach dessen Beendigung 1946 veröffentlicht worden ist, ist Comissos *Der Hafen der Liebe* unmittelbar nach dem ‚Unternehmen' entstanden und als die zweite Buchpublikation des Autors 1924 – davor hat er

3 Vgl. etwa A. Caca: „[...] Fiume dannunziana, la città della libertà, della dissolutezza, della nudità esibita dai legionari, della diffusione della droga e dell'erotismo omosessuale" (Caca, Aurelio: Giorni di Guerra e Il porto dell'amore; temi ritrovati in Giovanni Comisso. Online verfügbar unter: www.academia.edu/20141458/ Giorni di Guerra e Il porto dellamore, Zugriff 17.6.2018).

nur eine Gedichtsammlung veröffentlicht – erschienen. Sehr unterschiedlich gestalten sich auch Identitätskonzepte, die die beiden Schriftsteller in ihren Werken problematisieren: Von Comisso wird in den Vordergrund eine jugendliche Ungebundenheit gerückt, die aus der Perspektive eines Ich-Erzählers, eines *Alter ego* des Autors, erzählt wird, sich in verschiedenen sinnlichen Exzessen entlädt und ein emphatisches Bekenntnis zur Fiume-Besetzung, damit indirekt auch zum italienischen imperialen Projekt ablegt. Die im Werk des italienischen Autors weitgehend ausgesparte, stets aber spürbar vorhandene realhistorische Dimension der *Impresa* wird von Car Emin hingegen in all ihren Einzelheiten aufgerollt, ein Verfahren, welches aus der Sicht seiner Protagonisten, in der Regel älterer erfahrener Männer, den Einblick in die Komplexität der weltanschaulichen, politischen und lebensweltlichen Verhältnisse im zeitgenössischen Fiume gewährt.

2.

Dass Giovanni Comisso in den Anfängen seiner literarischen Karriere oft mit D'Annunzio verglichen wurde, kann kaum verwunderlich sein. Er hat sich nicht nur von Anfang an am ‚Fiume-Unternehmen' beteiligt, sondern durfte darüber hinaus, und zwar durch die Vermittlung seines Freundes Guido Keller, auch im engeren Kreis um den ‚Dichter-Soldaten' verkehren und für ihn sogar vertrauliche Aufträge verrichten. Literarisch wurde Comisso die Nähe zu D'Annunzio attestiert, da man in seinen frühen Erzähltexten nicht nur eine Verwandtschaft in der Schreibweise, insbesondere in einer impressionistisch vermittelten Sinnlichkeit zu erkennen glaubte, sondern auch in der Disposition zu einem bestimmten Schriftstellertypus, jenem nämlich, der die eigenen Lebenserfahrungen bevorzugt zum Thema seiner Werke wählt.[4] Wie manche anderen frühen Texte Comissos, so ist auch die Kurzgeschichtssammlung *Der Hafen der Liebe* stark autobiographisch geprägt: Es handelt sich um ein Buch, das seine Fiumaner Erfahrungen aus der Perspektive eines Ich-Erzählers in Szene setzt, in dem sich unverkennbar der historische Autor wiedererkennen lässt.[5] Verfasst wurde das Werk im Jahre 1921, unmittelbar nach der Beendigung

4 Vgl.: Accame Bobbio, Aurelia: Giovanni Comisso. Milano: Mursia 1973, S. 5; Fuochi, Nicola: „Giovanni Comisso (1895–1969)", in: Marrone, Gaetana (Hg.): Encyclopedia of Italian Literary Studies. New York: Routledge 2006, S. 495–496, hier 495; Manacorda, Giuliano: Storia della letteratura italiana tra le due guerre 1919 – 1943. Roma: Editori riuniti 1980, S. 204.

5 Vgl. Salaris, Claudia: Alla festa della rivoluzione. Artisti e libertari con D'Annunzio a Fiume. Bologna: Il Mulino 2008 ([1]2002), S. 186.

des ‚Fiume-Unternehmens', erschienen ist es 1924 in Comissos Heimatstadt Treviso.[6]

Der autobiographische Hintergrund der Kurzgeschichten kann allerdings nur indirekt erschlossen werden, da die Protagonisten nicht die Namen der historisch authentischen Personen tragen, nur einmal, wie zufällig, fällt der Name des *Comandante*, wie D'Annunzio von seinen Gefolgsleuten in Fiume genannt wurde. Ähnlich steht es auch mit den geographischen Koordinaten des Erzählwerks von Comisso: Da er aber einen großen Wert auf Naturbeschreibungen legt und dabei die Umgebung von Fiume und die Stadt selbst präzise schildert, lassen sich diese urbanen und landschaftlichen Räume unschwer wiedererkennen. Das gewaltige Panorama der Kvarner/Quarnero-Bucht mit den vorgelagerten Inseln Cres/Cherso und Krk/Veglia, im Westen vom Učka-Gebirge/Monte Maggiore umschlossen, wird bereits am Anfang der ersten von insgesamt zehn Kurzgeschichten des *Hafens der Liebe* evoziert:

> Ein unermesslicher Überdruss trieb mich auf die Loggia, um den schlummernden Frühling in einem sonderbar grünlichen Leuchten über den Bergrücken, die die Bucht einfassten, zu betrachten.
> Das Panorama der entfernten Inseln ähnelte den wellenförmigen Gipfeln des Karstes im Krieg, wie man sie aus der Ebene sehen konnte, und riss mich vollends zu den vergangenen Leiden hin. Ich lebte wieder in einem Gebiet jener Hinterländer, an einem Abend der gleichen Jahreszeit.[7]

---

6 Vgl. Comisso, Giovanni: Al vento dell'Adriatico (Il porte dell'amore. Gente di mare). Treviso: Libreria Canova 1953, S. 7. – Nach der durchaus freundlich rezipierten Erstausgabe des Buches ließ Comisso einige Jahre später eine weitere folgen (Turin 1928): Die zweite Ausgabe – erschienen unter dem Titel *Al vento dell'Adriatico* (*Im Winde der Adria*) – hat er allerdings um eine andere Gruppe von autobiographisch inspirierten Kurzgeschichten (*Gente di mare – Die Leute vom Meer*) erweitert, die seine Segelfahrten entlang der ostadriatischen Küste mit den Seeleuten von Chioggia literarisch verarbeiten. Abgesehen von einer Sonderausgabe aus dem Jahre 1953, wurde der Erzählband später unter dem Titel *Il porto dell'amore* verlegt. – Für Informationen zu Comisso und wertvolle sprachliche Ratschläge möchte ich meiner Kollegin Prof. Sanja Roić herzlich danken.

7 Comisso, Giovanni: Il porto dell'amore. Milano: Longanesi 1971, S. 133. Übersetzung dieses und anderer Zitate von mir, M. B.: „Una noia immensa mi aveva sospinto sulla loggia a guardare la primavera assopita in una strana luce verdina sopra il crinale dei monti al limitare del golfo. Il panorama delle isole lontane somigliava nell'ondulamento delle cime al Carso della guerra visto dal piano, e mi rapiva completamente verso passate sofferenze. Rivivevo in un paese di quelle retrovie, in una sera della stessa stagione."

Doch die räumliche Situierung des Erzählten, ein anscheinend frühlingshaft-idyllisches Landschaftsbild, wird vom Ich-Erzähler, einer – wie erwähnt – literarischen Verkörperung Comissos, deutlich im Rahmen des imperialen italienischen Projektes inszeniert, das sich den Anschluss dieses – zu der Zeit völkerrechtlich immer noch umstrittenen – Territoriums als eine primäre Aufgabe gesetzt hat. Aufschlussreich ist in diesem Zusammenhang die Assoziation, die der Ich-Erzähler mit dem Blick von der Loggia seines Fiumaner Quartiers auf die Kvarner-Bucht verbindet: Es handelt sich um die Erinnerung an eine ähnliche Fernsicht, die sich ihm – und da sickert ein weiteres autobiographisches Detail durch – während des Krieges von einer anderen Ebene auf die Karsthöhen eröffnete. Liest man diese Stelle autobiographisch, so kann man sie auf Comissos Kriegsdienst im friulanischen Hinterland beziehen: Von dort, wie aus seinen Kriegserinnerungen hervorgeht,[8] fuhr er, ein Freiwilliger der ersten Stunde, oft an die Isonzofront.

Aufschlussreich ist auch die innerliche Unruhe, ein „unermesslicher Überdruss", der den Ich-Erzähler dazu bewegt, den Blick in die Ferne zu richten und den noch zu erobernden Raum ins Visier zu nehmen. Die Territorien, in denen er sich während seiner Kriegszeit bewegte, wurden um diese Zeit bereits dem italienischen Nationalstaat einverleibt, die Angliederung des Kvarner-Gebiets, das erklärte Ziel des D'Annunzianischen Abenteuers, wurde jedoch immer noch nicht vollzogen – und zu dessen Erfüllung sind auch der Ich-Erzähler und seine Kombattanten nach Fiume gekommen. Doch von politisch-militärischen Aspekten der realen Historie ist in Comissos Text, wie gesagt, keine Rede, im Gegenteil, die sowieso spärliche äußere Handlung seiner Kurzgeschichten dreht sich fast ausschließlich um persönliche Befindlichkeiten, wobei wiederum im Vordergrund die Darstellung einer triebhaft-ungebundenen, von den Figuren emphatisch bejahten Lebensform steht. Aus dem Erzählfluss lässt sich die Dimension des Realhistorischen daher nur indirekt erschließen, in der zitierten Passage zum Beispiel geht sie aus den Ursachen für die Aufgeregtheit des Ich-Erzählers hervor. Es wurde schon angedeutet, dass dessen Anblick der erwachenden Natur in der Kvarner-Bucht nicht nur die Bewunderung einer berauschend schönen Landschaft auslöst, sondern auch das noch zu erfüllende imperiale Anliegen heraufbeschwört. Doch aufgeregt ist der Ich-Erzähler zugleich auch wegen eines jungen Mannes, von dessen kümmerlichem Zustand er gerade von seinem Freund erfahren hat, ein Umstand, der persönlich anmutet, sich aber offenbar auch auf einen wesentlichen sozialgeschichtlichen Aspekt der *Impresa* bezieht.

---

8 Vgl. Comisso, Giovanni: Giorni di guerra. Milano: Mondadori 1952.

An seinen „Freund“ – in dem sich unschwer der exzentrische Abenteuerer und Comissos Fiumaner Weggefährte Guido Keller erkennen lässt[9] – hat nämlich der junge Mann, der schon seit Monaten im Gefängnis sitzt, geschrieben und ihn um Hilfe gebeten. Es handle sich, so der „Freund“, um einen „wahrhaft aristokratischen Typus“, der „vielleicht ein Großmaul“, „vielleicht auch ein bisschen naiv“ erscheine, aber durchaus als „ein großartiges aktivistisches Element“ anzusehen sei. Wie kann jemand, setzt der „Freund“ fort, der „achtzehn Jahre alt“ sei und „ein glühendes Herz“ habe, gefangen gehalten werden; das kann unmöglich sein „in dieser Stadt, wo alles pocht und lärmt mit der höchsten Kraft“.[10] Gerade die Erwähnung der Stadt, in der ein exaltiertes Leben herrscht – D'Annunzios Fiume ist damit zweifellos gemeint –, veranlasst den Erzähler dazu, die Loggia des Hauses zu betreten und sich beim Anblick der Landschaft seine Kriegserlebnisse in Erinnerung zu rufen. Die Exaltiertheit der Fiumaner Gegenwart lässt ihn auch an „eine gute Frau“, eigentlich eine Prostituierte denken, die sich unweit der Isonzo-Front von ihm und anderen Soldaten „lieben ließ“.[11]

Nicht zufällig verbindet sich in diesem Bild ein intensives Naturerlebnis mit einer außergewöhnlichen erotischen Erfahrung inmitten des Krieges, die von Comisso übrigens auch in seinem diaristischen Werk *Giorni di guerra* bezeugt wird.[12] Einer derartigen Sinnlichkeit begegnet man im *Hafen der Liebe* auf Schritt und Tritt, einer Sinnlichkeit, die die beiden Bedeutungen des Wortes umfasst, die sinnliche Wahrnehmung, wobei es sich oft – wie in der zitierten Szene – um die Wahrnehmung einer ekstatisch erlebten Natur handelt, wie auch die erotische Veranlagung, die Sexualität, die sich bei Comisso sehr unkonventionell manifestiert. In diesem Zusammenhang sollte auch die homosexuelle Veranlagung Comissos nicht verschwiegen werden, die allerdings auch heterosexuelle Kontakte nicht ausschloss, ein Umstand, der sich in seinem literarischen Werk deutlich widerspiegelt. Allerdings – wie Claudia Salaris zeigt – kann im *Hafen der Liebe* von einem öffentlichen Bekennen zu einer solchen „Pansexualität“ kaum die Rede sein, doch dem Autor „gelingt es durchaus, die Emotionalität und

9 Vgl. Accame Bobbio: Giovanni Comisso, S. 23.

10 „Il mio amico, un giorno [...] è un vero tipo aristocratico, forse un po' ciarlone, forse un po' ingenuo, ma [...] ne avremo sicuramente un elemento d'azione fantastico. [...] Ma pensa, diciotto anni, un cuore ardente di vita, in questa città dove tutto palpita e strepita alla maggiore potenza.“ (Comisso: Il porto dell'amore, S. 133)

11 „Mi ritrovavo in una piccola stanza, convenuto con una buona donna che si lasciava amare da noi soldati.“ (Ebenda, S. 133)

12 Comisso: Giorni di guerra, S. 51–54.

Körperlichkeit der männlichen Freundschaft darzustellen".[13] Diesen Sachverhalt kann man in Comissos Kurzgeschichtssammlung nicht nur am Beispiel der nahen Beziehung des Ich-Erzählers zu „seinem Freund" beobachten, sondern auch an seinem Verhältnis zu einigen anderen jungen Männern, die – wie er – nach Fiume gekommen sind und sich im Zeichen eines gemeinschaftlichen Kameradschaftsideals eng verbunden fühlten.

Dabei ging es – wie George L. Mosse zeigt – um ein wichtiges soziales Phänomen am Anfang des 20. Jahrhunderts, welches den Soldaten „die edelste Äußerungsmöglichkeit ihrer Männlichkeit" bot und in dessen Zentrum „eine Kameradschaft [stand], die auf Gleichrangigkeit und charismatischem Führertum beruhte"; in der Nachkriegszeit „ging das Kameradschaftsideal als einer der wesentlichsten Bestandteile in den Mythos des Kriegserlebnisses ein" und gewann dadurch auch eine außerordentliche „politische Kraft".[14] Die Gewaltkulturen der Nachkriegszeit wurden gerade von solchen jungen Männern getragen, welche sich von der Teilnahme an den Aktionen paramilitärischer Einheiten die Überwindung ihrer vermeintlich eintönigen und langweiligen bürgerlichen Existenzen versprachen. Im Gegensatz zur Ordentlichkeit, Geborgenheit und Normalität der bürgerlichen Lebensweise traten sie für die Unsicherheit eines andauernden Kriegszustands ein, eine Haltung, die aufs Engste mit den Konzepten der Männlichkeit, Gewalt und Todesbereitschaft verbunden war. Diese Attitüde wurde im italienischen Kontext laut Mosse von der avantgardistischen Bewegung des Futurismus entworfen, wobei man mit ihrer Zurschaustellung – vergleichbar mit den ästhetischen Konzepten der Futuristen – eine Art Abgrenzung von traditionellen bürgerlichen Einstellungen bezweckte: „Here modernity was again in conflict with tradition, nostalgia with the avant-garde."[15]

Dieses neue Männlichkeitsideal wurde von vielen Angehörigen italienischer irregulärer Truppen der Nachkriegszeit, insbesondere von den sogenannten *arditi*, ehemaligen Elitesoldaten des Ersten Weltkriegs, enthusiastisch vertreten. Wie von Futuristen, die einen starken Einfluss auf diese Verbände hatten, verlangt, haben sich diese jungen Männer vom Ballast ihrer bürgerlichen

13 „Lo stesso Comisso del resto è fondamentalmente omosessuale, pur non escludendo rapporti eterosessuali." (Salaris: Alla festa della rivoluzione, S. 183) – „Goffredo Parise, che sarà uno dei suoi più cari amici, preferirà parlare di pansessualità." (Ebenda) – „[...] Comisso riesce a rappresentare l'affettività e la fisicità nell'amicizia maschile, tanto che esso [*Il porto dell'amore*] può essere visto anche come libro della sensibilità omosessuale." (Ebenda, S. 185)

14 Mosse, George L.: Gefallen für das Vaterland. Nationales Heldentum und namenloses Sterben. Übersetzt v. Udo Rennert. Stuttgart: Klett-Cotta 1993, S. 205.

15 Mosse, George L.: The Political Culture of Italian Futurisme. A. General Perspective. Journal of Contemporary History, 2–3/1990, S. 253–268, hier S. 259.

Vergangenheit verabschiedet und sich dem Kampf für die Richtigstellung des ‚verstümmelten Sieges' verschrieben. Ihre Streitbarkeit und ihr Tatendrang, die sich in den paramilitärischen Interventionen für die italienische Seite als vorteilhaft erwiesen, konnten allerdings nach dem errungenen Sieg – wie sich auch im Falle Fiumes zeigte – nicht gemäßigt werden. Aus vielen Berichten der Zeitzeugen geht nämlich eindeutig hervor, dass das Auftreten junger Paramilitärs sehr oft von Überspanntheit und Zügellosigkeit gekennzeichnet war, ein Umstand, der D'Annunzios Machtapparat in Fiume in Verlegenheit brachte und gelegentlich auch zur Bestrafung derartiger Disziplinverstöße nötigte.

Einen Ungehorsam dieser Art muss auch der junge Mann aus der ersten Kurzgeschichte Comissos geleistet haben, um dessen Schicksal sich der „Freund" des Ich-Erzählers besorgt zeigt. Sie beide, die offenbar leitende, nicht näher bestimmte Funktionen im D'Annunzianischen Fiume ausüben, sollten sich nun des jungen Mannes annehmen: Der Ich-Erzähler, so der „Freund", solle ihm helfen, den jungen Mann „zu veredeln, um ihn für die Unternehmungen vorzubereiten, die wir nach dem Verlassen dieser Stadt in der Welt noch vollenden müssen".[16] In den hochtrabenden Erwartungen des „Freundes" lässt sich unschwer dessen Zugehörigkeit der unkonventionell agierenden, nationalrevolutionären Fraktion der *Impresa di Fiume* ablesen, zugleich ein weiterer Hinweis auf Kellers (und Comissos) politische Position in der historischen Realität, die entschieden gegen das traditionalistisch-konservative Milieu um den *Comandante* opponiert haben; davon zeugen auch die Worte, die der „Freund" an den aus dem Gefängnis entlassenen *ardito* nach dessen Ankunft richtet:

> Du weißt, wie diese Freiheit [...] dir auf mein Wort versichert wurde. Du weißt auch, wie viele Feinde ich bereits unter den Hofschranzen des Palastes habe. Du weißt, welchen Auftrag unsere Unternehmung hat und welche Hoffnungen ich mit dir verbinde. [...] dieser Spektakel ist für mich ein Schmiedeofen, nicht das endgültige Bankett unserer Bestrebungen. Von hier müssen wir als Lebenslehrer unserer Rasse herauskommen.[17]

Wie wenig sich jedoch der „rote Pirat", wie die beiden Freunde den jungen *ardito* genannt haben, von der geplanten ‚Umerziehung' beeindrucken ließ,

---

16 „Occorre però che tu mi aiuti a dirozzarlo per prepararlo alle imprese che partendo da questa città noi dobbiamo compiere nel mondo." (Comisso: Il porto dell'amore, S. 135)

17 „Sai, come questa libertà [...] ti è garantita dalla mia parola. Sai quanti nemici ho già tra i cortigianelli di Palazzo. Sai qual è il nostro compito d'azione e quale la mia speranza su di te. [...] Io apprezzo questa sarabanda come fucina, ma non come banchetto finale delle nostre aspirazioni. Di qui dobbiamo uscire maestri di vita per la nostra razza." (Ebenda, S. 136–137)

zeigt der nüchterne Ausgang der ersten Geschichte, in dem sich auch die Desillusionierung des Autors nach dem Misslingen des ‚Fiume-Unternehmens' wiedererkennen lässt. Nach der „ersten Lektion, die zugleich die letzte war", ist nämlich der junge Mann verschwunden. Sein kurioser Abschiedsbrief – *„Ich gehe dem Licht entgegen...*"[18] – lässt den Ich-Erzähler und seinen „Freund" zunächst daran denken, er hätte sich umbringen können. Als sie aber bemerken, dass in ihrer Wohnung verschiedene Gegenstände fehlen, wird ihnen klar, wie arg sie sich bei der Beurteilung des eigenbrötlerischen *ardito* geirrt haben, der ins Gefängnis offenbar nicht nur wegen seines heißen Blutes, sondern auch wegen seiner kriminellen Neigungen geraten ist.

Das befreiende Gelächter der beiden Freunde, mit dem die erste Geschichte schließt, verweist auf einen grundlegenden Zug von Comissos frühem Werk, der sich auch als ein durchgehendes Strukturmerkmal der ansonsten – wie gesagt – lose miteinander verbundenen Geschichten der Sammlung erweist: Ein anscheinend nebensächliches Vorkommnis im Umkreis der *Impresa* stellt sich als bedeutsam, ja als konstitutiv für das D'Annunzianische Fiume heraus und wird in wenigen charakteristischen Zügen evoziert, wobei zum Schluss – wie im Falle des „roten Piraten" – zumeist eine Ernüchterung auftritt. Zu den häufigsten thematischen Aspekten, die von Comisso zur Vergegenwärtigung des Lebensalltags seiner Figuren in den Monaten des Fiumaner ‚Unternehmens' herangezogen werden, gehören Männerfreundschaft, Körperlichkeit, jugendliche Überspanntheit und Kampfbereitschaft, Sinnesreize, Liebschaften, gemeinsame Mahlzeiten, Müßiggang, Naturerlebnis, (abenteuerliches) Vagabundieren, Drogenrausch... Im Vordergrund stehen dabei Figuren wie ästhetisch und lebensreformerisch veranlagte Menschen auf der einen sowie martialische Wüstlinge und unerfahrene, ungehobelte Jugendliche auf der anderen Seite, Figuren, die den Rausch und die Ausgelassenheit des Fiumaner Lebens nicht vermissen wollen und sich daher entschieden dagegen weigern, sich in eine psychologisch und sozial stabilisierte Ordnung einzufügen.

In der angedeuteten Figurenkonstellation zeichnet sich auch ein deutlicher Unterschied zwischen den zwei, von Comisso inszenierten Generationen der D'Annunzianischen Freiwilligen ab, wobei nicht zu verkennen ist, dass es sich in den beiden Fällen um junge Menschen handelt. Dieser Sachverhalt, der auch in verschiedenen anderen zeitgenössischen Gewaltkulturen (und ihren literarischen Inszenierungen) eine wichtige Rolle spielte, bezieht sich auf den Gegensatz zwischen den – immer noch jungen – Kriegsrückkehrern, die ihren

18 „Avevo assondisceso a dirozzarlo, ma la prima lezione fu anche l'ultima." (Ebenda, S. 138); *„Amici! Vado verso la luce... Il Pirata Rosso.*" (Ebenda)

kämpferischen Einsatz in den paramilitärischen Einheiten fortsetzen wollen, und den Vertretern der heranwachsenden Generation, die für eine Kriegsteilnahme zu jung waren. Wie unterschiedlich – und zugleich merkwürdig – sich die Radikalität, Vermessenheit und Launenhaftigkeit dieser jungen Menschen gestalten können, wurde schon am Beispiel des „roten Piraten" gezeigt.

Einem andersartigen Exemplar des radikalisierten Jünglings begegnet man in der zweiten Geschichte der Sammlung, in deren Mittelpunkt ein junger Römer namens Manfredo steht, der – wie er nach der Ankunft in das Quartier des Ich-Erzählers erklärt – seine Schulbücher verkauft habe, um nach Fiume kommen zu können. Bevor er aber die Szene betritt, wird ein Einblick in die exzessive Lebensart der Fiumaner Boheme um den Ich-Erzähler und seinen „Freund" gewährt, wobei andeutungsweise – und keineswegs negativ konnotiert – auch damalige Tabuthemen Drogenrausch und homosexuelle Liebe erkennbar werden. Manfredo, der gewusst haben soll, dass „das Leben in Fiume ein fortlaufendes Spektakel sei",[19] scheint jedoch vom Erzähler und seinen Freunden wenig beeindruckt zu sein: Er habe nämlich erwartet, sie seien „sagenhafte Typen, vergleichbar mit den Helden aus den Epen".[20] Dessen ungeachtet wollen sich die Bohemiens, wie schon im Falle des „roten Piraten", auch des jungen Römers annehmen. „Du sollst wissen", rät ihm einer der Freunde,

> dass du in eine gefährliche Stadt für deine jungen Jahre gekommen bist. Hier macht man ohne Hemmungen alles, was man will. Die niedrigsten Lebensformen wechseln sich hier mit den höchsten ab, nicht anders als Licht mit Finsternis." [...] Und er setzte fort, schnell und ohne irgendwelche Rücksicht, alle Laster, die in dieser Stadt herausgesprudelt sind, aufzuzählen, fast als ob er ein Gleichgewicht mit der Tugend der Aktion herstellen wollte.[21]

Diese beiden Gegenpole des Lebens im „Hafen der Liebe" suchen die Freunde daraufhin auch Manfredo beizubringen: einerseits wird er zum Drogenkonsum und zur homosexuellen Annäherung stimuliert, andererseits sucht man seine Zuneigung auch durch die Evokation von Erinnerungen an den Weltkrieg zu gewinnen, die – nicht unähnlich der Erzählprosa Comissos – den Kriegsalltag in

19 „Aveva saputo che a Fiume la vita era un continuo spettacolo." (Ebenda, S. 145)

20 „'Io credevo', ci disse, 'che foste tipi favolosi, simili agli eroi descritti nei poemi'." (Ebenda, S. 146)

21 „Tu devi sapere che sei giunto in una città pericolosa per i tuoi giovani anni. Qui si fa senza alcun ritegno tutto ciò che si vuole. Le forme di vita più basse e più elevate qui s'alternano non altrimenti che la luce e le tenebre. [...] Proseguì annoverando rapidamente e senza alcun velame tutti i vizi scaturiti in quelle città quasi per una ragione dell'equilibrio con la virtù dell'azione." (Ebenda, S. 147)

vieler Hinsicht verharmlosen, indem sie in den Vordergrund poetisch-idyllische Bilder rücken. In einem solchen Sinne wird die zweite Geschichte auch finalisiert – am Morgen des anbrechenden Frühlingstages verlässt der Ich-Erzähler nämlich sein Quartier und wird Zeuge eines berauschenden Landschaftsbildes: „Der Himmel beleuchtete vom Boden aus die Paläste, die zauberhaft aussahen, eine hymnische Erregung pochte in meinem Kopf, ich suchte nach Worten, aber im Halse bebte mir das Fieber einer unermesslichen Freude."[22]

In dieser maskulinen Welt erscheinen – wie Claudia Salaris mit Recht bemerkt – nur wenige Frauen, und wenn sie auch auftreten, sind sie ihres erotischen Zaubers zumeist beraubt, wie etwa Sida, die Nichte des Hausbesitzers, in der der Ich-Erzähler zunächst „eine außerordentliche Liebesmacht zu entdecken" glaubt, daraufhin aber „ihre unermessliche Hässlichkeit" bemerkt: „Verwelkte Haut, Falten, dunkle Augen, krumme Arme, unförmige Figur, dürrer Mund und schwarze Zähne."[23] Oder aber, wie im Falle einer Deutschen namens Grethe, wird eine junge Frau aus dem lokalen Theatermilieu präsentiert, die – genauso wie die Gesellschaft des Ich-Erzählers – eine freie, unkonventionelle Lebensweise pflegt. Gerade in der Erwartung der deutschen Tänzerin, mit der er sich in einem Fiumaner Kaffeehaus verabredet hat, beginnt der Ich-Erzähler über das Andere und/oder das Fremde zu reflektieren, das sich im Gegensatz zum Eigenen, vor allem zu einer schwärmerisch empfundenen, zugleich aber unverhüllt imperialistisch angelegten *Italianità* positioniert.

Grethes Zuspätkommen macht den Erzähler nämlich auf „das kleine Wiener Orchester" aufmerksam, das „lästige Tanzlieder [...] mit einer solchen Gereiztheit" spielte, „dass man sich des Eindrucks nicht erwehren konnte, die Musiker hätten damit den ganzen Unmut über den Zerfall ihres Imperiums einflößen wollen".[24] Doch seine Überzeugung von der Überlegenheit des italienischen nationalen Projekts, dessen Verwirklichung er und seine Kameraden „als Wegbereiter für unsere [italienische] Rasse" in Fiume vorantreiben, wird vom Ich-Erzähler nicht nur im Vergleich zum unlängst versunkenen Habsburger Reich beschworen, welches in seiner Vorstellung im Bild der schäbigen Kaffee-

22 „Il cielo illuminava dal suolo in su i palazzi che sembravano stupendi, un estro d'inni mi pulsava nella mente; cercavo le parole, ma nella gola non mi fremeva che l'orgasmo d'una gioia senza misura." (Ebenda, S. 150)

23 „Avevo ritrovato in essa una straordinaria potenza d'amore. [...] ma volle insistere così a lungo da discoprirmi tutta la sua infinita bruttezza. La pelle appassita, le rughe, gli occhi foschi, le mani adunche, la figura sformata, la bocca arida e i denti anneriti." (Ebenda, S. 168)

24 „Un'orchestrina viennese suonava poco distante da me. I ballabili stucchevoli si succedevano a brevi intermezzi con un'esasperazione tale da fare pensare che i suonatori volessero infondervi tutto lo strazio per il crollo del loro impero." (Ebenda, S. 152)

hauskapelle aufscheint. Die Überzeugung von der italienischen Suprematie geht unmissverständlich auch aus seinen Äußerungen über einen der – trotz Kriegsniederlage – nach wie vor führenden europäischen Nationalstaaten wie Deutschland hervor: Auf den von Grethe vorgetragenen Wunsch, sie würde gerne nach Italien umziehen, reagiert er ablehnend, insbesondere mit dem Hinweis auf die noch frischen Erinnerungen an den Krieg, um im Anschluss daran in einen hochtrabenden Redefluss zu verfallen, in dem er – wie im Vokabular der zeitgenössischen Nationalisten in Italien und anderswo üblich – den Begriff ‚Rasse' in der Bedeutung von ‚Volk' oder ‚Nation' verwendet:

> „Wir haben gesegnete und flache Meeresküsten, andere wiederum hart und wild, und sonnenbeschienene, unglaubliche Inseln und verschiedenartige Städte, aufgebaut in einem Ring von Mauern oder gemächlich ausgebreitet, wo unsere Rasse singt, wütet, tötet und schöpft, im Schatten der herrlichen Paläste altehrwürdiger Herrscher, auf den Plätzen mit plätschernden Brunnen."[25]

In Comissos Fiumaner Reminiszenzen lassen sich solche Ergüsse der nationalistischen Arroganz als Schnittstellen betrachten, an denen das unausgesprochene, aber offenbar mitgemeinte Anliegen des Autors klar zum Vorschein kommt. Noch deutlicher lässt sich dieser Sachverhalt in den Berührungen des Ich-Erzählers und seiner Freunde mit den slawischen Bewohnern der Stadt und der Region erkennen. So wird in der siebten Geschichte des *Hafens der Liebe* die Begegnung mit einem serbischen Bauern im rustikalen Ambiente eines Fiumaner Vororts geschildert, wo die Protagonisten – unweit eines Stützpunkts der Legionäre – ihre Vorstellungen von einer ‚naturgemäßen Lebensweise' zu verwirklichen suchen. Der Serbe, der vorhin von den ungarischen wie auch neulich von den italienischen Behörden als Spion verdächtigt wurde, beschwert sich beim Protagonisten und seinen Freunden, dass ihm die Ankunft der Italiener die Familie zerstört habe: Ein Sohn dient als Soldat in der italienischen Armee, ein zweiter bei den Jugoslawen, die einzige Tochter sei mit einem der *arditi* auf und davon, und fortgelaufen sei auch seine Frau, die während seines Gefängnisaufenthaltes zu stehlen begann und sich nun nicht zurückzukommen traue. Und vor kurzem soll ihn auch der jüngste Sohn, seine letzte Hoffnung, verlassen haben und sich den Legionären angeschlossen, dabei auch sein liebstes Haustier, einen Hahn mitgenommen. Merkwürdig mutet die Begründung an, die die beiden Freunde für das arge Schicksal des Serben vorbringen: Nicht der

25 „Abbiamo coste marine beate e piane, altre rudi e selvagge, e isole solari incredibili e città diverse, solide entro a una cerchia di mura o dischiuse nella serenità, dove la nostra razza canta, tumultua, uccide e crea all'ombra dei magnifici palazzi di principi antichi, nelle piazze sonore di fontane." (Ebenda, S. 156–157)

Einbruch der italienischen Paramilitärs in Fiume habe den Zusammenhalt der Familie zerrissen, die Ursache liege vielmehr im Serben selbst, in seiner – so könnte man die anmaßende These der D'Annunzianischen Libertäre begreifen – Rolle eines traditionellen, autoritären Familienpatriarchen:

> „Ihr habt eure Familie mit Prügel regiert. Wir regieren aber mit der Liebe. Und eure Rasse ist in der Berührung mit der unsrigen wie Schnee an der Sonne geschmolzen. Eure Söhne haben gemerkt, dass der Kuss unser Gesetz ist, und sind daher zu uns gekommen. Die Sache ist ganz einfach, weil man wissen muss, dass die ganze Welt nach der Liebe strebt. Und ihr seid dessen vielleicht nicht bewusst."[26]

Auch die deutsche Tänzerin Grethe wurde schon vom Ich-Erzähler belehrt, dass sich „Italien in der Liebe"[27] befinde, dass sich daraus auch ein nicht näher erklärter Vorzug Italiens ableiten lasse. Genauso apodiktisch gestaltet sich die Antwort des „Freundes" auf die Frage des Serben, weshalb sie eigentlich „in die Nähe [seines] Landes gekommen"[28] seien: Wie der Serbe selbst „aus seinen Bergen" in das Umland von Fiume gekommen sei, um das Meer zu sehen, das ihn „mit dem Zauber seines Azurs angehalten haben" soll, so seien auch sie gekommen „aus der Begierde nach einem klaren Horizont, [...] aber um dieses Recht genießen zu können, sollte man Verdienste in der Liebe haben".[29]

Eine zentrale Bedeutung wird der Liebe – wie Salaris in ihrer Abhandlung herausstreicht – auch in Comissos und Kellers programmatischen Schriften zugeschrieben, zum Beispiel im Manifest der von den beiden Freunden in Fiume 1920 begründeten avantgardistischen Bewegung *Yoga*. Im Text, der eine eigentümliche „Mischung futuristischer Lebensformen, indischer Philosophie und Skurrilität"[30] darstellt und in der ersten Nummer der nach der Bewegung genannten Zeitschrift veröffentlicht wurde, wird nachdrücklich auf die Notwendigkeit hingewiesen, „die Weisheit zur Liebe, das heißt zur Verwandlung zu

---

26 „Vedete, la causa è in voi: voi avete comandato alla vostra famiglia col bastone. Noi invece comandiamo con l'amore. E la vostra razza a contatto con la nostra, si è squagliata come neve al sole. I vostri figli hanno sentito che la nostra legge è il bacio e sono venuti verso noi. Il fatto è semplice, perché bisogna sapere che tutto il mondo aspira all'amore. E voi forse non avete coscienza di questo." (Ebenda, S. 190–191)

27 „[...] l'Italia è nell'amore" (ebenda, S. 158).

28 „[...] ma voi perché siete venuto vicino alle nostre terre" (ebenda, 191).

29 „Voi avete detto che siete partito dalle vostre montagne per scendere fino a qui, da dove avete visto il mare che vi ha fermato con l'incanto des suo azzurro. [...] Anche noi siamo partiti per questo desiderio di orizzonte chiaro, e senza fine, ma per avere diritto a goderne, bisogna avere meriti d'amore." (Ebenda, S. 191)

30 Vogel, Bettina: „Guido Keller – Mystiker des Futurismus", in: Gumbrecht, Hans Ulrich/Kittler, Friedrich/Siegert, Bernhard (Hgg.): Der Dichter als Kommandant, S. 117–132, hier 126.

lehren. Die Liebe wie Empfindung, wie Gesinnung, wie Idee"; in diesem Sinne soll daher „die Philosophie nicht als Liebe zur Weisheit, sondern als Weisheit zur Liebe ausgelegt werden".[31]

Dem verzweifelten Serben, der die rätselhafte Legitimierung territorialer Ansprüche aus der Fähigkeit zur emotionalen Zuneigung nicht nachvollziehen kann, bringen der Protagonist und seine Freunde doch ihr Wohlwollen entgegen: Sie werden ihren Einfluss auf die *arditi* benutzen, um die Rückkehr seines Sohnes samt dem Huhn zu erwirken, der Vater müsse aber schwören, auf Prügel zu verzichten und künftig nur Liebe walten zu lassen. Und wenn die Begegnung mit dem serbischen Bauern auf den Hügeln oberhalb von Fiume versöhnlich, wenngleich im Unverständnis endet, so gestaltet sich das Verhältnis zu den Kroaten in Fiume und in der Umgebung als zwiespältig, ja unversöhnlich. Auch in diesem Falle – es handelt sich um die sechste Kurzgeschichte der Sammlung – wird das Politisch-Ideologische, d.h. die Verwirklichung des italienischen imperialen Projekts an der adriatischen Ostküste nur in Andeutungen präsentiert, wobei im Vordergrund wieder einmal exzentrische Unternehmungen des Ich-Erzählers und seines „Freundes" stehen.

Getrieben von der Sehnsucht, die ‚Morlakeninseln' – gemeint waren vor allem Krk und Rab – kennenzulernen, begeben sich die beiden Freunde auf eine abenteuerliche Segelfahrt in der Kvarner-Bucht (in der historischen Realität haben Keller und Comisso eine solche Segelfahrt im Sommer 1920 unternommen).[32] Auch hier mischt sich ein intensives Naturerlebnis mit verschiedenen Aspekten der libertären Lebenspraxis im D'Annunzianischen Fiume, vor allem mit starkem Körperbewusstsein, Draufgängertum, asketischer Ernährung, Nudismus und Homosexualität. Doch statt auf „wunderschöne, milde und wohlwollende Menschen",[33] wie ihnen jemand die Morlaken – worunter offenbar die kroatischen Einwohner der Region gemeint waren – beschrieben haben soll, stoßen sie schließlich, auf eine Insel angekommen, auf einen „Mönch, einen verkommenen Kroaten, leidlich eingehüllt in seine Kutte".[34] Nur zögernd lässt sich der Mönch auf ein Gespräch mit dem Ich-Erzähler ein, doch eine Annäherung und Verständigung zeigt sich als unmöglich nach dem Erscheinen

31 Zitiert nach Salaris: „[...] decidono di insegnare la scienza dell'Autore cioè della Trasformazione. L'Amore come sensazione, come sentimento, come idea; interpretano la filosofia non come amore della Scienza, ma come Scienza dell'Amore" (Salaris: Alla festa della rivoluzione, S. 52).

32 Vgl. ebenda, S. 189, Vogel: Guido Keller.

33 „Qualcuno ci aveva detto che nella terra Morlacca viva una gente bellissima, dolce e generosa e volevamo conoscerla." (Comisso: Il porto dell'amore, S. 173)

34 „Sulla porta m'aspettava il padre guardiano, un croato macero, tutto male insaccato nella tonaca." (Ebenda, S. 180)

eines Jungen, der dem Mönch die Nachricht bringt, „dass in Fiume in der Nacht alle kroatischen Geschäfte und Schiffe von den Arditen zerstört worden seien".[35]

Der Bericht des Jungen veranlasst die beiden Protagonisten zur sofortigen Rückkehr in die Stadt, die sie ansonsten – wie der Ich-Erzähler räsoniert – „zu langweilen begann", so dass die neuesten Exzesse sie möglicherweise „wieder interessant"[36] machen könnten. Mitte Juli 1920 kam es in der historischen Realität tatsächlich zu massiven antikroatischen Ausschreitungen in Fiume, wobei Legionäre und Bürger – als Vergeltung für die Ermordung von zwei italienischen Okkupationsoffizieren in Split – zwei Tage lang Besitztümer der Kroaten zerstört haben.[37] Kroaten und andere Nicht-Italiener, die von D'Annunzios Besatzungsregime als gefährlich eingestuft wurden, waren schon davor verschiedenen Schikanen ausgesetzt,[38] mit den Krawallen im Sommer erreichen die ethnisch motivierten Repressalien ihren Höhepunkt.

Auch dieser Sachverhalt wird von Comissos Erzählprosa als bedeutsam wahrgenommen: Zurückgekehrt nach Fiume, der Ich-Erzähler und sein „Freund" geben sich nämlich mit der Erklärung eines Freischärlers zufrieden, die *arditi* hätten als Erwiderung für die Morde in Split „einige Läden und einige Segelschiffe zerstört, aber nichts mehr ist passiert".[39] Die verbrannten Schiffe der Kroaten im Stadtkanal erscheinen den beiden Freunden daher in einem komisch-makabren Sinne als „Körner gerösteten Kaffees"; auf dem Heimweg strengen sie sich an, um „ein zerstörtes Haus oder hingelegte Tote in Gärten zu sehen", dort war jedoch nur „die Morgenröte" zu sehen, „die in den Bäumen

---

35 „Più volte ripeté le parole: Fiume e arditi. Si chiese di cosa si trattasse e il frate ci disse che a Fiume, nella notte, tutti i negozi e tutti i velieri dei croati erano stati distrutti dagli arditi." (Ebenda, S. 181)

36 „La città, che aveva finito coll'annoiarci fino ai capelli, forse stava per ritornare interessante." (Ebenda)

37 Siegert, Bernhard/Budisavljević, Bojan: „Krieg um Fiume. Eine Chronologie", in: Gumbrecht, Hans Ulrich/Kittler, Friedrich/Siegert, Bernhard (Hgg.): Der Dichter als Kommandant, S. 11–23, hier S. 21.

38 Vgl. Mayhew: Krvavi Božić 1920, S. 74–81. Am 1. März 1920 wurde z.B. in der „New York Times" folgende Nachricht aus der Feder ihres Fiumaner Korrespondenten veröffentlicht: „Gabriele D'Annunzio has ordered another deportation of Croats and other foreigners who are 'pernicious by their presence for the proper defence of the city'. The Socialists also have been included in the general cleaning out of the city. Public meetings and demonstrations of any sort not having the consent of the poet-soldier's police have been prohibited." (Vgl. ebenda, S. 78)

39 „Una sentinella ci raccontò che a Spalato i croati avevano ucciso due ufficiali della nostra marina, e gli arditi per rappresaglia avevano distrutto alcuni negozi e alcuni velieri, ma nulla di più era avvenuto." (Comisso: Il porto dell'amore, S. 182)

das Gelb der reifen Früchte erwachte".[40] Auch hier artikuliert sich jener Befund über das Erzählverfahren im *Hafen der Liebe*, wonach der Stellenwert sozialen und politischen Geschehens weitgehend ausgespart und durch poetische, nicht selten auch humoristisch gefärbte Bilder relativiert wird.

Dieser Grundzug der Poetik Comissos kommt bezeichnenderweise auch in der Inszenierung des jähen Endes von D'Annunzios Staat in der zehnten und zugleich letzten Geschichte der Sammlung zum Vorschein. Obwohl von den Ereignissen völlig überrascht, zögert der Ich-Erzähler nicht, sich mit Entschlossenheit an der Verteidigung der Stadt gegen die vordringenden Formationen der italienischen Armee zu beteiligen: „Man wollte uns vertreiben aus dieser Stadt, die uns gehörte, die wir eingenommen und bis zu den äußersten Grenzen genossen haben."[41] Im Gouverneurspalast, wo er sich nach Kampfbefehlen für seine Einheit umsieht, wird er Zeuge chaotischer Verhältnisse innerhalb der Führung der *Impresa*, die sich nicht entscheiden kann, ob sie einen energischen Widerstand leisten oder vor dem überlegenen Gegner kapitulieren sollte. Obwohl sich D'Annunzio und sein Stab – wie der Ich-Erzähler durch eine offene Tür zu erlauschen vermag – schmerzlich der Tatsache bewusst sind, dass man sich in diesen Kämpfen „unter uns Italienern umzubringen beginnt, wie im vierzehnten Jahrhundert",[42] ringen sie sich schließlich doch für eine standhafte Verteidigung der Stadt durch. Der Ich-Erzähler begibt sich daher zu seinen Soldaten an der Frontlinie und kämpft mit ihnen erbittert mit, um einen strategischen Posten vor den Angriffen der Regierungstruppen abzuwehren. Die vielen Opfer auf den beiden Seiten, aber auch die unnachgiebige Offensive der regulären Einheiten bringen den Protagonisten allmählich zur Einsicht, man wolle „die Stadt dem Erdboden gleichmachen und [sie] bis zum letzten Mann niedermetzelten".[43]

Und immerhin kann Comissos Inszenierung der „blutigen Weihnacht" nicht als eine heroische Verherrlichung gelesen werden. Die Tragik der Ereignisse wird zwar keineswegs geleugnet, doch es sieht so aus, als ob genauso bedauernswert – wie der Ich-Erzähler in einem letzten Gespräch mit seinem „Freund" rekapituliert – auch der Verlust jener einzigartigen Atmosphäre wäre, die dem Leben im „Hafen der Liebe" den Sinn verliehen haben soll. Die beiden

---

40 „[…] ogni tanto ci si fermava esaltandoci di vedere o una casa distrutta o morti sparsi negli orti dove l'aurora risvegliava sugli alberi il giallore delle frutta mature." (Ebenda)

41 „Si voleva cacciarci da quella città che ci apparteneva per averla presa e goduta fino a limiti estremi. Bisognava difenderci." (Ebenda, S. 211)

42 „Pensa ci ammazziamo tra italiani, come nel trecento." (Ebenda, S. 212)

43 „La città sarebbe stata rasa al suolo e noi massacrati sino all'ultimo uomo." (Ebenda, S. 219)

Protagonisten können sich daher im Rückblick vergewissern, dass sie „nicht nur die Stadt, sondern auch etwas Anderes verteidigt haben, etwas, was sich zu keinem Preis wieder erlangen ließ".[44] Die Melancholie, die sich beim Ich-Erzähler angesichts des Untergangs der *Impresa* einzustellen scheint, löst sich jedoch bald darauf in einem grotesken Bild auf, das das vorherige, überwiegend heroisch dargestellte Geschehen deutlich relativiert: Indem er seinen „Freund", seinen „einzig verbliebenen Trost" nach der Zerschlagung der Liebesutopie, umarmen will, bemerkt der Erzähler nämlich, dass dessen Haare voller Läuse sind, ein Befund, den sein „Freund" gleich danach auch bei ihm macht.

Albern und verspielt zugleich, so wie das Fiumaner Experiment von den beiden Protagonisten verstanden und gelebt wurde, gestaltet sich auch die Schlussszene, in der sie einander Läuse aus den Haaren zu entfernen suchen und dabei die *arditi* und die Kämpfe der vorigen Tage verfluchen. Und immerhin lässt sich ihr Unbehagen über das Misslingen der Utopie, die sie mit dem D'Annunzianischen Experiment verknüpft haben, kaum von der skurrilen Jagd auf die Läuse verdecken. Ob sich die Protagonisten jedoch dessen bewusst werden, dass sich der Traum eines „Hafens der Liebe" im Rahmen eines aggressiven imperial-nationalen Projektes schwerlich verwirklichen lässt, bleibt dahingestellt. Der Triumph der nationalliberalen italienischen Regierung über die Regentschaft von Carnaro und die Gründung des unabhängigen Stadtstaates Fiume haben sich in der historischen Realität allerdings von kurzer Dauer gezeigt. Weniger als zwei Jahre später, im Oktober 1922, wurde die politische Macht in Italien von den Faschisten Benito Mussolinis übernommen, einer Bewegung, die sich in vieler Hinsicht – wie schon oben angedeutet – vom D'Annunzianischen ‚Unternehmen' inspirieren ließ. Anfang 1924 wurde dann auch Fiume an Italien angeschlossen.

3.

1946, mehr als zwanzig Jahre nach der Veröffentlichung des *Hafens der Liebe*, erscheint Viktor Car Emins Roman *Danuncijada* (*D'Annunziade*, 1946), dessen Poetik – wie anfangs angedeutet – auf völlig anderen Prämissen als die Kurzgeschichtssammlung Comissos beruht. Im Gegensatz zum italienischen Autor fokussiert nämlich der Kroate auf politische und soziale Umstände des ‚Fiume-Unternehmens', und darin insbesondere auf Konflikte zwischen den politisch und ethnisch bestimmten Gruppierungen der Stadtbevölkerung. Ihm

---

44 „Avevamo combattuto per difendere la città, ma anche qualcosa d'altro, che a nessun costo si sarebbe potuto riconquistare." (Ebenda, S. 220)

geht es auch nicht darum, im D'Annunzianischen Fiume ‚freie', ‚ungebundene', ‚unkonventionelle' Lebensformen aufzuspüren und in seinem Werk zu analysieren; im Gegenteil, die *Impresa* wird von ihm als eine hysterische, von vielen gewaltsamen Exzessen begleitete ‚Tragikomödie' inszeniert. Es wurde ebenso erwähnt, dass Car Emin – wie auch Comisso – die Fiume-Besetzung aus unmittelbarer Nähe betrachtete, zunächst aus dem nun italienisch gewordenen Opatija, später auch aus dem Exil im östlich von Fiume gelegenen Städtchen Kraljevica. Der damals fünfzigjährige Autor, der die literarische Szene in den 1890er Jahren betreten hatte, gehörte zur zweiten Generation der kroatischen Realisten, einer Gruppierung sozialkritischer Autoren, die ihre Werke auf einer ausgesprochen ethnisch-nationalen Ausrichtung, oft auch – wie Car Emin selbst – in einem klar definierten regionalen Rahmen begründeten. Obwohl er nach der Beendigung des D'Annunzianischen Abenteuers nach Istrien zurückkehrte, sah sich der exponierte kroatische Nationalaktivist in den späten 1920er Jahren wieder zur Emigration nach Jugoslawien gezwungen, die er vor allem in Sušak, der Zwillingsstadt Fiumes, verbrachte.

Nach dem Ausbruch des Zweiten Weltkriegs, im Augenblick, wie der Faschismus zu triumphieren schien, entscheidet sich Car Emin, sich des Themenkomplexes ‚Fiume-Unternehmen' in der Form eines großangelegten Erzählwerks anzunehmen. Wie dem inzwischen siebzigjährigen Autor mit Nachdruck deutlich wird, hat D'Annunzios Auftreten in Fiume, gekennzeichnet von einer Reihe protofaschistischer Ideen und Praxen, den Weg für die Machtübernahme rechtsextremer Bewegungen in Italien, Deutschland und anderen europäischen Staaten geebnet. Im Jahre 1940 beginnt Car Emin – wie er selber in seiner *Autobiographie* (*Autobiografija*, 1954) bestätigt –, „an Gabriele [D'Annunzio] all [s]eine Wut in einem neuen Werk auszulassen"; es wird aber schließlich doch „zu einem anderen Ergebnis"[45] führen. *D'Annunziade* kann nämlich nicht nur als Verdammung einer politischen Eskapade des martialischen Dichters gelesen werden: In seinen schriftstellerischen Anfängen von D'Annunzio stark beeinflusst, konnte sich Car Emin dieser Faszination auch viele Jahrzehnte später nicht befreien, so dass er durchaus imstande ist, das literarische Werk des italienischen Dichters von seinen politisch-militärischen Interventionen zu trennen.

Neben D'Annunzio, der als Figur im Roman zumeist „Ariel" oder „Dichter" genannt wird, lässt Car Emin eine Reihe weiterer historischer Personen auftreten, die er allerdings nicht mit ihren authentischen Namen versieht: In der *Autobiographie* erläutert er nämlich, dass für die Figur des „Professors" als

45 Car Emin, Viktor: Djela II. Hg. Ante Rojnić. Zagreb: Zora 1956, S. 478: „Godine 1940. […] ja sam – pun srdžbe, osvete i mržnje – sio za stô, da u jednom svom novom djelu salijem na Gabrijela svu bujicu svoga bijesa… Međutim – izišlo je drukčije."

historisches Vorbild Riccardo Zanella, der Führer der Fiumaner Autonomisten stand, Antonio Grossich, der Führer der annexionistischen Partei, wird im Roman als „Commendator“ genannt, und Fran Franković, ein bedeutender kroatischer nationaler Aktivist und Car Emins Mentor tritt unter dem Namen „Schuldirektor“ auf.[46] Während aber D'Annunzio eine dominante Position in der Geschichte einnimmt, erscheinen die drei anderen historischen Personen zumeist als Gesprächsthema in Dialogen, die zwischen einigen weiteren wichtigen, vom Autor erfundenen Gestalten geführt werden. Diese Figuren, deren Gespräche weite Teile des Erzählflusses beherrschen, treten als Verkörperung unterschiedlicher Typen der spezifisch Fiumaner Mentalität auf und sind im Grunde – genauso wie die Figur D'Annunzios – ambivalent konzipiert („Mićelin“, „Baron“, „Consigliere“, der „Einhändige“/„Colonel“).

Die Ambivalenz der Figuren ist gerade jenes Element des Romans, in dem das ‚andere Ergebnis‘ der Geschichte zum Vorschein kommt. Wie auch in einigen früheren Werken, so fokussiert Car Emin auch in *D'Annunziade* auf hybride Identitäten, welche er als ein für Fiume und Istrien kennzeichnendes Phänomen ansieht. Im Falle Fiumes beziehen sie sich nicht nur auf Personen ‚gemischter‘ ethnischer Herkunft, sondern auch auf das Bekenntnis zu einer autonomen urbanen Entität, eine Einstellung, die sich häufig auch mit einer opportunistischen Verhaltensart paart und die oft mit der pejorativen Bezeichnung *sette bandiere* etikettiert wurde. Vor dem Hintergrund trügerischer Hoffnungen, die die Fiumaner – wie Car Emin im Roman zeigt – mit der *Impresa* verbunden haben, lässt sich auch D'Annunzios Erfolg leichter nachvollziehen.

Die Komplexität bei der Figurengestaltung bedeutet jedoch nicht, dass sich *D'Annunziade* als ein ästhetisch innovatives Werk bezeichnen lässt. Im Gegenteil, Car Emin greift konsequent nach traditionellen, vormodernistischen narrativen Verfahren zurück: Sein allwissender Erzähler erweist sich als durchaus zuverlässig, unverkennbar sind auch seine expliziten Bemühungen um eine Sinnstiftung, befolgt wird eine strenge Linearität der historischen Chronologie. Als traditionalistische Kennzeichen der Narration im Roman könnte man auch Vorwegnahmen und Erklärungen zu den inszenierten Ereignissen sowie belehrende, oft auch redundante Kommentare des Erzählers erwähnen.

Trotz konventioneller Erzählhaltung bietet Car Emins *D'Annunziade* aufschlussreiche Einblicke in den historischen Hintergrund des ‚Fiume-Unternehmens‘. Wie bereits der Titel und Untertitel nahelegen – *Danuncijada. Romansirana kronisterija riječke tragikomedije 1919.–1921.* (*Dannunziade. Eine Roman-Chronisterie der Fiumaner Tragikomödie 1919–1921*) –, sucht sich Car

46 Vgl. Car Emin: Djela II, S. 491–492.

Emin der *Impresa* mit einer eigentümlichen Mischung von Ironie und Ernst anzunähern. Auch vor ihm wurde die politische Tätigkeit des ‚Dichter-Soldaten' im pejorativen Sinn als „D'Annunziade" bezeichnet.[47] Mit dem merkwürdigen Untertitel bezieht sich der Autor, ein ausgezeichneter Kenner der italienischen Kultur, auf das italienische Wort *cronaca* in der Bedeutung von „Chronik" und fügt es mit einem anderen italienischen Wort, *isteria* („Hysterie"), zu *cronisteria*, womit er sein wesentliches Anliegen herausstreicht: eine fiktionalisierte Historie von D'Annunzios hysterischer Fiume-Kampagne, die – wenn man ihre verhängnisvollen Folgen bedenkt – zweifellos als „Tragikomödie"[48] bezeichnet werden kann. In seiner *Autobiographie* macht Car Emin deutlich,

> [...] dass D'Annunzio mit seinem Übergriff uns viel Unheil gestiftet hat. Mit seinen feurigen Worten, mit seinem poetischen Schwung, mit seinen unwiderstehlichen Versen wusste er die Massen anzustacheln, sie nach eigenem Gutdünken zu lenken, zu faszinieren, zu phantasieren. Er vergiftete sie mit dem Chauvinismus, bis dahin ungesehen und unerhört. Darüber hinaus wusste er mit seinem dichterischen Zauber, den vormaligen fanatischen Fiumaner Magyaronen ins Gehirn einzubrennen, dass sie ihre Herkunft von den reinsten Legionären des römischen Kaisers Augustus ziehen und dass Fiume von allen italienischen Städten die am meisten italienische ist. Fiume ist sogar mehr: Fiume ist – Italien! Geringstenfalls seine Hauptstadt. *La capitale d'Italia è sul Carnaro e non sul Tevere!* [49]

47 Der kroatische Schriftsteller Nedjeljko Fabrio, der sich selbst in mehreren fiktionalen und essayistischen Texten mit D'Annunzios ‚Fiume-Abenteuer' beschäftigt hat, weist darauf hin, dass der Begriff „D'Annunziade" zum ersten Mal in der russischen Zeitschrift „Rampa i žizn" vom 28. Juni 1915 verwendet wurde. Des Weiteren begegnet man ihm auch in einem anonymen Artikel des italienischsprachigen Zagreber Wochenblatts *L'Adriatico jugoslavo* vom 5. Januar 1921, wo das Ende der *Impresa* ironisch mit „gli ultimi canti della D'Annunziade" kommentiert wird. Fabrio hält es für möglich, dass Car Emin der Autor dieses Beitrags hätte sein können (vgl. Fabrio, Nedjeljko: „Talijanska književnička danuncijada", in: Ders.: Eseji, II. Zagreb: Profil 2007, S. 63–93, hier S. 113).

48 Nemec, Krešimir: „Predgovor," in: Car Emin, Viktor: Danuncijada. Romansirana kronisterija riječke tragikomedije 1919.–1921. Hg. Krešimir Nemec. Vinkovci: Riječ 1999, S. 7–13, hier S. 9–10.

49 Car Emin: Djela II, S. 478: „Svojim prepadom D'Annunzio nam je nanio mnogo zla. Svojom plamenom riječi, pjesničkim poletom, neodoljivim stihom, umio je da zanosi mase, da ih vuče za sobom, fascinira, fantazira. Uspalio je u njima šovinizam, do tada neviđen i nečuven. Uz to je on svojom pjesničkom mađijom umio dojučerašnjim žestokim riječkim mađaronima upiljiti u mozgove, kako oni vuku svoju lozu od najčišćih legionara rimskog cara Augusta, i kako je Rijeka od svih talijanskih gradova najtalijanskija varoš. Rijeka je čak i više: Rijeka je – Italija. U najmanju ruku njen glavni grad. *La capitale d'Italia è sul Carnaro e non sul Tevere!*"

Aufschlussreich ist es dabei, dass den zuletzt zitierten Satz, wonach in der historischen Gegenwart Fiume und nicht Rom die Hauptstadt Italiens sei,[50] in der Romanfiktion Benito Mussolini, einer der ersten Besucher D'Annunzios in Fiume, in seiner Festrede bei einem Bankett ausspricht. Indem von den beiden Rivalen um die führende Rolle in der italienischen rechtsradikalen Bewegung Fiume – und nicht Rom – als die Hauptstadt Italiens gerühmt wird, wird damit vor allem ihre tiefe Verachtung für die damalige nationalliberale Regierung zum Ausdruck gebracht, die ihrer Meinung nach feige dem Druck der westlichen Alliierten nachgibt. Die Plattform für eine neue italienische Politik, wie sie in der Stadt am Kvarner formuliert wird, sollte daher früher oder später auch an den Tiber kommen. Mit der Propagierung der Idee eines ‚verstümmelten Sieges', der viel weniger neue Territorien als erwartet eingebracht habe, werden von den beiden Verfechtern Großitaliens auch neue nationale Grenzen mappiert, die weit über die im Geheimvertrag von London versprochenen Linien liegen.

Obwohl Mussolini, der endgültige Sieger dieses Wettstreites, nie aus seinem Visier schwindet, fokussiert sich Car Emin auf den Titelhelden und namentlich auf dessen räumliche Projektionen. So wird der symbolische Wert der Räumlichkeit bereits bei seiner Ankunft in Fiume herausgestellt: Beim Einzug in den Gouverneurspalast, der jahrzehntelang als das Machtzentrum der ungarischen Administration in der Hafenstadt fungierte und diese Funktion auch während seiner Regentschaft hatte, fühlt sich D'Annunzio als „Herrscher der Stadt, der absolute Führer einer äußerst treuen Menge, als Kommandant"; besessen vom Dämon der ‚Grandezza', verfolgt er – wie der allwissende Erzähler zu berichten weiß – auch andere weitreichende Ziele: „Dieses Fiume, dieses Kvarner-Nest, wird für ihn nur ein Sprungbrett sein, von dem er in entscheidendem Augenblick wird dorthin springen können, woher ihn das Schicksal immer lauter ruft, für seinen noch höheren Ruhm und für die Größe Italiens."[51]

In Fiume will Car Emins D'Annunzio zunächst die Grenzen des von seinen Truppen besetzten Gebietes, im Grunde das Territorium des früheren *corpus separatum*, inspizieren. In einer seiner zeremoniellen Uniformen und im Sattel eines Pferdes namens Spalato, was der italienische Name der dalmatinischen Stadt Split ist und daher offenkundig eine weitere irredentistische Referenz enthält, begibt sich der ‚Dichter-Soldat' zunächst auf Luban, einen Berg über der Stadt, in dessen Nähe auch eine Einheit seiner Legionäre stationiert ist. An

50 Car Emin: Danuncijada, S. 56.

51 „On je danas tu, gospodar grada, neograničeni vođa jedne do krajnosti odane mase, zapovjednik, komandant." (Ebenda, S. 56) – „Ova Rijeka, ovo kvarnersko gnijezdo, za njega će biti samo daska s koje će u odsudni čas odskočiti onamo kamo ga udes sve glasnije zove, za sve veću slavu njegovu i veličinu Italije." (Ebenda)

die Demarkationslinie angekommen, sucht er – wie schon öfters im Weltkrieg – seine Unerschrockenheit unweit der feindlichen Stellungen in Szene zu setzen, obwohl von der anderen, südslawischen Seite keine Gefahr droht. Bei der Besichtigung weiterer Wachposten wird D'Annunzio von den *arditi* immer wieder begeistert begrüßt, doch jedes Mal wird er auch Zeuge von Problemen, die offenbar mit dem ‚Unternehmen' verbunden sind, die sowohl in den Kontaktzonen mit den Einheiten der regulären italienischen Armee als auch mit den Truppen des SHS-Königreichs auftreten. Immer noch handelt es sich um kleine Provokationen der entgegengesetzten Seiten, vor allem um Ausweisungen unerwünschter Personen, doch die Reibungen mit den Südslawen könnte man auch als Ankündigung von Zwangsvertreibungen ansehen, die in der historischen Realität sehr bald stattzufinden begannen. Im Augenblick wie D'Annunzio bei seinem Spazierritt den Blick auf die Bergrücken entlang der Grenzlinie richtet, beschleicht ihn ein vages Gefühl der Bedrohung, die von der südslawischen Seite kommen könnte, und er erteilt den Befehl, „das Verzeichnis all jener Kroaten einzurichten, die bereits als unerwünscht aufgezeichnet wurden, damit sie stante pede ausgewiesen werden können".[52]

Es kann nicht verwundern, dass Car Emin, der selbst von der Vertreibungspolitik italienischer Faschisten betroffen war, gerade diesen Aspekt der Fiume-Kampagne in den Vordergrund rückt. Deutlich wird es auch in der Szene, in der D'Annunzio die Aufmerksamkeit von den internen Konflikten seiner Anhänger, einer für ihn äußerst unangenehmen Tatsache, durch die „Vertreibung weiterer Hunderte von Kroaten"[53] abzulenken sucht. Von Car Emins Erzähler erfährt man auch, dass sich „die Aussiedlung der Kroaten fortsetzt und vollständig durchgeführt wird".[54] Die Verbindung der ethnisch motivierten Zwangsdeportation mit territorialen Expansionsplänen, so wie sie auch in der historischen Realität jener Zeit an der Tagesordnung stand, kommt exemplarisch in jener Szene des Romans zum Vorschein, in der D'Annunzio in der Nähe der Demarkationslinie eine alte römische Mauer erblickt und sogleich sich zur Ankündigung weiterer nationaler Ziele berufen fühlt: „Gegen den Osten gewendet, zeigte er mit seinem Finger in dieser Richtung und sagte im feierlichen Tone: ‚Wo immer ihr euren Fuß auf jene Ruinen setzt, ist aus

52 „Istovremeno nek se popišu svi oni Hrvati koji su već naznačeni kao nepoželjni, da ih možemo stante pede poslati u progonstvo." (Ebenda, S. 102)

53 „Ariel je još istoga dana potpisao izgon još nekoliko stotina Hrvata." (Ebenda, S. 248)

54 „Što se Hrvata tiče, njihovo se raseljavanje već provodi, provest će se dokraja." (Ebenda, S. 257)

den Tiefen ihrer Fundamente immer dieselbe Warnung zu hören: bis dorthin und darüber hinaus!‘“[55]

Das römische Erbe ist bei weitem nicht das einzige Kulturgut, auf welches sich D'Annunzio in Car Emins Fiktion bezieht, um das italienische ‚heilige Recht‘ auf die territoriale Expansion an der östlichen Adriaküste zu rechtfertigen. Eine wichtige Rolle in seiner Mappierung ‚Großitaliens‘ spielt auch ein Vers aus der *Göttlichen Komödie*, in dem es heißt, dass die Kvarner-Bucht – in der poetischen Imagination Dantes – Italien einfasst und dessen Grenzen umspült.[56] Auch wenn man annehmen würde, dass der florentinische Dichter, viele Jahrhunderte vor der Entstehung des modernen Nationsbegriffes, ähnliche Ziele wie D'Annunzio hätte vertreten können, so verweisen seine Verse klar darauf, dass Italien an der östlichen Küste Istriens schließt, an dem Orte also, den der *Comandante* als Ausgangspunkt für eine weitere Expansion gegen den Osten nimmt. Seine Argumentation – natürlich vermittelt aus der Perspektive des Car Emin'schen Erzählers – wird in einem Gespräch mit dem belgischen Intellektuellen Léon Kochnitzky vorgetragen.

Kochnitzky, ein politisch links gerichteter Kosmopolit, der eine Zeit lang für Außenbeziehungen des D'Annunzianischen Fiume verantwortlich war und zu den herausragenden Vertretern des libertären Flügels der *Impresa* gehörte, erscheint in Car Emins Fiktion als ein Einfaltspinsel, der alle Äußerungen des Dichters, einschließlich jener zur nationalen Frage, unkritisch annimmt. Er hat schon erfahren, dass die Kvarner-Bucht ein „mare dantesco“ sei und dass „Fiume als ‚corpus separatum‘ nichts Anderes als ein Stück lateinischen Bodens sein kann, Istrien wiederum ein Teil von Venezia Giulia“.[57] Und Dalmatien, wie Kochnitzky ebenso vom ‚Dichter-Soldaten‘ hört, sei „ein großes und schönes Land, wo Italiener als das einzige autochtone Volk leben, während eine Handvoll von Morlaken in umliegenden Löchern nichts anderes als Überreste wilder

55 „Okrenut prema istoku pokaza prstom u tom pravcu i reče svečanim tonom: – Kud god stanete nogom na one ruševine, iz dubina njihova temelja javlja vam se sveđer jedna te ista opomena: do tuda i prijeko!“ (Ebenda, S. 98–99)

56 Alighieri, Dante: Divina commedia (Inferno, canto IX, v. 113–114): „Sì come a Pola, presso del Carnaro, / che Italia chiude e i suoi termini bagna“ („Und wie in Pola an Carnaros Ufer, / Der dort Italiens Grenze schließt und badet“, zitiert nach: Alighieri, Dante: Die Göttliche Komödie. Italienisch und deutsch. Übersetzt von Hermann Gmelin. Erster Teil: Die Hölle. Stuttgart: Klett 1949, S. 112–113).

57 „Kvarner je il mare dantesco, Rijeka kao 'Corpus separatum' ne može biti drugo nego parče latinske zemlje, Istra je čest Venezije Giulije.“ (Car Emin: Danuncijada, S. 152)

Troglodyten sind, die Österreich dorthin von den Höhen der balkanischen Berge gebracht hat".[58]

Alceste de Ambris, ein weiterer linker Intellektueller, der sich dem ‚Fiume-Unternehmen' angeschlosssen hat, wurde für D'Annunzio wichtig nach der italienisch-südslawischen Annäherung im Herbst 1920. Ein erfahrener Autor politischer Plattformen, schrieb De Ambris den verfassungsrechtlichen Rahmen für einen unabhängigen Staat Fiume, im Grunde D'Annunzios Antwort auf die Verhandlungen zwischen Rom und Belgrad, die parallel dazu in Rapallo geführt wurden. Von Car Emin wird der bekannte Anarcho-Syndikalist dabei als ein Demagoge porträtiert, der die Massen in der gleichen Weise wie der ‚Dichter-Soldat' aufzuhetzen weiß. Unter dem Slogan – „wenn Italien nicht Fiume annektieren will, dann wird Italien von Fiume annektiert und in eine Republik verwandelt" – haben D'Annunzio und De Ambris ihre provokative Haltung gegenüber der italienischen Regierung fortgesetzt und ihr namentlich die Schwäche und Untreue in den wesentlichen nationalen Anliegen vorgeworfen. Damit haben sie – und zwar ungeachtet möglicher Konflikte in ihren eigenen Reihen – auch alle konstruktiven Lösungsmöglichkeiten für die Fiume-Krise unterminiert. Die Ausrufung der „Italienischen Regentschaft am Carnaro" hätte daher als ein erster Schritt in Richtung auf ihr Hauptziel, die Machtübernahme in Italien, dienen sollen.

D'Annunzio und seinen Anhängern ging es nicht nur darum, die Regierung Nitti zu stürzen und die Macht in Italien an sich zu reißen; ihr erklärtes Ziel soll darüber hinaus, wie Car Emin in seinem Roman zeigt, auch die Zerschlagung des SHS-Königreichs gewesen sein. „Das jugoslawische Ungeheuer", wie sich der ‚Dichter-Soldat' in einem Memorandum an den General Pietro Badoglio, den damaligen außerordentlichen Militärkomissär für Julisch-Venetien, ausführlich auslässt, „wird zugrunde gehen". Als der entscheidende Faktor, der die Zerstörung des erst neulich proklamierten Staates herbeiführen sollte, werden vom *Comandante* die extremen kroatischen Nationalisten genannt, die er „schätzt und auch unterstützt, soweit ihm dies seine bescheidenen Mittel erlauben".[59] Dass ihre Nationen ansonsten in gravierende Grenzkonflikte verwickelt waren, stellte für die italienischen wie auch kroatischen rechtsradikalen Bewegungen

58 „Sada pak; blagodareći pjesniku, zna da je to jedna velika i lijepa zemlja u kojoj žive Talijani kao jedini autohtoni narod, dok su šaka Morlaka po okolišnim rupama ostaci divljih troglodita što ih je Austrija onamo dovukla s visina balkanskih planina." (Ebenda, S. 152)

59 „Oprijeti se opstanku države SHS, uništiti jugoslavensku nakazu – ‚il mostro jugoslavo' – ta se misao-vodilja, izražena već u uvodu, povlači poput neke đavolje niti kroza sve one retke. [...] Njezina je sudbina zapečaćena. Raspast će se." (Ebenda, S. 253)

offenbar kein Hindernis für eine Zusammenarbeit auf der Grundlage gemeinsamer Interessen dar. Primäre Anliegen dieser Bewegungen, die bald auch festere Umrisse annehmen werden, bestanden in der Bekämpfung legaler, international anerkannter Regierungen ihrer Heimatländer auf der einen und in der Begründung einer neuen politischen und sozialen Ordnung auf der anderen Seite.

Die merkwürdige Partnerschaft, die aus den Trümmern des Habsburger Imperiums hervorgegangen ist und eine massive Gewaltanwendung einbezogen hat, kündigte zugleich auch eine starke Unterstützung des italienischen faschistischen Regimes für kroatische rechtsextreme Exilorganisationen an. D'Annunzios Hilfestellung für radikale kroatische Nationalisten, die zum Widerstand gegen das Belgrader Regime aufriefen, bedeutete allerdings nicht, dass der *Comandante* auf seine territorialen Forderungen in kroatischen Ländern verzichten oder die Lage der Fiumaner Kroaten verbessern wollte. Im Gegenteil, nachdem ein anderer italienischer General, Enrico Cavaglia, erklärt hatte, er wäre mit D'Annunzio hinsichtlich einer Lösung der Fiume-Frage einig, hielt der ‚Dichter-Soldat' empört dagegen, dass er mit dem General bei der Festlegung neuer italienischer Grenzen nur darin einverstanden sein könne, dass Snježnik/Monte nevoso, ein Berggipfel nördlich von Fiume, in Italien sein sollte. Seine Forderungen, wie er in einem von Car Emins Erzähler präsentierten militärischen Befehl offenbart, gehen allerdings weit darüber hinaus und sehen neue italienische Grenzen entlang der ganzen östlichen Adriaküste vor: „Velebit, Dinara und Bocche di Cattaro, die zum Hafen der italienischen Marine werden muss."[60] Diese maximalistischen Forderungen, wie aus der Fiktion des Romans hervorgeht, sollen im Zusammenhang mit D'Annunzios Bemühungen verstanden werden, seine Legionäre widerstandsfähiger gegenüber der Propaganda der italienischen Regierung zu machen.

Die Eskalation der Gewalt stellt ein weiteres wichtiges Mittel dar, das der *Comandante* zur Manipulierung seiner Anhänger heranzieht. Die öffentliche Bestürzung der Fiumaner über die Tötung zweier italienischer Offiziere in Split nützt er daher aus, um zu Hass gegen Kroaten und andere Slawen, gegen – wie es in der *D'Annunziade* heißt – „Schweinehirten" und „Barbaren" aufzustacheln. Obwohl er einen konkreten Aufruf zu Gewaltrepressalien vermeidet, beginnt die Menge, angespornt durch seine feurigen Reden, sogleich mit der Zerstörung des Eigentums von Fiumaner Kroaten. Beim Betrachten brennender kroatischer Schiffe im Stadtkanal erinnert sich Car Emins D'Annunzio an die Worte einer

60 „[...] u obliku jedne 'vojne zapovijedi' pjesnik je izjavio da se s Cavigliom slaže jedino u pogledu Snježnika, dok on, Komandant, ide i dalje i traži za Italiju Velebit, Dinaru i Boku kotorsku koja mora da postane lukom talijanske ratne mornarice." (Ebenda, S. 285)

Heldin in einem seiner Dramen: „Die Flamme ist schön! La fiamma è bella!“[61] In diesem Sinne richtet er auch eine Botschaft an seine jungen Landsleute: „Zündet das Feuer an, meine lieben jungen Kameraden, zündet das Feuer an! Seid Brandstifter – gli incendarii – eines größeren Vaterlandes!“[62] In dieser Attitüde, zwischen einem leidenschaftlichen Patriotismus und den Aufrufen zu einer endgültigen Schlacht schwankend, unternimmt D'Annunzio verzweifelte Versuche, die Herbeiführung des italienisch-jugoslawischen Grenzvertrags zu verhindern. „Von hier“, verkündet er seinen Legionären, „werde ich gehen, um eine noch schwierigere Aufgabe zu erfüllen!“, womit er – wie Car Emins Erzähler hinzufügt – an einen „Sturm auf Rom“[63] denkt.

Wie sich das ‚Fiume-Unternehmen' allmählich seinem Ende nähert, gibt es immer mehr Vorzeichen auf eine Umkehr auf der italienischen rechtsnationalistischen Szene. Nach der Meldung, dass sogar Mussolini „das verräterische Werk von Rapallo“ unterstütze, wird sich D'Annunzio dessen schmerzlich bewusst, dass der Führer der Faschisten

> [...] weiterreichende Ziele hat, die sich in einem bestimmten Augenblick mit Ariels eigenen überschneiden könnten, es gibt schon einige Beweise dafür, so dass den Dichter schon zweimal oder dreimal die Frage plagte: Sind nicht die Kastanien, die er mit so viel Mühe aus dem Feuer holte, für jemanden anderen bestimmt? Wie auch immer, es wird klar, dass Mussolini aus dem früheren Löwen zum zahmen Rapallisten geworden ist. [...] Aber trotz all dem, wird er [D'Annunzio] ausharren, auch im Falle, dass er mit seinem Schicksal allein bleibt.[64]

Am 13. November 1920, einen Tag nach der Unterzeichnung des Vertrags von Rapallo, besetzen D'Annunzios Freischärler die Inseln Krk und Rab in einem verzweifelten Versuch, das Gebiet der „Regentschaft von Carnaro“ zu erweitern.

---

61 „Lijep je plamen! La fiamma è bella! La fiamma è bella!!“ (Ebenda, S. 296)

62 „I palite vatru, moji mladi drugovi, palite vatru borbenu! Budite palikuće – gli incendarii – Velike Domovine!...“ (Ebenda, S. 29)

63 „Odavde ću otići da ispunim još teži zavjet! – A to znači: Juriš na Rim.“ (Ebenda, S. 316)

64 „Ni pola jada što su odmah nakon izdajničke rabote u Rapallu mnoge novine, među njima i neke njemu do tada vjerne, zapjevale slavopjev vladi što joj je napokon pošlo za rukom da 'domovini osigura njene prirodne granice', ali da se u tom kolu našao i Mussolini, koji je još nedavno tvrdio da je prava talijanska vlada na Rijeci a ne u Rimu, to je ono što je njega, Ariela, grubo ubolo usred srca. [...] Da vođa fašista ima i neke daljnje ciljeve, što bi se u danom času mogli i križati s njegovim, Arielovim, o tome ima već i nekoliko dokaza, tako da je pjesnika već dva ili tri puta saletjelo pitanje: nisu li kesteni što ih on, D'Annunzio, s toliko muke vuče iz vatre, namijenjeni drugome? Ma kako bilo, sad je jasno da je Mussolini iz prijašnjeg lava postao odjednom krotki rapalist. [...] No usprkos svemu tome, on će izdržati, pa ma ostao i sam sa svojim Udesom.“ (Ebenda, S. 350)

Sollte die italienische Armee gegen seine Truppen intervenieren und diese Inseln daraufhin den Slawen überlassen, so werden seine Anhänger – wie der ‚Dichter-Soldat' verlautbart – „ein Blutbad anrichten", ohne dabei an den Tod zu denken: „Ihr Opfer werden sie der Zukunft widmen!"[65] Inzwischen begann auch die bis dahin ansehnliche Unterstützung für das ‚Unternehmen' in Italien und im Ausland zu schrumpfen. Noch einige Wochen davor wurde D'Annunzio von zwei weltweit berühmten Italienern besucht und enthusiastisch unterstützt, dem Erfinder Guglielmo Marconi und dem Dirigenten Arturo Toscanini, und nun – wie einer seiner Berater aus Paris meldet – sollen sich frühere Freunde „hinsichtlich der Fiume-Frage abgekühlt"[66] haben.

Die endgültige Schlacht, die Bombardierung der Stadt und die Kämpfe zwischen den regulären Truppen und seinen Freischärlern zu Weihnachten 1920, wird D'Annunzio – gesehen aus der Perspektive des Car Emin'schen Erzählers – nur noch als eine „Komödie" wahrnehmen. Rückblickend kommt er nun zum Schluss, dass die Fiumaner nichts Anderes als „eine seelenlose Mischung", „in ihrer Mehrheit entweder reine oder aus einer misslungenen Kreuzung hervorgegangene Kroaten"[67] seien. Aber seine Vorwürfe richten sich viel mehr gegen seine politischen Freunde in Italien, insbesondere gegen Mussolini: „Wie geschickt kletterte er nur auf seinen Rücken und, sich ihm einschleichend, hetzte ihn lieblich auf, ihn so weit wie möglich zu tragen... Und er, Ariel, war dumm genug, um anzubeißen und ..."[68] Car Emins D'Annunzio wird nun klar, „[...] wie ihm das Sprungbrett unter seinen Füßen so miserabel entglitten ist – untreues Fiume! – von dem er eines Tages seinen zweiten, viel höheren und mutigeren Flug zu unternehmen hoffte".[69] Völlig verzweifelt, wird er sich nun dessen bewusst, dass alles an ein Ende gekommen sei: „Tutto finito... – und, aufstehend, fügte er mit einer bitteren Ironie hinzu: Anche la Commedia!"[70]

---

65 „Zločinstvo stoji pred svojim izvršenjem, krv će da padne. [...] Svoju žrtvu oni posvećuju budućnosti!" (Ebenda, S. 355)

66 „Tajni savjetnik je u Parizu. Piše mu da su i pariški prijatelji malone sasvim ohladnjeli prema riječkoj stvari: ne nalaze više nikakva interesa u njoj." (Ebenda, S. 369)

67 „Sukus svega: Riječani su u svojoj većini ili čisti ili neuspjelim križanjem odrođeni Hrvati." (Ebenda, S. 383)

68 „Kako se je samo vješto popeo na njegovu grbaču i umiljavajući mu se slatko huckao da ga ponese što dalje, što više... A on, Ariel, potpuno stupidno zagrizao i..." (Ebenda, S. 384)

69 „[...] njega u ovaj mah tišti druga misao, sumorna, teška misao da mu se ispod nogu ovako bijedno i vajno izmakla daska odskočnica – nevjerna Rijeka! – s koje je on htio jednog dana da poduzme onaj svoj drugi, kudikamo viši i smjeliji let." (Ebenda, S. 387)

70 „Tutto finito... – Dižući se doda s gorkim osmijehom: Anche la Commedia!" (Ebenda, S. 385)

Das Vermächtnis der Epoche(n)

Der Roman *Careva kraljevna* (*Des Kaisers Königreich*) von August Cesarec

Milka Car (Zagreb)

1.

Der erste Roman des Schriftstellers und politischen Aktivisten August Cesarec (1893–1941), 1925 in der kroatischen Kleinstadt Koprivnica veröffentlicht, ist mit dem programmatischen Titel *Careva kraljevina* (*Des Kaisers Königreich*)[1] überschrieben, womit die chronologisch-historische (post-)imperiale Perspektive fixiert und auf Kroatien-Slawonien im transleithanischen Teil der Österreichisch-Ungarischen Monarchie beschränkt wird, also auf die kroatischen Länder, die nach dem Ausgleich von 1867 über eine eingeschränkte Autonomie verfügten, jedoch nicht die gewünschte administrative Vereinigung aller historischen kroatischen Länder (Zivilkroatien und -slawonien, Militärgrenze, Dalmatien) durchgesetzt haben. Die Romanauszüge wurden davor in Zeitschrift „Savremenik"[2] wie auch im ersten Heft der von Miroslav Krleža herausgegebenen Zeitschrift „Književna republika"[3] in Zagreb veröffentlicht. Im Erschei-

1 Cesarec, August: Careva kraljevina. Roman o nama kakvi smo bili. Zagreb: Zora 1972, S. 7. Im Weiteren in den Fußnoten kurz zitiert mit der Sigle Cesarec. Alle Zitate aus dem Roman von Klaus Detlef Olof übersetzt. Der Reprint der Erstausgabe wurde digitalisiert und ist online verfügbar unter: https://digitalna.nsk.hr/pb/?object=info&id=10683 (Zugriff 5.3.2019). Der Roman wurde ins Russische übersetzt: https://www.rulit.me/books/imperatorskoe-korolevstvo-careva-kraljevina-ru-read-343679-1.html (10.3.2019).

2 Dieses Fragment ist in ekawischer Varietät geschrieben, genauso wie die erste Fassung des Romans. Vgl. Cesarec, August: „Careva Kraljevina (fragment)", in: Savremenik. Mjesečnik društva hrvatskih književnika 3 (1923), S. 137–156. Es handelt sich um den symbolisch zentralen Teil des Romans, denn in diesem Fragment sieht die Hauptfigur des Gefangenen Jurišić Licht in der Dunkelheit, d. h. beschrieben wird seine Vision der bevorstehenden Revolution in des *Kaisers Königreich*. Vgl. S. 148f.

3 Cesarec, August: „Knjigovođa Mutavac. Fragmenti romana ‚Careva Kraljevina'", in: Književna republika 1 (1924), S. 8–16.

nungsjahr des Romans nimmt Cesarec eine wichtige Rolle im intellektuellen Leben ein und ist der „luzideste und suggestivste jugoslawische politische Publizist“[4] der Zeit geworden. Seine Texte veröffentlicht er vor allem in der „Književna republika“, damals „der einzigen jugoslawischen marxistischen kulturellen Tribüne“.[5] In der Vorkriegszeit gehörte August Cesarec dem Kreis nationalrevolutionärer und sozialistischer Schüler und Studenten, die Aktionen gegen österreichisch-ungarische Behörden planten, ein Sachverhalt, der auch einen wichtigen Strang der Romanhandlung ausmacht.

Den unter dem sprechenden Titel *Des Kaisers Königreich* veröffentlichten Roman versieht der Autor mit dem Untertitel *Roman über uns, wie wir einmal waren* (*Roman o nama kakvi smo bili*), der sich als rezeptionssteuernd bezeichnen lässt: Beschrieben werden die Ereignisse an einem Tag in der Zagreber Untersuchungshaft und zwar ausschließlich aus dem Fokus der Figuren, die einerseits an einem skurrilen wirtschaftlichen Verbrechen um eine Bestattungsfirma beteiligt waren und andererseits als Angehörige der damaligen politischen „Avantgarde“[6] der Schülerjugend das erste politische Attentat verübt hatten. Die Figuren aus den beiden Lagern, Attentäter wie auch Verbrecher und Kleinkriminelle, stehen stellvertretend für die soziopolitische Lage im Königreich Kroatien-Slawonien unmittelbar vor dem Ausbruch des Ersten Weltkrieges, die mit der verbrecherischen Enteignung, Gefangenschaft und Ausweglosigkeit gleichgesetzt wird. Somit wird metonymisch auch die untergeordnete Stellung des nominellen „Dreieinigen Königreichs“ Kroatien, Slawonien und Dalmatien innerhalb der Österreichisch-Ungarischen Monarchie dargestellt. Geschildert wird ein Stück der „deutsch-österreichisch-ungarisch-kroatisch-serbischen Konfliktgeschichte“,[7] vor allem, wenn man den Ausbruch des Terrors und der Gewalt in der Vorkriegszeit vor Augen hat.

Zugleich werden im Roman Subordinations- und Konfliktdiskurse transportiert, die der älteren ideologisch-politisch und historiographisch-diskursiv perpetuierten Vorstellung von der Österreichisch-Ungarischen Monarchie als Völkerkerker entsprechen, aus dem sich die ‚neu erwachten‘ kleinen Völker unbedingt befreien wollten, sei es auch durch Gewalt und Zerstörung. Diese Diskurse

---

4 „[…] do najlucidnijega i najsugestivnijega jugoslavenskog političkog publiciste“. Stipetić, Zorica: Argumenti za revoluciju – August Cesarec. Zagreb: Centar društvenih djelatnosti Saveza socijalističke omladine Hrvatske 1982, S. 231.

5 „[…] u Krležinoj *Književnoj republici*, jedinoj jugoslavenskoj marksističkoj kulturnoj tribini“ (Ebenda, S. 232).

6 „[…] same njegove tadanje avangarde“ (Cesarec, S. 16).

7 Suppan, Arnold: Hitler–Beneš–Tito. Konflikt, Krieg und Völkermord in Ostmittel- und Südosteuropa. Bd. 1. Wien: Verlag der österreichischen Akademie der Wissenschaften 2014, S. 223.

des 19. Jahrhunderts, entstanden als eine Begleiterscheinung der nationalen Integrationsprozesse, fanden neuen Aufschwung am Anfang des 20. Jahrhunderts insbesondere in Kreisen der projugoslawischen „nationalistischen Jugend" und wurden sowohl im ersten als auch im zweiten Jugoslawien weitergeführt. In diesem Diskurs werden die nationalen Bewegungen an die Befreiungsideologie angelehnt, während die Österreichisch-Ungarische Monarchie in der Regel als eine „archaische Institution mit einer Vielfalt ungelöster innerer Probleme"[8] betrachtet wird. Wie präsent dieser Diskurs war, lässt sich am Beispiel des Schriftstellers Miroslav Krleža zeigen, der sich ebenfalls immer wieder kritisch über „das System der habsburgischen Kerker"[9] geäußert hat. Auf jeden Fall wurde der Diskurs über die vermeintlich spätfeudale Rückständigkeit der Monarchie auch von der linksmaterialistischen Historiographie und Politik übernommen und weiter als Amalgam der nationalen und internationalisierenden Emanzipationsdiskurse tradiert. Der Roman *Des Kaisers Königreich* wurde in der Zeit geschrieben, die nicht nur durch eine intensive, zum Teil auch illegale politische Arbeit des Autors gekennzeichnet war, denn als der erste jugoslawische Schriftsteller und kommunistischer Aktivist ist Cesarec[10] schon 1922 zum ersten Mal in die Sowjetunion gereist und danach auch seine diesbezüglichen Berichte in den Zeitungen und Sammelbänden veröffentlicht. Politisch ist diese Epoche in Jugoslawien durch den immer stärker werdenden großserbischen Zentralismus und repressive militärische Praxis geprägt, die mit der sogenannten Vidovdan-Verfassung[11] kulminierte und eine heftige parlamentarische Krise in den Jahren 1923–1924 auslöste. In diesem Sinne ist der Roman auch als eine Art Bericht zur politischen Lage aus der Perspektive einer desperaten Intelligenz zu lesen.

Zieht man diese Konstellation in Betracht, ist die Frage nach der Funktion der exogenen, vor allem politischen, ideologiebedingten[12] und gesellschaftlichen

---

8 „[…] arhaična institucija s mnoštvom nerešenih unutarnjih problema". Dedijer, Vladimir: Sarajevo 1914. Beograd: Prosveta 1966, S. 109–135, hier S. 111.

9 „[…] sistem habsburške tamnice". Krleža, Miroslav: „Crno-žuti skandal – komentar mome ispadu na srpskoj čajanci u Sokolu", in: Sloboda 1 (21.10.1918), S. 3–4.

10 Vgl. dazu: Kowollik, Eva: „Intention und Fiktion in August Cesarec' Russlandstexten", in: Petzer, Tatjana (Hg.): Literatur und Revolution. Rückblicke auf 100 Jahre Oktoberrevolution. Halle-Wittenberg: Martin-Luther-Universität Halle-Wittenberg 2018, S. 111–125.

11 Die erste Verfassung des neuen südslawischen Königreichs wurde im Parlament (Skupština) am 28. Juni 1921 angenommen und wird in der Historiographie nach dem St. Veitstag überliefert. Problematisch war darin vor allem die unitaristische Idee „nach dem Motto ‚Eine Nation – Ein Staat' mit einer zentralistischen Verwaltungsgliederung". Sundhaussen, Holm: Geschichte Jugoslawiens 1918–1980. Stuttgart, Berlin, Köln, Mainz: Kohlhammer 1982, S. 49.

12 Vgl. dazu: Banac, Ivo: Nacionalno pitanje u Jugoslaviji. Porijeklo, povijest, politika. Zagreb: Durieux 1996.

Elemente im Roman zu stellen, denn die ausgeprägten Aktualitätsbezüge weisen auf eine Neubestimmung des Verhältnisses von Literatur und Gesellschaft in dieser Epoche hin. Im Roman *Des Kaisers Königreich* wird eine historisch kontingente Situation geschildert, in der sich unterschiedliche soziale und kulturelle Codes in einem engen Chronotopos überschneiden. In diesem Sinne wird hier die referenzielle Ebene des Romans analysiert, um die Frage nach den Formen und Funktionen der Gewaltdiskurse kritisch zu beleuchten. Versteht man den Roman *Des Kaisers Königreich* primär in seiner Funktion eines Seismographen historischer Spannungsfelder und sozialer Veränderungsprozesse, wird die Frage virulent, wie seine spezifische textuelle und ästhetische Form die Diskurse der Zeit reflektiert.

Im Vordergrund der Analyse steht das Zusammenspiel der intra- und extratextuellen Elemente. Im ersten Teil der Arbeit werden die Korrespondenzen zwischen den ästhetisch-literarischen und sozialhistorischen Merkmalen des Romans erforscht und im zweiten Teil werden die exogenen Elemente mit dem *close reading* des Romans ergänzt. Die Text-Kontext-Beziehung wird in Anlehnung an die Thesen Michael M. Bachtins in ihrer semantischen Unentscheidbarkeit und wechselseitiger Durchdringung dieser Elemente betrachtet: „Jedes Wort (jedes Zeichen) eines Textes führt über seine Grenzen hinaus. Jedes Verstehen ist das In-Beziehung-Setzen des jeweiligen Textes mit anderen Texten. [...] Der Text lebt nur, indem er sich mit einem anderen Text (dem Kontext) berührt."[13] Der Kontext wird in Anlehnung an die historiographischen Texte hergestellt. Nach Bachtin sind Kunst und Wirklichkeit miteinander dialogisch verbunden, denn „der Kunst gegenübergestellte Wirklichkeit kann nur die Wirklichkeit der Erkenntnis und der ethischen Handlung in allen ihren Spielarten sein: die Wirklichkeit der Lebenspraxis, der ökonomischen, sozialen, politischen sowie der im engeren Sinne moralischen".[14] War die Intention von Cesarec, die Wirklichkeit seiner Zeit zu schildern, so erfolgt dies unter dem kritisch-humanistischen und revolutionären Vorzeichen. Bachtins Romantheorie wird hier der Lukács'schen vorgezogen, da Lukács dem Roman eine Tendenz zur Totalität unterstellt, während sich der russische Theoretiker für ein offenes Kunstwerk einsetzt und den Roman als perspektivisch, dialogisch in seiner Unabschließbarkeit versteht. Nach Lukács bekommt der moderne Roman die Aufgabe zugeteilt, „nicht mehr unmittelbar die ganze Gesellschaft [zu] repräsentieren und dadurch typisch [zu] werden, sondern nur je eine der

---

13 Bachtin, Michael M.: „Zur Methodologie der Literaturwissenschaft", in: Ders.: Die Ästhetik des Wortes. Frankfurt/Main: Suhrkamp 1979, S. 349–357, hier S. 352f.

14 Bachtin, Michael M.: „Das Problem von Inhalt, Material und Form im Wortkunstschaffen", in: Ders.: Ästhetik, S. 93–154, hier S. 113.

kämpfenden Klassen“[15] zu schildern. Es ist auch anzunehmen, dass Cesarec die historisch materialistische Theorie Lukács‘ und sein 1922 erschienenes Buch *Geschichte und Klassenbewußtsen* nicht gekannt hat, denn auch Zorica Stipetić nimmt in ihrer Monographie *Argumenti za revoluciju – August Cesarec*[16] an, dass sich Cesarec in seiner theoretischen Bildung vor allem an Lenin und Trotzki orientierte und Lukács‘ Schriften nicht gelesen hat.

2.

Mit der Konzentration auf die Schilderung sozialpolitischer Umstände an der Peripherie des Reiches in der letzten Phase der Habsburgermonarchie wird die Handlung des Romans stark reduziert und spielt daher in einem präzise umgrenzten Chronotopos. Nicht nur der Handlungsort des Romans ist einheitlich – es handelt sich um die Zagreber Untersuchungshaft (zatvor Sudbenog stola) –, sondern auch die Handlungszeit wird auf nur einen Tag im Jahr 1912 eng begrenzt. Der Roman ist in drei Teile gegliedert, die sich jeweils von Morgendämmerung bis Morgen, von Morgen bis Mittag und von Nachmittag bis zum Abend erstrecken. Obwohl die Handlung des über dreihundert Seiten dicken Romans insgesamt einen einzigen Tag umfasst, werden in Figurendialogen zahlreiche Analepsen auf die politische Situation wie auch auf die sozialen Umstände eingebaut. Eine auf diese Art und Weise zeitlich und räumlich streng begrenzte Handlung führt dazu, den Roman als eine Metonymie der krisenhaften Lage in Zagreb und in Kroatien-Slawonien unmittelbar vor dem Ausbruch des Ersten Weltkrieges zu lesen. Darüber schreibt der Autor in einem Aufsatz in der Zeitschrift „Savremenik“ 1923, in welchem er direkt auf den sozialpolitischen Hintergrund des Romans eingeht: „In diesem Jahr, in dem die Handlung des Romans spielt, befand sich Kroatien mit seinem gesamten öffentlichen und privaten Leben in einer Krise. Genau genommen ist die Geschichte Kroatiens nichts anderes als die Geschichte einer chronischen Krise, nur hatte sich in diesem Jahr die Krise wieder einmal als akut erwiesen.“[17] Die Ursachen für die Krisenstimmung sind in vielfachen strukturellen sozialpolitischen Problemen der unmittelbaren Vorkriegszeit zu suchen. Aus nationaler Warte

---

15 Lukács, György: Geschichte und Klassenbewußtsein. Studien über marxistische Dialektik. Neuwied-Berlin: Luchterhand 1970, S. 27.

16 „Zanimljivo je da je Cesarčev doživljaj Lenjina sličan onome Georga Lukacsa, kojeg inače ni po spisima, čini se, nije poznavao.“ (Stipetić: Argumenti, S. 172)

17 „Te godine, kada se odigrava radnja u romanu, Hrvatska je sa svim javnim pa i privatnim životom bila u krizi. Zapravo historija Hrvatske i nije no historija kronične krize, samo se te godine ta kriza opet jedamput pokazala akutnom.“ (Cesarec, August: „Bilješke: Careva kraljevina“, in: Savremenik. Mjesečnik društva hrvatskih književnika 3 (1923), S. 185–187, hier S. 185f.)

wurde als Hauptproblem das politische Erbe des Banus Khuen-Héderváry (1883–1903) angesehen, das von einer absolutistischen Machtausführung im Interesse der großungarischen Idee geprägt war; man protestierte auch gegen ökonomische Missstände und gegen die vom Druck der dualistischen Politik hervorgerufene Paralyse der damals in Kroatien herrschenden Kroatisch-Serbischen Koalition, einer politischen Gruppierung, die viele Zeitgenossen für zukunftsweisend hielten. August Cesarec hebt zudem die damals virulent gewordene nationale Frage hervor:

> Sieht man Kroatien als gesichtslose Masse, die sich mit diesem oder jenem Ziel in vordefinierten Formen um bestimmte Achsen kristallisiert, dann haben wir es im Grunde mit zwei Kristallisationspunkten zu tun: mit dem illyrischen und später durch die Obzor- und Koalitionszeit geprägten Jugoslawentum und – mit dem von der Rechtspartei vertretenen Kroatentum.[18]

Eine solche sozialpolitisch begründete Leseart wird insbesondere am Anfang des Romans deutlich:

> Über des Kaisers Königreich herrschte damals, im Jahre neunzehnhundert und zwölf, der königliche Kommissar, und der Schuss eines Attentäters, auf ihn abgefeuert, blitzte in seinem Dunkel auf, und bald darauf, im Oktober, dröhnten durch seine Stille die Kanonen des Balkans.[19]

In wenigen Sätzen werden die Koordinaten der Zeit beschrieben: Auf der einen Seite die prekäre politische Situation der Jahre vor dem Ausbruch des Ersten Weltkrieges, die sich in der Atmosphäre einer erlebten Ausweglosigkeit kondensiert, denn in ‚Kaisers Königreich' „ist alles dunkel. Finster."[20] Auf der anderen Seite ist im einleitenden Satz zugleich die Hoffnung auf eine Veränderung der vorherrschenden Lage nicht zu überhören, das heißt auf die Überwindung der notgedrungenen Stille und Dunkelheit. Paradoxerweise wird jene Hoffnung ausgerechnet an die gewaltsamen Ereignisse jener Zeit geknüpft: an das fehlgeschlagene Attentat auf den „königlichen Kommissar", den verhassten k.u.k.-Gouverneur in Kroatien Slavko Cuvaj (1851–1931), wie auch an die im Vorfeld des Ersten Weltkrieges stattfindenden Balkankriege: „Der Feuerbrand ist weiter unten auf dem Balkan aufgeflammt. Unter den Festungsmauern von

18 „Isporedi li se Hrvatska s bezličnom masom, koja se oko izvesnih osi kristalizuje u neke po cilju ovom ili onom unapred određene oblike, onda su osnovne njene osi u glavnom dve: ilirsko, pa posle obzoraško i koalicionaško jugoslovenstvo i – pravaško hrvatstvo." (Ebenda)

19 „Nad carevom kraljevinom vladao je tada, devet stotina i dvanaeste, tutor, i jedan je atentatorski hitac, opaljen u njega, kresnuo u njenoj tami, i naskoro potom, u oktobru, grunuli su kroz tišinu njenu balkanski topovi." (Cesarec, S. 7)

20 „Ovdje je ipak sve mrak. Crno." (Ebenda, S. 211)

Drinopolje und Skopje lodern die Gespenster des zweiten Byzanz, des türkischen Imperiums."[21] Cuvaj wird sarkastisch als „Stellvertreter" („tutor")[22] genannt, denn gemäß dem ungarisch-kroatischem Ausgleich von 1868 war der Banus als Spitze der kroatischen ‚tausendjährigen' Autonomie der Budapester Regierung verantwortlich. Der Banus wurde auf Vorschlag des ungarischen Ministerialpräsidenten ernannt und war dem Landtag (Sabor) verantwortlich, konnte aber jederzeit den Landtag auflösen oder seine Einberufung aufschieben. Insofern war die Person des Banus kein Garant für Eigenstaatlichkeit, er wurde vielmehr als ein Instrument der Fremd- und Willkürherrschaft erlebt, insbesondere in der Periode zwischen 1868 und 1918. Nachdem Banus Cuvaj[23] den Sabor aufgelöst und am 3. April 1912 das Kommissariat ausgerufen hatte, protestierten Sozialdemokraten und die radikale Jugend in Zagreb und anderen Städten gegen seine Herrschaft, die als absolutistisch angesehen wurde. Als bürokratischer Beamter der Regierung[24] hielt er sich an die Anweisungen aus Wien und Budapest, was die Erinnerungen an den Bach'schen Absolutismus wachrief, er wurde auch als „kleiner Diktator"[25] betrachtet. Als sich in Zagreb im Januar 1910 etwa 7000 Demonstranten versammelten, wurden die Demonstrationen verboten und gewaltsam unterdrückt. Daraufhin wurde auch der Schulunterricht für einen Monat unterbrochen. Die protestierenden Studenten wurden am 31. Januar 1912 an der Universität mit Säbeln angegriffen, um die Demonstrationen zu unterbinden, was eine Spirale der Gewalt auslöste. Darauf einigten sich junge Intellektuelle aller Couleurs[26] auf eine gewaltsame Antwort auf diese Missstände, das heißt, das königliche Kommissariat führte zu „weiterer Radikalisierung und überregionaler Solidarisierung der studentischen Jugend".[27] Insgesamt verurteilten die Mitglieder

---

21 „[...] požar je planuo dolje na Balkanu. Pod bedemima Drinopolja i Skoplja izgaraju sablasti drugog Bizanta, carevine Turske." (Ebenda)

22 „Hiljaduletna kraljevina [...] za tutora joj je postavljen kraljevski komesar Cuvaj." (Ebenda) So auch in der Notiz zum Roman, die Cesarec in der literarischen Zeitschrift „Savremenik" publizierte.

23 Zum historischen Hintergrund der Ereignisse vgl.: Šidak, J./Gross, M./Karaman, I./Šepić, D. (Hgg.): Povijest hrvatskog naroda 1860–1914. Zagreb: Školska knjiga 1968, S. 276f.

24 Vgl. Horvat, Josip: Politička povijest Hrvatske. Zagreb: Binoza 1936, S. 416. Zit. nach Horvat: Politička povijest Hrvatske: Mirković, Budislav: Gjački pokret, Zagreb 1912, S. 414.

25 Durman, Milan: „Hrvatska pod komesarijatom", in: Književnik 11–12 (1938), S. 540–552, hier S. 546.

26 So auch der Dichter Tin Ujević. Vgl. Ujević, Tin: Sabrana djela Bd. X. Zagreb: Znanje 1966, S. 22–26. Der Klassiker der kroatischen Moderne Antun Gustav Matoš hat das Attentat in einem Text unter dem Titel *Sakrament krvavog križa* glorifiziert.

27 Calic, Marie-Janine: Geschichte Jugoslawiens im 20. Jahrhundert. München: Beck 2010, S. 64.

der rebellierenden Jugend die nationale und klassenspezifische Intoleranz ihrer Mitbürger, sie waren Atheisten oder überzeugte Republikaner und hatten teils sozialistische und teils anarcho-syndikalistische oder individuell-anarchistische Neigungen. Rückblickend wird Cesarec den Idealismus der Schülerjugend besonders hervorheben und auch die Märtyrerdiskurse vom „Kreuzzug der Jugend gegen Tyrannenherrschaft“[28] weiter beibehalten.

Im Kontext Südosteuropas ist die Spirale der Gewalt auch mit dem Ausbruch der Balkankriege verbunden, denn die Wahrnehmung der beiden Balkankriege war an der südslawischen Peripherie[29] der Monarchie von der Perspektive einer möglichen nationalen Befreiung bestimmt: Ging es im ersten der beiden bewaffneten Konflikte um die „nationale Emanzipation von imperialer Herrschaft“, so entfalten sich im Zweiten Balkankrieg „konkurrierende Programme nationaler Integration“.[30] Jedoch standen im Vordergrund nicht so sehr konkrete politische und militärische Ziele, sondern mythologisierte Befreiungsdiskurse, die sich für jeweilige nationale Mobilisierungsideologie instrumentalisieren ließen. Obwohl es in den beiden Balkankriegen um militärische Ziele ging – die Verteilung der letzten beim Osmanischen Reich verbliebenen Territorien –, wurden sie von der nationalistischen Jugend in Kroatien als Befreiungskriege[31] wahrgenommen und dementsprechend stilisiert. Damit bildeten sie den Nährboden für die Verbreitung der damals immer noch heterogenen nationalen Ideologeme. In erster Linie haben die Balkankriege der Verbreitung der jugoslawischen Idee beigetragen, denn sie waren geprägt von antiimperialistischer Haltung und standen unter dem Motto „Befreiung und Einigung“, womit die bisher in den intellektuellen und kulturellen Kreisen propagierte Idee einer südslawischen Einheit auch in den breiten Bevölkerungsschichten[32] Fuß fasste und als Brüderlichkeitsnarrativ[33] weiter tradiert wurde.

---

28 „[...] krstaški rat omladine protiv tirana“ (Cesarec: Bilješke, S. 186).

29 Newman, John Paul: „Paramilitärische Gewalt auf dem Balkan. Ursprünge und Vermächtnisse“, in: Gerwarth, Robert/Horne, John (Hgg.): Krieg im Frieden. Paramilitärische Gewalt nach dem Ersten Weltkrieg. Göttingen: Wallstein 2013, S. 226–249.

30 Ebenda, S. 231.

31 Gross, Mirjana: „Nacionalne ideje studentske omladine u Hrvatskoj uoči I. svjetskog rata“, in: Historijski zbornik XXI–XXII (1968–1969), S. 127ff.

32 Der Historiker Josip Horvat betont die emotionale Einbindung der Volksmassen nach Balkankriegen. Vgl. Horvat: Politička, S. 419.

33 Vgl. dazu: Car, Milka: „Brüderlichkeitsdiskurse im Spiegel der Rezeptionsgeschichte im kroatischen Nationaltheater in Zagreb um 1918“, in: Zimmermann, Tanja (Hg.): Brüderlichkeit und Bruderzwist. Mediale Inszenierungen des Aufbaus und des Niedergangs politischer Gemeinschaften in Ost- und Südosteuropa. Göttingen: V&R Unipress 2014, S. 169–193. (=Kultur und Sozialgeschichte Osteuropas Bd. 2)

Die Logik der Gewalt ist ein Phänomen, das die Nachkriegszeit im südosteuropäischen Raum in der postimperialen Ära in besonderer Weise prägt. Die wirtschaftlich und sozial stark zurückgebliebene Lage der kroatischen Länder führte dazu, dass die sozialen Positions- und Verteilungsumstände den Charakter nationaler Konflikte annahmen. Infolge der sich zuspitzenden Konflikte wurden insbesondere in Kreisen der linken Intelligenz die Jahre unmittelbar nach dem Ersten Weltkrieg als Naherwartungsphase einer bevorstehenden sozialistischen Revolution betrachtet und wurde dabei stark von den „allgemeinen revolutionären Bewegungen in europäischen und unseren Räumen“[34] beeinflusst. Die vorrevolutionären Unruhen waren besonders in kroatischen Ländern stark und wurden von verschiedenen sozialen Gruppen getragen. Die Proteste entluden sich in Bauernaufständen sowie Arbeiter- und Soldatenunruhen.[35] Jedoch ließ der Widerstand nach Kriegsende und der Gründung des Königreichs der Serben, Kroaten und Slowenen (SHS) allmählich nach. Es stellt sich die Frage, inwiefern sich das emanzipatorische Potential des Romans an gewaltsame Ereignisse, Attentat und Terror der nationalistischen Jugend anlehnt und wie kommt es dazu, dass solche gewaltsamen und terroristischen Aktivitäten positiv dargestellt werden? Die Antwort auf eine so komplexe Frage erfolgt erst in der Doppelung der historischen und ästhetischen Perspektive.

3.

In den älteren kroatischen und jugoslawischen philologischen Studien werden die Prosawerke von August Cesarec in der Regel als sozialhistorisch und biographisch[36] bedingt betrachtet. Er wird als „Literat und Revolutionär“[37] untersucht, ein Autor, der zur „Autorität der Linken“[38] wurde und als „Synonym einer konsequenten kommunistischen Überzeugung“[39] in der Zwischenkriegszeit bis zu seinem gewaltsamen Tod im Zuge des Ustascha-Terrors 1941 galt. Eine

34 Stipetić, Zorica: Pogledi zagrebačkih književnika komunista na osnovna društvena pitanja u razdoblju 1918–1927. godine. Separat iz zbornika „Revolucionarni radnički pokret u Zagrebu između dva svjetska rata“. Zagreb: Institut za historiju radničkog pokreta Hrvatske 1968, S. 209–241, hier S. 210.

35 Očak, Ivan: U borbi za ideje Oktobra: Jugoslavenski povratnici iz sovjetske Rusije (1918–1921). Zagreb: Stvarnost 1976.

36 Eine Biographie liegt vor: Zaninović, Vice: August Cesarec I. Život i rad. Zagreb: Matica hrvatska 1964. Der angekündigte zweite Teil ist nie erschienen.

37 „[...] jednako književnik kao i revolucionar“. Franičević, Marin: „August Cesarec u književnosti i revoluciji“, in: Matković, Marijan (Hg.): Rad JAZU 342. Bd. 8. Zagreb 1965, S. 11–26, hier S. 11.

38 Stipetić: Argumenti, S. 278.

39 Ebenda.

solche Parallelisierung seiner intellektuellen und politischen Tätigkeit bildete in diesem Zusammenhang auch den Leitfaden für die Untersuchung seiner Werke: „Schreibend dachte er an die Revolution und in seiner revolutionären Tätigkeit war er intim der Literatur zugeneigt.“[40] Auch in den zeitgenössischen Rezensionen zu seinem Roman *Des Kaisers Königreich* wurde die Tatsache hervorgehoben, dass er als Schriftsteller „mit und für seine Ideologie lebt“[41] und zugleich „Künstler“ und „intellektueller Analytiker“[42] sei. Insbesondere seine frühe Romanproduktion[43] wird als Ausdruck des literarischen und intellektuellen Widerstands gegen die „dunkle und blutige österreichische Kaserne“[44] gedeutet – die Metonymie der Gefangenschaft kommt auch hier vor; in kräftigen Zügen habe Cesarec eine „finstere und untertänige Epoche der neueren kroatischen Geschichte“[45] erfasst. Auch Miroslav Krleža beschreibt ihn als einen unbeirrbaren und konsequenten Publizisten, der sich „vom Oktober bis zu seinem Tod“[46] an die Weltanschauung eines entschiedenen Vorkämpfers der Arbeiterbewegung gehalten hat.

Die politische Tätigkeit von Cesarec setzte sehr früh an, schon als Schüler war er im Jahr 1911 in der Redaktion der Zeitschrift „Val“[47] als Mitglied der radikal-fortschrittlichen Jugendgruppe „valaši“ oder „valovci“[48] tätig. Die Gruppe der „revolutionären Nationalisten“ stand unter dem starken Einfluss der projugoslawischen Ideologie.[49] Daraus ergibt sich die Möglichkeit, seinen poli-

40 „Pišući misliti na revoluciju, a djelujući, stvarajući revoluciju, intimno biti okrenut prema literaturi.“ (Franičević: Cesarec, S. 14)

41 Nevistić, Ivan: „Uz roman Careva kraljevina“, in: Novosti 352 (24.7.1925), S. 24.

42 „Cesarec umjetnik od Cesarca analizatora i intelektualca“. Žimbrek, Ladislav: „Roman Augusta Cesarca *Careva kraljevina*“, in: Suvremenik. Mjesečnik društva hrvatskih književnika III–IV (1926), S. 118–123, hier S. 121.

43 Frangeš, Ivo: „Cesarčeva ‚Careva kraljevina‘“, in: Forum 7 (1956), S. 527–535.

44 „[...] suprotstavljanja mračnoj i krvavoj austrijskoj kasarni“. Franičević, Marin: August Cesarec 1965, S. 17.

45 Barac, Antun: „Careva kraljevina“, in: Jugoslavenska njiva 3 (1926), S. 105–106, hier S. 106.

46 „[...] od Oktobra do svoje smrti“, „[...] financijskokapitalistički kontrarevolucionarni manevar“, „[...] lažnih tradicija i megalomanskih historizama“. Krleža, Miroslav: „August Cesarec“, in: Forum 7 (1965), S. 513–516.

47 Die Redakteure der Zeitschrift waren Vladimir Čerina, Oskar Tartaglia und Matej Košćina.

48 Gross: Nacionalne, S. 109.

49 Zur Genese der jugoslawischen Idee: Troch, Pieter: Nationalism and Yugoslavia: Education, Yugoslavism and the Balkans before World War II. London, New York: Tauris 2015; Djokić, Dejan (Hg.): Yugoslavism. Histories of a Failed Idea 1918–1992, London: Hurst 2003; Nielsen, Christian Axboe: Making Yugoslavs: Identity in King Aleksandars's Yugoslavia, Toronto: University of Toronto Press 2014.

tischen Gesellschaftsroman als Schlüsselroman zu lesen, denn in ihm werden die autobiographischen Erlebnisse des stark „links engagierte[n] Autor[s]"[50] aufgearbeitet. Die „progressive, revolutionäre Jugendbewegung"[51] – wie sie in der Historiographie[52] genannt wird – war in ihren Zielen in erster Linie gegen die Vätergeneration[53] ausgerichtet. Ihre geistigen Wurzeln gehen auf die damals aktuelle Vorstellung vom Intellektuellen als dem Agens der Gesellschaft und zwar im zweifachen Sinne: Imaginiert wurde er als heldenhafter „Dichter-Prophet" und auch als „revolutionärer Attentäter", der die Aufgabe übernimmt, die Nation in Bewegung zu bringen.[54] Cesarec wurde in der ersten Linie von politischen Ideen beeinflusst, aber nicht ausschließlich, denn er las intensiv auch literarische Texte von Autoren wie Mazzini, Herder, Ibsen, Strindberg, Hamsun, France, Maeterlinck, Schopenhauer, Stirner, Nietzsche, Feuerbach, Renan, Sorel, insbesondere aber russische Autoren wie Gorki, Tschernyschewski, Herzen, Stepniak, Andrejew,[55] wie auch die Anarchisten Kropotkin und Bakunin.[56] Diese intellektuellen Leitbilder spielen eine maßgebliche Rolle in seinem Weg vom „poetischen zum politischen Ich"[57] und bringen zugleich auch die Text-Kontext-Beziehung in seinem Schaffen deutlich zum Vorschein.

Cesarec' revolutionären Überzeugungen sind in dieser Phase noch nicht ausdrücklich historisch-materialistisch ausformuliert, sondern werden eher als eine

50 Nemec, Krešimir: Povijest hrvatskog romana od 1900. do 1945. godine. Zagreb: Znanje 1998, S. 107.

51 Calic: Geschichte, S. 60.

52 Neben Gross sind zahlreiche Arbeiten zum Thema in den jugoslawischen Zeiten erschienen. Aus zeitgenössischer Perspektive bezeugt Milan Durman „das bedeutende Jubiläum aus der Geschichte des kroatischen Volkes" und zitiert auch aus Cesarec' Roman. Vgl. Durman, Milan: „Jukićev atentat na Cuvaja", in: Književnik 5 (1937), S. 177–185; Ders.; „Historijski značaj Jukićeva atentata", in: Književnik 6 (1937), S. 225–235; Ders: „Hrvatska pod komesarijatom", in: Književnik 11–12 (1938), S. 540–552; Ders.: „Đački štrajk 1912.", in: Književnik 2 (1939), S. 69–81; Zaninović, Vice: „Mlada Hrvatska uoči 1. svjetskog rata", in: Historijski zbornik XXI–XXII, 1968–1969, S. 75–143. Eine Ausnahme ist der Reprint von Josip Horvat: Pobuna omladine 1911.–1914. Zagreb: Prosvjeta 2006. Die neuere Arbeit: Despot, Igor: „Radikalne ideje i djelovanje hrvatske studentske mladeži", in: Slatković Harčević, Leona, Vodopija, Mladen (Hg.): Res novae et seditiones: Pobuna kao čimbenik promjene. Zagreb: Hrvatski studiji 2017, S. 25–45.

53 Gross: Nacionalne, S. 106.

54 „[...] nova *intelektualna elita*, sastavljena od pojedinaca *heroja*, a to su pjesnici-propovjednici koji su istodobno i revolucionari-atentatori, [...] svojom misijom *nacionalnog pokretača*" (Stipetić: Argumenti, S. 20).

55 Ebenda.

56 In der Zeitschrift „Plamen", die Cesarec zusammen mit Krleža 1919 herausgegeben hat, werden Bakunin und Kropotkin zitiert, Marx jedoch nicht, was als Einfluss der russischen Literatur gedeutet wird. (Vgl. Stipetić: Pogledi, S. 220)

57 „[...] od poetičkog do političkog (ja)" (Franičević: Cesarec, S. 13).

intellektuelle Geste des Widerstands verstanden. Miroslav Krleža beschreibt rückblickend die Atmosphäre unmittelbar nach dem Ersten Weltkrieg und seine Zusammenarbeit mit Cesarec an der Zeitschrift „Plamen" folgendermaßen:

> [...] mehr emotionaler, romantischer Natur à la Sturm und Drang;[...] auf das Ungleichgewicht der ökonomischer Verhältnisse und die ganze Anarchie der politisch-ökonomischen Krisen und Kriegskatastrophen [...] reagierten wir [...] sentimental, lyrisch, moralisch, mehr mit Temperament als mit dem Gehirn.[58]

Damit wird die „Atmosphäre der Weigerung und Verzweiflung, des anonymen und unfruchtbaren Leidens"[59] geschildert. Auf die ideologisch noch nicht gefestigte Position der Jugendbewegung, wie auch auf die äußerst negative Wahrnehmung der sozialistischen Ideen und die Schwäche der Arbeiterklasse geht Cesarec in seiner Schilderung des soziopolitischen Hintergrundes aus den 1920er Jahren ein.[60]

Er selbst nahm an der sogenannten „Schülerbewegung" (Đački pokret) teil, einer eher losen Versammlung, die über kein „kohärentes ideologisches Konzept" verfügte, sondern „auf populistische, anarchistische und sozialistische Ideen rekurrierte".[61] Den damaligen Schülerstreik[62] gegen die absolutistische Herrschaftsform des Banus Cuvaj und den anschließenden Generalstreik betrachtet der Historiker Josip Horvat als einen „europäischen politischen Skandal, ausgelöst von Jugendlichen".[63] Der damals einflussreiche Journalist und Publizist Milan Durman schreibt von einer „glänzenden Manifestation der aufrührerischer Stimmung der Jugend".[64] Im Jahr 1912 veröffentlichte Cesarec unter dem

---

58 „Taj naš historijski materijalizam bio je dakle u vrijeme Plamena više osećajne, romantične i šturm i drengerske naravi; osećajući jasno nerazmer ekonomskih odnosa, i svu anarhiju i strahotu katastrofa i nesreća, koje taj nesrazmer prouzrokuje, reagirajući na te činjenice sentimentalno i temperamentno, naš se marksizam gubio u provincijalno-malograđanskoj sredini više kao protestni otpor i *negacija*, nego kao neka sistematizovana delatnost." Krleža, Miroslav: „Napomena uredništva", in: Književna republika 1 (1923), S. 38–40, hier S. 38.

59 „[...] atmosferi uzmaka i očaja, stradavanja bezimenog i besplodnog". (Ebenda, S. 40)

60 „(Radničke mase u gradu bile su slabe i uopće je socijalizam od naših nacijonalista sviju vrsti bio s antisemitskog gledišta gledan kao židovska nauka i socijalisti među inteligencijom bili su crvene vrane, i omiljelom je tada krilaticom bilo da se, kada je netko stao na ljudsku balegu, reklo: pogazio si socijalista.)" (Cesarec: Bilješke, S. 187)

61 Calic: Geschichte, S. 60.

62 Vgl. Stipetić: Argumenti, S. 29.

63 „A dok ta borbena djeca vrelog narodnog ćućenja svojom demonstracijom po zagrebačkim ulicama stvaraju europski politički skandal svoje vrste [...]." (Horvat: Politička, S. 416)

64 „[...] sjajna manifestacija buntovnog raspoloženja tadašnje omladine". (Durman: Đački, S. 69)

Pseudonym Budislav Mirković die Broschüre unter dem Titel *Schülerbewegung – durch Erneuerung der Schule zur Erneuerung des Volkes,*[65] in welcher er die Enttäuschung der Jugend über die verspätete oder nicht erfolgte Reaktion der Öffentlichkeit beschreibt, was in der jugoslawischen sozialistischen Historiographie als sein frühes Engagement gegen die „Unterdrückung“[66] der nationalen Rechte wie auch gegen die „Ausbeutung“ der Arbeiterklasse erklärt wird. Die Lage sei zu dieser Zeit so katastrophal gewesen, dass „Jukićs Attentat als eine logische Konsequenz dieses abnormalen Zustandes erfolgte“.[67] Cesarec attackiert in seiner Schrift die Vätergeneration, die das eigene Vaterland zum Gefängnis gemacht hat – diese Metonymie wird Cesarec mehr als zehn Jahre später in seinem Roman literarisch verarbeiten. Die damals gängige Metonymie kommt auch in der Zeitschrift der radikalen Jugend „Vihor“[68] vor, in der die Stadt Zagreb als ein Gefängnis anderer Art geschildert wird.

Cesarec war in der Tat einer der Komplizen des Attentäters und ‚Jungkroaten‘ Luka Jukić[69] und wurde wegen seiner „antiösterreichischen Tätigkeit“[70] und großverräterischen Ideen zur dreijährigen Gefängnisstrafe[71] verurteilt. Er rechtfertigt diese Tat in einem Brief aus dem Gefängnis als „[d]as erste revolutionäre Auftreten unserer Vorkriegsjugend in ihrem Kampf vor allem gegen die nationale Unterdrückung durch den österreichisch-ungarischen Imperialismus“.[72] Daraus geht hervor, dass das Attentat keinesfalls als ein terroristischer Gewaltakt verstanden, sondern vielmehr als politischer Akt der Selbstopferung Luka Jukićs im Kampf für das höhere Ziel der nationalen Befreiung interpretiert wurde. Sein „Opfer“ habe – wie die zeitgenössischen Diskurse von der Historikerin Mirjana Gross rekonstruiert werden – bei allen

65 Mirković, Budislav: Gjački pokret. Zagreb 1912, S. 2–16; auch: Đački pokret – preporodom škole k preporodu naroda!, Zagreb 1912, in: Cesarec, August: Rasprave, članci, polemike. Zagreb: Zora 1971.

66 „[...] tlačenje i eksploatacija“. (Franičević: Cesarec, S. 12)

67 „[...] da se Jukićev atentat ukazivao kao logična konzekvenca toga abnormalnog stanja“. (Durman: Historijski, S. 226)

68 „Došavši u Zagreb [...] osjetili su svu mračnost okoline koja guši i sapinje. Oni su došli do uvjerenja da su iz jedne uske i male tamnice prešli samo u jednu veliku i prostranu tamnicu.“ (Vihor 15.3.1914, Nr. 2, S. 38. Zit. nach: Zaninović: Cesarec, S. 53)

69 Ausführlich zum Attentat: Stipetić: Argumenti, S. 34–50.

70 „Suučesnik Luke“. (Franičević: Cesarec, S. 12)

71 Gerichtsakte und ausführliche Schilderung des Prozesses in: Zaninović: Cesarec, S. 174–181.

72 „[...] prvi revolucionarni istup predratne naše nacionalne omladine u njenoj borbi protiv uglavnom nacionalno ugnjetavajućeg austro-ugarskog imperijalizma“. (Cesarec, August, Cvijić, Đuka, Horvatin, Kamilo: „Jukićev atentat u osvjetljenju D. Bublića“, in: Književna republika 3 (1927), S. 22)

kroatischen politischen Kreisen „Wertschätzung und Bewunderung"[73] ausgelöst. Auch aus der Perspektive der sozialistischen Historiographie, wurden Cesarec' Ideen als Amalgam[74] eines revolutionär-demokratischen Jugoslawismus und eines damals immer noch unklaren anarchistischen Sozialismus betrachtet. Zusammen mit Cesarec wurden auch spätere kommunistische Aktivisten wie Kamilo Horvatin, Đuka Cvijić, Vladimir Ćopić, Rudolf Hercigonja und Stevan Galogaža angeklagt. Mit dieser Gruppe wird Cesarec nach seiner Entlassung aus der österreichischen Armee wieder in Kontakt treten.

Die Praxis des politischen Attentates war für die damalige revolutionäre Jugend ein „schmerzhafter Prozess",[75] denn sie war von zahlreichen und oft divergierenden ideologischen Prämissen durchzogen. Die Erklärungsmuster für Jugendbewegungen im südslawischen Raum oder die „Aktivitäten der neuen nationalistischen Jugend"[76] in den Jahren 1912–1914 sind in der Arbeit der Historikerin Mirjana Gross unter dem Titel *Die nationalen Ideen der Studentenjugend in Kroatien vor dem Ersten Weltkrieg* zu finden. Nach Gross entspringe die nationalistische jugoslawische Idee einerseits der ungelösten nationalen Frage in der Habsburgischen Monarchie und andererseits wurde sie von den Ereignissen auf dem Balkan vorangetrieben. Untersucht wird die Ausdifferenzierung der Bewegung mit den Ideen der radikalen Jugend wie auch die Atmosphäre des ‚integralen' Nationalismus[77] am Ende des 19. und am Beginn des 20. Jahrhunderts. Die „Träger" der unitaristischen jugoslawischen Idee seien „die Vertreter der Sozialisten wie auch die nationalistische studentische und Schülerjugend"[78] gewesen, die den Weg von einer allmählichen gesellschaftlichen Veränderung oder Evolution (sog. „Kleinarbeit") bis zu Radikalisierung oder Revolution („Direktaktion")[79] durchgemacht haben. Die Ziele der fortschrittlichen und nationalistischen Jugend waren „die Verbesserung der ökonomischen und kulturellen Lage der breiten Bevölkerungsschichten als Voraussetzung eines wirksamen Kampfes für die Lösung der nationalen Frage".[80] Die Kultur spielte in diesem Sinne eine zentrale Rolle und wird zum „Inhalt der Nation und

73 Gross: Nacionalne, S. 124.
74 „[...] revolucionarnog jugoslavenstva prožetog demokratizmom, i još maglovitim, pomalo anarhističkim socijalizmom". (Ebenda, S. 18)
75 „[...] bolan proces". (Dedijer: Sarajevo, S. 389)
76 Horvat: Politička, S. 406.
77 Ebenda, S. 112.
78 „[...] bili predstavnici socijalista i nacionalistička studentska i srednjoškolska omladina". Ihre Ziele: „[...] podizanje ekonomskog i kulturnog stupnja širih slojeva naroda kao preduvjet djelotvornije borbe za rješenje nacionalnog pitanja." (Ebenda)
79 „[...] direktna akcija". Horvat: Politička, S. 417.
80 Ebenda.

Arbeit für die Nation",[81] vor allem mit Berufung auf die romantischen Vorbilder wie etwa die politische Theologie Mazzinis oder Freiheitsideale Schillers. Zur Radikalisierung der Jugend kommt es mit der Rezeption der Ideen Kropotkins und der literarischen Texte Arzybaschews[82] und Stepniaks[83] – Gerechtigkeit, Heroismus und Martyrium stehen dabei im Vordergrund. Die Radikalisierung deckt sich in vielerlei Hinsicht mit der Situation der europäischen Vorkriegszeit. In ihrer Erklärung dieses Phänomens stützt sich die Historikerin Mirjana Gross auf das Konzept eines integralen Nationalismus, in welchem die nationale Mission eine besondere Rolle spielt, die historisch begründet ist und von Idealen der Freiheit, Homogenität und Eigenstaatlichkeit getragen wird. Insofern ist die nationale Aufgabe den individuellen Moralvorstellungen übergeordnet und Akte der Selbstopferung verlangt, wodurch der individuelle Terror und das Attentat als politische Mittel ethisch gerechtfertigt werden. „Direkte Aktion", „Solidarität", „Widerstand", „Demonstrationen" waren Parolen der Zeit. Daraus ist zu schließen, dass die nationalistischen und klassenspezifischen Ziele in dieser Phase nicht voneinander getrennt betrachtet wurden.

Gross geht auch auf den individuellen Terror ein und erklärt diese Idee mit dem Zugriff auf die neue Rolle der Jugend, die sich als „führende Elite"[84] verstanden hat und die rückständige Gesellschaft zu revolutionieren versuchte. Das Attentat als politisches Mittel wurde in diesen Kreisen im Sinne einer nationalen Mission ausdrücklich befürwortet und auch in nationalen Diskursen[85] als ein Akt des heroischen Widerstandes glorifiziert. Als Legitimationsbasis diente der Rückgriff auf die Antike mit der Theorie des gewaltsamen Tyrannenmordes,[86] damit der Akt der Opferung für die Idee der nationalen Befreiung als moralisch verstanden werden konnte. Die besondere Rolle der Intellektuellen wurde als ihre historische Sendung betrachtet und an die messianische Erlösungsidee aus den jahrhundertelangen Ketten geknüpft. Solche Legitimationsnarrative waren nicht nur dem Diskurs der radikalen nationalistischen oder revolutionären Jugend eigen, sondern können in der Folgezeit auch in jugoslawischen historiographischen Diskursen verfolgt werden. So schreibt Josip Horvat, der Autor

81 Ebenda, S. 78.
82 Arcybasev M.: Sanjin. Zagreb: Humoristična knjižnica 1917.
83 M. Gross bezieht sich auf zwei damals übersetzte Schriften: Kropotkin, P.: Omladini. Split 1909 und Stepnjak, B.: Podzemna Rusija. Zagreb 1913. Gross: Nacionalne, S. 97.
84 „[...] zastupa ideju o 'vodećoj eliti' [...] oni treba da 'revolucioniraju' narod kako bi se digao u određenom trenutku, između ostalog, i individualnim terorom". (Ebenda, S. 78)
85 Zaninović, Vice: „Mlada Hrvatska uoči 1. svjetskog rata", in: Historijski zbornik 11/12 (1958), S. 65–104.
86 Zur Idee des Tyrannenmordes vgl. Dedijer: Sarajevo, S. 263–285.

der ersten politischen Geschichte Kroatiens aus der Zwischenkriegszeit von der Identifikation der breiten Massen mit dem politischen Kampf[87] der Jugend.

Zorica Stipetić deutet die Rolle Cesarec' im Attentat als Ausdruck einer *„tätigen Opfermoral“*.[88] Der individuelle Terror war damals keine Ausnahme, sondern ein gesamteuropäisches Phänomen und Ergebnis der konfliktgeladenen Krisensituation. Nachdem Bogdan Žerajić in Juni 1910 in Sarajevo Attentat auf General Varešanin verübt hatte, wurde der spätere Selbstmörder Žerajić zum Helden der jungen Generation[89] im Mythos der Selbstaufopferung verklärt. Nach dem Attentat des ‚Jungserben' Žerajić wird auch das Attentat auf Cuvaj verübt. Es wird vom jugoslawischen Historiker Vladimir Dedijer in seinem Buch *Road to Sarajevo* ausführlich als das „erste politische Attentat auf dem kroatischen Territorium“[90] in moderner Periode behandelt.

Die eigenen Generationserfahrungen und Teilnahme an der Vorbereitung des Attentats auf den berüchtigten Banus Slavko Cuvaj bilden somit die Quellen für die Schilderung der politischen und sozialen Situation in Cesarec' Roman. Zwar bezieht sich die Handlung des Romans auf die Österreichisch-Ungarische Monarchie, aber die gleiche Erfahrung der Verfolgung hat Cesarec wegen seiner politischen, jetzt kommunistischen Tätigkeit auch im Königreich SHS erlebt. So wurde er 1922 wegen seiner Begräbnisrede[91] für den Attentäter Alija Alijagić verhaftet. Es ging um ein Mitglied der linksterroristischen Gruppe *Crvena pravda* (Rote Gerechtigkeit), der festgenommen wurde, nachdem er in Delnice den königlichen Innenminister Milorad Drašković umgebracht hatte. Aus dem Gefängnis berichtet Cesarec zu dieser Zeit: „Denk ich daran, scheint es mir, als ob es wieder ein Präludium für ein nochmaliges Jahr 1912 kommt und es wieder notwendig wird, sich an die Entbehrungen anzupassen.“[92] Auf das Attentat geht Cesarec auch immer wieder ein, wie z.B. in der Zeitschrift „Književna republika“ in seiner Polemik[93] mit Dragan Bublić, der ebenfalls einen Schlüsselroman über

87 „[...] u duši cijela slobodna narodna javnost stoji za tom omladinom, za njezinim idealima“. (Horvat: Politička, S. 418)

88 „[...] *djelotvornog morala žrtve*“. (Stipetić: Argumenti, S. 22; Hervorhebung Z. S.)

89 Nach dem gescheiterten Attentat auf Cuvaj hat schon am 31.12.1912 Ivan Planiščak einen weiteren Attentatversuch verübt. Der Arbeiter Stjepan Dojčić hat im Jahr 1913 auf Cuvajs Nachfolger Banus Škerlec geschossen.

90 „[...] prvi politički atentat izvršen na hrvatskoj teritoriji“. (Dedijer: Sarajevo, S. 441)

91 Abgedruckt in: Zaninović: Cesarec.

92 „Kad mislim na to uvek mi se čini da je to preludij opet jednoj 1912: svikavanje na odricanje.“ Cesarec, August: Pismo Đuri Cvijiću 20.04.1923. (Zit. nach: Stipetić: Argumenti, S. 154)

93 Abgedruckt in: Cesarec, August: „Jukićev atentat i Dragan Bublić u osvjetljenju svoga ‚atentata'“, in: Ders.: Rasprave, članci, polemike. Društveni i kulturni problemi Jugoslavije (1918–1925). Bd. 2. Zagreb: Mladost 1986, S. 215–225.

das Cuvaj-Attentat aus der Perspektive eines jetzt regimetreuen Mitglieds der ehemaligen jungen Generation verfasst hat.

4.

In *Des Kaisers Königreich*, dem „ersten modernen kroatischen Roman",[94] wie er von der Kritik in der jugoslawischen sozialistischen Ära genannt wurde, werden die Hoffnungen der revolutionären Jugend angesprochen wie auch ihre Gründe für die Begeisterung mit dem Ideal der nationalen Befreiung. Mit seiner Konzentration auf sozialpolitisch relevante Details und eine psychologisch nuancierte Darstellung seiner Figuren wird Cesarec' Roman als Beispiel des sogenannten „synthetischen Realismus"[95] angesehen, der sozial engagiert, jedoch nicht vom platten Utilitarismus der sozialrealistischen proletarischen Literatur geprägt ist. Literaturhistorisch betrachtet sind die 1920er Jahre die Epoche, in welcher „jugoslawische Literaturen direkter als je mit aktuellen gesellschaftlichen und literarischen Ereignissen in der Welt konfrontiert wurden".[96] Der Dichter Tin Ujević, ein Zeitgenosse Cesarec', beurteilt die zeitgenössische Romanproduktion als „Baedeker des Milieus, Typen-Herbarium, anatomisches Kabinett der Gesellschaft".[97] Als „lebendige Literatur"[98] wurde *Des Kaisers Königreich* in Feuilletons kommentiert. Anerkannt wird somit die Intention, die „Karikatur der Gerechtigkeit"[99] in einer ungerechten Gesellschaft zu präsentieren.

Die dualistische und antagonistische Weltsicht ist an der Figurenkonzeption abzulesen. Wie schon erwähnt, bilden die eine Gruppe junge, visionäre, wenn auch in ihren Hoffnungen enttäuschte Figuren. Die andere Gruppe machen die mit den Machenschaften um die Zagreber Bestattungsfirma *Die kroatische Wache* (Hrvatska straža) verbundenen korrupten Politiker und Verbrecher aus, die mit gefälschten Kranken- und Todesurkunden ihre Geschäfte getrieben haben. Ihre Machenschaften werden metaphorisch als gefährliche schwarze

---

94 Stipetić: Argumenti, S. 232.

95 Ebenda, S. 280.

96 „Jugoslavenske književnosti između dva rata suočene su izravnije negoli ikad prije s aktualnim društvenim i književnim zbivanjima u svijetu." Matvejević, Predrag: Književnost i njezina društvena funkcija. Od književne tendencije do sukoba na ljevici. Novi Sad: Radnički univerzitet Radivoj Ćirpanov 1977, S. 43.

97 „[...] baedeker sredina, herbarijum tipova, anatomski kabinet društva". Ujević, Tin: „Stvarnost koja je izgubila dokumente", in: Ders.: Eseji, rasprave, članci. Sabrana djela IX. Zagreb: Znanje 1965, S. 272–273.

98 I. A. N.: „A. Cesarec: „Careva kraljevina.", in: Vijenac 6 (2.2.1926), S. 73.

99 Cesarec, S. 335.

Flut[100] dargestellt, denn sie lassen das ganze Land in ihrem dunklen Sog ertrinken. Der Direktor der Bestattungsfirma Rašula stellt sich sogar als „König der Toten“ und „Präsident der Republik der Toten“[101] vor. In der Tat treibt er die tragische Figur des Buchhalters Mutavac in den Tod, damit er nicht gegen ihn aussagen kann. Die mit dem Skandal verbundenen Politiker werden satirisch „solide Politiker, Gauner, Kaufleute, ehrwürdige Pharisäer“[102] genannt. Auch wird ihre Entfremdung vom Volk beschrieben, die sich darin äußert, dass der Anwalt Rašula[103] oft deutsch spricht, vor allem mit seiner „rechten Hand“,[104] dem Kaufmann Rosenkranz, und sich dabei spöttisch über die „Totenphilosophie“ der Jugend äußert. Diese Betrüger haben Kapital aus Leichen geschlagen und werden deshalb von der Hautpfigur, dem Attentäter Jurišić, als „nationale Totengräber und Schwindler“[105] gescholten. Zugleich wird die aktuelle politische Situation mit solchen verbrecherischen Praktiken gleichgesetzt, womit auch die Notwendigkeit einer revolutionären Veränderung und Direktaktion begründet wird. Cesarec geht hier auf den zeitgenössischen Skandal um eine Bestattungsfirma[106] in einem in der Zeitschrift „Plamen“ 1919 veröffentlichten Artikel[107] ein, in welchem er die soziale Realität in der neuerrichteten jugoslawischen Monarchie schildert und die jugoslawische bürgerliche Klasse mit der früheren imperialen Politik der Unterdrückung in der Österreichisch-Ungarischen Monarchie gleichsetzt.

Dass das Attentat wie auch das daran anschließende Gerichtsurteil und die Gefängnisstrafe als eine Vorstufe im revolutionären Prozess angesehen werden, geht aus dem Roman klar hervor, denn dieses Ereignis vergleicht Cesarec feierlich mit dem Purgatorium,[108] das die Verurteilten für einen noch härteren

---

100 „[…] to se ta trgovina bolesnima i mrtvima širila u crnu neku plimu i poplavljivala cijelu Hrvatsku“ (ebenda, S. 29).

101 „[…] direktor Rašula, kralj mrtvaca […] predsjednik mrtvačke republike“ (ebenda, S. 194).

102 „[…] solidni političari, fiškali, trgovci, časni farizeji;“ (ebenda, S. 231).

103 „Na, und Sie? – udari ga po hromoj nozi. – Schweigsam wie am Eise? Totenphilosophie, was?“ (ebenda, S. 48).

104 Ebenda, S. 30.

105 „Vi, totngreberi narodni! Švindleri!“ (Ebenda, S. 129)

106 Dieser Stoff wurde auch von Miroslav Krleža in seiner Novelle *Veliki meštar sviju hulja* (Der Großmeister aller Schurken) behandelt, die zum ersten Mal in der Zeitschrift „Plamen“ 1919 erschienen ist.

107 „Crna realnost naša: jugoslavenska građanska klasa… I ništa drugo nisu oni do nastavak onih famoznih dvaju osiguravajućih društava, koja su konzervirala mrtvace na ledu, samo da ih održe do izvesnog roka, pa onda samima sebi da isplate osigurninu.“ Cesarec, August: „Dve orijentacije“, in: Plamen 2 (15.2.1919), S. 71–73, hier S. 73.

108 „zatvor čistilištem koje će osuđene pročistiti za još veću borbu“ (Cesarec, S. 15).

Kampf vorbereiten soll, der erst die Gefängnisstrafe für die Figur des gerechten Attentäters Jurišić rechtfertigen kann. Schon an der Figurenkonstellation kann eine ausgeprägte gesellschaftskritische und ideologische Funktionalisierung der Literatur als typisches Kennzeichen der literarischen Produktion von Cesarec angesehen werden. Die Figuren und ihre Handlungen vertreten bestimmte Aspekte des sozialen Lebens, welche auf die gesellschaftlichen Missstände und zugleich auf die Notwendigkeit einer (revolutionären) Veränderung hinweisen. So ist die Figur des „Lehramtskandidaten" (učiteljski pripravnik) Jurišić, der vom Gefängniswärter Burmut spöttisch „Bomber" (bombaš) genannt wird, nicht nur als ein Alter ego des Autors oder als „das Memento des Autors"[109] konzipiert, sondern wird auch als „literarische Transposition von ideellen und politischen Anschauungen aus seiner damaligen Publizistik"[110] angesehen. Er wird deshalb im Roman als ein „naiver Jugendlicher, ein unwissendes Kind" vorgestellt, das „vom Wunsch nach dem Wahren und dem Guten bewogen wird".[111] Diese Figur trägt zweifelsohne zum Teil autobiographische Züge, als Modell[112] diente aber die Biographie von Josip Šarinić, einem anderen Komplizen im Attentat[113] auf Cuvaj, der vor Gericht von „Gewitter und Donner"[114] als einer notwendigen Voraussetzung für den Weg in die politische Freiheit gesprochen hatte. Diese Figur verkörpert die individuell und kollektiv erlebte Lebenserfahrung eines revolutionären Intellektuellen in vollem Bewusstsein über die Ohnmacht und soziale Ausgrenzung in einer Zeit, in welcher das „öffentliche Leben in Kroatien politisch immer fiebriger und moralisch immer skandalöser wurde".[115] Die politische und soziale Lähmung führt dazu, erst in Gewalt den Ausweg zu sehen. Eine Konsequenz davon ist jedoch die vollständige Negation der bestehenden Ordnung. So wird sogar der Tod des Kaisers[116] heraufbeschworen, damit die Gefangenen danach wieder leben können.

---

109 Žimbrek: Roman A. C., S. 121.

110 Stipetić: Argumenti, S. 232.

111 „naivni omladinac, dijete koje ništa ne zna. Želja za dobrom i istinom pokreće ipak i njega..." (Ebenda, S. 154)

112 Zaninović: Cesarec, S. 32.

113 Neben dem 25jährigen Attentäter Luka Jukić wurden noch elf weitere Komplizen verhaftet: Đuro Cvijić, August Cesarec, Dragutin Bublić, Franjo Neidhart, Kamilo Horvatin, Roman Horvat, Vladimir Badalić, Dušan Narandžić, Vatroslav Dolenc, Josip Šarinić, Stjepan Galogaža. (Vgl. Stipetić: Argumenti, S. 40f.)

114 „da se naše političko obzorje neće prije raščistiti, dok ne bude bure i grmljavine" (zit. nach Durman: Historijski, S. 227).

115 „Javni život Hrvatske tada je politički sve više padao u groznicu, a moralno sve dublje u skandal." (Cesarec, S. 15)

116 „Careva smrt robijašima život!" (Ebenda, S. 210)

Die andere wichtige Figur des ungerecht Gefangengenommenen ist Marko von Petković, der als „Nachfahre des alten Zagorjaner Kleinadels" eine Offizierslaufbahn antreten sollte, sich aber politisch engagierte und zum „kroatischen Don Quijote"[117] und zum „loyalen Anarchisten"[118] wurde, der im Gefängnis Heinrich Heine[119] liest. Diese Figur des idealistischen Rebellen, die nach dem empirischen, im Irrenhaus Stenjevec verstorbenen Mirko pl. Pisačić konzipiert wurde, wurde von seinem eigenen Schwager, dem korrupten Anwalt Dr. Pajzl verraten, nachdem Petković sein reiches Erbe aus Mitleid an die Notdürftigen verteilt hatte. Diese Figur repräsentiert am stärksten den Zusammenprall der Welt der alten Monarchie mit der neuen Zeit und nationalistischen Idealen der Jugend. Im Gefängnis schreibt Petković unermüdlich „Briefe, Appelle und Memoranden"[120] an die „Hofkanzlei",[121] um vom Kaiser persönlich Begnadigung zu bekommen. Er entwickelt damit ein krankhaftes Phantasma über die potentielle kaiserlich-königliche Rettung. Dieser Prozess wird als vollständige Verwechslung der Ebenen zwischen Realität und Phantasie in einer spätexpressionistischen Manier geschildert, wobei der verratene Idealist Petković im Gefängnis seinen Verstand völlig verliert: „Franz Joseph von Habsburg wird geruhen, sich seinem ergebenen Diener, dem kroatischen Adeligen, Kaiserlichen und Edlen Ritter Marko Petković von Beznja gegenüber huldvoll zu erzeigen."[122] Er attackiert sogar das Portrait des Kaisers mit dem Messer und wird somit zum „tragischen Typus der charakteristischen kroatischen Groteske".[123] Dafür klagt Jurišić die Engstirnigkeit der kroatischen Intelligenz und der politischen Elite an, denn die einzige Rettung für „Menschen wie Petković" sei die Flucht in den Wahnsinn, und zwar vor einer Gesellschaft, die nichts „Reines und Großes"[124] zulässt. Die Metonymie der Gefangenschaft ist somit als vollständige Negation des Humanen zu verstehen, die sogar zur Auslöschung und Lethargie der ganzen Stadt führt, wie es im letzten Satz des Romans heißt: „In der Stadt, der weißen, freien königlichen Stadt des kaiserlichen Königreichs scheinen die Feuersignale

---

117 „korjenitog zagorskog šljivara, Marko plemeniti Petković trebao je biti oficir." (Ebenda, S. 17)

118 „hrvatski Don Kihot", „lojalni anarhist" (ebenda, S. 18).

119 „o Mariji Antoaneti" (ebenda S. 22).

120 „pisma, apelacije i memorandume" (ebenda, S. 97).

121 „svoje apele na dvorske kancelarije [...] te traži od cara pomilovanje" (ebenda, S. 19).

122 „Franjo Josip Habsburg blagoizvoljet će smilovati se na pokornog roba hrvatskog plemića (Kaiserlicher Ritter, Edler von Adelige) Marka Petković od Beznje." (Ebenda, S. 98)

123 Ebenda, S. 88

124 „karakteri kao Petković mogu egzistirati samo tako da se od vas spase u ludilu. Jeste li vi sredina za nešto čisto i veliko?" (Ebenda, S. 86)

zu weinen und der Trauermarsch zu klagen."[125] Aus dieser verzweifelten Lage kann sich der Mensch nur in verzweifelten Akten des Widerstandes retten. Bei Jurišić ist es sein terroristischer Akt, Petković wiederum sucht seine Rettung im Wahnsinn und kann nicht erkennen, dass sein gesamtes Königreich zu einer imaginären Simulation[126] geworden ist. Gerade die radikale Ablehnung der unhaltbaren Normen bilde die „ethische Note"[127] des Romans aus, respektive seine humanistische Ausrichtung, die als eine Anklage gegen die Entmachtung des Individuums in der Vorkriegszeit konzipiert wird.

Die beiden Häftlinge repräsentieren das Bild des neuen Menschen, der nach einer gerechten Gesellschaft strebt, worin die marxistische Inspiration des Autors zu erkennen ist. Die alte Welt wird dabei als Phantasma eines Wahnsinnigen festgehalten, als ein von Krankheit und Wahn verzerrter Traum, der überholt werden muss. Jedoch ist auch die Vorstellung von der neuen Welt in diesem aus Figurendialogen komponierten Roman mit Gewalt verbunden. Die Hoffnung auf eine Veränderung der Lage wird von dem Gefangen gesetzten jungen Attentäter Jurišić ausgesprochen:

> Das ganze kaiserliche Königreich liegt danieder wie ein einsames verwehtes Dorf in der Nacht. Alle Lichter sind erloschen, die Straßen liegen im Kot, der Triumphwagen ist zerschlagen und im Schlamm versunken, zu hören ist nur das hässliche Todesröcheln des Opfers, das sich selbst für schuldig erklärt. Doch dort am Ende leuchtet etwas wie das rote Herz der Nacht! Voran, Ritter der Freiheit und des Rechts! Zum Licht! Aber das rote Licht – es ist die rote Laterne der Polizei und des Kerkers! Und wieder überall Finsternis. Finsternis als dunkle Ahnung, dass etwas in Flammen aufgehen wird. In der Luft liegt Brandgeruch. Ein Feuersbrand wird ausbrechen.[128]

Dieses Zitat ist die zentrale Stelle des Romans und lässt die Ambivalenz der revolutionären Hoffnungen erkennen – sie werden mit Feuer, Gewalt und Zerstörung konnotiert. Der finsteren und beengten Atmosphäre der menschenverachtenden Machenschaften der mit Skandal um die Bestattungsfirma versammelten Figuren werden verschlüsselte Zukunftsvisionen des neuen Men-

---

125 „U gradu, bijelom, slobodnom kraljevskom gradu careve kraljevine kao da plaču požarni signali i bugari pogrebni marš." (Ebenda, S. 338)

126 „[...] cijela njegova kraljevina da je simulacija?" (Ebenda, S. 324)

127 Barac: Careva kraljevina, S. 106.

128 „Cijela careva kraljevina kao da je samotno, zatureno selo u noći. Sva su svjetla pogašena, drumovi leže u blatu, kola trijumfa su razbita i zagrezla, sve je ružan ropac žrtve koja je i sama sebi kriva! Tamo na kraju ko crveno srce noći ipak se nešto svijetli! Naprijed vitezovi slobode i pravde! K svjetlu! A to crveno svjetlo – crvena je lampa policije i tamnice! I opet je sve mrak. Mrak ko tamna slutnja da će se nešto zapaliti. Osjeća se vonj po paljevini. Planut će požar!" (Cesarec, S. 210)

schen entgegengestellt. Die ‚optimale Zukunftsprojektion' erscheint jedoch gebrochen, denn die Diskurse der Gewalt und der Unterdrückung werden in ihr mittransportiert. Für die Zukunft wird ein sozialistisches Jugoslawien als die Erfüllung der Befreiungsnarrative postuliert, jedoch bleiben die Aporien der Unterdrückungs- und Gewaltdiskurse darin erhalten.

Der in realistisch-psychologischer Manier geschriebene und dezidiert sozialpolitisch orientierte Roman ist insofern ein Dokument seiner Zeit und bündelt die zentralen gesellschaftspolitischen Diskurse. Dokumentarisch ist der Roman als ein Zeugnis der Stimmung der linksmaterialistischen und sozialistischen Jugend in ihrer Reaktion auf die imperiale Stunde Null. Er kann als ein Dokument der instabilen und konfliktgeladenen Lage in der letzten Phase der Österreichisch-Ungarischen Monarchie gelesen werden. Rekapituliert werden die historischen Ursachen für die revolutionäre Begeisterung in einem Teil der damals als fortschrittlich genannten Jugend, wenngleich aus einer monokausalen Perspektive. Mit dem fatalistischen „schwierigen Gefühl einer undefinierbaren Nutzlosigkeit"[129] endet auch der Roman – „Irrenhaus, Zuchthaus oder Grab"[130] sind die einzigen den Figuren angebotenen Möglichkeiten. Die Hauptfigur Jurišić bleibt im Gefängnis[131] in Erwartung des neuen Menschen.

Der dokumentarische Aspekt des Romans geht aus der Authentizität des dargestellten Geschehens und der Figuren hervor. In den zeitgenössischen Rezensionen auf der Linken wird der dokumentarische Charakter des Romans anerkannt und an die minutiöse Schilderung der Lage im Jahr 1912 gebunden. Zudem wird die Tatsache betont, dass der Roman als eine „Abrechnung mit der vergangenen Epoche und Ouvertüre zu einer neuen Weltsicht"[132] zu verstehen sei. Der Roman wird als die Suche nach einer neuen Instanz[133] der Gerechtigkeit interpretiert, nachdem die alten Gesetze und Gerichte ihre Gültigkeit verloren haben und als überlebte und korrupte Herrschaftsmechanismen bloßgestellt werden. Gedeutet wird er als „ein unbarmherziges, widerliches, dokumentarisch anklagendes Bild der Gesellschaft, in der es keinen Platz für wahre Menschen

129 „[...] od mučnog osjećanja neke uzaludnosti." (Ebenda, S. 260)

130 „[...] u ludnicu ili u kaznionicu ili u grob?" (Ebenda, S. 276)

131 „‚Čovjeka čekam!' – pokrene se Jurišić s pogledom preda se kao u prazno." (Ebenda, S. 338)

132 „Careva kraljevina je obračunavanje s jednim prošlim životom, uvertira u novo gledanje na svijet", Žimbrek: Roman A. C., S. 119.

133 „Roman zapravo i jeste traženje nove instance, nepriznavanje moralne nadležnosti sudu i sudištu koje se temelji na takvim odnosima i na takvim uzištima." (Frangeš: Cesarčeva, S. 533)

gibt"[134]. Damit wird zugleich die expressionistische Ideologie des neuen Menschen vermittelt. Für den dialogischen Ansatz der Romananalyse spielt die Notwendigkeit einer permanenten diskursiven Verortung an der Kreuzung unterschiedlicher Epochen eine besonders wichtige Rolle. Dabei führt das Zusammenspiel der intra- und extradiegetischen Elemente zu Überlagerung der semantischen Ebenen. Somit bezeugt der Roman nicht nur das Attentat aus dem Jahr 1912 und die unmittelbare postimperiale Situation seiner Entstehungszeit, sondern darüber hinaus auch die interpretativen Legitimationsdiskurse der nachfolgenden sozialistischen Ära.

In diesem Sinne ist der Roman *Careva kraljevina* nicht nur als ein Bericht aus der vergangenen imperialen Epoche zu lesen, sondern stellt zugleich ein Vermächtnis der jugoslawischen sozialistischen Epoche dar, denn die Ideen von Cesarec wurden auch als Grundlage und Legitimationsbasis im Programm der ideologischen Sicherung des Tito-Jugoslawien verwendet, indem der Roman in der Regel als „gesellschaftliches und moralisches Profil einer Epoche aus unserer neueren Geschichte"[135] interpretiert wurde. Dafür wurde der terroristische Akt des Attentats zu einer heroischen Geste des Freiheitskämpfers[136] stilisiert und die Österreich-Ungarische Monarchie zu einem anachronistischen und despotischen Gebilde erklärt, wobei die komplexen ideologischen und kulturellen Umstände der imperialen Epoche außer Acht geraten. Erst in der Doppelung der postimperialen und postsozialistischen Perspektive wie auch der Korrespondenzen zwischen den ästhetischen und historischen Strukturen ist *Careva kraljevina* als ein Vermächtnis der Epoche(n) zu lesen.

134 „[…] nemilosrdnu, mučnu, dokumentarno optužujuću sliku društva u kojem nema mjesta za istinskog čovjeka." (Stipetić: Argumenti, S. 271)

135 „[…] društveno-moralni profil jednoga perioda naše novije prošlosti." (Zaninović: Cesarec, S. 30)

136 Die Rechtfertigung für Gewalt und Attentat wurde in soziohistorischen Umständen gesucht und die Rolle des opferungsbereiten Einzelnen wurde an die Notwendigkeit der Beeinflussung der Massen gebunden: „Uloga takvih pojedinaca, svjesnih žrtava bila je da održavaju budnom svijest u masama." (Stipetić: Argumenti, S. 32)

Heimkehr ins Nichts

Leo Perutz' *Wohin rollst Du, Äpfelchen...*

Hans Richard Brittnacher (Berlin)

„Die Erfahrung ist im Kurs gefallen."[1] Diese Worte stehen am Beginn von Walter Benjamins berühmter Bilanzierung der Defizite der modernen Welt, die in der Sprach- und Ratlosigkeit der Menschen ihren Ausdruck gefunden hatte, die im Krieg um den Reichtum gelebter Erfahrungen gebracht worden waren: „Denn nie sind Erfahrungen gründlicher gestraft worden als die strategischen durch den Stellungskrieg, die wirtschaftlichen durch die Inflation, die körperlichen durch den Hunger, die sittlichen durch die Machthaber."[2] Der Krieg hat keinen Stein auf dem anderen gelassen, nur wenige, die im Feld waren, sind zurückgekehrt – das Schicksal derer, die überlebt haben, hat einer neuen literarischen Gattung, die freilich ein altes Motiv der Weltliteratur aufgreift,[3] seinen Namen gegeben, dem Heimkehrerroman:

> Der Typus des heimatlosen Heimkehrers, der ortlos und glaubenslos, hoffnungslos, skeptisch einer feindlichen Welt bürgerlicher Saturiertheit gegenübersteht, ist eines, wenn nicht das wichtigste, Thema der deutschen Erfolgsromane von 1927 bis zum Beginn der 30er Jahre.[4]

---

1 Benjamin, Walter: „Erfahrung und Armut", in: Ders.: Gesammelte Schriften. Bd. II. Hg. Rolf Tiedemann, Hermann Schweppenhäuser. Frankfurt/Main: Suhrkamp 1980, S. 213–219, hier S. 214.

2 Ebenda.

3 Vgl. den Artikel „Heimkehr", in: Frenzel, Elisabeth: Motive der Weltliteratur. Ein Lexikon dichtungsgeschichtlicher Längsschnitte. 6. Aufl. Stuttgart: Kröner 2008, S. 320–332.

4 Müller, Hans-Harald: „Krieg im Frieden. Zur metafiktionalen Genremischung in Leo Perutz' Roman *Wohin rollst du, Äpfelchen...*", in: Koch, Lars (Hg.): Imaginäre Welten im Widerstreit. Krieg und Geschichte in der deutschsprachigen Literatur seit 1900. Würzburg: Königshausen & Neumann 2007, S. 46–57, hier S. 48

Sein vielleicht berühmtestes Beispiel dürfte Joseph Roths desillusionierender Roman *Die Flucht ohne Ende* (1927) geliefert haben, der seinen Helden Franz Tunda am Ende seiner Irrfahrten durch das von Revolutionen und Krisen erschütterte Europa in Paris auf dem Platz vor der Madeleine ratlos entlässt: „Er hatte keinen Beruf, keine Liebe, keine Lust, keine Hoffnung, keinen Ehrgeiz und nicht einmal Egoismus. So überflüssig wie er war niemand in der Welt."[5] Zynischer als Franz Tunda, aber nicht weniger ratlos sucht Koloman Freiherr von Isbaregg in Hugo Bettauers *Hemmungslos* (1920) seinen Platz in der *demi monde* Wiens, nur noch trostlos gestaltet sich das Schicksal des unerwünschten Heimkehrers in Ernst Tollers Drama *Der deutsche Hinkemann* (1921/22). Typisch für die depressive Stimmung der Heimkehrerliteratur ist das Schicksal Arnold Zippers, des Helden in einem anderen von Roths Romanen, in *Zipper und sein Vater* (1928). Er endet als clownesker Artist in einem Varieté, in dem er allabendlich daran gehindert wird, auf einer Geige zu spielen – eine Verhinderung, die dem Erzähler aufschlussreich erscheint, „symbolisch für unsere Generation der Heimgekehrten, die man verhindert zu spielen; eine Rolle, eine Handlung, eine Geige".[6]

Zu dieser Tradition der Heimkehrerliteratur scheint auch Leo Perutz' Roman *Wohin rollst Du, Äpfelchen...* zu gehören, 1924 begonnen und 1928, also nach über dreijähriger Entstehungszeit, erschienen, ein sensationeller Erfolg der Weimarer Republik, der zum Vater wohl auch eine aufsehenerregende Werbekampagne hatte. Am 4. März 1928 wurden einige hundert Litfaßsäulen in Berlin mit mannshohen, orangefarbenen Plakaten beklebt, auf denen in großen schwarzen Lettern nichts weiter als ein Fragepronomen zu lesen war: „Wohin?" Eine Woche später wurde die Frage ergänzt, aber blieb weiterhin rätselhaft und unbeantwortet: „Wohin rollst Du, Äpfelchen?" Erst die dritte Woche lüftete das Geheimnis als Werbemaßnahme des Ullstein-Verlags für den neuen Roman von Leo Perutz, der zunächst in Fortsetzungen in der hauseigenen „Berliner Illustrirten Zeitung", der seinerzeit größten Illustrierten Europas, erschien und deren Auflage um immerhin 30.000 Exemplare steigerte. Die Plakatierung hatte das Cliffhanger-Prinzip des Fortsetzungsromans metasprachlich abgebildet und in die Werbung des Produkts eingespeist.[7]

5 Roth, Joseph: Die Flucht ohne Ende, in: Ders.: Werke. Bd. 4. Hg. Fritz Hackert. Köln, Amsterdam: Kiepenheuer & Witsch 1989, S. 389–496, hier S. 496.

6 Roth, Joseph: Zipper und sein Vater, in: Ders.: Werke. Bd. 4, S. 501–607, hier S. 606f.

7 Vgl. dazu die originellen Überlegungen von Meier, Franziska: „Unterhaltung vom ‚Dichter'. Leo Perutz' Ullsteinroman *Wohin rollst Du Äpfelchen ...*", in: Haug, Christine/Mayer, Franziska; Podewski, Madleen (Hgg.): Populäres Judentum. Medien, Debatten, Lesestoffe. Tübingen: Niemeyer 2009, S. 171–189, hier S. 177.

Zum Erfolg des Romans mag auch beigetragen haben, dass Perutz seine stoffreiche, spannende Geschichte nach einem bewährten Muster der alteuropäischen Welt gestaltete, dem Walter Benjamin in seinem Erzähleraufsatz 1936, zu einer Zeit also, in der das Erzählen seine tröstliche Funktion unwiderruflich eingebüßt hatte, eine bewegende Apologie geliefert hat.[8] Die Prototypen des Erzählers, der Ackerbauer oder der Seefahrer, vermochten noch den Erfahrungen gelebten Lebens einen reichen Sinn abzugewinnen und in Erzählungen mitzuteilen und weiterzugeben. „Keusche Gedrungenheit“[9] – mit dieser Metapher charakterisierte Benjamin die kunstvolle Weise schlichten Erzählens, die sich von aller aufdringlichen Psychologie fernhält. Dagegen schien gerade zur Entstehungszeit von Perutz' Roman eine gegenläufige narrative Praxis an der Zeit, die des Romans. Georg Lukács' folgenreiche *Theorie des Romans*, 1914/15 am Abend des Ersten Weltkriegs entstanden und 1916 erschienen, bescheinigte dem eigenen Zeitalter „vollendete Sündhaftigkeit“, seinen Subjekten die Erfahrung „transzendentaler Obdachlosigkeit“, seiner Literatur eine von Reflexivität zersetzte Sicht auf eine fraglich gewordene Welt.[10] Dank der Dignität der Form und der Komplexität moderner Erzähltechniken, darf der Roman immer noch für sich in Anspruch nehmen, Abbild seiner Zeit zu sein, aber jetzt ist er die Epopöe der Moderne, einer gottverlassenen Welt, dessen nicht länger mehr heroische Protagonisten, sondern zutiefst passive Helden der „Niedertracht des äußeren Lebens“ nur noch mit Ausweichmanövern begegnen können.[11]

Für das Narrativ vom Heimkehrer, dem der Krieg alle Gewissheiten genommen hatte, scheint eher Lukács die geeignete Poetik zu liefern. Aber Perutz kehrt mit seinem Fortsetzungsroman zur alten Form des Erzählens zurück: Wer einen Fortsetzungsroman schreibt, hält nicht nur an der Idee der Erzählbarkeit der Erfahrung fest, in immer neuen Anläufen wird dieses Projekt der Erzählbarkeit gleichsam rituell immer wieder neu bekräftigt. Perutz scheint seine Geschichte vom Heimkehrer Vittorin, der in der Welt verlorengeht, nach dem Muster eines Erzählens mitzuteilen, in dem alles noch seine Ordnung hat und auch die Zufälle des Lebens zuletzt einem geheimen Zweck dienen. Heimkehrerromane sind in poetischer Hinsicht Kriegs- und Krisengewinnler – oder werden, wenn sie es nicht sind, von geschäftstüchtigen Verlegern dazu gemacht. Perutz'

8 Benjamin, Walter: „Der Erzähler. Betrachtungen zum Werk Nikolai Leskows“, in: Ders.: Gesammelte Schriften Bd. II, S. 438–465.

9 Ebenda, S. 446.

10 Lukács, Georg: Die Theorie des Romans: Ein geschichtsphilosophischer Versuch über die Formen der großen Epik. 12. Aufl. Darmstadt: Luchterhand 1989, S. 7f.

11 Ebenda.

Roman verlässt hier das bewährte Schema seiner historischen Rätselromane,[12] um zunächst den Gattungsanweisungen des Heimkehrerromans zu folgen. Die ersten Szenen beschreiben eine Gruppe österreichischer Offiziere, die im Sanitätszug auf dem Weg aus der russischen Kriegsgefangenschaft heim nach Wien ist. Aber in Gedanken ist der Infanterieleutnant Vittorin, der Held des Romans, bereits auf dem Heimweg bei der Rückkehr: „Sie hatten alle fünf feierlich ihr Ehrenwort verpfändet. Ich schwöre als Offizier und Mann von Ehre – das war die Formel gewesen. Es gab kein Zurück mehr!“[13] (S. 7) Der Schwur gilt Michail Michajlowitsch Seljukow, dem russischen Staboffizier des Gefangenenlagers, der durch sein arrogantes Benehmen den Malariatod eines Gefangenen zu verantworten hatte. An seinem offenen Grab haben sich Vittorin und vier seiner Kameraden zur Rache verschworen. Der Tod des Kameraden motiviert den Rachewunsch und verleiht ihm seine feierliche Autorität, die freilich durch ein persönliches Interesse Vittorins an Vergeltung beeinträchtigt wird. Denn Seljukow hat den wegen einer anderen Sache beschwerdeführenden Vittorin arrogant abgefertigt[14] – das „Pascholl“, hinaus!, mit dem Seljukow den Unteroffizier Vittorin wie einen Schulbuben abführen und überdies mit drei Wochen Stubenarrest bestrafen ließ, hat sich Vittorin schmerzvoll eingeprägt: „die Erinnerung an die schmachvolle Stunde brannte wie ätzendes Gift in seiner verstörten Seele“ (S. 22).

Im Vergleich zu den meisten Kriegsheimkehrern ist Vittorin bei seiner Rückkehr in privilegierter Position: seine Familie und seine Braut, auch seine alte Arbeitsstelle als Schreiber in einem Kontor warten auf ihn, aber während seine Kameraden rasch ins Berufs- und Familienleben zurückkehren und sich in das betriebsame Leben des Wiederaufbaus und seine aufregenden Nächte stürzen, kann Vittorin die erlittene Demütigung nicht vergessen und stellt sich, kaum aus der Gefangenschaft entlassen, wie schon auf der „endlosen Reise durch Sibirien und Transbaikalien“, immer wieder seine triumphale Rückkehr

12 Zum analytischen Erzählprinzip von Perutz’ Romanen vgl. allgemein: Martínez, Matías: „Proleptische Rätselromane. Erzählrahmen und Leserlenkung bei Leo Perutz“, in: Forster, Brigitte u. a. (Hgg.): Leo Perutz. Unruhige Träume – Abgründige Konstruktionen. Dimensionen des Werks, Stationen der Wirkung. Wien: Sonderzahl 2002, S. 107–129. Zur Spezifik von Perutz’ historischen Romanen vgl. Brittnacher, Hans Richard: „Vae victis. Die kontrafaktische Poetik des Leo Perutz“, in: Niccolisi, Riccardo/Obermayr, Brigitte/Weller, Nina (Hgg.): Interventionen in die Zeit. Kontrafaktisches Erzählen und Erinnerungskultur. Paderborn: Schöningh 2019, S. 229–253.

13 Ich zitiere den Roman parenthetisch im Text nach der Ausgabe: Perutz, Leo: Wohin rollst du, Äpfelchen…. Hg. Hans-Harald Müller. Wien: Zsolnay 1987 u. 2012.

14 Vgl. dazu auch Scheffel, Michael: „Leo Perutz: *Wohin rollst du, Äpfelchen…*“, in: Kindt, Tom/Meister, Jan Christoph (Hgg.): Leo Perutz’ Romane. Von der Struktur zur Bedeutung. Tübingen: Niemeyer 2012, S. 81–93, hier S. 86.

vor: „Gleich nach Friedensschluss, wenn wir alle wieder in Wien sind, wird die Sache in Angriff genommen, flüsterte er." (S. 23) Immer wieder imaginiert er seinen Racheakt, zu dem er, von den ehemaligen Mithäftlingen zum Anführer gewählt und mit finanziellen Mitteln ausgestattet, den Offizier Seljukow, den eleganten Stabsoffizier mit der Reitgerte in der einen und nach chinesischem Parfüm duftenden Zigaretten in der anderen, grausam zur Rechenschaft ziehen wird: „Scham und Zorn trieben ihm das Blut ins Gesicht, er preßte die Stirn an die kalte Fensterscheibe." (S. 22)

Doch vor die Ausführung der Rache haben die Götter die Heimkehr, die Wiederbegegnung mit Franzi, der verliebten Braut, sowie die Sorge um das Schicksal des Vaters, der beiden Schwestern und des jüngeren Bruders gesetzt, aber eben auch – wir sind in Wien, im Milieu der Heimkehrer, die lange Entbehrungen dulden mussten – Melange und Palatschinken. Der Roman resümiert trocken: „Curacao, Würfelzucker und Sardinen" waren bald „wichtiger als die Nachrichten von Seljukow" (S. 15). Das klingt freilich gemütvoller, als es gemeint ist: „Dem Nichtvergessenkönnen Vittorins entspricht das zwanghafte Vergessenwollen seiner Kameraden, die sich in den Vergnügungstaumel der Nachkriegszeit hineinstürzen."[15] „Gespensterzeit" ist das zweite Kapitel des Romans überschrieben, die quälend lange Zeit, in der Vittorin versucht, seinem Plan treu zu bleiben, während die Freunde abtrünnig werden oder inmitten der notorischen Desorientierung der Nachkriegszeit neu Fuß zu fassen versuchen. Typisch ist das Schicksal von Vittorins Vater: „Herrn Vittorin senior hatte der verlorene Krieg, der Zusammenbruch der alten Armee, der Sturz der Dynastie, der Zerfall des Reiches völlig aus dem Gleichgewicht gebracht." (S. 53) Während sich der Vater in seinen Tagträumen damit beschäftigt, wie er den Kollegen, die ihn in den Ruhestand drängen wollen, mitspielen wird, ergeht sich sein Sohn in Rachephantasien an dem russischen Elegant mit der Reitgerte. Währenddessen hat der Krieg längst seinen Charakter geändert: Die Inflation beginnt, wie Dr. Bamberger, ein hellsichtiger Untermieter im Hause Vittorin, erkennt: „Der Krieg ist nur scheinbar zu Ende, bei uns beginnt er erst, es wird ein erbarmungsloser Krieg sein, ein Krieg aller gegen alle, und ich für meine Person gedenke ihn zu gewinnen." (S. 82f.)

Im Unterschied zu den Tagträumen von Vater und Sohn Vittorin beruht das Vorhaben des Dr. Bamberger auf genauer Analyse der Verhältnisse; sein Erfolg wird ihm am Ende des Romans Recht geben. Vittorin aber ist so beseelt von seinem Rachewunsch, dass er mit der Konsequenz des Paranoikers nicht nur die Einsicht in die veränderte gesellschaftliche Realität verweigert, sondern jedem,

---

15 Müller: Krieg im Frieden, S. 50.

der über Alltägliches spricht, perfide Absichten unterstellt: „das alles war nur da, um ihn einzulullen, um ihn von seiner großen Aufgabe abtrünnig zu machen" (S. 32). Andererseits hat Vittorin große Mühe, seinen Plan umzusetzen, weil sein Vertrauen in die Kraft der Kameraderie die verlockenden Aussichten auf einen Neubeginn unterschätzt. Einem seiner Mitgefangenen ist es gelungen, den Racheplan als psychische Reaktion auf die demütigende Not der Gefangenschaft zu durchschauen:

> Wir flüchteten uns in den typischen Traum aller Gefangenen; Einmal wiederkommen und Abrechnung halten! Gewiß, es war ein sehr wohltuender Gedanke, er hat uns über böse Stunden hinweggeholfen. Aber doch ein Krankheitssymptom, wie? Ist ihnen denn das heute nicht klar? (S. 48)

Viktor Turner hat in seinen Studien zu Ritual und Kultur immer wieder daran erinnert, dass es vor allem die Erfahrung gemeinsam durchlittener Leiden ist, die ein Gefühl von Gemeinschaft begründen kann.[16] Zwar kehren die Betroffenen nach vollzogener Initiation, nach dem Erlebnis des Zusammenbruchs, des Krieges, wieder in die Gesellschaft zurück, aber die Erinnerung des gemeinsamen Leidens hält sie auch danach noch – über alle anderen Grenzen und Schranken hinweg – zusammen. Denn, so lässt sich Turners Konzept zusammenfassen, die Initianden haben

> [...] im Ausnahmezustand der Initiation Ungewöhnliches und Unheimliches geschaut und würden sich Zeit ihres Lebens gemeinsam daran erinnern wollen. Die Initiation in die Gesellschaft wirkt hauptsächlich durch ihren Schrecken, und sein Erlebnis in der *communitas* sei das Geheimnis des sozialen Zusammenhaltes.[17]

Vittorin hingegen muss die Erfahrung machen, dass die Weggefährten von einst eben nicht als gemeinsame Leidenskohorte zu einer unverbrüchlichen Einheit verschmolzen sind, sondern sich, einer nach dem anderen, vom einstigen Vorhaben lossagen. Nur der von seinen Rachevisionen gepeinigte Vittorin bleibt verbissen seinem Vorhaben treu, befragt an den Wiener Bahnhöfen andere Kriegsheimkehrer, um Informationen über den Aufenthaltsort Seljukows zu erhalten. Ein seit langem geplantes Rendezvous mit der Braut Franzi Kroneis, die drei Jahre auf den Verlobten warten musste, im Haus ihrer endlich einmal abwesenden Eltern nutzt Vittorin, um ihr zum Abschied eine Geschichte von einer unaufschiebbaren russischen Angelegenheit zu servieren. Dieses Rendez-

---

16 Vgl. Turner, Victor: Das Ritual. Struktur und Anti-Struktur. Frankfurt/Main: Campus 1989.

17 Streck, Bernhard: Art „Initiation", in: Ders. (Hg.): Wörterbuch der Ethnologie. Wuppertal: Peter Hammer 2000, S. 111–114, hier S. 114.

vous stellt einen der bizarren Höhepunkte des Romans dar, weil die verliebte Franzi, um ihrem Verlobten einen Schabernack zu spielen, mit ausgestopften Kissen imaginäre Besucher im Salon platziert hat, um die sie nun eine Charade aufführt, auf die der mit den Gespenstern seiner Einbildung beschäftigte Vittorin hereinfällt – ein Spiel mit Gespenstern und Puppen in einem verlassenen Haus als *mise en abyme* des Totentanzes im revolutionären Russland, dem „großen, heiligen Rußland" (S. 123), in dem längst „eine Armee von Henkern herrscht" (ebenda), in das mit Vittorin ein neuer todbringender Akteur die Bühne betreten wird.

Wie die naiven und hochmütigen Kriegsbegeisterten, die im August 1914 in den Krieg zogen und ihren Freunden und Verwandten versicherten, spätestens Weihnachten sei man wieder zuhause, glaubt auch der Kriegsheimkehrer Vittorin im Jahre 1919, ein unbelehrbarer Antiheld, seine zweite Reise nach Russland werde, so beruhigt er die besorgte Braut, nur „ein paar Wochen" (S. 101) dauern. Die so leichtsinnig im Sommer des Jahres 1914 in Aussicht gestellten vier Monate dehnten sich zu vier Jahren aus, hier werden aus den „paar" Wochen mehr als zwei Jahre, in denen Vittorin zwischen die Fronten des vom Bürgerkrieg zerrissenen Russlands gerät.

Mit der Rückkehr nach Russland verändern sich auch die Gattungsparameter, der Heimkehrer- und Nachkriegs- wird zum Abenteuerroman.[18] Der Grenzübertritt mit gefälschtem Pass gelingt, aber Kohout, der einzige der Vittorin verbliebenen Getreuen, wird verhaftet. Beim Versuch, die Frontlinie zwischen Weißgardisten und Rotarmisten zu überqueren, wird Vittorin gefangengenommen, sein Begleiter, der tapfere junge Graf Gagarin, wird verletzt und erschießt sich. Im Gefängnis lernt Vittorin den Anarchisten Artemjew kennen, einen legendären Terroristen auf dem Weg nach Moskau, um „im Auftrag des Pariser Exekutivkomitees der Menschewiki mit Sinowjew, mit Lenin, mit Kamenew, seinen alten Freunden, abzurechnen" (S. 136). Auch in Gefangenschaft ist Artemjev noch findig und einflussreich genug, Vittorin Papiere zu besorgen, um in Moskau, wo Seljukow sich aufhalten soll, nach seinem verhassten Gegner suchen zu können: „Vittorin steckte die Papiere zu sich und war zu einem Soldaten der Roten Armee geworden." (S. 186) Bei der roten Regierung, der er sich als Übersetzer nützlich zu machen versteht, besorgt er sich einen Requirierungsschein, um in der Wohnung Seljukows Quartier beziehen zu können, aber dieser ist längst geflohen, statt seiner öffnet ihm eine hoffmaneske Erscheinung die Tür, „ein hagerer Mensch mit einem kirschroten Schlafrock und gestickten Pantoffeln an den Füßen", der statt der

18 Vgl. Müller: Krieg im Frieden, S. 51.

Reitgerte eine Geige in der Hand hält – es ist der Adlige Pistolkurs, der sich in Seljukows Wohnung versteckt gehalten hat. Die Überlebenszeit eines Adligen im revolutionären Russland ist kurz: Der arretierte Graf Pistolkurs wird bald, nachdem er, um sich aus dem Leben angemessen zu verabschieden, Tartinis *La furiosa* auf der Geige intoniert hat, liquidiert. Als *deus ex machina* taucht wieder der Anarchist Artemjew auf und weiß Rat – er überreicht Vittorin gefälschte Papiere, mit denen er zum Regiment Seljukows gelangen kann, aber durch eine Unvorsichtigkeit Vittorins wird Artemjew von der Tscheka überrascht und sprengt, Anarchist bis zum letzten Atemzug, sich und die Geheimdienstschergen in die Luft. Vittorin ist dem Ziel seiner Rache nicht einen Schritt näher gekommen, aber die Zahl der von ihm zu verantwortenden Unglücksfälle und Tode nimmt zu: schon in Wien ließ er seine Verlobte an der Seite des Lebemannes Dr. Emperger stehen, die Schwester lieferte er dem ungeliebten Gönner der Familie aus; nach dem Kameraden Kohout, dem jungen Grafen Gagarin und dem Fürsten Pistolkurs ist der Anarchist Artemjew der vierte Helfer Vittorins, der sein Leben lassen muss.[19] Gleichwohl glaubt der verblendete Vittorin an einen geheimen Plan des Schicksals, der „Artemjew gerade noch Zeit gelassen hatte, ihm, Vittorin, zur Fahrt an die Front zu verhelfen, als wäre das der Sinn dieses abenteuerlichen Lebens [von Artemjew] gewesen“ (S. 189).

Die ergebnislose Suche Vittorins geht weiter, die Zahl der Kollateralschäden nimmt zu. Vittorin vermutet den verhassten Seljukow, den er als Überläufer verdächtigt, obwohl doch er selbst in seinem Rachedelirium immerzu die politischen Seiten wechselt, auf der Seite der Weißgardisten. Trotz hohen Fiebers übernimmt er die Führung eines Regiments der Rotarmisten und befiehlt einen selbstmörderischen Sturm über ein ungeschütztes Terrain auf die feindliche Front, hinter der er Seljukow vermutet, bei dem die meisten seiner Soldaten sterben. Fragen nach dem Zweck seines für andere so risikoreichen Handelns werden von Vittorin brüsk abgewiesen. Der pathologischen Logik der Rache ordnet er eigene Fehler und Zufälle unter: „Warum? Es mußte so sein. Es war vorherbestimmt. Sehen Sie denn nicht?“ (S. 188f.) Er selbst wird gefangen genommen, aber hat wieder einmal Glück und darf dank der Großmut des feindlichen Befehlshabers, eines Gefährten des verstorbenen Grafen Gagarin, in einem Lazarett seine Wunden auskurieren.

Seine Rückschläge machen Vittorin zwar klar, dass sein Vorgehen falsch war, aber reichen nicht hin, sein Phantasma preiszugeben – im Gegenteil: je unerreichbarer das Objekt der Rache wird, je mehr er sich eingestehen

19 Vgl. Lughofer, Johann Georg: „*Wohin rollst Du Äpfelchen?* Der verhinderte Kriegsheimkehrer“, in: Peer, Alexander (Hg.): Herr, erbarme Dich meiner. Leo Perutz. Leben und Weg. St. Wolfgang: Ed. Art & Science 2007, S. 96–106, hier S. 102

muss, das Gesicht seines Todfeindes schon vergessen zu haben (S. 109),[20] desto mehr dämonisiert Vittorin ihn zu einer infernalischen Gestalt, der aus ihrer Vertrautheit mit dem Tod sogar noch eine besondere Verfügungsgewalt über Frauen zuwächst: „Wie er dasteht mit seinen Lackstiefeln und Reithosen, elegant, soigniert bis zu den Fingerspitzen, der parfümierte Mörder, zu Hause wäscht er sich die Hände in Kölnisch Wasser, liest französische Romane, und die Weiber sind hinter ihm her." (S. 120f.) In gelegentlichen Zuständen der „Traumverworrenheit" (S. 206) nimmt er in der Phantasie Vittorins die Stelle des Leibhaftigen ein, „ganz allein steht er, [...] eine ungeheure schwarze Wolke ist über seinen Schultern aufgetürmt [...] sein Atem ist Feuer" (S. 207), ein anderes Mal wird er zu einer kaum noch menschlichen Gestalt: „Die Augen eines Raubvogels, ein grausam spöttisches Lächeln auf den schmalen Lippen, keine menschlichen Züge, die Maske eines Dämons." (S. 150) Vittorin beschreibt hier eher sich selbst, es ist die Physiognomie eines traumatisierten Racheengels, der, heimgesucht von Erinnerungen und Visionen, keine Herrschaft mehr über sich selbst hat, nur noch der Akteur eines wahnhaften Bemächtigungswunsches ist, ein Invalide, dessen psychische Gesundung an die erfolgreiche Rache an dem perhorreszierten Feind gebunden bleibt. Seine Phantasien des verhassten Gegenspielers, der Mordpläne ausbrütet, beschreiben ihn selbst, den ruhelosen Rächer: „Die ganze Nacht hindurch geht er in seinem Zimmer auf und nieder. Er kann nicht schlafen. Die Toten lassen ihm keine Ruhe." (S. 138)

In den tumultuarischen Zuständen des von wechselnden Allianzen und mörderischen Säuberungen geprägten Moskaus verfolgt Vittorin unerbittlich seine privaten Obsessionen, mit denen er ein Fanal in einer aus den Fugen geratenen Zeit zu setzen glaubt: „Durch das Grauen der Zeit war er gegangen, und sein Leben galt ihm nichts mehr. Wenn jetzt Seljukow kam, war er bereit. [...] Ein Schlag in dieses hochmütige Gesicht, aus dem alle Laster der Welt starrten und alle Schlechtigkeit einer verruchten Zeit." (S. 212) Eine letzte Aktion in Russland gilt der Suche nach Seljukows Ordonnanz in dem Dorf Staromjena, aber auch dort trifft er nur auf die greise Mutter von Semjonows Burschen, unter deren Habseligkeiten er einen Brief des Sohnes mit einer Adresse in Batum in Georgien findet.

An dieser Stelle verlässt der Roman das russische Territorium und führt seinen Helden zurück in die Welt des Alten Europa, nach Konstantinopel, nach Triest und Brindisi, nach Athen und Narbonne, nach Rom und Bukarest. Aber

20 Das spricht gegen die von H.-H. Müller gestellte Diagnose einer „Hypermnesie" – eher liegt die Obsession eines Traumatisierten vor, der sich mit pathologischer Energie gegen das Vergessen sträubt. Müller, Hans-Harald: Leo Perutz. München: Beck 1982, S. 123f. Vgl. dazu auch Scheffel: Leo Perutz, S. 90.

der Roman wechselt nicht nur den Schauplatz, er wechselt auch das Tempo. Für die Rückkehr seines Helden nach Wien und seine zweite Heimkehr nach Russland und seine Suche nach seinem Erzfeind inmitten der revolutionären Wirren hat der Roman mehr als drei Viertel seines Umfangs verbraucht. Je länger die Zeit dauert, die Vittorin auf der Suche nach seinem Phantasma vergeudet, desto eiliger hat es der Roman, endlich ans Ende zu kommen. Als der Abenteuerroman Russland verlässt und seinen Helden durch das mondäne Europa der Zwischenkriegszeit treibt, durch Rom, Mailand, Barcelona und Genua, wechselt er vom Präteritum ins Präsens: keinen Zweifel will der Erzähler am diagnostischen Charakter eines Romans lassen, der in der schnelllebigen, hektischen Ereignislosigkeit das Abbild einer erfahrungsleer gewordenen Zeit gefunden hat. Er folgt seinem im Fieberwahn durch die Metropolen Europas eilenden Helden im Sturmschnitt, weil es nicht um die Individualgeschichte eines Wahnkranken und seiner Obsession geht, sondern um den Wahn, in den die Welt gefallen ist, den Wahnsinn einer Epoche. Fast beiläufig registriert der Roman die zeitgenössischen Krisensymptome, den Sinnverlust, die Gehetztheit, den Verlust moralischer Werte.[21]

Auch Vittorin hat sich geändert: Den zuvor nur von seiner Rache angetriebenen Helden sehen wir nun, als habe das erotische Charisma seines Feindes auch auf ihn abgefärbt, in den Armen schöner Frauen, der anmutigen Lucie d'Augry, der Tingel-Tangel-Tänzerin Lucette, des Fräulein Fifi vom Theater (in der sich seine einstige Braut Franzi verbirgt), er selbst verdient sich Geld als Stehgeiger. Eines aber hat sich nicht geändert: immer noch sucht er fieberhaft nach Seljukow, die Arme seiner Geliebten sind nicht stark genug, ihn halten zu können. Nur hat der infernalische Seljukow den Charakter gewechselt: er ist nicht mehr der sadistische Dandy oder ein blutrünstiger Kriegsgötze, jetzt ist er

> [...] der böse Geist einer entarteten Zeit. In ihm haßt Vittorin alles Schändliche, das seine Augen sehen, in ihm haßt er die Schieber, die Valutageier, die Raubtiermenschen, die sich in den Besitz der Welt geteilt haben. Konstantinopel [auch Rom und Paris sind] voll von diesen düsteren Gestalten [...] überall sieht man ihre gierigen und gemeinen, verschwommenen und fetten Gesichter. Sie verdienen am Krieg, an der Politik, an der Spionage. [...] Sie sind zahlreich, sie sind unangreifbar, sie sind überall, in Paris, in Bukarest, in Wladiwostok. Nur an einem von ihnen kann Vittorin die Menschheit, die sie verraten, die Welt, die sie verpestet haben, rächen, und dieser eine ist Seljukow. (S. 225)

21 Vgl. Meier: Unterhaltung, S. 182

Der private Rachefeldzug ist zur Weltrettungsmission avanciert, die paranoide Obsession erhält kosmopolitische Konturen, die persönliche Kränkung wird zur Beleidigung der Menschheit, der Fürst der Finsternis zum Meisterhirn, zu einem Bruder von Dr. Mabuse und Dr. Caligari, in deren düsteren Verbrechen die kommende Diktatur ihre Schatten vorauswirft.[22]

Auf wenigen Seiten werden im Zeitrafferverfahren die letzten Aktionen von Vittorins Queste abgehandelt: Von Rom führt ihn eine neue Spur nach Mailand, im Hafen von Genua arbeitet er als Kohlentrimmer, in Narbonne als Gehilfe eines Anstreichers, in Toulon wird sein Rucksack gestohlen, in Marseille sitzt er vierzehn Tage in Polizeihaft – bis er in einem Emigrantenblatt in Paris die letzte Adresse Seljukows findet: Wien, Währinger Gürtel 124. Lakonisch resümiert der Roman die sich aufdrängende Schlussfolgerung: „Daheimbleiben und warten und dann eines Tages die Straße hinaufgehen und um die Ecke biegen. Mehr wäre nicht zu tun gewesen." (S. 239) Die Desillusionierung könnte in ihrer niederschlagenden Tristesse kaum größer sein: Auch an Seljukow hat die Zeit genagt, auch er zählt zu dem in Wien angeschwemmten Treibgut einer neuen Zeit, in der die Karten einer gelungenen Biographie neu gemischt werden. Aus dem Dämon ist ein alter „Mann mit einer Brille, unrasiert, in einem alten, abgetragenen Sakko" geworden, der sich und seinen Adjutanten durch das Schnitzen von russischem Holzspielzeug mehr schlecht als recht ernährt. Seljukow erkennt Vittorin nicht, und dieser vergisst, was ihn die letzten Jahre in Betrieb hielt und sein Leben verzehrte. „Vittorin suchte das Wort und fand es nicht. Eine große Leere war in ihm." (S. 256) Der letzte Satz des Romans ist in seiner brutalen Lakonie durchaus den letzten Sätzen aus Roths *Flucht ohne Ende* an die Seite zu stellen:

> Und mit einer Handbewegung streicht Vittorin zwei Jahre, in denen er Abenteurer, Mörder, Held, Kohlentrimmer, Spieler, Zuhälter und Landstreicher gewesen war, aus seinem Leben – mit einer gleichgültigen Handbewegung, die einem verlorenen Vormittag und einem durchnässten Mantel galt und nichts verriet. (S. 261)

Solange Vittorin von seinen Obsessionen getrieben wurde, konnte seine traumatisierte Seele die Erinnerung an die große Kränkung hüten und sich mit der Phantasie von der großen Rache auch ihr Überleben sichern. Konfrontiert mit der Realität implodiert der *grand récit* der Rache. Damit verlieren auch die Parameter des Kriegs-, des Heimkehrer- wie des Kolportageromans ihre

22 Die Emergenz von kriminellen Meisterhirnen und hypnotisierenden Massenmördern hat Siegfried Kracauer als Vorboten des faschistischen Führerkults gedeutet. Vgl. Kracauer, Siegfried: Von Caligari zu Hitler: eine psychologische Geschichte des deutschen Films. Frankfurt/Main: Suhrkamp 1995.

Gültigkeit. In einem doppelten Kursus hat Vittorin die Reise nach Hause angetreten. Aber während etwa in der Artusepik der zweite Kursus mit Erfolg jene Stationen absolviert, an denen der Held im ersten Durchlauf scheiterte,[23] steht Vittorin am Ende mit leeren Händen da: „Das bisherige Scheinziel wird durch kein neues ersetzt, weder [...] Selbstfindung noch gar gesteigertes Leben erwarten den Helden. Alle Abenteuer und Erlebnisse erscheinen einzig als Zeitverschwendung."[24]

Das Erzählen – im Sinne Benjamins – gesteht sein Scheitern ein und öffnet sich auf den letzten Seiten der Ratlosigkeit des modernen Romans – im Sinne des frühen Lukàcs.[25] Der Roman, anders als Erzählung, weiß um Desorientierung – die modernisierte Form des Erzählens ist Ausdruck einer tiefen Krise, die nicht nur das Bewusstsein der Figuren, sondern auch die Form des Erzählens betrifft. Deshalb bricht Perutz auch mit der Norm des Abenteuerromans, die dem Helden zuletzt den Genuss der Rache erlaubt.[26] Perutz beschreibt die ersten Jahre des *entre deux guerres*, die Zeit der Entstehung des russischen Imperiums nach dem Ausbruch der Oktoberrevolution und dem Frieden von Brest-Litowsk einerseits, die *roaring twenties* andererseits, in der eine im Krieg emotional verödete Gesellschaft sich im Tingel-Tangel vergnügt, sich in Geschäften verhebt und in der Inflation bankrottiert. Thema des Romans ist nicht die Rache, sondern der Lebensraum einer erfahrungslos gewordenen Gesellschaft, an deren Ende nur eine Geste der Vergeblichkeit bestehen kann. Sein Held hat „kaum eine Vergangenheit, und er hat keine Zukunft".[27] Ihm geht es wie dem resignierten Anarchisten, dem das letzte Wort gegönnt sei. „Ich kenne die Stunde der Bitternis", sagte Artemjew. „Auch ich habe solche Tage, an denen mir ist, als wäre ich mit Grabtüchern an Händen und Füßen gebunden." (S. 183)

23 Vgl. dazu u. a. Mertens, Volker: Der deutsche Artusroman. Stuttgart: Reclam 2007.

24 Meier: Unterhaltung, S. 185.

25 Dass dieser Roman Perutz' die Sinnverweigerung noch weiter treibt als andere Romane des Autors, dürfte gleichfalls seinen Erfolg begründet haben. Bei den Lesern der 1920er Jahre war eine neue ästhetische Bereitschaft zur Skepsis entstanden. Ausf. dazu Lethen, Helmut: Verhaltenslehren der Kälte. Lebensversuche zwischen den Kriegen. Frankfurt/Main: Suhrkamp 1994.

26 Vgl. Lughofer: Der verhinderte Kriegsheimkehrer, S. 105

27 Müller: Krieg im Frieden, S. 53.

Die Throne stürzen

Bruno Brehms Habsburger Trilogie

Jörg Jungmayr (Berlin)

1. Vorbemerkung

Meine erste Begegnung mit Brehms dreibändigem Roman über das Ende der Donaumonarchie fand in einer Bahnhofsbuchhandlung statt. Auf der Suche nach einer spannenden und unterhaltsamen Lektüre stieß ich auf eine dtv-Ausgabe von *Die Throne stürzen*. Autor und Titel waren mir völlig unbekannt, aber der Klappentext informierte mich, dass Brehm durch „gegenseitige Missverständnisse" mit dem Nationalsozialismus verbunden gewesen sei und mit der Trilogie einen Abgesang auf die Donaumonarchie vorgelegt habe, deren „historische Aufgabe" es gewesen sei, „den vielen kleinen Völkern ein Zusammenleben fern aller Nationalismen zu ermöglichen".[1] Dass Klappentexte ein wirksames Instrument zur Leserlenkung sind, zeigte sich auch bei mir: Ich habe den Roman zunächst einmal als die Geschichte einer verpassten historischen Chance gelesen.

Aber war Brehm ein Repräsentant des *ancien régime*, das keine Nationalismen, „keinen Massenmord, keine Rechtsbrüche, ja nicht einmal die kleineren nationalistischen Unanständigkeiten" kannte, so Leo Perutz in einem Brief an Brehm vom 22. November 1948?[2] War er tatsächlich ein Kämpfer für Alt-Österreich, für den ihn Perutz hielt, als er ihm wenige Tage später am 27. November schrieb: „Zuerst hat man uns unser altes Österreich gestohlen, für das wir beide gekämpft und das wir beide nie verschmerzt haben?"[3]

---

1 Brehm, Bruno: Die Throne stürzen. Romantrilogie. Band 1. München: dtv 1976, Vorschaltblatt.

2 Brehm, Bruno: „Zwischen Omarmoschee und Kahlenberg. Leo Perutz zum Gedächtnis", in: Neues Abendland 12 (1957), S. 365–368; hier S. 366.

3 Ebenda.

Oder hat Brehm in seinem Abgesang auf die Habsburger Monarchie geschichtsphilosophische und gesellschaftspolitische Positionen entwickelt, die mit einem System, das den Massenmord und die Rechtsbrüche im Namen der Nation institutionalisiert hatte, durchaus kompatibel waren? Dieser Frage soll in mehreren Abschnitten (werkbiographischer Abriss zu Bruno Brehm; die Habsburger Trilogie: Genese, Rezeption vor und nach 1945, die beiden Fassungen, das geschichtsteleologische Konzept; Ausblick auf Brehms „Zwölfjähriges Reich“) nachgegangen werden.

2. Bruno Brehm, ein antisemitischer Schriftsteller und Freund eines jüdischen Autors

In Brehms Biographie spiegelt sich der Kollaps der binneneuropäischen Landimperien nach dem Ersten Weltkrieg und die Fortsetzung von Gewalt im Zuge der politischen Neuordnung wieder.[4] Seine individuellen Chaoserfahrungen sollten zum integralen Bestandteil seines habsburgischen Untergangsmythos werden. Geboren wurde Brehm 1892 im damaligen Laibach als Sohn des Hauptmanns Josef Brehm. Nach der in Znaim abgelegten Matura trat er 1911 als Freiwilliger in die Armee ein und wurde 1914 als Leutnant in Galizien schwer verwundet. Er geriet in russische Gefangenschaft und freundete sich dort mit Edwin Erich Dwinger, dem späteren nationalsozialistischen Erfolgsautor, an.[5] Er kam als Austauschinvalide im Sommer 1916 wieder nach Österreich,[6] 1917 wurde er zum zweiten Mal verwundet und erlebte das Kriegsende auf einem friaulischen Schlachtfeld, nahe der italienischen Grenze. Die Auflösung der Armee[7] war

4 Zum Komplex Ende des Ersten Weltkriegs und die Folgen vgl. Gerwarth, Robert: Die Besiegten. Das blutige Erbe des Ersten Weltkriegs. Übers. Alexander Weber. München: Pantheon 2018.

5 In *Armee hinter Stacheldraht*, seinen Aufzeichnungen „von den Hinterhöfen des Kriegs“, schildert der beinamputierte Dwinger seine Begegnungen mit Brehm. Er beschreibt ihn als einen, der einen „markanten Künstlerkopf“ hat und nicht so aussieht, „wie Leutnants im allgemeinen aussehen“. Dwinger, Edwin Erich: Sibirisches Tagebuch. Roman. Armee hinter Stacheldraht. Zwischen Weiß und Rot. Velbert: blick + bild 1965, S. 48, vgl. auch S. 43: „Jetzt erinnere ich mich, […] zuweilen einen jungen österreichischen Offizier in einem roten Lazarettmantel gesehen zu haben. Er hatte einen Musikantenkopf, zog das linke Bein nach.“

6 Vgl. hierzu Nachtigal, Reinhard: „Rudolf J. Kreutz, Bruno Brehm und Jaroslav Hašek: Drei Kriegsgefangene in Russland und ihr Werk zwischen dichterischer Freiheit und historischer Wahrheit“, in: Österreich in Geschichte und Literatur 49 (2005), S. 98–123.

7 In seiner Bruno-Brehm-Monographie, die beste und materialreichste Darstellung zu Brehm, zitiert Gerd Schattner in diesem Zusammenhang aus einem Brief von Franz Grillparzer an Heinrich von Heß, den Generalstabschef Josef von Radetzkys, der „für Brehm zur immer wieder zitierten, prägenden Lebensmaxime werden“ sollte: „Ich

für ihn ein apokalyptisches Ereignis, es folgte der vorprogrammierte soziale Abstieg eines all seiner Gewissheiten beraubten Offiziers.[8] In seiner Grabrede für Perutz benennt Brehm die Stationen seiner Depravierung: „Ich war damals ein verabschiedeter Offizier, ein verkrachter Verleger und ein unbezahlter Assistent an der Hochschule."[9]

1919 hatte Brehm in Wien das Studium der Kunstgeschichte aufgenommen. Mit Egon Caesar Conte Corti und Edmund Glaise-Horstenau (s.u., Punkt 6: Ausblick) gehörte er zum engeren Freundeskreis von Heimito von Doderer.[10] 1922 promovierte er bei Josef Strzygowski, dessen die zentrale Rolle Roms für die frühchristliche Kunst in Frage stellende Theorie eines einheitlichen eurasischen Kulturraums „durch den Rassismus von Houston Stewart Chamberlain beeinflußt war",[11] über die östlichen Einflüsse in der germanischen Tierornamentik. Eine Hochschulkarriere und eine Expedition in die Mongolei zerschlugen sich, sein Burg-Verlag, bei dem auch Josef Weinheber seinen Leo Perutz gewidmeten

---

gehöre der Armee an, weil in ihr allein noch jene natürliche Empfindung der Ehrenhaftigkeit, der Aufopferung und der Treue lebendig sind, die unsere Zeit verloren hat, die mir die Wurzeln aller menschlichen Existenz sind und ohne die jede Bildung und jedes Talent nur ein übertünchter Greuel, eine verdoppelte Schlechtigkeit sind." Schattner, Gerd: Der Traum vom Reich in der Mitte: Bruno Brehm. Eine monographische Darstellung zum operationalen Charakter des historischen Romans nach den Weltkriegen. Frankfurt/Main u.a.: Lang 1996 (= Studien zur Deutschen und Europäischen Literatur des 19. und 20. Jahrhunderts 34), S. 55.

8 Vgl. auch Brehm, Bruno: Tag der Erfüllung. Wien, Leipzig: Luser 1939, S. 112: „Der Sturz der Armee, der ich angehört habe, und der Heimat, der ich angehöre, war so tief und der Abgrund war so hoffnungslos und schauerlich, daß erst viel später und zaghaft, vereinzelt hier und dort eine Stimme vom Krieg zu sprechen begann. Denn von einer Vergangenheit, die keine Zukunft in sich trägt, spricht man nicht."

9 Brehm, Bruno: „Am Grabe von Leo Perutz", in: Sudetenland. Vierteljahrsschrift für Kunst, Literatur, Wissenschaft und Volk 1 (1958/59), S. 97–99; hier S. 97.

10 Schattner: Traum, S. 64. Vgl. außerdem Fleischer, Wolfgang: Das verleugnete Leben. Die Biographie des Heimito von Doderer. Wien: Kremayr & Scheriau 1996, S. 545f.

11 Spiel, Hilde: Glanz und Untergang. Wien 1866–1938. Übers. Hanna Neves. München: List 1987, S. 28. Vgl. Schattner: Traum, S. 64. – Zu Strzygowski vgl. auch Zäh, Alexander: „Josef Strzygowski als Initiator der christlich-kunsthistorischen Forschung und Visionär der Kunstwissenschaft. Mit Beiträgen von Helmut Buschhausen und Christina Maranci", in: Römische Quartalschrift für christliche Altertumskunde und Kirchengeschichte 107 (2012), Heft 3–4, S. 249–292; Schödl, Heinz: Josef Strzygowski – Zur Entwicklung seines Denkens. Diss. Wien 2011; Scholz, Piotr O./Długosz, Magdalena Anna (Hgg.): Von Biala nach Wien. Josef Strzygowski und die Kunstwissenschaften. Akten der internationalen wissenschaftlichen Konferenzen zum 150. Geburtstag von Josef Strzygowski in Bielsko-Biała, 29.–31. März 2012. Wien: European University Press Verlagsgesellschaft 2015.

Gedichtband *Von beiden Ufern* publizierte,[12] musste nach kurzer Zeit den Betrieb einstellen.[13] Und so wäre er vor dem Nichts gestanden, wenn ihm nicht der Piper-Verlag einen neuen beruflichen Neuanfang ermöglicht hätte. Der von Oskar Kokoschka porträtierte Robert Freund,[14] „ein eleganter, durch und durch schöngeistiger, geradezu exzessiv kultivierter Herr", so Friedrich Torberg,[15] vermittelte Brehm an den Piper-Verlag, bei dem er, Freund, Teilhaber war. Nachdem Brehm Starautor des Dritten Reichs geworden war, setzte er Reinhard Piper massiv unter Druck und sorgte dafür, dass Freund im Zuge der Arisierung aus dem Verlag entfernt wurde.[16] Freund konnte sich auf Umwegen nach New York retten. In einem Brief an Reinhard Piper vom Oktober 1948 behauptet Brehm, er habe „1942 von Dr. Freund ein Kabeltelegramm aus Amerika gekriegt", er möge sich „um seine Mutter in Theresienstadt kümmern", das sei aber, so fährt er sich selbst rechtfertigend fort, unter den gegebenen Umständen nicht möglich gewesen.[17]

In krassem, nicht anders als schizoid zu bezeichnenden Widerspruch zu seinem sonstigen Antisemitismus („verantwortungslos, volkslos, bodenlos die jüdischen Hetzer")[18] steht Brehms enge Freundschaft mit einem anderen Juden,

---

12 Vgl. Leo Perutz 1882–1957. Eine Ausstellung der Deutschen Bibliothek, Frankfurt am Main. Wien, Darmstadt: Zsolnay 1989, S. 143.

13 Schattner: Traum, S. 67ff.

14 Vgl. Feilchenfeldt, Christina: „...meine Bilder zerschneidet man schon in Wien. Das Porträt des Verlegers Robert Freund von Oskar Kokoschka", in: Fleckner, Uwe (Hg.): Das verfemte Meisterwerk. Schicksalswege moderner Kunst im Dritten Reich. Berlin: Akademie-Verlag 2009 (= Schriften der Forschungsstelle „Entartete Kunst" 4), S. 259–280.

15 Torberg, Friedrich: Die Tante Jolesch, oder der Untergang des Abendlandes in Anekdoten. 8. Aufl. München: Langen Müller 1977, S. 192.

16 Feilchenfeld: meine Bilder, S. 260–262. Außerdem Ziegler, Edda: 100 Jahre Piper. Die Geschichte eines Verlags. München, Zürich: Piper 2004, vor allem S. 113–140 und die Rezension von Hintermeier, Hannes: „Flammende Lesezeichen", in Frankfurter Allgemeine Zeitung (19.5.2004), S. 36, abrufbar unter: www.faz.net/aktuell/feuilleton/buecher/rezensionen/sachbuch (Zugriff 5.3.2019).

17 „Ich fuhr nach Leitmeritz, aber ich kam nicht bis in die Festung. Dass dies nicht möglich war, weiss jedes Kind heute. Ich habe Freund kein Wort darüber geschrieben, denn damals brach der Krieg mit Amerika aus und es ging keine Post mehr. Ich werde ihm auch jetzt dies nicht schreiben, weil zuviele solcher Briefe geschrieben worden sind." In: Piper, Reinhard: Briefwechsel mit Autoren und Künstlern 1903–1953. Hg. Ulrike Buergel-Goodwin, Wolfram Göbel. München, Zürich: Piper 1979, S. 251.

18 „Bruno Brehm in seinem Festvortrag beim Deutschen Dichtertreffen in Weimar 1941", in: Die neue Literatur 43 (1942), S. 8: „Jetzt, da die größte Gefahr für Europa gebannt ist, könnte Frieden sein, säßen nicht in London und New York, verantwortungslos, volkslos, bodenlos, die jüdischen Hetzer. Es ist uns schmerzhaft genug, durch den blutenden Wall der Völker, hinter denen sie sich verbergen, vorstoßen zu müssen." Vgl.

Leo Perutz, die, unterbrochen durch die Jahre 1938–1945, ein ganzes Leben lang anhielt. In den frühen zwanziger Jahren lernten sich Perutz und Brehm über Josef Weinheber kennen.[19] Im Haus von Perutz kam Brehm nach eigenem Bekunden mit Schriftstellern und Theaterleuten wie Arthur Rundt, Manès Sperber, Richard A. Bermann (Höllriegel), Richard Beer-Hofmann, Emil Jannings und Conrad Veith in Kontakt. Ob er dort tatsächlich auch auf Bertolt Brecht traf, ist fraglich.[20] Der damals schon erfolgreiche Perutz nahm Brehm unter seine Fittiche und verhalf durch seine kritische Begutachtung den bei Piper erschienenen Romanen *Der lachende Gott* (1928) und *Susanne und Marie* (1929) zum Erfolg.[21] 1938 war es Brehm, der Perutz während der antisemitischen Exzesse in Wien seine Hilfe anbot, wie sich dieser in einem Brief an Hugo Lifczis vom April 1947 erinnert:

> Ich muß Sie auch schonend darauf vorbereiten, daß ich auch noch für einen zweiten alten Freund als Zeuge aufgetreten bin, nämlich für Dr. Bruno Brehm. Im Juni 1938, als ein solcher Besuch für Arier schon gefährlich sein konnte, erschien er in meiner Wohnung und bot mir seine Hilfe an. [...] Unser Lernet, der bis zu Hitlers Einmarsch zweimal wöchentlich sich bei mir ‚zusammenrottete', ließ seit dem 12. März 38 nichts mehr von sich hören, ja nicht einmal einen Telefonanruf hat er riskiert. Es interessierte ihn überhaupt nicht, ob und wie ich den Nazis entkäme. Dr. Brehm war ein wirklicher Freund [...].[22]

Brehm traf seinen Freund noch einmal in Italien,[23] von wo aus Perutz nach Palästina emigrierte.

Nach dem Zweiten Weltkrieg war es Perutz, der sich für den in verschiedenen Lagern internierten Brehm einsetzte. Nicht zuletzt seinem Einsatz hat es Brehm

---

Schattner: Traum, S. 243. S. auch 3.2.2, S. 274–284: Jüdisches Gekreisch und rote Flut: Das Gegenvolk als Geburtshelfer der Nation.

19 Vgl. Schattner: Traum, S. 74.

20 Vgl. Brehm: Am Grabe von Leo Perutz, S. 97f.: „Über Literatur wurde nur gesprochen, wenn andere Freunde zu ihm kamen. Rund, Sperber, Bermann-Höllriegl, Brecht, Beer-Hofmann, alles Menschen, die ich nur bei Perutz traf, da ich sonst mit niemanden verkehrte. [...] Ich lernte bei Perutz den breiten Jannings und den schmalen Conrad Veith kennen [...]." Vgl. Schattner: Traum, S. 74f.

21 Vgl. die Briefe von Brehm an Perutz vom 12. Juli 1927, 19. Juli 1927 und 16. August 1928. Leo Perutz, S. 199f.

22 Leo Perutz, S. 342f., vgl. auch S. 333 und 339.

23 Vgl. Brehm: Zwischen Omarmoschee und Kahlenberg, S. 368: „Du hast, post tot discrimina rerum, wie du schriebst, nach mir gefragt und nicht vergessen, wie wir im Sommer 38 voneinander in Italien Abschied genommen haben, du mit schwerem Herzen, gequält von Sorge um jene, die hatten zurückbleiben müssen, ich bedrückt von Kummer, daß ich nicht hatte helfen können."

zu verdanken, dass er, der bekennende Antisemit, Träger des Nationalen Buchpreises von 1939, Verfasser von zahlreichen Bekenntnisartikeln auf das Dritte Reich,[24] unter die österreichische Minderbelastetenamnestie von 1948 fiel.[25] Und wiederum war es Brehm, der 1958 die Rede am Grab von Leo Perutz, hielt, was Hilde Spiel halb konsterniert, halb respektvoll zur Kenntnis nahm: „Am Grabe auf dem schönen Ischler Friedhof sprach, nach Lernet, auch dieser völkische Schriftsteller in echter Ergriffenheit."[26]

Ein national-völkischer Schriftsteller ist Brehm auch nach 1945 geblieben. Eine Bereitschaft, seine Positionen zu überdenken oder zu revidieren, ist bei ihm nicht einmal ansatzweise zu erkennen. Das unterscheidet ihn ganz wesentlich von Franz Fühmann, der mit „Brehm die Liebe zur Lyrik Trakls, das Engagement für den Faschismus, die geographische Herkunft (Böhmen) [...] gemein hat".[27] Wenn Vergangenheitsbewältigung für Fühmann heißt, „die Frage nach jeder Möglichkeit und also auch nach der äußersten stellen",[28] so hat sich Brehm dieser Form der Auseinandersetzung kategorisch verweigert. Das wird deutlich, wenn Brehm im Oktober 1948 die erneute Zusammenarbeit mit Reinhard Piper auslotet und schreibt, er sei „kein Emigrant oder KZler", und er stehe trotz des Missfallens von Klaus Piper zu seinen „SS-Vorträgen [...] heute genauso wie [...] damals", weil es „weniger auf den Vortrag als auf den Inhalt" ankäme.[29]

An seine großen Bucherfolge konnte Brehm nach 1945 nicht mehr anknüpfen, er publizierte in zahlreichen rechten Postillen wie dem *Sudetenland*, dem *Eckartboten* oder der „Deutschen National-Zeitung", er war Mitglied der rechts-

24 Vgl. Stettner: Traum, 3.1.1, S. 221–231: Bekenntnisse.

25 Bruno Brehm an Klaus Piper, Oktober 1948: „Ich bin nach österreichischem Gesetz minderbelastet und darf veröffentlichen." In: Piper: Briefwechsel, S. 250.

26 Spiel, Hilde: Welche Welt ist meine Welt? Erinnerungen 1946–1989. München, Leipzig: List 1990, S. 206. Spiel schreibt hier außerdem: „Wir fanden etwa zehn schwarzgekleidete Verwandte des Dichters vor, zumeist Frauen, die aus London und Israel gekommen waren, und in ihrer Mitte, im Steireranzug mit schwarzer Armbinde und Krawatte, Bruno Brehm. Mit ihm mich [...] bekannt zu machen hatte Perutz sich noch in diesem Sommer gewünscht, und ich tat ihm den Gefallen. Freilich wechselte ich nur wenige Worte mit Brehm – die generöse Haltung Perutz' so vielen schlimmen Mitläufern gegenüber achtete ich, aber in den meisten Fällen brachte ich sie nicht auf." Vgl. Stettner: Traum, S. 75.

27 Ebenda, S. 291.

28 Fühmann, Franz: Zweiundzwanzig Tage oder Die Hälfte des Lebens. In: Ders.: Das Judenauto [u.a.]. Rostock: Hinstorff 1993, S. 476.

29 Piper: Briefwechsel, S. 249f. Vgl. außerdem S. 251: „Was den Staatspreis und was das Verhältnis zur Partei betrifft, so wissen Sie genau so gut wie ich, dass ich mich weder um das eine wie um das andere viel gekümmert habe. [...] ich habe nirgends antichambriert ausser dort, wo ich für Ostarbeiter oder für die Behandlung österreichischer Soldaten irgend eine Besserung erreichen wollte."

extremen Gesellschaft für Freie Publizistik, erhielt 1961 den Peter Rosegger Preis und 1963 den Großen Sudetendeutschen Kulturpreis. Von seinen Buchpublikationen nach 1945 möchte ich lediglich die Trilogie *Das zwölfjährige Reich*[30] erwähnen, weil sie ganz bewusst als Pendant zur Habsburgertrilogie angelegt ist und als Kommentar dazu gelesen werden muss. Dazu weiter unten mehr.

3. Der Untergang der Donaumonarchie: Vorarbeiten, verarbeitete Literatur, Schreibtechniken

Der Briefwechsel von Piper und Brehm zwischen 1929 und 1936 vermittelt einen guten Einblick in die Schreibwerkstatt des Autors: seine Vorarbeiten und seine literarische Umsetzung des recherchierten Materials. Am 3. Dezember 1929 teilt Brehm seinem Verleger mit, dass er im Kriegsarchiv die für das Romanprojekt relevanten Unterlagen auswertet. Er bittet gleichzeitig, ihm eine Reihe von Darstellungen zu Franz Ferdinand und dem Ausbruch des Ersten Weltkriegs (Biographien, Lebenserinnerungen – darunter die Memoiren des k. u. k. Außenministers Czernin und des Generalstabschefs Conrad von Hötzendorff – und Quellensammlungen) zu beschaffen.[31] Zu seinen Recherchearbeiten gehört auch die Durchsicht von Presseartikeln und das Beschaffen mündlicher Auskünfte, die er etwa bei Carl von Bardorff, einem engen Mitarbeiter des Thronfolgers, und bei seinem Vater einholt, der als Offizier den Trauerkondukt Franz Ferdinands nach Artstetten begleitet hat. Die stürmische Überfahrt der Leichen des Thronfolgers und seiner Frau über die Donau, bei dem die Fähre fast zum Kentern kommt, wird dann zu einem der dramatischen Höhepunkte des Kapitels „Der 28. Juni 1914" in *Apis und Este*. Wichtig ist Brehm das

---

30 Brehm, Bruno: Das zwölfjährige Reich. Band 1: Der Trommler. Band 2: Der böhmische Gefreite. Band 3: Wehe den Besiegten allen. Graz (u. a.): Styria 1960–1961.

31 Vgl. Piper: Briefwechsel, S. 224f. Bei den von Brehm erbetenen Titel handelt es sich um: Chlumecký, Leopold von: Erzherzog Franz Ferdinands Wirken und Wollen. Berlin: Verlag für Kulturpolitik 1929 (vgl. hierzu die Rezension von Richard Charmatz in Zeitschrift für Politik 21 [1931/32], S. 519–522); Eisenmenger, Victor: Erzherzog Franz Ferdinand. Seinem Andenken gewidmet von seinem Leibarzt. Wien: Amalthea 1929; Graf Czernin, Ottokar: Im Weltkrieg. Berlin: Ullstein 1929; Nikitsch-Boulles, Paul: Vor dem Sturm. Erinnerungen an Erzherzog Franz Ferdinand von seinem Privatsekretär. Berlin: Verlag für Kulturpolitik 1925; Stanojević, Stanoje: Die Ermordung des Erzherzogs Franz Ferdinand. Ein Beitrag zur Entstehungsgeschichte des Weltkriegs. Übers. Hermann Wendel. Frankfurt/Main: Societätsdruckerei 1923; Pharos: Der Prozess gegen die Attentäter von Sarajewo. Nach dem amtlichen Stenogramm der Gerichtsverhandlung aktenmässig dargestellt. Einleitung von Joseph Kohler. Berlin: von Decker 1918; Franz Conrad von Hötzendorff, Franz: Im Weltkrieg. Daraus die die Jahre1913 und 1914 umfassenden Bände 3 und 4. Wien (u. a.): Rikola-Verlag 1922 und 1923.

im durchgängigen Präsens gehaltene Erzähltempo. Das Buch, beginnend „mit der Treibjagd“, endend „mit dem Begräbnis“, muss „dahinrasen“.[32] Mit dem forcierten Erzähltempo und dem ständigen Perspektivenwechsel vermeidet es Brehm, dass das Publikum den Roman lediglich als „ein[en] Extrakt aus allen Memoirenbüchern über den Krieg“, so Piper am 3. August 1932 an Brehm, wahrnimmt. Der Verleger hebt die Bewegtheit und Farbigkeit der Szenen hervor, vermerkt allerdings kritisch, dass Brehm das „Kunstmittel der Rückerinnerung vielleicht etwas häufig“ anwendet.[33] In seinem Antwortbrief vom August 1932 gibt Brehm seinem Briefpartner teilweise recht, so streicht er die von Piper monierte Ansprache Friedrichs II. von Preußen an seine Generäle, und macht daraus die kurze Anmerkung, dass Hindenburg einen Mann gekannt habe, der den König noch persönlich gesehen habe: „[...] Friedrichs II. Rede werden wir streichen, nur zwei Zeilen Inhalt.[34] Der Mann, dessen Schilderung ich diesen Teil entnahm, hat sich tatsächlich an Leuthen erinnert.“[35] Auf die Rückerinnerung des Zaren will Brehm unter Berufung auf Homer allerdings nicht verzichten. Im Kapitel „Das Ende der Zarenfamilie. Jekaterinburg, 16. Juni 1918“ in *Das war das Ende* erzählt Brehm, wie sich der Zar kurz vor seiner Ermordung an die Marseillaise erinnert, die anlässlich des Staatsbesuches des französischen Ministerpräsidenten Poincaré in St. Petersburg kurz vor Ausbruch des Ersten Weltkriegs gespielt wurde. Die Marseillaise, so will es dem Zaren scheinen, bildete den Auftakt zur Zerstörung aller aristokratischen Kultur. Und im unmittelbaren Anschluss an diese Erinnerung pfeift ein bolschewistischer Wachposten eben diese Hymne.[36] Die Duplikation des symbolträchtigen Motivs hat die Funktion, Vergangenheit und Gegenwart bzw. nahe Zukunft so miteinander zu verknüpfen, dass das in der Vergangenheit liegende Ereignis, das Erklingen der Marseillaise, die Voraussetzung bildet für das, was sich in der erzählerischen Gegenwart ereignet. Die Technik, mit Hilfe der Duplizierung eines Motivs Vergangenheit und Gegenwart miteinander zu verschränken, lässt sich auch an anderer Stelle beobachten. In dem Kapitel „Die Deutsche Front wird befragt (Spa, 9. November)“ in *Das war das Ende* erinnert sich ein junger Major an eine Begegnung mit Adolf Menzels unvollendetem Monumentalgemälde „Ansprache Friedrichs II. an seine Generäle vor der Schlacht bei Leuthen“, jene Ansprache, die Brehm auf Anraten Pipers gestrichen hatte. Dem Betrachter ist besonders der weiße Fleck in Erinnerung geblieben, jene Stelle, „die der König [hätte]

32 Piper: Briefwechsel, S. 235.
33 Ebenda, S. 228.
34 Vgl. Brehm: Das war das Ende, S. 341.
35 Piper: Briefwechsel, S. 229.
36 Brehm: Das war das Ende, S. 219.

einnehmen soll[en]".[37] Und dieser weiße Fleck, „in dem all das Grauen dieses königlosen Tages vorausgeahnt war"[38] wird nun am 9. November 1918 Realität: Wilhelm II. verliert den Rückhalt seines Generalstabs und flieht nach Holland – die königslose Zeit beginnt.

Im Dezember 1932 liegt Piper der Band *Das war das Ende* als Korrekturabzug vor. Er vermisst aber zwei Szenen, die Brehm unbedingt noch nachliefern soll: „erstens die Versenkung der deutschen Flotte bei Scapa Flow, zweitens die Verbrennung der französischen Fahnen zu Füssen des Denkmals Friedrichs des Grossen in Berlin".[39] Brehm hat diese Szenen lediglich in einem kurzen Satz erwähnt (Fahnenabzug S. 496, Druckfassung S. 500). Um aber das Thema Flotte und Matrosenaufstand nicht der Deutungshoheit linker Schriftsteller wie Plivier[40] und Toller[41] zu überlassen, scheint es für Piper unerlässlich, dass sich auch Brehm dieses Themas annimmt. Brehm fügt nun die Ereignisse von Scapa Flow in das Schlusskapitel ein, und zwar aus doppelter Perspektive. Einmal aus dem Blickwinkel von englischen Schulkindern, die auf einem Segelschiff die deutsche Flotte kreuzen, und dann aus der Sicht der deutschen Seeleute, die die Versenkung der Kriegsschiffe durchführen und somit dem Zugriff der Engländer entziehen. Ansonsten belässt es Brehm bei dem von Piper monierten kurzen Satz: „Diese Deutschen haben die Flotte versenkt! Sie haben die französischen Fahnen aus dem Zeughaus in Berlin entwendet und vor dem Denkmal Friedrichs des Großen verbrannt."[42]

4. Der Untergang der Donaumonarchie, ein Bestseller vor und nach 1945

Der Dreiteiler über das Ende der Habsburger Monarchie ist der erfolgreichste Roman Brehms gewesen, von dem bis 1992 etwa 550.000 Exemplare verkauft worden sein dürften.[43]

37 Ebenda, S. 368.
38 Ebenda, S. 367.
39 Piper: Briefwechsel, S. 231.
40 Plivier, Theodor: Des Kaisers Kuli. Berlin: Malik 1929 (Roman).
41 Toller, Ernst: Feuer aus den Kesseln. Berlin: Kiepenheuer 1930 (Drama).
42 Brehm: Das war das Ende, S. 500.
43 Vgl. Decloedt, Leopold R.G.: „,Weder Kaiser noch König – sondern der Führer. Zur Funktionalisierung der Geschichte bei Bruno Brehm", in: Caemmerer, Christiane/Delabar, Walter (Hgg.): Dichtung im Dritten Reich. Zur Literatur in Deutschland 1933–1945. Opladen: Westdeutscher Verlag 1996, S. 205–213; hier S. 206. Decloedt geht bis 1951, also bis zur ersten Nachkriegsausgabe, von einer Auflage von „über einer halben Millionen Exemplaren" aus. Die letzte Auflage der Nachkriegsfassung erreichte 1992 das 49.–52.

Brehm hatte zunächst keine in sich abgeschlossene Romantrilogie vorgesehen, sondern er publizierte drei Einzelbände, die unabhängig voneinander angelegt waren. Allerdings spricht Piper bereits im Januar 1936 von „der Trilogie".[44] 1931 erschien der erste Band, *Apis und Este*. Apis, das ist der serbische Offizier Dragutin Dimitrijević, Anführer des Geheimbundes „Die schwarze Hand", der das Attentat auf den Thronfolger Franz Ferdinand von Österreich-Este am 28. Juni 1914 plante und durchführte, jenes Attentat, das zum Ausbruch des Ersten Weltkriegs und zum Untergang der Habsburger Monarchie führte. 1933 folgte der Band *Das war das Ende*, in dem der Friede von Brest-Litowsk, die letzten Versuche der Achsenmächte, den Krieg doch noch zu gewinnen, die Waffenstillstandsverhandlungen im Osten und im Westen, der Friede von Versailles und damit das Ende der deutschen und österreichischen Monarchie erzählt werden. Der letzte, ebenfalls 1933 erschienene Band *Weder Kaiser noch König* handelt von dem vergeblichen Versuch Karls, nach seiner Abdankung als Kaiser von Österreich ein Stück der Monarchie zu retten und König von Ungarn zu werden.[45]

Die Romane stießen überwiegend auf eine begeisterte Resonanz,[46] und das nicht nur bei den Vertretern der rechtskonservativen Publizistik wie Edwin Erich Dwinger, Paul Alwerdes oder Ernst von Salomon, der *Apis und Este* auf enthusiasmierte Empfehlung von Ernst Rowohlt kennenlernt und das „Buch mit einem verzehrenden Eifer"[47] liest. Nein, auch ein dezidiert linksliberaler Autor wie Jakob Wassermann lobt Brehm in höchsten Tönen und vergleicht

---

Tausend, so kann mit einer Gesamtauflage von etwa 550.000 Exemplaren gerechnet werden. Zur Auflagenhöhe vgl. auch Schattner: Traum, S. 153f., 156.

44 Piper: Briefwechsel, S. 235.

45 Brehm, Bruno: [1] Apis und Este. Ein Franz Ferdinand Roman. (So fing es an.) München: R. Piper & Co 1931; [2] Das war das Ende. Von Brest-Litowsk bis Versailles. München: R. Piper 1933; [3] Weder Kaiser noch König. Der Untergang der Habsburgischen Monarchie. München: R. Piper 1933.

46 Vgl. hierzu Schattner: Traum, S. 149–152. Außerdem Orłowski, Hubert: „Geschichtsdenken und Literatur. Zu Bruno Brehms Kaiserreich-Trilogie", in: Ders.: Literatur und Herrschaft – Herrschaft und Literatur. Zur österreichischen und deutschen Literatur des 20. Jahrhunderts. Hg. Edward Białek, Marek Zybura. Frankfurt/Main (u.a.): Lang 2000 (= Oppelner Beiträge zur Germanistik 2), S. 11–23; hier S. 15.

47 Salomon, Ernst von: Der Fragebogen. Reinbek bei Hamburg: Rowohlt 1993 (= Rororo 419), S. 165. Salomon traf 1932 in Wien auf Brehm, ohne zunächst zu wissen, um wen es sich handelt: „Dieser Mann, der da zu mir sprach, wußte unheimlich viel und hatte eine gefällige Art, es darzulegen. Er schien ganz vollgesogen von Wien und Österreich, so in allen seinen Geweben durchtränkt wie starke Trinker mit Alkohol, die nur ein Gläschen zu sich nehmen, um bereits wieder berauscht zu sein." (S. 166)

ihn mit Fallada und Zola.[48] Lediglich Paul Siebertz sieht in Brehms *Weder Kaiser noch König* eine antihabsburgische Geschichtsklitterung, die aus einer Mischung von Emil Ludwig und Hedwig Courths-Mahler besteht,[49] eine Einschätzung, die so ähnlich auch in der von Eduard Castle herausgegebenen *Deutsch-Österreichischen Literaturgeschichte* geteilt wird, in der Brehm als Vertreter eines „geblümten Expressionismus" bezeichnet wird, der in seinen drei historischen Romanen „Geschichtsklitterungen des Zusammenbruchs Österreich-Ungarns nach der Art von Emil Ludwigs geschichtlich-ungeschichtlichen Lebensbeschreibungen" vorgelegt habe und als „Gegner des Habsburgerreiches" bezeichnet werden müsse.[50]

Am 1. Mai 1939 erhielt Brehm für diese drei Bände den mit 100.000 RM dotierten Nationalen Buchpreis, eine stattliche Summe, wenn man bedenkt, dass das durchschnittliche Jahresgehalt eines Arbeiters gerade einmal 1000-2000 RM betrug.[51] „Die nationalpolitische Bedeutung" des Romans, so der Laudator Goebbels, beruhe „auf seiner scharfen Kritik an der Donaumonarchie" sowie auf der „Vorbereitung der großdeutschen Lösung in diesem Raume".[52] Der große Erfolg der Bände stärkte Brehms Position im Piper-Verlag ungemein. Der reaktivierte Offizier konnte es sich erlauben, 1941 „von der Trilogie 14 % und von den anderen Büchern ab 10000 12 %. und ab 50000 14%" Tantiemen

---

48 Wassermann, Jakob: „Gegenspieler", in: Ders.: Tagebuch aus dem Winkel. Unver. Nachdr. der 1935 im Querido-Verlag, Amsterdam, erschienenen Erstausgabe. München: Langen Müller 1987, S. 129–133. Wassermann vergleicht in dem Aufsatz Falladas *Bauern, Bonzen und Bomben* mit Brehms *Apis und Este.* Die Stärke beider Romane liegt Wassermann zufolge in der ausnahmslosen Verwendung des Präsens. „In dem österreichischen Buche, ‚Apis und Este' von Bruno Brehm [...] erweist sich die ausschließliche Benutzung des Präsens mehr als Stilmittel. Kunst ist nicht beabsichtigt, sie entsteht manchmal wie von selbst [...]. So ist das hier. Die Zeit befiehlt. Die Zeit hat den Griffel in die Hand genommen und schreibt ihre eigene Chronik. Der Mann, in den sie sich gleichsam verwandelt hat, braucht bloß zu lauschen und zu schauen." (S. 130f.)

49 Siebertz, Paul: „Verwahrung und Abwehr", in: Zeit und Volk. Wochenschrift für deutsche Kultur 1 (1933), Nr. 13, S. 560–566. Vgl. Schattner: Traum, S. 150.

50 Castle, Eduard (Hg.): Deutsch-Österreichische Literaturgeschichte. Ein Handbuch zur Geschichte der deutschen Dichtung Österreich-Ungarns. Unter Mitwirkung hervorragender Fachgenossen. Band 4: Von 1890 bis 1918. Wien: Fromme 1937, S. 2272.

51 Schattner: Traum, S. 238f.

52 Goebbels, Joseph: „Der Nationale Buchpreis 1939", in: Die Neue Literatur 40 (1939), Heft 6, S. 320: „Die nationalpolitische Bedeutung dieses Werkes beruht vor allem in seiner scharfen Kritik an der Donaumonarchie, die dem altreichsdeutschen Leser den Blick für die Gesamtproblematik des Südostraums geschärft hat und damit einen wesentlichen Beitrag zur Vorbereitung der großdeutschen Lösung in diesem Raume zusteuerte. [...] Bruno Brehm ist über seine literarische Leistung hinaus auch als Mensch eine der soldatischsten Erscheinungen des deutschen Schrifttums." Vgl. Orłowski: Geschichtsdenken und Literatur, S. 11f.; Schattner: Traum, S. 153.

zu verlangen.[53] Unter dem Etikett nationalsozialistisch vorbildlicher Roman konnte der Dreiteiler nach 1945 nicht mehr erscheinen, aber Piper mochte auf den Bestseller nicht verzichten, und so machten sich Bruno Brehm und sein Sohn Klaus daran, den Text zu überarbeiten und zu kürzen. „95 Seiten gekürzt! Blutig bis zu dem Ellenbogen, Messer an der Schuhsohle gewetzt"[54] schrieb Brehm im Mai 1951 an Reinhard Piper. Brehm schlug als neuen Titel den 2. Vers von Goethes Eröffnungsgedicht „Hegire" im *West-östlichen Divan* vor: „Throne bersten, Reiche zittern",[55] aber schließlich erschienen die drei zu einer Trilogie zusammengefügten Einzelteile 1951 unter dem Titel *Die Throne stürzen* in einer einbändigen Neuausgabe. Lizenzausgaben wurden u. a. an den Linzer Nibelungen-Verlag vergeben, und die Zusammenarbeit mit diesem Verlag ist von besonderer Brisanz, wie Willi Winkler in seinem eben erschienenen Artikel „Der Meergott und die Geheimdienste" auf der Basis von umfangreichen Archivrecherchen gezeigt hat.[56] Der Nibelungen-Verlag war eine Tarnorganisation, hinter der sich ein geheimdienstliches Nachrichtenbüro unter der Leitung des früheren SS-Mannes und Mitarbeiters des Reichssicherheitshauptamtes Wilhelm Höttl verbarg. Der Piper-Verlag, der nach 1945 Autoren wie Ingeborg Bachmann,[57] Karl Jaspers, Alexander Mitscherlich oder Marcel Reich-Ranicki verlegte, fungierte unter dem Vorwand, im Linzer Nibelungen-Verlag eine Lizenzausgabe der Trilogie herauszubringen, als Geldwaschanlage für Höttl. Es konnte dabei geschehen, dass Geldbeträge in Deutscher Mark nach Österreich geschmuggelt und dort auf dem Schwarzmarkt zu einem für Höttl günstigen Kurs in Schilling umgetauscht wurden. Auch Brehms Honorarforderungen für die „geheimdienstliche Sonderausgabe" (Winkler), die 1951 erschienen war und

---

53 Brief vom 13. April 1941. In: Piper: Briefwechsel, S. 242. Brehm schließt seinen Brief mit „Heil Hitler gegrüßt von Ihrem Br.Br."

54 Ziegler, Edda: „Vermischte Zustände. Der NS-Nationalpreisträger Bruno Brehm im Piper-Verlag nach 1945", in: Estermann, Monika/Fischer Ernst/Schneider Ute (Hgg.): Buchkulturen. Beiträge zur Geschichte der Literaturvermittlung. Festschrift für Reinhard Wittmann. Wiesbaden: Harrassowitz 2005, S. 381–396; hier S. 395.

55 Goethe, Johann Wolfgang von: Hegire [= Flucht]. „Nord und West und Süd zersplittern, / Throne bersten, Reiche zittern, / Flüchte du, im reinen Osten / Patriarchenluft zu kosten, / Unter Lieben, Trinken, Singen, / Soll dich Chisers Quell verjüngen." In: Ders.: West-östlicher Divan. Stuttgart: Cotta 1819, S. 3. Ob Brehm bei der Flucht in den reinen Osten an die Theorie seines Lehrers Strzygowski vom Eurasischen Raum gedacht hat?

56 Winkler, Willi: „Der Meergott und die Geheimdienste", in: Süddeutsche Zeitung Nr. 258 (8.11.2019), S. 14.

57 1955 schreibt Bachmann an Wolfgang Hildesheimer, wie fatal es für sie ist, dass ein Verleger wie Klaus Piper der „wirklich kein Nazi ist", nach wie vor einen Autor wie Bruno Brehm verlegt. Vgl. Albrecht, Monika/Göttsche, Dirk (Hgg.): Bachmann Handbuch. Leben – Werk – Wirkung. Stuttgart, Weimar: Metzler 2002, S. 238.

zu dem damals stattlichen Preis von 128 Schilling vertrieben wurde, sollten über den Nibelungen-Verlag abgewickelt werden.

1976 folgte eine dreibändige Lizenzausgabe bei dtv in München[58] und 1992 legte Klaus Piper zum 100jährigen Geburtstag von Brehm eine einbändige Neuausgabe vor, die auf energischen Widerspruch von Klaus-Markus Gauß in der ZEIT stieß, der den Roman als die historische Räuberpistole eines völkischen Autors bezeichnete.[59]

5. Die beiden Versionen der Trilogie

Wie unterscheiden sich nun die beiden Versionen[60] voneinander? Zunächst einmal in der unterschiedlichen Verteilung des historischen Stoffes auf die drei Bände. Die neue Version ordnet alle Kapitel streng chronologisch an und teilt umfangreichere Kapitel in kleinere Einheiten auf. Damit nimmt sie aber den einzelnen Bänden die von Brehm beabsichtigte Dramatik. Den 1. Band *Apis und Este* beginnen beide Versionen in Belgrad mit dem 11. Juni 1903. Der von Apis angeführten Offiziersverschwörung fallen der österreichfreundliche König Alexander Obrenović und seine skandalumwitterte Gattin Draga zum Opfer. In der ersten Version platziert Brehm unmittelbar an die Ermordung des Königspaars die Fronleichnamsprozession in Wien, an der der alte Kaiser und sein Thronfolger teilnehmen. Im wenig später erschienenen *Radetzkymarsch* von Joseph Roth findet sich eine verblüffend ähnliche Schilderung des Fronleichnamszuges, was Helmut Karasek im „Spiegel" zu der Bemerkung veranlasste, Roth habe dafür „einen anderen Roman (von Bruno Brehm) klammheimlich ausgeschlachtet".[61] Was Karasek aber geflissentlich übersieht, ist, dass der Fronleichnamszug jeweils aus einer anderen Perspektive geschildert ist. Bei Roth sind es zwei Verliebte, der Leutnant Trotta und Frau von

58 Brehm, Bruno: Die Throne stürzen. Romantrilogie. Band 1: Apis und Este. Band 2: Das war das Ende. Band 3: Weder Kaiser noch König. München: dtv 1976.

59 Gauß, Karl Markus: „Eine beschämende Wiederentdeckung: Bruno Brehms Balkan-Epos über die letzten Tage Kakaniens. Heiliger Irrsinn", in: Die Zeit (1992), Nr. 50, abrufbar unter <www.zeit.de/1992/50/heiliger–irrsinn> (Zugriff 19.2.2019).

60 Decloedt: Weder Kaiser noch König, S. 206, Anm. 12 verweist auf Werderitsch, Doris.: Bruno Brehms Trilogie „Die Throne stürzen". Diplomarbeit Univ. Wien 1990. Dort werden beide Fassungen miteinander verglichen. Diese Arbeit konnte nicht eingesehen werden.

61 Karasek, Hellmuth: „Der Ehrabschreiber", in: „Spiegel online" (15.1.1990), abrufbar unter: <www.spiegel.de/spiegel/print/d-13498191.html> (Zugriff 19.2.2019). Vgl. außerdem Decloedt: Weder Kaiser noch König, S. 207.

Taußig, die den Zug von einer Tribüne aus beobachten,[62] während sich in *Apis und Este* der Erzähler Brehm mitten im Zug bewegt. Er weiß deshalb auch zu berichten, dass der Außenminister Graf Goluchowski und der Obersthofmeister Montenuovo Kaiser und Thronfolger vor der Michaelerkirche die Nachricht von der Ermordung des serbischen Königspaars übermitteln.[63] Dass Brehm den ersten Band mit der Ermordung des serbischen Königspaars eröffnet, ist ein Kunstkniff, mit dem er das Aperçu von Karl Marx im *Neunzehnten Brumaire des Louis Bonaparte*, dass sich weltgeschichtliche Ereignisse zweimal ereignen, „das eine Mal als große Tragödie, das andere Mal als lumpige Farce",[64] auf den Kopf stellt und mit der „lumpigen Farce"[65] beginnt. Die große Tragödie, die mit dem Attentat am 28. Juni 1914 ihren Lauf nimmt, beginnt exakt in dem Moment, in dem während des Fronleichnamszugs dem Kaiser und seinem Thronfolger die Nachricht von der Ermordung des serbischen Königspaars übermittelt wird. In der zweiten Version bekommt der Fronleichnamszug ein eigenes Kapitel, wodurch der unmittelbare Zusammenhang zwischen Farce und Tragödie verlorengeht. In der Vorkriegsversion endet der *Apis und Este*-Band effektvoll mit der Verhaftung und Erschießung von Apis in einem Steinbruch bei Saloniki 1916/17. Die revidierte Fassung macht daraus zwei Kapitel und passt diese in den chronologischen Ablauf von Band 2 *Das war das Ende* ein, und zwar so, dass sie durch ein Kapitel mit völlig anderem Inhalt voneinander getrennt werden und damit ihren ursprünglichen Zusammenhang verlieren. Überhaupt muss sich der zweite Band in der revidierten Version die größten Eingriffe gefallen lassen. Er beginnt mit dem Tod des Kaisers Franz Joseph und der Sixtus Affäre, den Geheimverhandlungen des k. u. k. Offiziers Sixt von Bourbon-Parma

62 Roth, Joseph: Radetzkymarsch. In: Ders.: Werke 5. Romane und Erzählungen 1930–1936. Hg. Fritz Hackert. Köln: Kiepenheuer & Witsch 1990, S. 320–322.

63 Brehm: Apis und Este, S. 96–99.

64 Marx, Karl: „Der achtzehnte Brumaire des Louis Napoleon", in: Marx, Karl /Engels, Friedrich: Gesamtausgabe (Mega). 1. Abt: Werke, Artikel, Entwürfe Juli 1851 bis Dezember 1852. Band 11. Berlin: Dietz 1985, S. 96: „Hegel bemerkt irgendwo, daß alle großen weltgeschichtlichen Thatsachen und Personen sich so zu sagen zweimal ereignen. Er hat vergessen, hinzuzufügen: das eine Mal als große Tragödie, das andre Mal als lumpige Farce." In der 2. Ausg. Hamburg: Meißner 1869, S. 1 ist nur noch von Tragödie und Farce die Rede.

65 Vgl. Brehm: Apis und Este, S. 9–86. S. 85 lässt Brehm den die Leichen des ermordeten Königspaars sezierenden Arzt Dr. Demosthen Nikolajević sagen: „Es ist nicht gut möglich, in einem Lande Offizier zu sein, dessen Dynastie durch ihre Familiengeschichten – durch Kindesentführungen und ewige Streitereien für ganz Europa den Witzblattstoff abgeben muß [...]." Die Farce endet im Wiener Stadtpanoptikum, „wo man von neun Uhr früh bis acht Uhr abends gegen ein Entgelt von vierzig Hellern das unglückliche serbische Königspaar aus Wachs in Blut und Wunden bestaunen konnte" (ebenda, S. 107).

und seines Bruders mit Frankreich, zwei Ereignisse, mit denen Brehm die erste Fassung seines dritten Bandes *Weder Kaiser noch König* eröffnet hatte, was ja von der Thematik durchaus plausibel gewesen war. Mit der neuen Anordnung der Kapitel verliert der zweite Band in der Nachkriegsversion seine ursprünglich intendierte Dramatik. Statt die unaufhaltsame Dynamik der Kriegskatastrophe in acht Blöcken zu bündeln, an deren Ende dann die „Teilung der Beute" durch die Siegermächte steht, splittert sich der Band in zahlreiche Einzelepisoden auf, die unverbunden nebeneinanderstehen. Die Bewegung hin zum Finale entfällt, und die ist Brehm wichtig gewesen, wie er am 26. Juli 1932 an Reinhard Piper schreibt: „Das ganze Buch strebt auf das Schlusskapitel zu."[66] Der dritte Band in der revidierten Fassung schrumpft dagegen zum Appendix, der bis auf das Einleitungskapitel „Die Offiziere der alten Armee, 1919" lediglich das Jahr 1921 umfasst, das Jahr, in dem der Exkaiser Karl I. erfolglos versucht, wenigstens die ungarische Krone wiederzugewinnen. Das, was Brehm im dritten Band hatte eigentlich zeigen wollen, dass nämlich die Donaumonarchie bereits mit dem Tod Franz Josephs im November 1916 unwiderruflich zu Ende gegangen war und Karl lediglich noch als ein Konkursverwalter fungierte, der nicht wahrhaben wollte, dass er „weder ein Kaiser noch ein König"[67] war, ist in der revidierten Fassung nicht mehr sichtbar. Dafür erhält die revidierte Fassung einen Schluss, der in der ersten Fassung noch nicht vorhanden ist. Endet diese damit, dass Karl und Zita auf einem britischen Kanonenboot donauabwärts ins Ungewisse fahren, lässt Brehm in der neuen Fassung den Exkaiser und seine Frau durch die sich neu formierenden Nationalstaaten Südosteuropas reisen, bis sie dann über Konstantinopel, dem Objekt der Begierde sowohl der russischen wie der österreichischen Monarchie, ihr Exil auf der Insel Madeira erreichen.

Inhaltlich greifen die Revisoren der Nachkriegsrevision besonders dann in den Text ein, wenn es gilt, die antijüdischen und antidemokratischen Ausfälle der ersten Fassung zu tilgen. Das zeigt sich besonders im zweiten Band, der in der ersten Fassung mit den Friedensverhandlungen von Brest-Litowsk im Dezember 1917 beginnt. Den Diplomaten und Militärs der Achsenmächte sitzen am Verhandlungstisch russische Emissäre gegenüber, es sind vor allem Revolutionäre. Diese sind, so in der ersten Fassung, „blasse bebrillte Juden", unter ihnen Anastasia Bizenka, „das häßliche Gesicht von einem Vorhang des Kummers

66 Piper: Briefwechsel, S. 227.

67 Brehm: Weder Kaiser noch König, S. 573. Brehm lässt den Oberst Siményfalvy dort sagen: „Der König ist zu fromm, um zu lügen. Aber er leidet an einer weit schlimmeren Krankheit: er weiß nicht, was die Wahrheit ist. Er weiß es wirklich nicht. [...] Er mag alle guten Eigenschaften und viele schlechte haben, aber vor allem ist er weder ein Kaiser noch ein König." Auch dieser Passus ist in der zweiten Version stark gekürzt.

verschleiert".[68] Die bebrillten Juden erscheinen Brehm „wie kleine Fenster in einer großen Mauer, durch die eine fremde Welt hereinblickt". In der zweiten Fassung werden daraus „bebrillte Intellektuelle", zwischen ihnen „Madame Bizenko, deren keineswegs schönes Gesicht von Kummer umdüstert war."[69] Der Hinweis darauf, dass die Juden einer fremden Welt angehören, fehlt hier. In der Vorkriegsfassung unterhalten sich der österreichische Außenminister Graf Czerny und der Gesandte Merey über die zwölfjährige Kerkerhaft von Anastasia Bizenka, die wohl Voraussetzung dafür ist, um als russische Abgeordnete an den Verhandlungen teilzunehmen. Der Oberbefehlshaber des deutschen Ostheeres, Prinz Ruprecht von Bayern, kommt zwischen zwei Russen zu sitzen:

> „Und der Prinz von Bayern zwischen zwei aus dem Kerker befreiten Juden", sagte Czernin besorgt nach dem Ende der Tafel blickend, wo Leopold mit Joffe und Kamenew, dem Schwager Trotzkis, ein Gespräch in Gang zu bringen suchte.[70]

Während die Aristokraten zu verbergen suchen, wie peinlich es ihnen ist, mit jüdischen Revolutionären, die geradewegs aus dem Kerker kommen, verhandeln zu müssen, kommen die Ordonnanzen als Vertreter des Volkes unverblümt zur Sache:

> Die Ordonnanz ging mit den geleerten Flaschen hinaus in den Vorraum. „Allerhand," sagte er zu seinen dort stehenden Kameraden, „so'n Lausepeter und Urwaldaffe darf bei uns nicht mal zum Mülleimer riechen – und hier muß ich ihm einschenken. Paßt mal auf, was ich euch sage: ‚Wer sich mit den Hunden niederlegt, steht mit den Flöhen auf.'"[71]

In der Nachkriegsfassung sind diese Stellen gestrichen. Es gibt noch zahlreiche weitere Beispiele für getilgte Antisemitismen, ich beschränke mich auf eines. Im Gespräch mit dem russischen Admiral Altvater bemerkt der deutsche General Hoffmann: „Und doch verstehe ich nicht, wie sich diese alte, ruhmvolle Armee vor diesen paar jüdischen Kaffeehausliteraten und Agenten ergeben konnte. Wieso hat sich das russische Volk, das doch immer judenfeindlich war, nicht dagegen gesträubt?"[72] Daraus wird in der revidierten Fassung: „Was ist aus Ihrer herrlichen kaiserlichen russischen Armee geworden!"[73] Suspekt sind Brehm

---

68 Brehm: Das war das Ende, S. 9. Die bebrillten Juden erscheinen Brehm „wie kleine Fenster in einer großen Mauer, durch die eine fremde Welt hereinblickt".

69 Brehm: Die Throne stürzen, Band 2, S. 74.

70 Brehm: Das war das Ende, S. 12f.

71 Ebenda, S. 13.

72 Ebenda, S. 19.

73 Brehm: Das war das Ende, S. 79.

aber nicht nur die russischen Revolutionäre, sondern auch die bürgerlichen Demokraten, die auf deutscher Seite an den Waffenstillstandsverhandlungen in Versailles teilnehmen. Im Gegensatz zum deutschen Außenminister Graf Brockdorff-Rantzau, der als formvollendeter Edelmann dargestellt wird, charakterisiert Brehm Matthias Erzberger, den Leiter der Waffenstillstandskommission, als einen, „der als Wichtigmacher durch den Teufel in die große Politik gestoßen worden ist", als einen den kleinbürgerlichen Stammtischen entstammenden Handelsreisenden, kurzum, als „ein[en] Vertreter des demokratischen Deutschland", das nicht nur „häßlich", sondern schlimmer noch, „völlig formlos" ist und „vergessen sein" will.[74] Auch diese Passage fehlt in der neueren Fassung ebenso wie das hymnische Schlusskapitel des zweiten Bandes, das *in nuce* die politischen Vorstellungen Brehms enthält. Das „gärende Chaos" des Kriegsendes ist die „Zeit der Läuterung", aus dem Heimatboden entsteigen die Kräfte der Gesundung, und am Ende entwirft Brehm die Vision eines künftigen Reiches, ohne das Europa zum Untergang verurteilt ist.[75] Wie wichtig ihm dieses Kapitel war, hat Brehm in seinem Brief vom Dezember 1932 an Reinhard Piper ausgeführt:

> Ich werde einen ganz grossen Schluss machen – dass man aufschreien muss. Da lasse ich dann alle Objektivität zum Teufel fahren – heraustreten will ich aus dem Verstand – und dazu war alles, was geschrieben wurde, notwendig.[76]

Mit dem ‚grossen Schluss' wollte Brehm, so in einem Brief vom Januar 1936 an Piper, nicht mehr wie im vorhergehenden Band ein Publikum ansprechen, das wie Dr. Freund „in der Monarchie aufgewachsen ist", und Verständnis für *Apis und Este* gehabt hat,[77] sondern eines, das, so Piper in seinem Antwortbrief, an den „im deutschen Ostraum formenden Kräften[n]" orientiert und somit für eine „nationalpolitische Unterweisung"[78] offen war. Dass diese ‚formenden' Kräfte vor dem österreichischen Ständestaat eines Dollfuß und Schuschnigg nicht Halt machen würden, sollten die Ereignisse vom März 1938 zeigen.

---

74 Brehm: Das war das Ende, S. 487.

75 Die Vision endet mit einem Aufruf an das Volk: „Und dann h~~a~~ebt der Tag an in einer neuen Welt, die wieder das Maß zu suchen gelernt hat, und du wirst in ihr stehen und wirst das Maß in deinen Händen halten. Allen, die mit dir in den neuen Tag gehen wollen, wirst du die Hand reichen, niemandem wirst du zu nahe treten, weltoffen wird dein Herz sein, wie es immer gewesen ist. Dann brichst du auf, dann ersteht dein Reich, dann bringst du das Recht und das Gesetz und, wie wir hoffen, auch die Liebe." (Ebenda, S. 506)

76 Piper: Briefwechsel, S. 230.

77 Ebenda, S. 233.

78 Ebenda, S. 235.

6. Das geschichtsteleologische Konzept Brehms

Die Monarchie hat als Staatsform ausgedient, das ist die Arbeitsthese, mit der sich Brehm an den *Apis und Este*-Roman macht: „Er wird das Sterben der Monarchie schildern", schreibt er im Dezember 1929 an Piper.[79] Um den Beweis für seine These antreten zu können, konfrontiert er in dem Kapitel „Zwei Schlösser" die beiden Machtzentren der Donaumonarchie miteinander, Schönbrunn und Belvedere.[80] In Schönbrunn sitzt der alte Kaiser, unnahbar, jeder Veränderung abhold, die einzige Autorität, die die schwerfällige Staatsbürokratie am Laufen hält und das Land vor dem Untergang bewahrt.[81] Das sieht Hitler in *Mein Kampf* ganz ähnlich, wenn er schreibt:

> Der ganze Staat stand in den letzten Jahren schon so sehr auf den beiden Augen Franz Josephs, daß der Tod dieser uralten Verkörperung des Reiches in dem Gefühl der breiten Masse von vornherein als der Tod des Reiches selber galt.[82]

Ganz anders der Thronfolger Franz Ferdinand im Belvedere. Die einzige Chance, die Monarchie in die neue Zeit hinüberzuretten, ist, sie von Grund auf zu reformieren, d. h., die Armee zu einem technisch hochgerüsteten und effizient organisierten Abschreckungsinstrument zu machen,[83] den Dualismus der Monarchie zugunsten eines Trialismus aufzulösen, den „staatsfeindlichen, reichszerstörerischen Übermut Budapests" zu brechen, eine allgemeine Agrarreform durchzuführen und den Schutz der kleinen Völker zu garantieren,[84] wobei sich Franz Ferdinand durchaus des Problems bewusst ist, dass eine eindeutige Grenzziehung zwischen den kleinen Völkern oft gar nicht möglich ist. Das

---

79 Ebenda, S. 225.

80 Vgl. hierzu Orłowski: Geschichtsdenken und Literatur, S. 19ff.

81 Brehm: Apis und Este, S. 305f. S. bes. S. 305: „Der alte Herr will nicht vom Schreibtische aufblicken, an dem er vom grauenden Morgen bis zum sinkenden Abend Akt um Akt erledigt, denn außerhalb der Akten zieht ein Chaos herauf […]."

82 Hitler, Adolf: Mein Kampf. Eine kritische Edition. Hg. von Christian Hartmann, Thomas Vordermayer, Othmar Plöckinger, Roman Töppel. Unter Mitarbeit von Edith Raim u. a. Band 1. München, Berlin: Institut für Zeitgeschichte 2016, S. [167]. Vgl. hierzu auch Decloedt: Weder Kaiser noch König, S. 208.

83 Brehm: Apis und Este, S. 308

84 Ebenda, S. 372. Am Tag vor seiner Ermordung fasst der Thronfolger seine Ideen zur Reichsreform vor bosnischen Abgeordneten noch einmal zusammen: „Sie dürften wohl auch schon hier gehört haben, daß ich mich aller von den Magyaren unterdrückten Völker gerne und bereitwillig annehme. […] Mir liegt die ganze Monarchie am Herzen, meine Herren, ich glaube, daß die Zeiten, wo ein Volk das andere plagen und bedrücken darf, für immer vorbei sind. Schauen Sie vor allem einmal, daß Sie in Ihrem Lande die Agrarreform durchbringen, damit Ihre Bauern keinen Grund haben, nach Serbien hinüberzuschielen." (S. 372)

Prinzip der ethnischen Homogenität, so wie es die Französische Revolution postuliert hat, lässt sich auf diese Völker gar nicht anwenden.[85] Die Parole der Schwarzen Hand – ‚Vereinigung oder Tod' – wird, so Franz Ferdinand, unweigerlich zur Unterdrückung der Nachbarvölker führen.[86] Nur ein supranationales Kaisertum in der Rechtsnachfolge des Hl. Römischen Reiches deutscher Nation ist in der Lage, die friedliche Koexistenz der ‚kleinen Völker' zu garantieren. Die ‚kleinen Völker' haben bei Brehm durchaus ihre Existenzberechtigung und sie sind keineswegs, wie das Roth im *Radetzkymarsch* den zynischen Grafen Chojnicki sagen lässt, „kleine dreckige Staaten".[87] Das gilt im Übrigen auch für die Serben, „ein kleines Volk mit großer Geschichte", aber freilich eines, das „im Schatten einer großen Vergangenheit" fröstelt, an „gekränktem Ehrgefühl" leidet und deswegen zu „atavistischen Ausbrüchen"[88] neigt. Brehms Sympathien für Serbien und Apis sind unverhohlen. Der 28. Juni 1914, der Tag, an dem Franz Ferdinand von Gavrilo Princip ermordet wird, ist der Vidovdan, der Veitstag, und Brehm lässt das Kapitel „Der 28. Juni 1914" mit einem hymnischen Aufruf an den Mythos Serbien, ein rückwärtsgewandtes, sich der Moderne verweigerndes Homogenitätskonstrukt, beginnen:

> „VIDOVDAN! VIDOVDAN!" „Veitstag! Veitstag" Der erste Veitstag nach 525 langen Jahren – könnt ihr das überhaupt begreifen? Das ist ein halbes Jahrtausend und noch ein Vierteljahrhundert dazu. Was wißt denn ihr, die ihr den glücklichen Völkern des Westens angehört, was Trauer ist, Trauer um eine verlorene Freiheit ein halbes Jahrtausend hindurch [...]. Leid um ein verlorenes Reich, um ein verlorenes Volk. [...] aber die Herzen sind dieselben geblieben, sie glauben, was sie immer geglaubt haben, an Kaiser Dušans [Zar Stefan Uroš IV. Dušan, J.J.] tausendjähriges Reich. Veitstag, nicht mehr ein Fest der Trauer, Veitstag ein Fest der Erlösung und Befreiung, Veitstag des Jubels, Veitstag der Freudentränen!"[89]

Folgerichtig lässt Brehm Apis 1917 in Saloniki nicht als zum Tod verurteilten Attentäter, als Anführer einer terroristischen Organisation, sondern als Helden bei den ersten Strahlen der aufgehenden Sonne sterben. (Und deswegen stellt Brehm die Frage nach der Kriegsschuld nicht in *Apis und Este*, sondern erst in *Das*

85 Ebenda, S. 380: „Diese Verschwommenheiten [d.h. die Unmöglichkeit einer klaren ethnischen Grenzziehung, J.J.] rühren daher, daß man den Nationalismus der französischen Revolution auf ein Gebiet anwenden will, das keine deutlichen nationalen Grenzen kennt."

86 Ebenda, S. 379: „‚Vereinigung' oder ‚Tod' – das ist die neue Parole für all diese kleinen Völker, die auf nichts warten, als ihre Nachbarn unterdrücken zu können."

87 Roth: Radetzkymarsch, S. 266.

88 Brehm: Apis und Este, S. 84f.

89 Ebenda, S. 388f.

war das Ende, als die westlichen Demokratien die ‚Beute' unter sich aufteilen und die demokratischen Mitglieder der deutschen Delegation als Erfüllungsgehilfen der Siegermächte agieren.) Dass Brehm seinen Helden Apis nach Osten blicken lässt, geschieht nicht zufällig, denn bis an die Ostgrenzen Europas, bis nach Ostrom, erstreckte sich das mythisch verklärte Großreich Dušans, und mit dem Blick nach Osten deutet Brehm eine Brückenfunktion Serbiens zwischen Okzident und Orient an, eine Vorstellung, die sich mit der sich die Hypothese seines Lehrers Strzygowski von einem einheitlichen eurasischen Kulturraum untermauern lässt.

Freilich, eine solche Brückenfunktion Serbiens ist nicht kompatibel mit den Intentionen des Thronfolgers. Dessen Reformvorschläge für die ‚kleinen Völker' werden vom Suprematieanspruch des Kaisertums und von Überlegungen zur geostrategischen Problematik der Donaumonarchie flankiert.[90] Zwei Kaiser, so überlegt Franz Ferdinand in Konopischt, sind einer zu viel. Eigentlich kann es nur einen Kaiser des Hl. Römischen Reiches deutscher Nation, einen supranationalen Herrscher geben, ein protestantischer Kaiser „ist eine Unmöglichkeit, eine Frucht eben dieses Nationalismus, der ganz Europa in den Abgrund stürzen wird".[91] Die geostrategische Problematik der Donaumonarchie liegt, so Franz Ferdinand zum Landeschef von Bosnien und der Herzegowina, Potiorek, darin, dass sie in eine Zangenbewegung zwischen Frankreich im Westen und Russland sowie den sich von der Türkei emanzipierten ‚jungen' Völkern im Osten geraten ist.[92]

Aber die Reformideen des Thronfolgers sind bei Brehm, anders als bei Ludwig Winder, der in seinem Thronfolgerroman von 1938[93] auf das positive Potential der Reformen abhebt, zur Wirkungslosigkeit verurteilt, denn mit dem letzten ungekrönten Kaiser, Franz Ferdinand, „werden alle Kaiser der großen Staaten dieser Erde zu Grabe getragen".[94] D.h., die Monarchie als Staatsform hat mit dem Ersten Weltkrieg ausgedient. „Die zwei Jahre der Regierung Kaiser Karls zähl[en] kaum",[95] und das Manifest Karls vom 14. Oktober 1918, mit dem er die Völker der cisleithanischen Reichshälfte zu einem lockeren Staatenbund zusammenschließen will,[96] ist Makulatur, vor allem, weil die Tschechen, die

90 Vgl. Orłowski: Geschichtsdenken und Literatur, S. 16–18.
91 Brehm: Apis und Este, S. 278. Vgl. Orłowski: Geschichtsdenken, S. 20f.
92 Brehm: Apis und Este, S. 330.
93 Winder, Ludwig: Der Thronfolger. Ein Franz Ferdinand Roman. Zürich: Humanitas Verlag 1938. – Mit einem Nachwort von Ulrich Weinzierl. Wien: Zsolnay 2014.
94 Brehm: Apis und Este, S. 443.
95 Brehm: Weder Kaiser noch König, S. 344.
96 Ebenda, S. 167.

„Hochverräter von vorgestern und Feind von gestern"[97] dem Kaiser in den Rücken fallen und sich als souveräner Staat bereits vom amerikanischen Präsidenten Wilson haben anerkennen lassen.

Auch der am 30. Oktober 1918 von der Provisorischen Nationalversammlung zum Staatskanzler gewählte Karl Renner scheitert mit seinem Plan, die neugebildete Republik Österreich zusammen mit der deutschsprachigen Bevölkerung Böhmens und Mährens an das Deutsche Reich anzuschließen, am erbitterten Widerstand der Alliierten. Eine gesamtdeutsche Lösung jenseits von Preußen und Österreich, so führt Ignaz Seipel, der letzte kaiserliche Minister, in einem Gespräch mit Karl Renner aus, kann nur „in Zukunft nur durch einen großen Staatsmann" erzielt werden.[98] Wer der große Staatsmann ist, das muss Seipel bzw. Brehm, dessen gesamtdeutsche Überlegungen sich ganz ähnlich in der Geschichtsphilosophie eines Heinrich von Srbik wiederfinden („Österreichs ‚historische Mission' sah ich ebenso wie seine Gegenwart und Zukunft nur in der unlösbaren Verklammerung mit der Gesamtnation gegeben"),[99] noch offen lassen. Aber Josef Nadler hat es 1941, unfreiwillig sarkastisch, auf den Punkt gebracht: „Weder Kaiser noch König – sondern der Führer."[100]

7. Ausblick: Das Zwölfjährige Reich

Der Dreiteiler *Das Zwölfjährige Reich*, 1961 nicht mehr bei Piper, sondern beim katholischen Styria-Verlag in Graz erschienen, ist ganz bewusst als Gegenstück zur Habsburger Trilogie angelegt,[101] erreicht aber dessen erzählerische Qualitäten nicht, es fehlen das Tempo, der in eine einheitliche dramaturgische

97 Ebenda, S. 165.

98 Ebenda, S. 318

99 Srbik, Heinrich Ritter von: Deutsche Einheit. Idee und Wirklichkeit. Bd. 1. München: Bruckmann 1935, S. 9f. Zitiert nach Orłowski: Geschichtsdenken und Literatur, S. 17. S. 16 weist Orłowski darauf hin, dass es Armin Mohler gewesen ist, der zum ersten Mal auf den Zusammenhang zwischen Srbik und Brehm hingewiesen hat. „Der vom Gesamtwerk ausgehende Einfluß Srbiks innerhalb der konservativen Revolution besteht wie der des Erzähler Bruno Brehm in einem großdeutschen Gegengewicht gegen die dort vorherrschende Prussozentrik." Mohler, Arnim: Die konservative Revolution in Deutschland 1918–1932. Ein Handbuch. 2., völlig neu bearb. und erw. Fassung. Darmstadt: Wiss. Buchgesellschaft 1972, S. 309. – Vgl. außerdem: Srbik, Heinrich Ritter von: „Gesamtdeutsche Geschichtsauffassung", in: Deutsche Vierteljahrsschrift für Literaturwissenschaft und Geistesgeschichte 8 (1930), Heft 1, S. 1–13.

100 Nadler, Josef: Literaturgeschichte des deutschen Volkes. Bd. 4: Reich. Berlin: Propyläen-Verlag 1941, S. 505, vgl. auch S. 204. Vgl. auch Decloedt: Weder Kaiser noch König, S. 205.

101 Brehm, Bruno: Das Zwölfjährige Reich. [1.] Der Trommler. [2.] Der böhmische Gefreite. [3.] Wehe den Besiegten allen. Graz u.a.: Styria 1960/61.

Konzeption eingebundene Perspektivwechsel und die Ausrichtung auf einen finalen Höhepunkt. Vielmehr zerfasern die drei Bände in oft unverbunden nebeneinander stehende Einzelkapitel, eine nachvollziehbare Gesamtstruktur fehlt. In Band 1, *Der Trommler*, geht es um Hitlers in die Habsburger Monarchie eingebettetes 19. Jahrhundert, seine politischen Anfänge bis zum Putsch 1923 und seinen Prozess, an den sich die Inhaftierung in Landsberg anschließt, wo er seine politischen Ziele („Gegenangriff gegen Kommunismus und Marxismus", „das Heldenvolk der Blonden")[102] formuliert. In Band 2, *Der böhmische Gefreite*, wird Hitlers Aufstieg vom Röhmputsch bis zum Überfall auf Polen erzählt, während Band 3, *Wehe den Besiegten allen*, die Zeit vom Attentat Georg Elsers auf Hitler im Bürgerbräukeller im November 1939 bis zu den Nürnberger Prozessen und der Kapitulation Japans nach dem amerikanischen Abwurf der Atombomben auf Hiroshima und Nagasaki umfasst.

Im Vorwort des Verlags wird das *Zwölfjährige Reich* als der Rechenschaftsbericht eines Autors bezeichnet, „der sich seiner Verpflichtung als historischer Schriftsteller nicht entziehen will" und aus der „Sicht von Innen her"[103] die Konfrontation zwischen Systemanhängern und – gescheiterten – Systemkritikern aufzeigt. Der Systemanhänger Brehm liefert aber keine Innensicht, sondern er katapultiert sich nach Außen und schildert die Ereignisse gleichsam aus der Perspektive eines neutralen, unbeteiligten Beobachters. Damit entzieht er sich möglicherweise unangenehmen Fragen nach seiner Rolle als Nutznießer des Systems (die seine Leser sowieso nicht gestellt hätten) und exkulpiert sich im gleichen Zuge.

Im Folgenden soll an zwei Punkten die Kontinuität im Denken Brehms aufgezeigt werden, einmal an seinem Verständnis von der Rolle Alt-Österreichs im Dritten Reich, exemplifiziert an der Figur von Edmund Glaise-Horstenau (1882–1946),[104] und zum anderen an seinem Antisemitismus.

Die in seinen Augen positive Rolle Glaise-Horstenaus beim ‚Anschluss' Österreichs an das Deutsche Reich im März 1938 hat Brehm im Kapitel „Schwere Entschlüsse" im 2. Band der Trilogie geschildert.[105] Dort wird der General als ein Österreicher dargestellt, der die historische Bedeutung von Wien als Hauptstadt eines übernationalen Staats gegenüber dem Wien-Hasser Hitler verteidigt und so weit geht, für Wien als die „bessere Hauptstadt des Großdeutschen Reiches"

102 Brehm: Der Trommler, S. 350.

103 Ebenda, S. 6.

104 Zu ihm vgl. Broucek, Peter (Hg.): Ein General im Zwielicht. Die Erinnerungen Edmund Glaises von Horstenau. 3 Bde. Wien u.a.: Böhlau 1980–1988.

105 Brehm: Der Böhmische Gefreite, S. 227–238.

zu plädieren,[106] weil es der eurasischen Aufgabe des neuen Staates besser gerecht werden würde. Im Kapitel „Der Führer hat immer recht“ desselben Bandes stellt Brehm Glaise-Horstenau, der über seine Erlebnisse im Polenkrieg 1939 aus der Perspektive eines ehemaligen k. u. k. Offiziers berichtet, als einen Militär vor, für den die eigentliche Gefahr nicht von den Polen („Die uralte Rolle Polens als Vorposten des lateinischen Westens“),[107] sondern von damals noch mit Hitlerdeutschland verbündeten Russen („kleine, harte Burschen, die Überlebenden der furchtbaren Jahre des Hungers und des Bürgerkrieges, [...] ich muß gestehen, daß ich mich vor dieser schweigenden, einförmigen Menschenmauer gefürchtet habe“)[108] droht. Zum Umfeld Glaise-Horstenaus gehört ein weiterer Ex-Offizier, der Kroate Slavko Kvaternik, der als „Rückgrat der alten Armee“ und „Bekämpfer der Levantiner“[109] für ein unabhängiges Kroatien eintritt. Beide sollten ab 1941 Karriere im Ustaša-Kroatien machen, Kvaternik als Chef der kroatischen Heimwehr[110] und Glaise-Horstenau als Vertreter der Deutschen Wehrmacht beim Ustaša-Regime. Die Verbrechen des Ustaša-Regimes erwähnt Brehm mit keinem Wort. Kvaternik sollte 1947 als Kriegsverbrecher in Zagreb hingerichtet werden, während sich Glaise-Horstenau 1946 in Nürnberg das Leben nahm. Ein weiterer Repräsentant Alt-Österreichs ist für Brehm Arthur Seyß-Inquart. Auch ihn rechnet er zu den „viele[n] Nationalsozialisten aus der alten Donaumonarchie, voll Hoffnung, das Gute, Menschliche und Organische gegen das Rüde, Mechanische und Anorganische durchsetzen zu können“,[111] und lässt den in den Nürnberger Prozessen zum Tod Verurteilten als aufrechten Patrioten sterben.[112] Dass Seyß-Inquart als „barbarischer Austronazi“ (so Ludger Heid in der Süddeutschen Zeitung vom 14. Februar 2016) für die Deportation von 120.000 holländischen Juden nach Auschwitz verantwortlich war,[113] kümmert Brehm nicht.

106 Ebenda, S. 231.

107 Ebenda, S. 459.

108 Ebenda, S. 456.

109 Ebenda, S. 459.

110 Zu Kvaternik s. Goldstein, Slavko: 1941. Das Jahr, das nicht vergeht. Die Saat des Hasses auf dem Balkan. Übers. Marica Bodrožić. Frankfurt/Main: S. Fischer 2018, S. 117, 137, 182f.

111 Brehm: Wehe den Besiegten allen, S. 437.

112 Ebenda, S. 452: „Sind wir in den Tagen des Triumphes in den ersten Reihen gestanden, so haben wir den Anspruch, im Unglück in vorderster Reihe zu stehen. Mit unserer Haltung helfen wir, die Zukunft unseres Volkes wieder aufzubauen.“ (Seyß-Inquart an Saukel)

113 Vgl. Koll, Johannes: Arthur Seyß-Inquart und die Besatzungspolitik in den Niederlanden (1940–1945). Wien u.a.: Böhlau 2015.

Der Schlüssel zum Antisemitismus Brehms nach 1945, der nicht so brutal und direkt wie etwa beim deutschen Dichtertreffen 1941 in Weimar[114] daherkommt, sondern sich hinter einer Camouflage aus Ambivalenz und Mehrdeutigkeit verbirgt, findet sich im Kapitel „Die Juden" im zweiten Band der Trilogie.[115] Das Kapitel gliedert Brehm in zwei Unterkapitel: „Reichskristallnacht" und „Was er webt, das weiss kein Weber". Im ersten Unterkapitel berichtet er von dem Attentat auf den Legationsrat vom Rath in Paris durch Herschel Grynszpan und den durch die Führung der NSDAP als Racheaktion angeordneten Pogromen und Zerstörungen am 9. November 1939, das zweite Unterkapitel handelt von der Physikerin Herta Weiß, Tochter eines verschleppten jüdischen Richters, die sich in der Nacht des 9. Novembers in das Arbeitszimmer ihres Vaters zurückzieht. Sie greift zu einem Band von Heines *Wintermärchen*, in dem ihr Vater sich eine Stelle besonders notiert hat. Es sind die Verse in Caput VII, in denen der lyrische Erzähler sich umdreht und hinter sich seinen Doppelgänger, seinen „schwarzen, vermummten Begleiter", den Urteilsvollstrecker, erkennt, der „die armen Skelette des Aberglaubens" mit seinem furchtbaren Beil zerschmettert und sie „ohn Erbarmen" niederschlägt.[116] Mit den „Skeletten des Aberglaubens" sind die Gebeine der Hl. Drei Könige gemeint, die im Kölner Dom aufbewahrt werden. Und der Kölner Dom soll nicht zum Nationalsymbol („Denkmal von Deutschlands Kraft und protestantischer Sendung"), sondern – diese Stelle hat sich der Vater im Heine-Text angestrichen – zum Pferdestall werden: „Der Zukunft fröhliche Kavallerie Soll hier im Dome hausen."[117] Den Doppelgänger interpretiert Brehm als den zerstörerischen Geist der jüdischen Aufklärung und folgerichtig handelt das sich unmittelbar anschließende Kapitel „Der große Wettlauf" von den in die Emigration gezwungenen jüdischen Wissenschaftlern Eduard (Edward) Teller, James Frank und Lise Meitner, die mit ihren Forschungen den Vorsprung der USA auf dem Gebiet der Kernspaltung gegenüber Deutschland (Otto Hahn) ermöglichen. Nun gibt Brehm den jüdischen Wissenschaftlern keine direkte Schuld am Abwurf der Atombombe, aber im Schlusskapitel des 3. Bandes „Kernspaltung der Erde" spricht er von der Atombombe als einer „von Emigranten geschenkten Waffe", mit der Amerika „ein paar Atemzüge lang der Herr der Welt"[118] wird – solange, bis Russland in

114 Vgl. Anm. 17.

115 Brehm: Der böhmische Gefreite, S. 365–385.

116 Ebenda, S. 385. Vgl. Heine, Heinrich: Historisch-kritische Gesamtausgabe der Werke. Hg. Manfred Windfuhr. Band 4: Atta Troll. Ein Sommertraum. Deutschland. Ein Wintermärchen. Bearb. von Winfried Woesler. Hamburg: Hoffmann und Campe 1985, S. 109.

117 Ebenda, S. 384. Vgl. Heine, Heinrich: Atta Troll, S. 108.

118 Brehm: Wehe den Besiegten alle, S. 466.

Sibirien eine eigene Atombombe zündet. Wenn Brehm in diesem Zusammenhang von der „Kernspaltung zwischen Deutschen und Juden“ spricht, so sieht er, legt man dieser Stelle seine Heine-Interpretation aus dem zweiten Band zugrunde, den Geist der Spaltung („der stumme Begleiter“) auf jüdischer Seite aktiv werden. Und diesen Geist der Spaltung evoziert Brehm auch im vorletzten Kapitel des 3. Bandes, das mit „Zion“ überschrieben ist. Graf Folke Bernadotte, „der im Dienste des Roten Kreuzes während des Krieges viele jüdische und skandinavische Gefangene gerettet und der nach dem Krieg als einer der ersten mit einer Lastwagenkolonne in das zerstörte, zerbombte und ausgeplünderte Deutschland gefahren war“,[119] wird 1948 von der UNO als Vermittler zwischen Juden und Arabern nach Palästina geschickt und am 17. September desselben Jahrs in Jerusalem von jüdischen Extremisten erschossen. Brehm schließt das mit „Zion“ überschriebene Kapitel mit dem Satz:

> Bernadotte gesellte sich zu den Männern, die ermordet worden waren, weil sie den Frieden hatten retten wollen: zum österreichischen Thronfolger Franz Ferdinand, zu dem französischen Sozialistenführer Jaurès und zu dem indischen Weisen und Staatsmann Gandhi.[120]

Die Frage, wer den Frieden in Palästina verhindert hat, lässt Brehm ganz bewusst offen, aber wenig später gibt er einen Hinweis, wenn er von der Spaltung „zwischen Islam und Christentum“ spricht, durch die „die anderen groß wurden und sich ausbreiten konnten“.[121] Wen er mit den „anderen“ meint, das muss er nicht eigens sagen.

119 Ebenda, S. 461.
120 Ebenda, S. 463.
121 Ebenda, S. 466.

Miroslav Krleža und die postimperiale Gewalt

Mit einer Kurzanalyse des Romans *Ohne mich* (1938)

Jelena Spreicer (Zagreb)

Der Roman *Ohne mich* (*Na rubu pameti*, 1938)[1] von Miroslav Krleža (1893–1981) stellt eine Ausnahme im Opus des berühmten kroatischen Schriftstellers dar. Erstens handelt es sich nicht nur um den einzigen Roman, sondern um den einzigen Erzähltext von Krleža überhaupt, in dem sich der Autor der Ich-Erzählsituation bedient, was in der Krleža-Forschung durch autobiografische Nähe zum namenlosen Protagonisten und Erzähler erklärt wird.[2] Zweitens ist die Rezeption des Romans nach seiner Veröffentlichung 1938 durch eine 16-jährige Pause gekennzeichnet. *Ohne mich* wurde unmittelbar nach den sogenannten Moskauer Prozessen (1936–1938) veröffentlicht, in denen Grigori Sinowjew, Alexei Rykow, Lew Kamenew und Nikolai Bucharin, führende Figuren der Oktoberrevolution, wegen angeblichen Hochverrates zum Tode verurteilt wurden; eine Anklage, die durch spätere historiographische Untersuchungen widerlegt wurde, so dass die Verurteilten 1988 posthum rehabilitiert wurden. Durch die Moskauer Prozesse konsolidierte Stalin seine Diktatur in der Sowjetunion, indem er politische Gegner leninistischer Provenienz aus der politischen Sphäre ausschaltete. Für Krleža, der als junger expressionistischer Autor ab 1917 mit der Idee der kommunistischen Revolution, vor allem mit der Figur Wladimir

1 Originalausgabe: Krleža, Miroslav: Na rubu pameti. Zagreb: Biblioteka nezavisnih pisaca 1938. In dieser Arbeit wird aus der deutschen Übersetzung zitiert: Ders.: Ohne mich. Übers. Ina Jun-Broda. Graz, Wien: Stiasny Verlag 1962.

2 Zur Erzählperspektive im Roman und den autobiografischen Zusammenhang s. Flaker, Aleksandar: Na rubu pameti, in: Visković, Velimir (Hg.): Krležijana. Verfügbar online unter: http://krlezijana.lzmk.hr/clanak.aspx?id=636 (Zugriff 20.2.2019); Możejko, Edward: „On the Edge of Reason: The Writing of Miroslav Krleža“, in: World Literature Today 57/1 (Winter 1983), S. 24–30 u. Marjanić, Suzana: „Krležina demaskiranja mentaliteta ili ‚i mjesečina može biti pogled na svijet'“, in: Narodna umjetnost. Hrvatski časopis za etnologiju i folkloristiku 25/2 (2015), S. 85–103.

Iljitsch Lenins (1870–1924) durchaus sympathisierte, aber im Laufe der Zeit ein ambivalentes Verhältnis zur Revolution entwickelte, waren die Moskauer Prozesse Anlass nicht nur für eine kritische Auseinandersetzung mit der Politik der Kommunistischen Partei Jugoslawiens (KPJ), sondern auch für eine endgültige Distanzierung von der Poetik der politisch, bzw. kommunistisch engagierten Literatur.

Die Krleža-Forschung, insbesondere die kroatische Krleža-Forschung unmittelbar vor und nach dem Zusammenbruch der Sozialistischen Föderativen Republik Jugoslawien, führt die verzögerte Rezeption des Romans auf Krležas im Kapitel „Auch Mondschein kann eine Weltanschauung sein“ implizit formulierte Kritik der stalinistischen Terrorherrschaft zurück. Im angeführten Kapitel trifft der Protagonist im Gefängnis einen jungen Revolutionär, der die kommunistische Revolution als Mittel zur Erschaffung einer neuen und im Vergleich zum Kapitalismus gerechten Weltordnung beschwört. Mit dem Jungen diskutiert der Erzähler Fragen der Weltanschauung und der moralischen Rechtfertigung der Gewalt im Kampf für eine neue Welt. Im Unterschied zu seinem revolutionären Gesprächspartner ist der ausgesprochen pazifistische Protagonist von jeder Form der Gewalt angewidert:

> Sagen Sie, wird im Rahmen Ihrer höheren Gesellschaftsform, die allen Forderungen einer modernen Weltanschauung entspricht, auch weiterhin gemetzelt, wie im Rahmen der unzeitgemäßen Weltanschauung […]? Ich meine damit: bleibt der Mord die Grundlage auch *dieser* höheren Ordnung?[3]

Aufgrund seiner Erfahrungen an der Ostfront im Ersten Weltkrieg wurde Krleža zum Pazifisten, der in seinen Dramen und Novellen unablässig den Kriegsschrecken thematisierte, wofür stellvertretend die Novellensammlung *Der kroatische Gott Mars*[4] angesehen werden kann. In den Kriegsnovellen werden die katastrophalen Zustände an der Front sowie die dramatische Aus-

---

3 Krleža: Ohne mich, S. 136, Hervorhebung J. S. Im Original: „Molim vas, hoće li se, u okviru tog vašeg ‚višeg društvenog uređenja‘ koje će odgovarati svima zahtjevima jednog ‚modernog pogleda na svijet‘, banditski klati i ubijati kao što se banditski kolje i ubija u okviru ovog ‚nesuvremenog pogleda na svijet‘ […]? Mislim, hoće li umorstvo po uzoru ovih naših kapitalista i njihovih advokata biti baza tog višeg reda?“ (Krleža, Miroslav: Na rubu pameti. Zagreb: Globus media 2004, S. 150).

4 Die Sammlung *Der kroatische Gott Mars* besteht aus 7 Kriegsnovellen, die ab 1916 in verschiedenen Zeitschriften und Ausgaben veröffentlicht wurden. Als die endgültige Fassung gilt die Ausgabe aus dem Jahr 1946. Vgl. Vidan, Ivo: „Hrvatski bog Mars“, in: Visković, Velimir (Hg.): Krležijana. Online verfügbar unter: http://krlezijana.lzmk.hr/clanak.aspx?id=402 (Zugriff 30.9.2020) u. Krleža, Miroslav: „Napomena autora“, in: Ders.: Hrvatski bog Mars. Zagreb: Europapress Hodling 2008, S. 323–327.

wirkung des Krieges auf die kroatischen Soldaten in der österreichisch-ungarischen Armee geschildert.[5] Die apodiktisch vom Erzähler formulierte Absage an jegliche, d. h. auch revolutionäre Gewalt kann im Kontext des ausgesprochenen Pazifismus des Autors gelesen werden. Dass die zeitgenössischen Intellektuellen und Schriftsteller eine solche, moralisch schwer angreifbare Position dennoch als Verrat empfunden haben, liegt an Krležas früheren politischen Einstellungen, bzw. an seinem Enthusiasmus für die Oktoberrevolution und deren führende Figur. Dementsprechend waren die ersten literaturkritischen Reaktionen auf den Roman vorwiegend negativ und ablehnend. Das erneute Interesse am Roman in der ersten Hälfte der 1950er Jahre soll auf den Konflikt zwischen Tito und Stalin, der im Ausschluss Jugoslawiens aus dem Kommunistischen Informationsbüro (Kominform) 1948 kulminierte und das daraufhin folgende Ende des „Streits auf der literarischen Linken" zurückgeführt werden. Zuerst erfolgte 1950 die Veröffentlichung eines Ausschnittes aus dem Roman; 1954 wird die zweite Auflage gedruckt und 1956 erscheint das Kapitel „Lamentation des Valent Žganec, genannt Gib's ihm" separat.[6] Während die These von der politischen Motivation für die verzögerte Rezeption des Romans durchaus ihre Berechtigung hat, greift sie dennoch zu kurz, weil sie der Komplexität von Krležas Auseinandersetzung mit der postimperialen Gewalt in der unmittelbaren Nachkriegszeit (d. h. vor den politischen Kämpfen in der Sowjetunion in den 1930er Jahren) nicht gerecht wird. Im vorliegenden Aufsatz sollen neben den literatur- und kunsttheoretischen Positionen des Autors zum Begriff der Revolution (und damit im Zusammenhang: zum Begriff der revolutionären Gewalt) auch konkrete historische Gewalterscheinungen im Roman *Ohne mich* in Bezug auf ihren geschichtlichen Kontext analysiert werden. In dieser Hinsicht entpuppt sich die im Roman geschilderte postimperiale Gewalt als konstitutives Element in der Geburt einer „neuen", postimperialen Elite, die Krleža schon Ende der 1930er Jahre als entscheidend für den Übergang in den Faschismus erkennt.

Dass die Rezeption des Romans *Ohne mich* kurz nach dessen Veröffentlichung auf Krležas Ablehnung der stalinistischen Gewalt in der Sowjetunion beschränkt wurde, soll im Kontext des so genannten „Streits auf der literarischen Linken" gedeutet werden. Der Hintergrund des Konfliktes war die Krise unmittelbar nach dem Attentat auf den kroatischen Politiker Stjepan Radić (1871–1928), Begründer der Kroatischen Bauernpartei, im Belgrader Parlament. Nach der Ausrufung der Diktatur am 6. Januar 1929 durch den König Aleksandar Karađorđević wurde der Einsatz der Literatur im politischen

5 Zum Krležas Pazifismus s. Gerould, Daniel: „Miroslav Krleža: A Croatian Author against War", in: A Journal of Performance and Art 25.3 (2003), S. 132–134.

6 Zur Veröffentlichungsgeschichte des Romans *Ohne mich* s. Flaker: Na rubu pameti.

Kampf für eine kommunistische Revolution in die Diskussion eingebracht. Dabei kam es zu Spannungen zwischen zwei entgegengesetzten ästhetisch-politischen Positionen: „Sozialliteratur“[7] auf der einen und Surrealismus auf der anderen Seite. Velimir Visković weist darauf hin, dass sich Schriftsteller in Kroatien in den späten 1920er Jahren nach dem Vorbild der proletarischen Literatur in der Sowjetunion organisieren wollten, weswegen avantgardistische Lyrik letztendlich ihre revolutionäre Position als dominantes Genre der linken Literatur verlor.[8] Avantgardistische Lyrik musste der sozial-kritischen und links engagierten Literatur weichen, die im Klassenkampf zur Radikalisierung der Arbeiterklasse eingesetzt werden konnte.[9] Als die der „Sozialliteratur“ entgegengesetzte ästhetisch-politische Position fungierten die Belgrader Surrealisten, die genauso wie ihre französischen literarischen Vorbilder André Breton und Louis Aragon trotz der Mitgliedschaft in der Kommunistischen Partei nicht auf avantgardistische Tendenzen verzichten wollten.[10] In der Krleža-Forschung gibt es Meinungsverschiedenheiten zur Frage, wann der Streit auf der literarischen Linken ausbrach. In seiner Studie datiert Stanko Lasić den Anfang des Konflikts auf das Jahr 1928, als Anhänger der „Sozialliteratur“ und die Belgrader Surrealisten über die mögliche Synthese der Literatur und Revolution stritten.[11] In einer neueren Analyse von Suzana Marjanić wird hingegen von der Veröffentlichung des *Vorworts zu den „Draumotiven“ von Krsto Hegedušić* von Krleža (1933)[12] als dem Auslöser des Konflikts gesprochen.[13] Unabhängig davon, welches Jahr für

---

7 Unter dem Begriff „Sozialliteratur“ sind in verschiedenen Phasen des Streits auf der literarischen Linken verschiedene literarische Genres gemeint: 1. Phase – Phase der „Sozialliteratur“ (1928–1934); 2. Phase – Phase des „neuen Realismus“ (1935–1941); 3. Phase – Phase des „sozialistischen Realismus“ (1941–1948); 4. Phase – Phase der neuen Orientierung (1949–1952). Zum „Konflikt an der linken literarischen Front“ s. Visković, Velimir: Sukob na ljevici, in: Ders. (Hg.): Krležijana. Verfügbar online unter: http://krlezijana.lzmk.hr/clanak.aspx?id=1773 (Zugriff 15.9.2020) u. Lasić, Stanko: Sukob na književnoj ljevici: 1928–1952. Zagreb: Liber 1970, S. 27.

8 Ebenda.

9 Ebenda.

10 André Breton ist mit anderen französischen Surrealisten 1927 der Kommunistischen Partei Frankreichs beigetreten, ohne dabei auf die surrealistische Poetik zu verzichten. (Ebenda)

11 Lasić: Sukob na književnoj ljevici, S. 27 u. 65.

12 Krleža, Miroslav: „Predgovor *Podravskim motivima* Krste Hegedušića“, in: Ders.: Eseji II. Sarajevo: Oslobođenje 1973, S. 7–40. (Originalausgabe: Krleža, Miroslav: „Predgovor ‚Podravskim motivima‘ Krste Hegedušića, in: Krsto Hegedušić: Podravski motivi. Zagreb: Minerva 1933; dt. Übersetzung: Krleža, Miroslav.: „Vorwort zu den ‚Draumotiven‘ von Krsto Hegedušić (1933), in: Ders.: Essays. Über Literatur und Kunst. Übers. Rupprecht S. Baur. Frankfurt/Main: Athenäum 1987, S. 147–168.

13 Marjanić: Krležina demaskiranja mentaliteta, S. 87.

den historischen Ausgangspunkt des Konfliktes genommen wird, steht fest, dass Krleža eine zentrale Rolle im Konflikt hatte. Im *Vorwort* greift er seine zeitgenössischen Kollegen direkt an und setzt sich für das Recht des Künstlers auf seine ästhetisch souveräne Vorstellung von Schönheit ein. Krleža äußert sich abwertend über eine im Voraus determinierte und für das „Volk" angepasste Kunst, die er in seinem typischen ironischen und parataktischen Sprachduktus mit dem Jakobinismus vergleicht.

Schon die Veröffentlichung des Romans *Die Rückkehr von Filip Latinovicz*[14] im vorangegangenen Jahr (1932) galt für die Anhänger des „neuen Realismus" als eine Enttäuschung, weil die Titelfigur, bzw. der Anti-Held des Romans trotz seiner diagnostischen Sensibilität für die Probleme der Modernität und harschen Kritik des Kleinbürgertums sich dennoch der Handlungsunfähigkeit nicht entziehen kann – ein Konzept, das kaum mit der damals verspürten Notwendigkeit der gesellschaftlichen Aktion in Verbindung gebracht werden konnte.[15]

Von Krleža, der am Anfang der 1930er als Vorbild für junge Autoren galt,[16] hatten seine politisch engagierten Zeitgenossen und linksorientierte Intellektuelle andere Erwartungen. Diese überzogenen Erwartungen seiner Kollegen hatte Krleža u. a. dem Essay *Hrvatska književna laž*[17] (Die kroatische literarische Lüge, 1919) zu verdanken, in dem er die kroatische romantische Tradition und ihren Einfluss auf den Modernismus heftig kritisiert. Dadurch, dass die kroatischen Schriftsteller, so Krleža, ständig darum bemüht sind, ihre Teilhabe an der westeuropäischen literarischen Szene zu rechtfertigen, sind sie zur ästhetischen Rückständigkeit verurteilt, weil sie den neusten Tendenzen in der Literatur stets einen Schritt hinterher hinken. Dementsprechend waren die Erwartungen linker Intellektuellen, die Krleža aufgrund seiner Kriegsnovellen und seines politischen Engagements in der Kommunistischen Partei als den führenden Namen einer neuen, gesellschaftlich und politisch engagierten Kunst sehen wollten, nicht unberechtigt. Krleža achtete jedoch ständig darauf, keinem ästhetischen oder politischen Programm blind zu folgen – in jedem literarischen Werk wird aufs Neue versucht, den kritischen Gedanken quasi aus dem Nichts herauszubilden, wobei die Autonomie des Gestaltungsprozesses nicht in Frage

---

14 Krleža, Miroslav: Povratak Filipa Latinovicza. Roman. Zagreb: Minerva 1932; dt. Übersetzung: Ders.: Die Rückkehr von Filip Latinovicz. Übers. Klaus Winkler. Wien, Frankfurt/Main, Zürich: Büchergilde Gutenberg 1968.

15 Vgl. ebenda.

16 Zum Status von Krleža in den späten 1920er Jahren s. Lasić: Sukob na književnoj ljevici, S. 92–95.

17 Krleža, Miroslav: „Hrvatska književna laž", in: Plamen 1 (1.1.1919), S. 32–40.

kommt. Die in den 1930er Jahren veröffentlichten Romane – *Die Rückkehr von Filip Latinovicz* und *Ohne mich* – wurden daher für Krležas Gesinnungsgenossen eine bittere Enttäuschung.

In seiner Studie zur Geschichte des kritischen Denkens über Miroslav Krleža, schreibt Stanko Lasić, dass nach der Veröffentlichung von *Ohne mich* „der sozialistisch-realistische Kreis zuerst stumm wurde und danach Krleža daraufhin aufmerksam machte, dass er auf eine solche Art und Weise keine konstruktive Aktion einleiten kann".[18] Nach der ursprünglichen Stille der Literaturkritik wurden im nächsten Jahr die ersten Reaktionen veröffentlicht, und sie waren vorwiegend negativ: Der montenegrinische Schriftsteller und Politiker Milovan Đilas (1911–1995) verurteilte den Roman aufgrund seiner Ablehnung jeglicher Gewalt, die sogar als „revisionistisch" abgestuft wird: „für Krleža (d.h. für seinen Helden) gibt es weder eine Wahrheit noch eine richtige Weltanschauung, überall ereignen sich dieselben Dinge".[19] Etwas milder urteilte der junge Grgo Gamulin,[20] der nach der Lektüre des Romans „eine Vorahnung hatte, dass der Spaltungsprozess zwischen dem Krleža-Kreis und dem sozialistischen Kreis sich in eine tragische Richtung entwickeln könnte".[21] Ein Jahr danach verlangten Kritiker national-konservativer Gesinnung das Verbot von Krležas Dramen, unter dem Vorwand, sie seien für das Volk gefährlich.[22] Wegen seines Plädoyers für die Autonomie der Kunst wurde Krleža beschuldigt, sich von der Linken distanziert zu haben. Die Kunstauffassung von Krleža in dieser Periode ist, so Lasić, „nicht auf die Gestaltung einer strukturierten Essenz" zurückzuführen; es handle sich vielmehr um „das künstlerische Schaffen, das sich darauf konzentriert, den Kern des Menschen als die Gesamtheit der Welt zu brechen, um seine wahre ‚Natur' auszustrahlen, und das bedeutet, die Gesamtheit der Welt zu entdecken".[23] Infolgedessen besteht für Krleža die Basis der Kunst nicht

---

18 Lasić, Stanko: Krležologija ili povijest kritičke misli o Miroslavu Krleži. Bd. 1: Kritička literatura o Miroslavu Krleži od 1914. do 1941. Zagreb: Globus 1989, S. 269.

19 Đilas, Milovan: „Od nerazumijevanja do revizionizma", in: Književne sveske 1 (1940), S. 190, zit. nach Lasić: Krležologija, S. 269, Übersetzung J. S.

20 Grgo Gamulin (1910–1997) war in den 30er Jahren Studentenführer und Mitglied der KPJ. Nach seiner Flucht aus dem KZ Jasenovac setzte er in Zagreb seine Ausbildung fort und wurde zu einem der berühmtesten kroatischen Kunsthistoriker der Nachkriegsperiode.

21 Ebenda, Übersetzung J. S.

22 Ebenda.

23 Lasić: Sukob na književnoj ljevici, S. 99, Übersetzung J. S. Im Original: „Smisao umjetničkog stvaranja nije, prema tome, osmišljavanje strukturiranih esencija [...], već je umjetničko stvaranje koncentrirano na razbijanje jezgre čovjeka kao sveukupnosti svijeta kako bi došlo do radijacije njegove prave ‚prirode', a to znači do otkrivanja totalnosti svijeta."

aus „Entitäten, die sich in uns und um uns herum befinden“, sondern „aus individuellen Intensitäten, welche die menschliche Ewigkeit in uns sind“.[24]

Dass das Einsetzen für die Autonomie der Kunst aus dem *Vorwort* zur Distanzierung von ehemaligen politischen Gleichgesinnten führte, ist nicht überraschend, zieht man Krležas Texte über die Oktoberrevolution und den hohen Status, den Lenin in seinen Werken einnimmt, in Betracht. Lasić schreibt in seiner Studie zum Leben und Werk des Autors: „Gegen Ende 1917 kam es zum Ereignis, das für Krležas Leben *sofort* entscheidend wurde: die Oktoberrevolution. In Lenin sah er einen Ausweg.“[25] Die Erwartungen, welche von den Anhängern der „Sozialliteratur“ an die linksorientierten Autoren gestellt wurden, erwiesen sich als ein Punkt der Divergenz zwischen Krleža und dem Begriff der Revolution. Die Ereignisse der 1920er und 1930er Jahre, in denen Krleža von seinen Schriftstellerkollegen und politisch Gleichgesinnten heftig kritisiert, danach wegen Verbreitung kommunistischer Ideen in seinen Werken und Zeitschriften verhaftet, aus Zagreb verbannt und auf den kroatischen Bühnen zensuriert wurde, bändigten seinen jugendlichen Enthusiasmus für die Revolution. Der Konflikt an der literarischen linken Front wurde erst nach dem Zweiten Weltkrieg aufgelöst, als Krleža Tito in seiner Auseinandersetzung mit Stalin unterstützte und am III. Kongress des Jugoslawischen Schriftstellerverbandes 1952 eine Rede hielt, in der er die normative Poetik des sozialistischen Realismus verurteilte, aber zugleich auf der Legitimität und Notwendigkeit der materialistischen Methode insistierte – ein Kompromiss, der ihm die Rückkehr zum Status eines angesehenen Autors ermöglichte.[26]

Obwohl *Ohne mich* in vielerlei Hinsicht illustrativ für die komplexen Verhältnisse kroatischer Schriftsteller an der linken politischen Szene in den 1930ern ist, soll der Roman bei der Analyse des Phänomens der Gewalt in der postimperialen Ära nicht auf die Frage nach der Berechtigung der Gewalt im revolutionären Kontext, die sich im einleitend zitierten Gespräch bemerkbar macht, reduziert werden. Neben dieser zweifellos spannenden Frage werden im Roman auch andere Formen der postimperialen Gewalt in der Periode 1917–1923 problematisiert. Wenn Krleža 1938 über diese Gewalt schreibt, dann bezieht er sich auf Ereignisse, die damals zwanzig Jahre zurückliegen und immer noch im kommunikativen Gedächtnis der Gesellschaft präsent sind. Demnach werden die gewalttätigen Ereignisse aus dem Roman für das Lesepublikum

---

24 Ebenda, S. 101, Übersetzung J. S. Im Original: „Osnovu umjetnosti ne čine entiteti u nama i izvan nas, već individualni intenziteti koji su ljudska vječnost u nama.“

25 Lasić, Stanko: Krleža. Kronologija života i rada. Zagreb: Grafički zavod Hrvatske 1982, S. 136, Übersetzung J. S., Hervorhebung im Original.

26 Visković: Sukob na ljevici.

im Jahr 1938 nicht ausführlich dargestellt oder expliziert. Um den zentralen Konflikt im Roman interpretieren zu können, muss jedoch zuerst eine Analyse von Nachwirkungen des imperialen Zusammenbruchs vorgenommen werden.

In seiner Monografie *Die Besiegten* stellt der Historiker Robert Gerwarth die These auf, dass in der Zeitspanne 1917–1923 von einem „europäischen Bürgerkrieg"[27] die Rede sein kann. Das Innovative der Studie besteht darin, zahlreiche Konflikte nach dem Ende des Ersten Weltkriegs übernational zu betrachten, was bis dahin in den jeweiligen nationalen Historiografien nicht der Fall war. Ein solcher Zugang hat auch insofern Sinn, als sich die politische Karte Europas von 1918 bis heute wesentlich verändert hat, vor allem im südosteuropäischen Raum. In seinem Versuch, einen Überblick über die unmittelbaren Nachkriegsjahre anzubieten, unterscheidet Gerwarth zwischen drei Kategorien von Konflikten nach dem Ersten Weltkrieg: 1) „Auseinandersetzungen zwischen regulären oder im Entstehen begriffenen nationalen Armeen" (z.B. Polnisch-Sowjetischer Krieg, der Griechisch-Türkische Krieg); 2) „massive Proliferation von kleineren Bürgerkriegen" und 3) „sozial oder national motivierte Revolutionen".[28] Die Revolutionen aus der dritten Kategorie werden von Gerwarth weiter differenziert: Auf der einen Seite spricht er von den „auf die Neuverteilung von Land, Macht und Vermögen ausgerichtet[en]" Revolutionen und auf der anderen Seite von nationalen Revolutionen „auf den Trümmern besiegter Imperien".[29] Darüber hinaus identifiziert er zwei destabilisierende Faktoren in der postimperialen Ära: Erstens, die Erfahrung der Niederlage in den besiegten Ländern, welche die Rückkehr in die Stabilität verhinderte, und zweitens, die „schwere Geburt" der Nachfolgestaaten nach dem Zerfall von europäischen Landimperien.[30]

Beim genaueren Hinsehen weisen die postimperialen Konflikte in den südslawischen Nachfolgestaaten Eigenschaften der zweiten und dritten Kategorie auf, obwohl weder von einem klassischen Bürgerkrieg noch von dem Ausbruch einer sozial oder national motivierten Revolution die Rede sein kann. Zu Spannungen in Österreich-Ungarn kam es schon vor dem Ersten Weltkrieg, weil die slawischen Völker nach dem Österreichisch-Ungarischen Ausgleich 1867 dasselbe Maß an Autonomie wie die Ungarn forderten. Trotz dieser Spannungen konnte dennoch der imperiale Zusammenbruch im Jahr 1914 noch nicht vorausgesagt werden. Dass es dennoch dazu kam, führt Gerwarth auf ein entscheidendes Ereignis zurück – den Tod Franz Josephs: „Mit dem

27 Gerwarth, Robert: Die Besiegten. Das blutige Erbe des Ersten Weltkriegs. München: Siedler 2017, S. 22.

28 Ebenda, S. 23.

29 Ebenda.

30 Ebenda, S. 28f.

Ableben des Kaisers, der Verkörperung von Kontinuität und Stabilität, verlor das Habsburgerreich seine integrative Symbolfigur."[31] Nach dem Tod von Franz Joseph 1916 zeigte sich sein Nachfolger, Karl I., zu einer föderalistischen Lösung bereit: Am 16. Oktober 1918 kündigte er im „Völkermanifest" eine Reform des Imperiums an, in der „ein loser imperialer Überbau, unter dessen Dach deutsche, tschechische, südslawische und ukrainische Regionen autonom und von jeweils eigenen Parlamenten regiert wurden" vorgesehen wurde.[32] Es war jedoch zu spät, weil die betreffenden Völker sich bis dahin schon konsolidiert haben, und bald daraufhin ihre Unabhängigkeit von der Monarchie erklärten. Das kroatische Parlament beschloss am 29. Oktober 1918, alle staatlich-rechtliche Beziehungen zu Österreich-Ungarn abzubrechen, wodurch ein Übergangsstaat – der Staat des Nationalrates der Slowenen, Kroaten und Serben – entstanden ist. Dem Beschluss des kroatischen Parlaments ging die Konstituierung des Nationalrates der Slowenen, Kroaten und Serben am 5. und 6. Oktober 1918 voraus.

Die Lage nach der Staatsgründung war jedoch alles andere als stabil, weil der neue Staat von mindestens drei Seiten gefährdet war: Italien hatte territoriale Ansprüche auf die nordadriatische Stadt Rijeka und Dalmatien, das Königreich Serbien insistierte auf der Vereinigung mit dem Staat der Slowenen, Kroaten und Serben, weil von den Politikern wie Nikola Pašić die Vereinigung aller Serben auf dem Balkan in einem Staat anvisiert wurde, und es herrschte Angst vor dem Ausbruch einer kommunistischen Revolution nach dem russischen Vorbild. Die politische Lage in den südslawischen Teilen der ehemaligen Monarchie wurde demnach, so Gerwarth, nicht stabilisiert. Die fortdauernde Ungewissheit erläutert er durch die mangelnde Unterstützung der alliierten Mächte auf der Friedenskonferenz in Paris, wo über die politische Zukunft Europas gerade entschieden wurde. Da die Alliierten kein richtiges Verständnis der komplexen multinationalen Situation auf dem Balkan hatten, wurde der neue Staat zunächst nicht anerkannt.[33] Die fortdauernde Instabilität deutete darauf hin, dass der neugegründete Staat sich in der nahen Zukunft dem Königreich Serbien anschließen wird, vor allem weil Serbien noch während des Ersten Weltkriegs „als Opfer österreichisch-ungarischer Aggression [...] eine tragende Rolle in der alliierten Propaganda"[34] spielte. Die Vereinigung mit Serbien, zu der es tatsächlich am 1. Dezember 1918 kam, wurde u. a. durch die von dem so genannten „Grünen Kader" gestifteten Unruhen beschleunigt.

31 Ebenda, S. 247.
32 Ebenda.
33 Vgl. ebenda, S. 269.
34 Ebenda.

In der Studie *Ethnic Nationalism and the Fall of Empires* schildert der amerikanische Historiker Aviel Roshwald die Unruhen in Kroatien im Herbst 1918. Der neue Staat versäumte es, so Roshwald, unmittelbare und starke Reformforderungen aus dem kroatischen Land zu berücksichtigen, das während des Krieges aufgrund der Wehrpflicht und der militärischen Requisition von Vieh beinahe zerstört wurde.[35] Wie Roshwald zeigt, hatten repressive Maßnahmen des Habsburger Regimes, die während des Krieges zur Unterdrückung des nationalen Sentiments eingesetzt wurden, einen kontraproduktiven Effekt, so dass gegen das Ende 1916 und am Anfang 1917 Zensur und politische Repression deutlich zurückgetreten sind, und das jugoslawische Ideal wieder auftauchen und auf starke Unterstützung der kroatischen und slowenischen urbanen Bevölkerung stoßen konnte. 1917 und 1918 wurden die kroatischen Bühnen kühner in ihrer Zelebrierung von jugoslawischen Themen.[36] Darüber hinaus wurden Zeitschriften gegründet, die sich der Promovierung jugoslawischen Bewusstseins widmeten. Nichtsdestotrotz hatte der jugoslawische Solidaritätsdiskurs, der sich in urbanen Zentren verbreitete, nicht genug Anziehungskraft oder Anknüpfungspunkte, um auch das kroatische Dorfmilieu miteinzubeziehen.

Als die große Anzahl der aus der russischen Kriegsgefangenschaft zurückkehrenden Soldaten, die nicht mehr in die k.u.k. Armee mobilisiert werden wollten, auf ihrem Heimweg auf die einerseits durch das Kriegsgeschehen und andererseits durch Requisition verarmte Bevölkerung in dörflichen Gegenden gestoßen war, kam es zur Formierung von Banditengruppen, die wir unter dem Namen Grüner Kader kennen. In der Studie *Yugoslavia in the Shadow of War* schreibt John Paul Newman, dass der Grüne Kader „Großgrundbesitzer, Finanzämter und andere Überreste des Habsburger Ancien Régimes" angriff.[37] Wie Roshwald zeigt, hatte der Grüne Kader keinen wesentlichen Einfluss auf das Kriegsgeschehen im Jahr 1918 und die nationale Politik in der Region, obwohl einige dieser Gruppierungen verschiedene politische Forderungen hatten: z.B. einen unabhängigen kroatischen Staat oder sogar die duale Monarchie der Union mit Serbien. Mit anderen Worten waren die vom Grünen Kader geführten Kämpfe vielmehr ein Fall des Klassenkampfes als Ausdruck des nationalen Sen-

---

35 Roshwald, Aviel: Ethnic Nationalism & the Fall of Empires. Central Europe, Russia & the Middle East, 1914–1923. London, New York: Routledge 2001, S. 86.

36 Ebenda, S. 250.

37 Newman, John Paul: Yugoslavia in the Shadow of War. Veterans and the Limits of State Building 1903–1945. Cambridge: Cambridge University Press 2015, S. 42, Übersetzung J. S. Im Original: „‚Green Cadres' [...] attacked lange landowners, tax offices and other vestiges of the Habsburg *ancien régime*".

timents. Dementsprechend waren häufige Ziele der Angriffe lokale Gendarmen und Beamte, sowie reiche Individuen.

John Paul Newman beschreibt die aus Russland zurückgekehrten Soldaten als „sehr politisierte Gruppen von Rückkehrern aus dem revolutionären Russland, die hofften, die bolschewistische Revolution in den habsburgischen Ländern Mitteleuropas wieder anzuzetteln".[38] Der kroatische Historiker Ivo Banac definiert die Fahnenflucht des „Grünen Kaders" als die „am deutlichsten ausgeprägte Form der Unzufriedenheit mit der Monarchie".[39] Es handelt sich, so Banac, um Soldaten aus dem dörflichen Milieu, die sich nach der Rückkehr von der Ostfront weigerten, einer erneuten Einberufung zum Kriegsdienst zu folgen. Schon im Juni 1918 war die Gruppe zahlreich und bewaffnet genug, um direkte Agitation in den Dörfern zu betreiben. Nachdem am 5. Oktober der Nationalrat der Slowenen, Kroaten und Serben gegründet wurde, forderten die Bauern sofort eine Reform der öffentlichen Verwaltung wie auch die Sozialisierung aller natürlichen Ressourcen, d. h. die Lösung der jahrzehntelangen Agrarfrage, aber ihre Bitte wurde nicht gewährt, woraufhin Unruhen ausbrachen.[40] Der Grüne Kader plünderte in kleineren Städten und größeren Dörfern in Zentralkroatien und Slawonien und griff die Kaufleute an, von denen er vermutete, dass sie Kriegsprofiteure waren.[41] Banac zeigt auch, dass der Konflikt in den Städten sich weitgehend gegen die offiziellen Behörden richtete. Als Hauptfeind sah der Grüne Kader die Bürokratie als grundlegendes Symbol der Doppelmonarchie.[42] Die unvorbereiteten Streitkräfte des Nationalrates versagten in der Verhinderung von Überfällen und Plünderungen, so dass sich die serbische Armee und sogar die Entente-Truppen an der Eindämmung der Unruhen beteiligen mussten. Wie Newman hervorhebt, war der Grüne Kader „die wichtigste Konfliktzone und Form des Widerstandes gegen die serbische Armee und ihre Versuche, Kontrolle über die Länder der ehemaligen Monarchie zu erlangen".[43] Historiographische Quellen zeigen, so Newman, dass die lokale Bevölkerung die serbische Armee bald als Besatzungsmacht betrachtete.[44]

---

38 Newman, John Paul: „Post-imperial and Post-war Violence in the South Slav Lands, 1917–1923", in: Contemporary European History 19.3 (2010), S. 249–265, hier S. 250, Übersetzung J. S.

39 Banac, Ivo: „‚I Karlo je o'šo u komite'. Nemiri u sjevernoj Hrvatskoj u jesen 1918., in: Časopis za suvremenu povijest 24.3 (1992), S. 23–42, hier S. 23.

40 Vgl. ebenda, S. 24.

41 Ebenda, S. 26.

42 Ebenda, S. 29.

43 Ebenda, S. 256, Übersetzung J. S.

44 Ebenda, S. 257.

Dass das revolutionäre Potenzial des Grünen Kaders sich dennoch nicht entfaltete, war das Verdienst der Kroatischen Bauernpartei unter der Führung von Stjepan Radić. Dies lässt sich durch die Tatsache erklären, dass die Revolte sich primär aus der materiellen Not speiste. Wenngleich die Kommunistische Partei in den Wahlen im November 1920 beträchtliche Erfolge erzielte, und zwar nach den Kommunalwahlen in Zagreb und Belgrad, die sie gewann, behauptet Newman, dass die Unterstützung der Bauern für die Partei eher deklarativ war.[45] Die pazifistische Haltung von Stjepan Radić, der sich ebenso der serbischen Militärpräsenz auf dem kroatischen Land widersetzte, hatte für die kroatischen Bauern nach dem wirtschaftlich anstrengenden Krieg mehr Anziehungskraft. Aus diesem Grund fiel es dem Nationalrat zunehmend schwer, zwischen den revolutionären bolschewistischen Kräften und Radićs Antimilitarismus zu unterscheiden. Paradoxerweise ging das politische Programm von Radić – der Agrarpopulismus – von der Ablehnung der Revolution aus. Die Frage des Grünen Kaders und der ausgebliebenen kommunistischen Revolution in Kroatien erklärt sich demnach durch die hauptsächlich deklarative Unterstützung eines Teils der kroatischen Bauern für die Revolution einerseits und den Einsatz der serbischen Armee in den kroatischen Gebieten im Züge der Vereinigung mit dem Königreich Serbien und Montenegro, zu der es am 1. Dezember 1918 kam, andererseits.

In den 1920er Jahren beschäftigte sich Krleža intensiv mit dem Thema des Grünen Kaders. Im Jahr 1919 erhielt er auf der Rückkehr von Požega nach Zagreb eine bewaffnete Begleitung, weil die Angriffe des Grünen Kaders in der Gegend erwartet wurden.[46] Laut Stanko Lasić orientiert sich Krleža ab 1920 auf „kleinbürgerliche Themen und das Thema des Tages – den Grünen Kader".[47] Er hatte damals vor, einen umfangreichen Roman unter dem Titel *Die grüne Fahne* (*Zeleni barjak*) zu schreiben. Den unvollendeten Roman beschreibt Lasić folgendermaßen: „Mit seinem langsamen Rhythmus war der Roman *Die grüne Fahne* als dekorativer Panneau zu den letzten Tagen des dahinsiechenden Reiches konzipiert; eine Chronik der Grüner-Kader-Motivik."[48] Zur Vollendung und Veröffentlichung des Romans kam es wegen der Verabschiedung des Gesetzes über den Staatsschutz und der dadurch intensivierten Zensur jedoch nicht, aber das Romanfragment wurde von Krleža fürs Theater adaptiert: 1923

45 Ebenda, S. 258.
46 Vgl. Lasić: Krleža, S. 151.
47 Ebenda, Übersetzung J. S.
48 Ebenda, Übersetzung J. S. Im Original: „*Zeleni barjak* zamišljen kao dekorativni panneau posljednjih dana Austrije, kada je carstvo izdisalo na samrti, polaganim je svojim ritmom bio kronika zelenokaderaških motiva."

erscheint das Drama *Vučjak* (Die Wolfsschlucht, 1923).[49] Das Thema blieb für Krleža interessant und wurde im Roman *Ohne mich* wieder aufgenommen.

Der namenlose Protagonist des Romans und der Ich-Erzähler, vom Beruf Rechtsanwalt und dazu Veteran des Ersten Weltkriegs, stellt mit seinen einleitenden Ausführungen zum universellen, nach seinen Worten, „kosmischen" Charakter der menschlichen Dummheit eine Zeitdiagnose fest: Den postimperialen Zustand in einer ebenso namenlosen kroatischen Stadt sieht er als keine nationale oder übernationale Befreiung von Gewalt an. Ganz im Gegenteil: Es wird auch nach dem Kriegsende und der Staatsgründung eine Fortsetzung der Gewalterscheinungen in der Gesellschaft festgestellt, die sich jetzt zwar nicht aus der imperialen Situation oder Kriegssituation ableiten, aber nach wie vor die gesellschaftlichen Prozesse prägen. Die Gewalt erweist sich demnach für den Erzähler, genauso wie die menschliche Dummheit, als eine anthropologische Konstante.

Die vom Ich-Erzähler geschilderte postimperiale Gesellschaft wird symbolisch vom so genannten „homo zylindriacus", dem paradigmatischen gesellschaftlichen Vorbild eines wohlhabenden und politisch konformen Bürgers getragen. In langen monologischen Passagen seines Protagonisten werden – wie so oft bei Krleža – Parataxen von syntaktisch gleichwertigen Elementen bemerkbar, bei denen es zu einer semantischen Steigerung in Richtung Ironie, Zynismus und sogar Groteske kommt; ein literarisches Verfahren, das einen Konnex zu seiner frühen, expressionistischen Phase darstellt. Mit seiner abwechselnd monologischen und dialogischen Erzählstruktur kreist der Roman sorgfältig um die prekäre Frage nach dem Verhältnis zwischen der individuellen und kollektiven Identitätsbildung und der Narration. Dem anonymen Ich-Erzähler begegnet man gerade in einem kritischen Lebensmoment: Nach seinen eigenen Worten hätte der Romanprotagonist ganz theoretisch bis ans Lebensende die Widersprüche seiner Persönlichkeit und seines nur auf den ersten Blick ideellen gesellschaftlichen Status ignorieren können, hätte es den schicksalhaften Abend nicht gegeben, an dem er, „den geheimnisvollen, geradezu kosmischen Gesetzen der menschlichen Dummheit folgend",[50] in Begleitung seiner Gemahlin zum Abendessen in den Weingarten seines Vorgesetzten, Generaldirektors und Industriellen namens Domaćinski gekommen war und dort höchstwahrscheinlich zum ersten Mal in seinem Leben gesagt hatte, was er auch wirklich dachte. Nach vielen Jahren, in denen er sich konformistisch verhielt, um seine wirtschaftliche Prosperität zu sichern, reagierte der Protagonist diesmal

49 Krleža, Miroslav: Vučjak, in: Ders.: Sabrana djela. Bd. 2. Koprivnica: Nakladna knjižara Vinko Košicki 1923.

50 Krleža: Ohne mich, S. 19.

anders auf eine Geschichte, die er schon mehrmals davor gehört hatte: Der Generaldirektor Domaćinski suchte nämlich, die anwesenden Frauen, darunter auch die Frau und die Töchter des Erzählers, mit der Geschichte zu amüsieren, wie er im Spätherbst 1918 „hier an dieser Stelle, ein paar Schritte von dieser Veranda entfernt, vier Menschen erschossen hat wie Hunde".[51] Es handelte sich um vier Bauern, die versucht hatten, in den Weinkeller von Domaćinski einzubrechen, und die er als „Grüne-Kader-Schweine und Rebellen"[52] bezeichnete.

In einer für Krleža typischen ironischen Verkehrung treffen die vier Bauern, von Domaćinski als Angehörige des Grünen Kaders identifiziert, auf die richtige Person, denn der kroatische Nachname Domaćinski leitet sich vom Wort „domaćin" ab, was im Deutschen „Gastgeber" bedeutet. Derselbe Gastgeber Domaćinski, der am Anfang des Romans zahlreiche angesehene Gäste in seinem Haus amüsierte, hatte die ungebetenen Gäste 1918 auf der Stelle erschossen. Die Situation ist umso grotesker, als sich herausstellt, dass nach diesen brutalen Sanktionen für den versuchten Diebstahl Domaćinski denselben Wein im Rahmen einer Requisition widerstandslos der imperialen Armee übergibt: „da schoß der Herr Generaldirektor selbstverständlich nicht auf die Vertreter der Obrigkeit, denn das war ja ein im Sinne der geltenden Regierungsbestimmungen der Kriegszeit gesetzlich sanktionierter Raub".[53] Die Verteidigung des eigenen Vermögens durch brutale Gewalt ist demnach keine prinzipielle, sondern eine kontextbedingte Reaktion. Domaćinski war durchaus willig, sich den Gewaltmechanismen der imperialen Ordnung zu beugen, weil er sich aus diesem Akt der (Selbst)Erniedrigung für die Nachkriegszeit gesellschaftlich-hierarchische Vorteile versprach. Obwohl der versuchte Diebstahl der Bauern auf derselben Logik wie die gesellschaftlich geduldete Form staatlicher Gewalt in der Form einer Requisition beruht, erschoss Domaćinski die Bauern, um sein Eigentum zu verteidigen. Was ursprünglich ein Akt der Selbstverteidigung war, wird nach dem Krieg, im Gespräch mit dem Ich-Erzähler und anderen Gästen zu einer prophetischen Geste hochstilisiert. Domaćinski behauptet nämlich, die Bauern deshalb erschossen zu haben, weil er die Entwicklung der europäischen Politik nach dem Krieg voraussah und darauf präventiv reagierte. Domaćinski habe „schon damals vor achtzehn Jahren gewußt und vorausgesehen [...], in welche Richtung sich die europäische Politik entwickeln würde".[54] Der vierfache Mörder etablierte sich demnach als Vertreter der neuen, postimperialen Ordnung, die u.a. auch durch die Unterdrückung revolutionärer Tendenzen aus dem

51 Ebenda, S. 24.
52 Ebenda, S. 25.
53 Ebenda.
54 Ebenda, S. 24.

Volk zustande kam. Es drängt sich jedoch die Frage auf, warum der Erzähler ausgerechnet in diesem Moment dem Bedürfnis, Domaćinski mit dem Satz „Für ein Glas Riesling vier Tote. Ein Verbrechen"[55] zu entgehen, nicht standhalten kann. Dem Protagonisten steht im entscheidenden Moment seiner Indignation und Rebellion gegen die Gesellschaft der tugendhafte „homo zylindriacus" Domaćinski entgegen als Spiegelbild seiner eigenen, v. a. wirtschaftlich motivierten moralischen Korruption. Domaćinski, wie er vom Ich-Erzähler beschrieben wird, ist ein Paradox – eine Verkörperung tiefster moralischer Korruption, wobei ausgerechnet diese moralische Korruption und die dahinterstehende Leere in der Gesellschaft für vorbildlich gelten. Der kaltblutige Mord wird in einer Geste der Selbstgerechtigkeit und Genugtuung parademäßig vorgeführt. Das Verbrechen gegen die Humanität ist demzufolge nicht nur zur gesellschaftlichen Norm geworden, sie wird zu ihrer notwendigen Voraussetzung und zu ihrem politischen Gründungsakt.

Paradoxerweise gibt es in der neuen, postimperialen Ordnung keine Distanzierung von imperialen Gewaltmechanismen: Es werden sowohl Gewaltakte der imperialen Armee als auch individuelle Wuchtausbrüche mit tödlichen Konsequenzen nicht nur rechtfertigt, sondern als politische Heldenakte und Beweise politischer Intelligenz zelebriert. Der weitere Handlungsverlauf, in dem der Ich-Erzähler nach seinem Protest gegen Domaćinski arbeitslos wird, sich von seiner Frau scheiden lässt, der Verleumdung angeklagt und schließlich zu einer Gefängnisstrafe verurteilt wird, zeugt von systemischen Gewalt- und Ausgrenzungsmechanismen, die als Strafe für die Freiheit des Denkens und Sprechens eingesetzt werden. Mit anderen Worten besteht der Mechanismus der Zensur auch nach dem imperialen Zusammenbruch weiter. In einer solchen Konstellation ist für den Ich-Erzähler sowie auch für andere Unruhestifter nur noch die gesellschaftliche Peripherie als Raum des Denkens und Sprechens übriggeblieben, wenn auch sich dieser Raum in der staatlich überwachten Institution des Gefängnisses befindet. Gerade im Gefängnis ist der Protagonist nicht nur dem jungen Revolutionär, mit dem er über Gewalt und Weltanschauung diskutiert, sondern auch der zweiten zentralen Figur des Romans, dem Bauern Valent Žganec, begegnet.

Im Kapitel „Lamentation des Valent Žganec, genannt Gib's ihm" übergibt der Ich-Erzähler das Wort dem Bauern aus Nordkroatien, mit dem er die Zelle im Gefängnis teilt. Valent Žganec, dargestellt als „einer der klügsten, erfahrensten und genialsten Menschen, denen ich je in meinem Leben begegnet

55 Ebenda, S. 26.

bin",[56] ist auf den ersten Blick der lebenspraktische Gegensatz zur intellektuellen Existenz des Ich-Erzählers: Er kocht Tee, putzt die Schuhe, räumt die Zelle auf, während der Ich-Erzähler Buddhas Reden vorliest. Im kroatischen Original spricht Valent Žganec den kajkawischen, bzw. nordkroatischen Dialekt aus der Zagorje-Region, wodurch er auf der Ebene der sprachlichen Charakterisierung den Figuren, mit denen der Ich-Erzähler vor der Gefängnisstrafe relativ komplexe, teilweise auch philosophische Diskussionen führt, entgegengesetzt wird.[57] Durch die Lebensgeschichte von Valent Žganec, der 1914 mobilisiert wurde, gibt der Ich-Erzähler einem Stellvertreter der kroatischen Bauern, der durchaus mit den ermordeten Opfern von Domaćinski vergleichbar ist, eine Stimme, welche den Bauern durch den unbestraften Gewaltakt unwiderruflich genommen wurde. Der Roman leistet also eine Juxtaposition zweier einander radikal entgegengesetzter Grenzpositionen: Auf der einen Seite befindet sich die gesellschaftlich privilegierte, industrielle Elite, die trotz ihres kriminellen Handelns (oder gerade deswegen) wirtschaftlich prosperiert. Auf der anderen Seite befinden sich die Bauern, die trotz ihrer Teilnahme am Ersten Weltkrieg in der imperialen Armee nach dem Krieg einer lebenswürdigen Existenz beraubt sind: Valent Žganec muss eine Gefängnisstrafe wegen Wilderei verbüßen. In einer so prekären Lebenssituation wird ausgerechnet dem Wein eine zentrale Rolle zugeschrieben: „Was hat schon ein Bauer vom Leben? Alles was er hat, ist der Weinkeller und darin einen Hektoliter Sauren."[58] Vor der Folie der existenziellen Not der Bauern bekommen die extremen Maßnahmen, die Domaćinski zur Verteidigung seines Eigentums – des Weins – zum Einsatz bringt, eine tragikomische Note. Die postimperiale Gesellschaft ist dementsprechend bei Krleža nach wie vor hierarchisch stratifiziert aufgrund eines Rechtesystems, in dem die gesellschaftlichen Eliten nach wie vor ihren unmittelbaren wirtschaftlichen und politischen Interessen folgen.

Es ist deswegen nicht verwunderlich, dass Krleža, der während des Zweiten Weltkriegs als bekannter Befürworter kommunistischer Ideen und prominenter linker Intellektuelle mehrmals vom Ustascha-Regime verhaftet wurde, in seinen retrospektiven Überlegungen zur unmittelbaren Nachkriegszeit in den 1940er Jahren Kontinuitäten zum späteren Faschismus erkennt. In seiner Analyse des

56 Ebenda, S. 157.

57 Im literarischen Schaffen von Miroslav Krleža gibt es eine Reihe von Figuren (wie z.B. Petrica Kerempuh, eine kajkawische Version Til Eulenspiegels), die den nordkroatischen Dialekt sprechen. In diesem Zusammenhang argumentiert Suzana Marjanić, dass Krleža dadurch sein „Desinteresse für die große Geschichte, für die Geschichte großer politischer Väter" zeigt und stattdessen „eine Geschichte des Alltags der Demütigten und Beleidigten" bevorzugt. (Marjanić: Krležina demaskiranja mentaliteta, S. 89)

58 Ebenda, S. 164.

Textes *Eine betrunkene Novembernacht 1918* von Krleža, in dem eine historisch authentische Begegnung Krležas mit dem k.u.k. Offizier Slavko Kvaternik fiktionalisiert dargestellt wird, zeigt Marijan Bobinac, dass für Krleža ein Konnex zwischen ehemaligen k.u.k. Offizieren und dem zentraleuropäischen Faschismus besteht.[59] Davon, dass die nachträgliche Analyse von unmittelbaren postimperialen Zuständen von Krleža richtig war, zeugt auch die paradoxale militärische Kontinuität imperialer Strukturen in der Nachkriegszeit. Newman schreibt z.B. über die Generäle der österreichisch-ungarischen Armee wie Stjepan Sarkotić, der noch während der Doppelmonarchie keinen Gegensatz zwischen seinem Einsatz in der Habsburgischen Armee und seinem Engagement für die kroatische nationale Frage sah.[60] Aus Sarkotićs Perspektive würde der kroatische militärische Ansatz auf der Seite des Imperiums nach dem Krieg für die Erreichung der gewünschten Autonomie vorteilhaft sein. Seine Loyalität dem neuen, südslawischen Staat gegenüber konnte jedoch vom Nationalrat nicht richtig eingeschätzt werden, so dass der Zug, mit dem er im November 1918 nach Zagreb kam, von bewaffneten Soldaten überwacht wurde.[61] Ähnlich war es im Fall von Anton Lipošćak, des ehemaligen General-Gouverneurs des okkupierten Polens. Trotz der Tatsache, dass Lipošćak die Gründung des neuen Staates begrüßte, und dem Staat die Soldaten unter seinem Kommando zur Verfügung stellte, fürchtete der Nationalrat, dass er nach seiner Ankunft in Zagreb die Soldaten zur gewalttätigen Machtergreifung und Ausrufung einer militärischen Diktatur bewegen wird.[62] Lipošćak wurde demnach verhaftet und des Komplotts gegen den Staat beschuldigt, was die Vereinigung des Staates der Slowenen, Kroaten und Serben mit dem Königreich Serbien und Montenegro beschleunigte.

Sowohl Lipošćak als auch Sarkotić verließen Zagreb, um sich in Wien niederzulassen. Sarkotić setzte seine politischen Aktivitäten nach seinem Ruhestand fort. In Zusammenarbeit mit zweien Obersten, Ivan Perčević und Stjepan Duić, gründete Sarkotić das sogenannte Kroatische Komitee, eine Organisation kroatischer Auswanderer, die sich der Entstehung des Königreichs der Serben, Kroaten und Slowenen widersetzte. Nach dem Tod von Sarkotić wurde die Leitung der Organisation von Ante Pavelić, dem späteren faschistischen Diktator des

59 Bobinac, Marijan: „Ein Skandal in der ‚postimperialen Stunde null'. Zu Miroslav Krležas Text *Eine betrunkene Novembernacht 1918 (Requiem für Habsburg)*", in: Bobinac, Marijan/Chovanec, Johanna/Müller-Funk, Wolfgang/Spreicer, Jelena (Hgg.): Postimperiale Narrative im zentraleuropäischen Raum. Tübingen: Francke, S. 187–206, hier S. 189.

60 Newman: Post-imperial and Post-war Violence, S. 251.

61 Vgl. ebenda.

62 Ebenda.

Unabhängigen Staates Kroatien (NDH), übernommen. Mit anderen Worten zeigten die militärischen Eliten ihre Loyalität jetzt dem jugoslawischen Staat statt dem Imperium, und zwar durch die Unterstützung der Gewalt sowohl auf der konkreten Ebene der Beseitigung sozialer Unruhen wie auch auf der abstrakten Ebene der Beseitigung unerwünschter Kunst von meistens prokommunistischen Autoren durch Zensur. Neben diesen bestehenden bürgerlichen Eliten konsolidiert sich in der Emigration auch eine neue Elite mit militärischem Hintergrund, welche ihre Kriegserfahrung im Zweiten Weltkrieg, nach der Kapitulation Jugoslawiens 1941, in einem neuen Kontext für faschistische Zwecke verwenden wird.

Bürgerliche und militärische Eliten in der postimperialen Ära kämpfen nach wie vor für eine Staatsform, die ihren teilweise ökonomischen, teilweise ideologischen Interessen entspricht. Die Gewalt, die von Krleža im Roman *Ohne mich* dargestellt wird, d. h. sowohl das brutale Vorgehen gegen den Grünen Kader, wie auch die revolutionäre Gewalt, die in Kroatien durch das Aufkommen von Stjepan Radić am Anfang der 1920er Jahre verhindert wurde, symbolisiert nicht nur die Missachtung des grundlegenden menschlichen Wertes der Erhaltung des Lebens, sondern verhindert die Autonomie des Denkens und des künstlerischen Schaffens. Für Krleža wird jedoch eine Gesellschaftsordnung ohne diese Art von Gewalt im Bereich der Utopie bleiben, und seine Position, die er durch sein kompromissloses Engagement für die Autonomie der Kunst in den 1930er Jahren zementierte, wird sich erst zwei Jahrzehnte danach verbessern. Die Diagnose, die Krleža in den 1930er Jahren für die kroatische Gesellschaft stellte, wird sich jedoch in den kommenden Jahrzehnten, in denen die Menschheit die schrecklichsten Verbrechen in ihrer Geschichte erlebte, mehrmals und in unterschiedlichen Kontexten als aktuell erweisen. In diesem Sinne gilt die Feststellung des namenlosen Ich-Erzählers vom Anfang des Romans: „Mag die menschliche Dummheit das Werk Gottes sein oder nicht, ihre Auswirkung bleibt bestehen.“[63]

63 Krleža: Ohne mich, S. 6.

KULTUR – HERRSCHAFT – DIFFERENZ

Herausgegeben von
Milka Car, Moritz Csáky, Endre Hárs, Wolfgang Müller-Funk,
Clemens Ruthner, Klaus R. Scherpe und Andrea Seidler

Bisher sind erschienen:

Band 1
Wolfgang Müller-Funk / Peter Plener /
Clemens Ruthner (Hrsg.)
Kakanien revisited
Das Eigene und das Fremde (in) der
österreichisch-ungarischen Monarchie
2002, VIII, 362 Seiten
€[D] 39,–
ISBN 978-3-7720-3210-3

Band 2
Alexander Honold / Oliver Simons (Hrsg.)
Kolonialismus als Kultur
Literatur, Medien, Wissenschaft in der
deutschen Gründerzeit des Fremden
2002, 291 Seiten
€[D] 39,–
ISBN 978-3-7720-3211-0

Band 3
Helene Zand
Identität und Gedächtnis
Die Ausdifferenzierung von repräsentativen
Diskursen in den Tagebüchern
Hermann Bahrs
2003, 207 Seiten
€[D] 39,–
ISBN 978-3-7720-3212-7

Band 4
Helga Mitterbauer
Die Netzwerke des Franz Blei
Kulturvermittlung im frühen
20. Jahrhundert
2003, 165 Seiten
€[D] 38,–
ISBN 978-3-7720-3213-4

Band 5
Klaus R. Scherpe / Thomas Weitin (Hrsg.)
Eskalationen
Die Gewalt von Kultur, Recht und Politik
2003, XV, 215 Seiten
€[D] 49,–
ISBN 978-3-7720-8006-7

Band 6
Amália Kerekes / Alexandra Millner /
Peter Plener / Béla Rásky (Hrsg.)
Leitha und Lethe
Symbolische Räume und Zeiten
in der Kultur Österreich-Ungarns
2004, X, 297 Seiten
€[D] 39,90
ISBN 978-3-7720-8063-0

Band 7
Vera Viehöver
**Diskurse der Erneuerung nach
dem Ersten Weltkrieg**
Konstruktionen kultureller Identität in
der Zeitschrift *Die Neue Rundschau*
2004, 352 Seiten
€[D] 58,–
ISBN 978-3-7720-8072-2

Band 8
Waltraud Heindl / Edit Király /
Alexandra Millner (Hrsg.)
**Frauenbilder, feministische Praxis
und nationales Bewusstsein in
Österreich-Ungarn 1867–1918**
2006, VIII, 273 Seiten
€[D] 39,–
ISBN 978-3-7720-8131-6

Band 9
Endre Hárs / Wolfgang Müller-Funk /
Ursula Reber / Clemens Ruthner (Hrsg.)
Zentren, Peripherien und kollektive Identitäten in Österreich-Ungarn
2006, VI, 295 Seiten
€[D] 58,–
ISBN 978-3-7720-8133-0

Band 10
Telse Hartmann
Kultur und Identität
Szenarien der Deplatzierung im Werk
Joseph Roths
2006, XI, 213 Seiten
€[D] 39,–
ISBN 978-3-7720-8170-5

Band 11
Wladimir Fischer / Waltraud Heindl /
Alexandra Millner / Wolfgang Müller-Funk
(Hrsg.)
Räume und Grenzen in Österreich-Ungarn 1867–1918
Kulturwissenschaftliche Annäherungen
2010, 409 Seiten
€[D] 58,–
ISBN 978-3-7720-8239-9

Band 12
Marijan Bobinac / Wolfgang Müller-Funk
(Hrsg.)
Gedächtnis – Identität – Differenz
Zur kulturellen Konstruktion
des südosteuropäischen Raumes
und ihrem deutschsprachigen Kontext
2008, VIII, 293 Seiten
€[D] 58,–
ISBN 978-3-7720-8301-3

Band 13
Gerald Lind
Das Gedächtnis des „Mikrokosmos"
Gerhard Roths *Landläufiger Tod* und
Die Archive des Schweigens
2011, 447 Seiten
€[D] 58,–
ISBN 978-3-7720-8366-2

Band 14
Daniela Finzi / Ingo Lauggas /
Wolfgang Müller-Funk / Marijan Bobinac/
Oto Luthar / Frank Stern (Hrsg.)
Kulturanalyse im zentraleuropäischen Kontext
2011, 257 Seiten
€[D] 49,–
ISBN 978-3-7720-8434-8

Band 15
Emilija Mančić
Umbruch und Identitätszerfall
Narrative Jugoslawiens im europäischen
Kontext
2012, 198 Seiten
€[D] 45,–
ISBN 978-3-7720-8466-9

Band 16
Angelika Baier
„Ich muss meinen Namen in den Himmel schreiben"
Narration und Selbstkonstitution
im deutschsprachigen Rap
2012, 348 Seiten
€[D] 58,–
ISBN 978-3-7720-8467-6

Band 17
Daniela Finzi
Unterwegs zum Anderen?
Literarische Er-Fahrungen
der kriegerischen Auflösung Jugoslawiens
aus deutschsprachiger Perspektive
2013, 326 Seiten
€[D] 59,–
ISBN 978-3-7720-8475-1

Band 18
Thomas Grob / Boris Previšić /
Andrea Zink (Hrsg.)
Erzählte Mobilität im östlichen Europa
(Post-)Imperiale Räume zwischen Erfahrung
und Imagination
2013, 308 Seiten
€[D] 54,–
ISBN 978-3-7720-8484-3

Band 19
Daniel Romuald Bitouh
Ästhetik der Marginalität im Werk Joseph Roths
Ein postkolonialer Blick auf die Verschränkung von Binnen- und Außerkolonialismus
2016, 354 Seiten
€[D] 58,–
ISBN 978-3-7720-8520-8

Band 20
Boris Previšić / Svjetlan Lacko Vidulić (Hrsg.)
Traumata der Transition
Erfahrung und Reflexion des jugoslawischen Zerfalls
2015, 230 Seiten
€[D] 52,–
ISBN 978-3-7720-8526-0

Band 21
Matthias Schmidt / Daniela Finzi / Milka Car / Wolfgang Müller-Funk / Marijan Bobinac (Hrsg.)
Narrative im (post)imperialen Kontext
Literarische Identitätsbildung als Potential im regionalen Spannungsfeld zwischen Habsburg und Hoher Pforte in Zentral- und Südosteuropa
2015, 264 Seiten
€[D] 64,99
ISBN 978-3-7720-8547-5

Band 22
Vahidin Preljević / Clemens Ruthner (Hrsg.)
„The Long Shots of Sarajevo" 1914
Ereignis – Narrativ – Gedächtnis
2016, 706 Seiten
€[D] 98,–
ISBN 978-3-7720-8578-9

Band 23
Clemens Ruthner
Habsburgs ‚Dark Continent'
Postkoloniale Lektüren zur österreichischen Literatur und Kultur im langen 19. Jahrhundert
2018, 401 Seiten
€[D] 78,–
ISBN 978-3-7720-8603-8

Band 24
Clemens Ruthner / Tamara Scheer
Österreich-Ungarn und Bosnien-Herzegowina, 1878–1918
Annäherungen an eine Kolonie
2018, 560 Seiten
€[D] 88,–
ISBN 978-3-7720-8604-5

Band 25
Marijan Bobinac / Johanna Chovanec / Wolfgang Müller-Funk / Jelena Spreicer (Hrsg.)
Postimperiale Narrative im zentraleuropäischen Raum
2018, 263 Seiten
€[D] 68,–
ISBN 978-3-7720-8649-6

Band 26
Wolfgang Müller-Funk / Gábor Schein (Hrsg.)
Péter Nádas' *Parallelgeschichten*
Lektüren, Essays und ein Gespräch
2020, 170 Seiten
€[D] 68,–
ISBN 978-3-7720-8682-3

Band 27
Wolfgang Müller-Funk / Jan Budňák / Aleš Urválek / Tomáš Pospíšil (Hrsg.)
30 Jahre Grenze und Nachbarschaft in Zentraleuropa
Literatur, Kultur und Geschichte
2021, ca. 200 Seiten
€[D] 58,–
ISBN 978-3-7720-8723-3

Band 28
Marijan Bobinac / Wolfgang Müller-Funk / Andrea Seidler / Jelena Spreicer / Aleš Urválek (Hrsg.)
Europa im Schatten des Ersten Weltkriegs
Kollabierende Imperien, Staatenbildung und politische Gewalt
2021, 343 Seiten
€[D] 78,–
ISBN 978-3-7720-8740-0